投资交易笔记（四）

2019～2022年
中国债券市场研究回眸

董德志 ◎ 著

中国财经出版传媒集团
经济科学出版社
Economic Science Press
·北 京·

由衷地感谢国信证券经济研究所所长杨均明先生，他的支持与帮助是完成本书不可或缺的基础，感谢你！

由衷地感谢我的众多同事们，在很大程度上，本书是我们智慧与汗水的合力之作，感谢我们一起走过的岁月，感谢你们！

由衷地感谢金融市场中的各位同仁，与你们的交流探讨，给予了我各种各样的灵感与思索，感谢你们！

还要由衷地感谢我的家人们，在我繁忙工作之余，撰写本书之时，是家人给予了我支持和理解，感谢你们！

最终，依然采用丘吉尔的名言："回顾愈深，思之愈远"，希望我们在对历史的不断回顾与反思中，能对未来看得更远一些！

本书中所有内容仅代表我个人观点，疏漏和错误之处敬请读者批评指正。

是为序。

董德志

2023年9月13日于上海

目　　录

第一篇 2019~2022年利率市场变化回顾

“多难兴邦”。

截至目前，在这套丛书所述的二十几年时期中，从没有这样一个时期让笔者深切地体会到这句话的内涵。

2019~2022年，在历史长河中可能仅是沧海一粟，但是笔者相信其会在中国历史上留下浓墨重彩的一笔。2020~2022年这三年期间，中国以及世界都经历了罕见的新冠疫情冲击。这对于世界经济以及中国经济发展产生了重要影响，截至目前依然还能够看到疫情对于经济运行所遗留下的“疤痕”。

2019年已经隐隐显现出中国新周期起步元年的特征，可惜随后而来的新冠疫情破坏了这个美好的期待，但是中国人民相信多难兴邦，世界和中国都会慢慢从疫情冲击中走出来，并迎接新的美好未来。

在这几年中，债券市场无疑是受益方。债券利率持续处于历史低位区域，中途虽然也出现过剧烈波动，但是利率中枢明显降低了一个平台。客观而言，这些年债券市场投资与交易框架没有出现明显创新，多在重复使用以往时期的思维模式。

外部冲击给予经济以明显冲击，政策应对又对经济产生了迅速影响，以往在若干年才能完成的周期轮动在非常短暂的时期内出现，这给债券投资者提供了一个非常难得的“温习”机会。例如，2020~2021年期间，在短短几个季度时期内就可以完成美林投资时钟里四象限的切换，各类资产价格变化与波动特征都体现得淋漓尽致，可谓一个典型的学习案例。

在种种压力下，中国利率再度逼近了箱体下轨，市场也在不断挑战历史周期所构筑的利率下限。是否能真的突破，依然是一个未知数，但是与以往若干次的挑战相比，这次似乎多了一些期待，这更多是在人口周期变化逻辑和房地产大时代变化逻辑背景下所形成的一种预期。

3.10% ~3.20%，全年波动幅度仅为40余个基点。

总体来看，"货币+信用风火轮"分析框架在2019年依然大放异彩，市场投资者的宏观聚焦点也是落定于信用松紧的边际变化上。

第一节 2019年基准国债利率运行轨迹综述

2019年的10年期国债利率脱离了2018年的单边下行态势，年初起步于3.17%，年末收盘于3.14%，几无变化。全年走势一波三折，低点为3.0%附近，高点为3.40%附近，高低点波幅仅为40多个基点（bp），也创出了若干年以来波幅空间最小的纪录（见图1-1-1）。

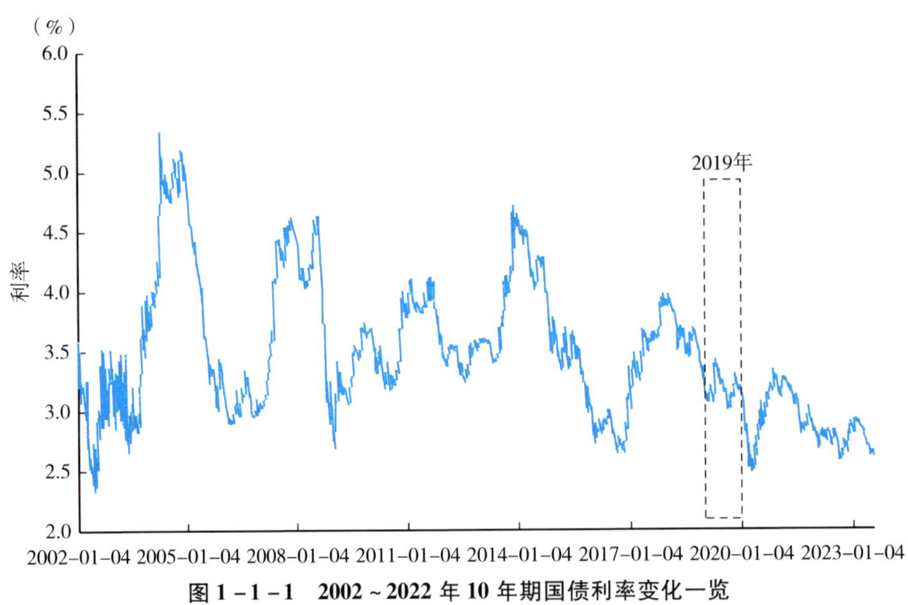

图1-1-1 2002~2022年10年期国债利率变化一览

资料来源：中央国债登记结算有限责任公司（CDC），www.chinabond.com.cn。

回顾历史，2019年债券市场的主基调是复苏，中途夹杂了对于宏观政策取向的犹疑、复苏进程中的波动以及中美贸易摩擦的反复。债券市场的变化大致可以划分为三个阶段：

（1）1~4月份，"紧信用"预期的逆转导致了股指的飙升和利率的快速上行。

（2）5～8 月份，经济数据在改善中经历了 4、5 月份的波折回撤，同时投资者对于政策转向的预期以及中美贸易摩擦事件重现相互叠加，引发了市场风险厌恶情绪的抬头，10 年期国债利率一度跌至年内低点 3.0% 附近，同时期股指相应回调。

（3）9～12 月份，经济增长再度企稳回升，股债“跷跷板”效应再现，10 年期国债利率回归上行态势，最终平稳收官（见图 1－1－2）。

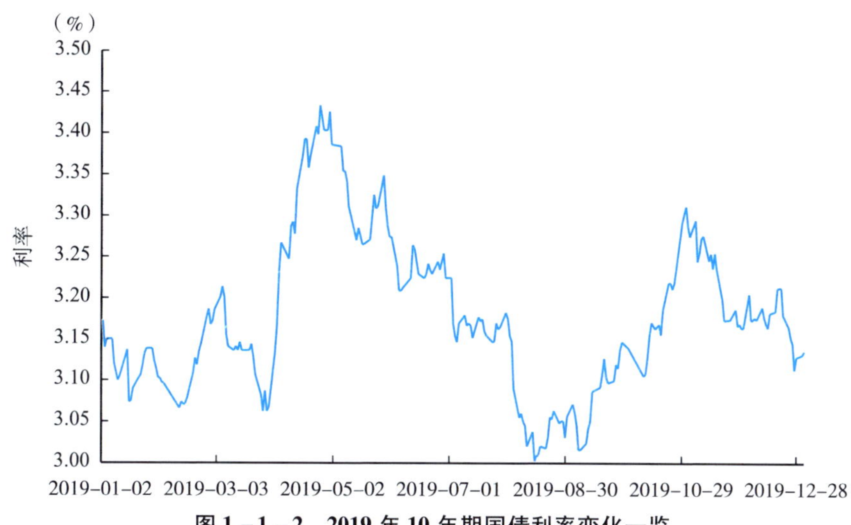

图 1－1－2　2019 年 10 年期国债利率变化一览

资料来源：中央国债登记结算有限责任公司（CDC），www. chinabond. com. cn。

2009 年以来，高新技术产业产能投资权重不断走高，且增速居于高位，这在很大程度上抵御了传统产业产能投资的收缩，从而为中国制造业投资增速的触底回升奠定了基础。这一现象导致了朱格拉周期起步回升的市场预期，一切都似乎象征着新一轮景气周期的来临。

第二节
2019 年长期利率波动详解

如前所述，以 10 年期国债利率作为标的，其在 2019 年的波动大致可以分为三个阶段：

（1）1～4 月份，市场利率在春节前后围绕资金面因素出现短暂波动，以 2 月 15 日“天量”规模且超预期的社会融资总量数据发布为标志，利率市场进入了波动加剧时期。

1月份的“天量”社融数据初步动摇了长期以来的“紧信用”预期，2月份金融数据虽有反复，但是3月份经济增长数据以及再度涌现而出的“天量”社融数据彻底扭转了“紧信用”预期。1～4月期间，10年期国债利率从3.10%附近最高冲至3.40%上方。

（2）5～8月份，利率出现了显著回落的走势。一方面，在经过年初经济与金融数据的快速回暖后，4～5月份实体经济增长数据出现了止步回落的迹象，经济复苏的预期遭遇波折；另一方面，前期已有所缓和的中美贸易摩擦再度升温，并一度在8月上旬造成了股市的急速下跌，市场风险厌恶情绪再起。上述两个因素共同作用，导致利率回落到3.0%附近，创出了年内低点。

（3）8～12月份，利率再度回归到上行轨道中。中美贸易摩擦在此期间再趋缓和，但是更为重要的是，在经历了二季度以及三季度前期的经济波折后，从8月份开始中国经济增长数据稳中向好，这最终带动了利率和股指震荡回升。

一、2019年初至4月29日：“紧信用”预期扭转

2018年债券牛市的主体宏观逻辑是“宽货币＋紧信用”。由于货币政策基调相对稳定，不易发生变化，市场更多地将精力聚焦于信用增速的变化上，社会融资规模存量同比增速的变化是投资者关注的焦点。

2018年社会融资规模存量同比增速从年初13%以上的高位一路回落，截至年末回落到10%附近，呈现几无波澜式的下行。在上述背景下，“紧信用”预期深入人心，但是超预期性就往往发生在这种一致预期的环境中。

（一）2019年1月2日～2月11日：数据真空期围绕资金面因素，利率展开无序波动

2019年的除夕是2月4日。历年春节前后多为经济基本面与政策面因素的真空期，市场变化在此时多会围绕资金面波动而展开。

这一“惯例波动”虽屡屡被证明为非趋势性，但是历年来却从未改变，2019年的春节前后也并没有摆脱这一“惯例”。

开年以来的债券市场延续着牛市态势。1月4日，李克强总理接连考察中国银行、中国工商银行和中国建设银行的普惠金融部，并在银保监会主持召开了座谈会。李克强强调，要加大宏观政策逆周期调节的力度，进一步采取减税降费措施，运用好全面降

准、定向降准工具，支持民营企业和小微企业融资。①

当晚，中国人民银行决定于2019年1月下调金融机构存款准备金率置换部分中期借贷便利。具体内容为："为进一步支持实体经济发展，优化流动性结构，降低融资成本，中国人民银行决定下调金融机构存款准备金率1个百分点，其中，2019年1月15日和1月25日分别下调0.5个百分点。同时，2019年一季度到期的中期借贷便利（MLF）不再续做。这样安排能够基本对冲今年春节前由于现金投放造成的流动性波动，有利于金融机构继续加大对小微企业、民营企业支持力度。"

此次降准将释放资金约1.5万亿元，加上即将开展的定向中期借贷便利操作和普惠金融定向降准动态考核所释放的资金，再考虑今年一季度到期的中期借贷便利不再续做的因素后，净释放长期资金约8000亿元。

这一举措继续强化了市场的"宽货币"预期，也在很大程度上缓解了市场对于春节期间资金面波动所产生的"惯性"忧虑。降准政策宣布后，虽然也出现了"中央银行正回购回笼货币，平抑异常宽松资金面"的传言，但是在"宽货币"现实和"紧信用"预期的推动下，10年期国债利率从开年的3.17%一路回落到1月17日的3.07%附近。

一月下旬以来，市场消化了年初降准、资金面宽松的兴奋，开始将焦点逐渐转移到开年的信贷增长上。不经意间，股指也从年初低点2440点缓慢上行至春节前夕的2600点附近。

总体来看，以春节为分界点，开年的股、债形成双牛走势，股指从2440点起步，缓慢走升至2600点上方，而10年期国债利率则从开年的3.17%回落到3.07%一线。

就驱动逻辑而言，股指更多关注的是2018年12月份（2019年1月中旬发布）经济数据的企稳，而债市更多关注的是"宽货币"的现实。

（二）2019年2月12日～3月29日："紧信用"预期初现松动

度过了春节长假，债券市场于2月11日开市交易。市场投资者的焦点全部集中到了1月份开年的经济数据，特别是金融信贷类数据上，其间对于开年信贷量大增的传言纷纷。

2月15日，1月份信贷与社融数据发布，增量大超市场预期。其中，1月社会融资规模增量46400亿元（预期33070亿元，前值15898亿元），1月新增人民币贷款32300

① 《李克强考察三大银行普惠金融部并在银保监会主持召开座谈会：进一步采取减税降费措施，运用好全面降准、定向降准工具》，中国政府网，2019年1月4日。

亿元（预期30000亿元，前值10800亿元）。

面对突然远超预期的信用量大增，债券市场尚存犹疑，但是股票市场却展开了2019年最为凌厉的一波上涨。2月18日（金融信贷数据发布的次个交易日）至3月初，上证综指从2600点附近一举上行突破3000点。与此同时，10年期国债利率也从3.06%～3.07%一线起步，回升至3.20%，股债“跷跷板”效应明显。

客观而言，当期的利率回升更多是被股市凌厉上涨所带动，债券市场投资者在这期间曾对于1月份天量信贷、社融增长现象展开过激烈的争论，主要聚焦于以下两个方面：

（1）认为1月份的“天量”信贷透支了后续的增长空间，2月份必然存在“砸坑式”跌落。事实上，每年1、2月份由于春节“错位”效应影响，各类基本面数据都会显现波动性较大的特征，更为妥帖的处理方式是将1～2月份数据合并计量，与上年12月份数据进行边际趋势的比较。但是，2019年2月份可能出现数据“砸坑”的预期可能忽略了一个问题，即1月份的社融增量已经超过了2018年1、2月份的合计量。这样即便真的出现了2月份数据“砸坑”的变化，1～2月份的信用增速超越上年年底水平也是大概率事件。

（2）针对信贷增长中的结构问题展开了激烈讨论。以信贷构成为例，3.2万亿元的信贷构成中，票据贴现规模超过5000亿元，相比于历史同期明显偏高。据此，有观点认为这种信贷结构含有水分，李克强总理在2月20日的国务院常务会议上也指出：“降准信号发出后，社会融资总规模上升幅度表面看比较大，但仔细分析就会发现，其中主要是票据融资、短期贷款上升比较快。这不仅有可能造成‘套利’和资金‘空转’等行为，而且可能会带来新的潜在风险。”[①] 与此同时，中央银行却表示，“票据少数空转套利，多数还是支持了实体”。

对于上述两种看法，市场股票类投资者曾展开激烈辩论。看空者认为，管理层对票据大增不满，后续会采取压降措施，因此对社融或信用增长不利，进而对股票不利。看多者则认为，管理层对票据大增不满，虽然会采取压降措施，但是必然会加大长期贷款的投放，这反而对于股票有利。

一时间众说纷纭，市场对于信用高增的局面能否持续充满了质疑。但是不可否认的是，2018年以来形成的“紧信用”预期初现松动苗头。在3月6～7日，股指与利率同步创出了开年以来的新高水平。

随后股指进入了盘整状态，整体三月份中，股指主要受到三个因素的影响而出现了

---

① 《李克强重申：我们坚决不搞“大水漫灌”》，中国政府网，2019年2月20日。

止步。

其一，3 月 10 日发布的 2 月份金融数据明显低于市场预期，弱化了初露萌芽的“宽信用”预期。

其二，坊间传言监管当局对于股指的快速上涨在密切关注，也确实出现了“监管层明令券商排查配资风险、规范外部接入”等之类的新闻报道。

其三，3 月 22 日开始，美国国债市场出现了 10 年期国债利率与 3 个月国债利率曲线倒挂的现象，并持续了 6 个交易日。这引发了市场对于美国经济衰退的预期，美股出现波动，进而拖累了 A 股的风险偏好情绪。

与此同时，10 年期国债利率在突破 3.20% 后，也出现了一轮明显的回落，这更多是受到两大因素的触动。

其一，3 月 10 日发布的 2 月份宏观金融数据低迷，再度令“紧信用”预期抬头，债市多头更加坚定的认为 1 月份的信用“天量”扩张是个偶发因素。

其二，是来自 3 月 15 日李克强总理会见采访全国两会的中外记者并回答提问时的发言。李克强总理表示：“我们还可以运用像存款准备金率、利率等数量型或价格型工具，这不是放松银根，而是让实体经济更有效地得到支持”①。这一表态激发了债市投资者对于再度“宽货币”的预期。甚至在 3 月末，债券市场出现了“中国人民银行决定自 2019 年 4 月 1 日起下调金融机构存款准备金率 0.5 个百分点”的消息和传言。这导致了 3 月 29 日深夜中央银行紧急辟谣，央行相关人员向“华尔街见闻”表示此为不实消息。

以 2 月 11 日为起点，伴随 1 月份“天量”社融为标志，10 年期国债利率从 3.07% 起步上行突破 3.20%。又以 3 月 10 日前后的 2 月份信贷数据弱增长为折点，并叠加全国两会期间管理层的宽松基调表态，“宽货币 + 紧信用”预期再起，10 年期国债利率再度从 3.20% 回落到 3.07% 附近。

总体来看，围绕 1、2 月份信用数据的波动，债市多空双方争夺激烈，打成了平手。

（三）2019 年 4 月：“紧信用”预期彻底瓦解

1、2 月份的春节“错位”导致了经济数据的波动，通常情况下人们倾向于将开年两个月数据合并比较计量，与上年 12 月份进行比较。事实而言，1 ~ 2 月份社会融资规模存量同比增速也确实比 2018 年 12 月份出现了抬升，但是由于 1、2 月份的忽高忽低（与市场预期比较），导致投资者对于宽信用的持续性存疑，更倾向于延续观察 3 月份的

① 《李克强总理会见采访全国两会的中外记者并回答提问》，新华网，2019 年 3 月 16 日。

情况。

4月伊始，国家发展改革委、国家统计局等官方机构在调研一季度经济时，表示3月份经济回升迹象明显。在3月底的降准谣言被粉碎后，辅之以官方机构对于经济恢复的认可态度，市场投资者开始重建经济企稳预期。债券市场在此大背景下，重新步入调整。同时，股指也脱离了3000点左右的横盘区域，4月初开盘就上冲高走，并一举冲破了3200点关口，直逼3300点。

经济企稳复苏的预期从3月下旬至4月份逐渐成为预期主流。进入中旬，备受市场关注的3月份经济金融数据进入发布期。4月12日海关总署、中国人民银行相继发布了3月份外贸数据以及金融信贷数据，双双超越市场预期。特别是3月份的社融以及信贷增长情况，再度大超市场预期，社会融资规模存量同比增速在上年12月份跌至10.2%的低位后，于3月份一举冲破了11%。

如果说1月份的天量社融增长仅仅是动摇了“紧信用”预期（2月份的社融波动又导致了预期波动），那么3月份的再度大幅增长则彻底粉碎了“紧信用”的预期。

从2018年初开始长期徘徊在资本市场的“紧信用”预期在2019年四月份被终结，其后虽然社会融资规模存量同比增速也有波动，但是“紧信用”的说法很少被市场主流分析提及了，市场似乎重新切换回了美林投资时钟框架，更多地开始观察实体经济数据的变化。

经济企稳与“宽信用”回归所主导的“股强债弱”局面贯穿于4月中上旬，巨量货币信贷的投放也引发了市场对于宽松货币政策转向的担忧。这一担忧最早萌芽于4月17日的公开市场操作中，当天有中期借贷便利（MLF）到期资金规模3665亿元，但是当天中央银行仅仅续作了2000亿元。这引发了市场对于宽松政策微调转向的猜测，市场开始认为货币政策不会再加码宽松，甚至有些看法认为会收紧一些。

4月19日，中共中央政治局召开会议，分析研究当前经济形势，部署当前经济工作。

对于本次会议，市场主流解读认为会议的表态传递出政策微调的信号。相比于2018年货币政策持续宽松的基调表态，本次会议更强调了松紧适度的观点，这引发了市场对于政策微调的猜测。4月25日，中国人民银行副行长刘国强也明确表示“松紧适度”的货币政策取向。① 一时间，“宽松政策基调将进行微调”成为市场关注的焦点。

这一政策预期的变化给股、债两个市场均带来了冲击和影响。

---

① 张莫：《央行强调货币政策取向不变》，载《经济参考报》2019年4月26日，第A1版。

4 月 19 日政治局经济工作会议结束后的首个交易日，由于担忧货币政策转向，进而影响“宽信用”持续性，股指出现了剧烈调整，并一直持续到月底。债券市场则在失去“紧信用”预期后，再度面临了“宽货币”局面转变的担忧，10 年期国债利率进一步上行，并一度突破 3.40% 关口。

4 月下旬，股忧“宽信用”的可持续性，债愁“宽货币”格局的转变，一度形成了股债双跌的局面。

综观 1～4 月份，股、债两个市场的宏观主线均在于“紧信用”到“宽信用”的转变，落实在实体经济中，即为经济增长数据的企稳回升，这一格局的变化导致了股强债弱。具体到政策基调是否微调，“宽货币”格局是否生变，则是该阶段末期的一个波澜。

二、2019 年 5 月至 8 月中旬：经济预期再反转叠加风险事件重出

开年以来“紧信用”预期瓦解，对于债券市场形成了显著冲击，4 月下旬的政治局经济工作会议内容又为“宽货币”能否延续画上了问号，债券市场在两大支柱均有松动的背景下出现了显著的调整。

但是，进入 5 月份以来，一系列事件的发生逆转了债券市场的颓势，并出现了 2019 年内最大的一波多头行情。在此期间，10 年期国债利率从 3.40% 以上的高位持续回落，并跌破了年初低位（3.10% 附近），最低跌至 3.00%。

（一）2019 年 5 月 5～20 日：“政策面”＋“基本面”＋“风险偏好情绪”三大因素罕见同步共振

债券市场在“紧信用”预期粉碎，“宽货币”预期存疑的氛围中度过了惨淡的 4 月份，跨入了“五一”长假。

“五一”长假过后的首个全市场机构交易日（5 月 6 日），中国人民银行在 A 股开盘前宣布，“从 2019 年 5 月 15 日开始，对聚焦当地、服务县域的中小银行，实行较低的优惠存款准备金率。对仅在本县级行政区域内经营，或在其他县级行政区域设有分支机构但资产规模小于 100 亿元的农村商业银行，执行与农村信用社相同档次的存款准备金率，该档次目前为 8%。约有 1000 家县域农商行可以享受该项优惠政策，释放长期资金约 2800 亿元，全部用于发放民营和小微企业贷款”①。

这次降准释放的资金体量有限，但是出台时点（盘中）超出了市场普遍预期，其

① 《人民银行对中小银行实行较低存款准备金率》，载《人民日报》2019 年 5 月 7 日，第 10 版。

最大的意义则是重塑了市场机构对于“宽货币”的信仰和预期，这无疑化解了市场自政治局会议之后对于宽松货币政策微调的担忧。

市场对于“宽货币”转向的忧虑被降准政策扭转，“宽货币”预期再度得以强化，这是 5 月份债券利率转势下行的第一重推动力。

几乎与国内货币政策面变化同步发生，中美贸易争端的风声再起。2019 年 5 月 9 日，美国政府宣布，自 2019 年 5 月 10 日起，对从中国进口的 2000 亿美元清单商品加征的关税税率由 10% 提高到 25% 。[①]

平缓已有时日的中美贸易争端再起，导致风险厌恶情绪再度被激发，直接作用于股票市场，带动了股指的进一步下探，债券市场也随之走强，长期利率继续下行。

其后几天，伴随美国对于中国加征关税的威胁，中国也实施了一系列反制措施。中、美股票市场在这种“你来我往”中不断震荡，风险偏好急剧降低，债券市场作为避险市场被青睐一时，这是带动利率下行的第二重推动力。

无独有偶，政策面因素起步，风险偏好情绪中继接力，最终在 5 月 15 日前后债券市场迎来了第三重多头支撑力量——经济基本面的意外走弱。

基本面数据对于债券市场的影响从 5 月 9 日金融信贷数据发布时就初露端倪，当天发布的金融信贷数据一反前期“高歌猛进”的态势，显著弱于市场预期。

随后，5 月 15 日发布了 4 月份宏观经济增长类数据。相比于 3 月份实际经济增长状况以及市场对于 4 月份经济数据的预期水平，当天所公布的经济增长类数据几乎全线走低，且弱于市场预期。

其中，4 月份规模以上工业增加值同比增速为 5.4%，较 3 月份水平回落了 3.1%。4 月份城镇固定资产投资累计增速为 6.1%，较 3 月份累计同比回落了 0.2%。且分行业来看，房地产开发投资累计增速 11.9%，增速较 3 月份回升 0.1%，制造业增速为 2.5%，较前期数据回落了 2.1%，基建投资增速则持平于 4.4%。4 月社会零售消费品总额同比增速亦明显走弱，回落至“7%”水平，较 3 月下滑 1.5%，增速水平创新低。

2019 年开年以来“宽信用”格局的出现伴随着实体经济数据的改善回暖，这对于债券市场产生了实质性冲击。但是 4 月份数据的突发性回落造成了经济再返衰退、再返“紧信用”的预期抬头，债券市场继续在多头行情中演绎。

至此，5 月份短短的十几个交易日中，债券市场发生了几乎天翻地覆的变化。在这

---

① 《国务院关税税则委员会关于对原产于美国的部分进口商品提高加征关税税率的公告》，中国政府网，2019 年 5 月 13 日。

么短的时间内，政策面、风险情绪、基本面三大因素几乎接踵而至，同步共振，逆转了 3～4 月份的债市空头氛围。

降准政策的落地修正了 4 月下旬以来市场对于"宽货币"转向的担忧，这是支撑 5 月债券回暖的第一股力量。几乎与之同步发生的中美贸易争端再起，引发了市场风险偏好情绪的进一步弱化，这是支撑 5 月债市回暖的第二股力量。5 月中旬发布的 4 月份金融、经济增长类数据意外走弱，是支撑债市回暖的第三股力量。

在短短不足一个月时间内，政策面因素、风险情绪因素、基本面因素三者共振支撑债券，这还是较为罕见的一种组合。

5 月初至 5 月 20 日期间，10 年期国债利率从 4 月底的 3.40% 以上的高位一路快速回落，截至 5 月 20 日回落至 3.26% 附近。

（二）2019 年 5 月 21 日～6 月 28 日：风险厌恶情绪与基本面因素的支撑仍存，包商银行事件起波澜

5 月上中旬利率的顺畅下行在 5 月下旬得以停止。在 5 月下旬期间发生了一起当被记入金融史册的事件——包商银行接管清算风波。

2019 年 5 月 27 日，中国人民银行、中国银行保险监督管理委员会发布《关于接管包商银行股份有限公司的公告》，接管期限自 2019 年 5 月 24 日起至 2020 年 5 月 23 日止。这正式拉开了包商银行接管事件的序幕。

从 5 月下旬一直持续到 6 月中旬，在近一个月时间中包商银行事件对于债券市场、货币市场产生的影响始终存在。其引发了市场交易结构的短期紊乱，这在一定程度上影响了"债牛"的顺畅演进，但是也在更深远意义上促使了"宽货币"局面的延续。事件冲击所造成的短期波澜换来了更为平稳宽松的流动性环境，总体而言对于债券牛市的进一步演进起到推动延续的作用。

包商银行事件的苗头爆发于 5 月 25 日（周末），在周一（5 月 27 日）对于债券市场形成了较为猛烈的冲击。

10 年期国债利率从之前的 3.30% 附近一举冲高到 3.35% 附近，并创出了该事件发生以来的最高水平。其后，包商银行事件的冲击在中国各个监管部门的协力合作下有所缓解，但是其对于债券市场交易结构以及资金市场分层交易结构依然造成了不少的影响和困扰。从二级市场投资交易者的感受观察来看，这一事件的余波一直持续到了 6 月 20 日附近方才明显消散。

从传导逻辑角度来看，包商银行对于市场产生的扰动主要体现在如下两个维度中。

（1）对于货币市场流动性层面形成冲击。监管部门宣布接管包商银行后，市场交

易机构纷纷担忧交易对手的安全性，引发了流动性冲击。这种冲击主要体现在如下方面：

其一，包商银行被接管引发了市场对于中小商业银行的信用担忧，中小商业银行的存单发行受到了很大影响，导致其流动性不足。

其二，中小商业银行的信用受损以及流动性受到冲击，进而影响了非银行金融机构的融资便利性，市场资金融出主体对于非银行金融机构的谨慎程度明显提高。中国的货币市场具有分层结构化特征，非银行金融机构（例如证券公司）多为资金融入方，而大型商业银行多为资金融出方，中小商业银行多以“桥梁”的作用存在，从大型商业银行融入资金，再分散融出到非银行金融机构手中。包商银行事件后，导致资金融出方对于中小商业银行的融出行为异常谨慎，“桥梁”的传导作用几乎消失，进而令非银行金融机构的流动性吃紧，这种循环下来，造成了市场资金融出主体对于非银行金融机构的谨慎情绪甚至超越了中小商业银行。一时间，非银行金融机构的资金链条被绷紧，资金融出方对交易对手及押券要求越来越严格，非银行金融机构尤其是产品户愈加举步维艰。

（2）对于债券市场层面的冲击。受制于货币市场传导不畅，市场流动性处于紧缩状态，部分机构开始赎回货币基金产品，同时避免投资中小银行同业存单，这造成了债券品种受到了冲击，收益率曲线整体上移。

面对上述两个维度的冲击，从 6 月 14 日开始，监管部门着手解决包商银行事件对资本市场的冲击和影响。

一方面，从总量层面增加了流动性供给。6 月 14 日晚间，中国人民银行增加再贴现和常备借贷便利额度 3000 亿元，加强对中小银行流动性支持。

另一方面，更为重要的是解决分层结构不畅通的问题。根据当时媒体报道①，6 月 15～16 日周末监管当局召开会议，研究了流动性传导过程中的“桥梁”缺乏问题，建议形成如下的流动性传递路径：银行给证金公司进行资金融通，证金公司给头部券商进行资金融通，头部券商给其他券商、基金进行资金融通，并且临时性打通券商自营和资管之间的交易通道。

6 月 18 日，央行、证监会联合出台了大行支持非银行金融机构方案，将头部券商建成流动性供给“桥梁”。当天，央行与证监会召集 6 家大行和业内部分头部券商开会，

① 李维：《监管层维稳非银同业风险，头部券商“发债 + 流动性支持”成化解路径》，21 世纪经济报道（21 财经 APP），2019 年 6 月 17 日。

鼓励大行扩大向大型券商融资，支持大型券商扩大向中小非银行金融机构融资，以维护同业业务的稳定，安抚市场情绪，打消部分金融机构顾虑。央行适当调高大型券商短期融资券最高限额，支持大型券商发行金融债券，并鼓励大行与大型券商作同业交易对手方。

一家城商行的风险外溢，引发的却是市场对非银行金融机构的集体不信任，并形成了明显的流动性结构分层传导的阻塞，造成了流动性冲击事件。

包商银行事件对于债券市场的影响和冲击是阶段性的，主要集中在5月25日至6月20日期间，市场关注度最高的时期更是集中在5月27、28日这两个交易日。在这两个交易日中，包商银行事件成为绝对热点，甚至取代了市场对于中美贸易争端事件的关注。

这种事件性冲击对于债券市场只会产生阶段性负面扰动（是通过影响交易机构或影响流动性传导渠道等路径实现），稍长时间维度来看，则必然带动货币的投放，强化宽货币格局，这反而会构成对债券市场的利多支撑。

与包商银行事件冲击同步演绎的依然是中美贸易争端引发的风险偏好降低，依然是经济数据的延续弱化和低于预期。

中美贸易争端依然反反复复，中美双方“你来我往”，这种不确定性总体导致市场风险偏好情绪降低，避险类债券资产自然受益。

市场虽然非常关注中美贸易摩擦，但是由于该事件的未来进展方向非常难以判断，因此该因素难以构成影响债券市场的持续性主线。相比而言，经济数据依然是债券市场的核心关注焦点，其对债券市场的影响也更为直接。

在经历了4月份经济数据的突发回落后，5月份的经济数据再度弱于预期。6月10~14日期间发布的经济、金融等方面数据，几无亮点。特别是6月14日发布的5月份实体经济增长数据，显著弱于市场预期，这是继4月份数据突发下行的延续，经济增长的回落态势再度被确认。

自5月21日以来至6月30日，国债利率总体呈现波动中下行的态势，重心降低，但是幅度有限。10年期国债利率从3.27%附近起步，最高冲至3.35%（包商银行事件冲击），期末（截至6月30日）回落到3.22%。

这一期间的利率下行过程并不顺畅。一方面，包商银行事件阶段性地对债券市场造成了脉冲式负面干扰；另一方面，在于推动债券走强的利多因素并无新意，依然是前述阶段的那三股力量，但是这些利多因素对于债券走势的刺激效应在边际弱化。

本质来看，在5月下旬至2019年半年末这段时期中，驱动债券市场利率下行的因素依然是那三个：政策面驱动的宽货币（这次是为了对冲包商银行事件冲击，货币当局被动进行的宽松举措）；中美贸易争端引发的风险情绪变化；继4月份经济数据下行后，5月份经济数据的再度下行走弱（见图1－1－3）。

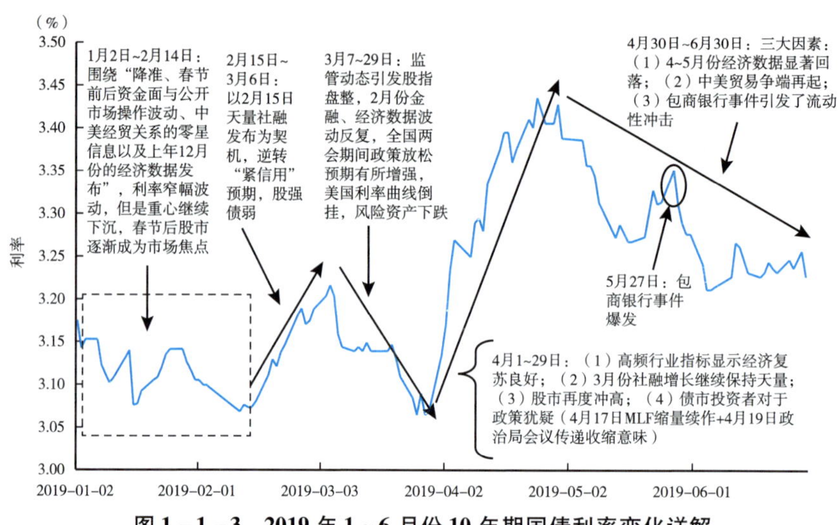

图1－1－3　2019年1～6月份10年期国债利率变化详解

资料来源：中央国债登记结算有限责任公司（CDC），www.chinabond.com.cn。

（三）2019年7月1日～8月15日：风险偏好情绪主导的利率下行

如果将影响债券走势的因素简要分类，大致可以划分为三类影响因素。其一是来自经济基本面因素的影响；其二是来自政策面因素（包括货币政策、财政政策以及产业类政策）的影响；其三是风险偏好情绪的变化与波动。

对于如何定义风险偏好这一影响因素，是相对较为复杂的内容，但是从实践观察角度，更倾向于采用"以股映债"的模式，即股市的大幅度异常波动必然引发债券市场投资者风险偏好情绪的变化。

如果将2019年几个具有显著方向性的利率趋势变化进行分类归因，找出主驱动影响因素，那么1～4月份的利率上行更多归因于经济基本面因素的变化（无论是从信用松紧变化角度理解，还是从实体经济数据改善变化角度看待），而从5月份开始的利率下行，第一阶段（5～6月份期间）更多的也应该归因于经济基本面因素的影响。

特别是在一个经济改善上行过程中突然出现下行拐折，这种超预期效应对于资本市场的走势影响巨大，即表明了前期支撑利率上行的主因素出现了逆转。虽然在此期间也出现了影响风险偏好情绪的事件（如中美贸易争端再起）以及货币政策的变化（如降准），但是从逆转角度来观察，笔者还是更倾向于将 5～6 月份的第一波利率下行主驱动归结为经济基本面因素。

进入 7 月份，直至 8 月中旬，这可以划分为 2019 年利率下行趋势中的第二波。利率在该阶段对于基本面因素以及政策面因素的敏感反应程度都出现了明显降低，更多的是对于风险偏好情绪的宣泄和反应，当然这一风险事件毫无疑问地归属于中美贸易争端。

7 月份全月时期，10 年期国债利率并没有出现很明显的方向突破迹象，基本维持在 3.15%～3.20% 这一狭窄区间窄幅波动，其间虽然也有经济数据的波动（4、5 月份连续下行后，6 月份作为季月则出现了经济、金融数据的超预期回升），也有对于货币政策再度宽松的臆测（如 7 月 2 日，李克强总理表示“要采取措施，把中小企业、民营企业融资的实际成本降下来，而且要明显降下来。我们今年向降 1 个百分点的方向努力”[①]，这一度引发货币政策再宽松预期），但是均没有对于利率产生显著的影响。

此处笔者特别强调的是基本面数据折点对于利率的影响程度。1～3 月份的经济处于上行改善状态，4 月份是首个拐点（经济数据在 5 月 15 日前后发布），这个阶段中的利率下行是最为顺畅的，其后的 5 月份虽然经济继续呈现下行状态（6 月 15 日附近发布），但是在整体 6 月份时期，债券市场更多表现为平衡震荡格局。

利率在 6、7 月份虽维持强势，但是总体呈现平衡格局，说明了市场定价已经开始将经济基本面的弱态纳入了“price in”状态。

7 月份的利率横盘波动状态在 8 月份被打破，利率主要下行阶段出现在 8 月 1～15 日期间。该阶段不存在基本面因素或政策面因素变化的影响，单纯是由于中美贸易争端引发股市大幅下挫，进而带动了市场风险偏好情绪的变化，导致了债券市场利率下行快速突破。10 年期国债利率在此期间，从 3.15% 附近一举下行突破，逼近 3.0%。

引发风险偏好情绪严重波动的事件主要是：①北京时间 8 月 2 日凌晨，美国总统特朗普通过社交媒体发文表示，从 9 月 1 日开始，对中国 3000 亿美元输美商品加征 10% 关税，全球市场主要股指大幅下挫，风险资产大跌，A 股也大幅跳空低开、下行。②北京时间 8 月 6 日，中国宣布暂停购买美国农产品，与此同时，美国宣布将中国列为汇率操纵国，这再度造成了风险资产的大幅跳空低开、下行。

---

① 《李克强在 2019 年夏季达沃斯论坛开幕式发表特别致辞后回答问题以及同国际工商、金融、智库、媒体界代表对话交流实录》，新华网，2019 年 7 月 7 日。

围绕中美贸易争端的种种事件，风险资产受到重创，并带动市场风险厌恶情绪浓重，进而推动了债券市场利率加速回落。

总体来看，7月初至8月中旬的利率下行突破更多是来自风险事件触发避险情绪升温所致，并非来自基本面因素或政策面因素驱动。

三、2019年8月15日至10月底：经济自发触底改善是主驱动

10年期国债利率在无限逼近3.0%关口时戛然止步，重新步入了回升轨道。这一变化初期是在犹疑中展开的，如果在基本面、政策面以及风险偏好三个影响因素中归因，笔者更倾向于主因来自经济基本面的自发触底改善。

2019年的经济增长是在2018年不断弱化的背景下展开，纵观全年，虽然宏观政策刺激的声音与臆测不断，但是全年并没有看到显著的刺激政策出台。因此，2019年是一个较为典型的年份，其特殊之处在于经济自发地、内生地寻找到了底部，并在波折中呈现出逐步改善的走势。

总结全年的经济增长变化节奏，基本可以概括为：1～3月份改善回暖，4月份为拐点，4、5月份连续回落，6月份更多可能是由于季月因素而形成了经济数据上移的“凸点”，7月份经济状况依然偏弱，即4～7月份经济增长的主趋势是弱势下行，不断探底。

8月份是一个触底回升的折点。虽然在9月16日发布的8月份宏观经济数据依然不尽如人意，例如，工业增加值增速竟然创出了年内新低，但是这与市场投资者跟踪的一系列行业增长高频数据形成了鲜明反差。

对此，国家统计局也在数据发布当天的记者招待会中作出了解释说明，国家统计局发言人在针对8月份经济增长数据的记者招待会中明确指出：“8月份工业生产增长略有放缓，这当中确实存在经济本身有一定的下行压力的因素，我们知道国际环境比较复杂，国内结构调整也正处在关键阶段，这是第一个要讲的。第二方面，从8月份当月来看还有一些特殊因素，如8月份工作日比上年同期少一天，对当月工业增速有一定影响。今年8月份工作日是22天，上年同期是23天，对部分工业企业的生产速度会造成一定影响。第三方面，8月份一些气候性因素对部分地区的工业生产也有一定影响。8月份全国登陆的台风有三个，比历史常年多1.2个，其中‘利奇马’台风强度是新中国成立以来第五强的台风，对东部地区省份工业生产造成一些不利影响。如果没有这些特

殊的因素，8 月份工业生产还是比较稳定的。”①

无独有偶，天气因素对经济增长以及工业增加值的影响，在 2016 年 8 月 15 日、2017 年 8 月 14 日的国家统计局记者招待会都曾阐述过。

虽然宏观数据并不乐观，没有揭示出回暖折点，但是从市场高频跟踪的行业数据以及国家统计局的解释来看，相比于 4～7 月份经济数据的整体走低，8 月份确实出现了改善。在当时，这虽然无法断言是前期下行趋势的转折点，但是这毕竟构成了一个积极信号。

（一）2019 年 8 月 15 日～9 月 10 日：贸易争端反复，政策继续宽松，利率横盘波动

在此期间，中美贸易争端的信息时有发生，而且身处当时，也很难看到未来这种争端将走向何方。

在此期间，中央银行于 9 月 6 日宣布了再度降准的决策，市场利率也表现平平。

市场投资者对于前期造成利率回落的风险事件（中美贸易争端）已经反应寥寥，在很大程度上说明市场定价已经开始“price in”该因素；市场利率对于降准措施也反应平平，进一步说明市场定价也基本免疫于货币政策因素。

在此期间，10 年期国债利率在 3.00%～3.05% 这一狭窄区间波动。

（二）2019 年 9 月 10 日～10 月 31 日：债市多重利空接踵而至，首历单纯的“猪通胀”

9 月 10 日开始，经济、金融数据陆续发布，这成为利率摆脱平台区间的主要推动力。

9 月 10 日发布的金融信贷数据走高，并超越市场预期水平。9 月 16 日国家统计局发布的 8 月份经济增长类宏观数据虽然弱于预期，但是这与市场高频跟踪的行业生产数据存在较大差异，而且国家统计局也从天气、工作日差异角度解释了 8 月份宏观数据（主要是针对工业增加值数据）的偏弱原因。多方面因素相互印证，8 月份经济增长相比 4～7 月份的弱态呈现出积极改善的信号。

在此背景下，10 年期国债利率开始脱离平台位置，突破上行，从 3.00% 附近上行至 9 月 20 日的 3.10% 附近。

9 月下旬开始，中美贸易谈判双方展开了对话，中间虽有反复，但是似乎一步一步向改善的状态走去。至 10 月上旬，市场对于中美贸易争端的变化形成了基本共识预期：在向好的方向发展。

---

① 《新闻办就 2019 年 8 月份国民经济运行情况举行发布会》，中国政府网，2019 年 9 月 16 日。

经济基本面数据的改善拐折在先，中美贸易争端缓和向好其后，两大因素先后持续冲击着债券市场，10年期国债利率从3.0%起步回升，先冲破3.10%关口，随后再度冲上3.15%位置。

10月15～18日，9月份经济与金融数据发布，继8月份微观行业层面数据改善发生后，9月份宏观经济数据呈现出走强态势，并超越市场预期，长期国债利率顺势突破3.20%位置。

以10年期国债利率的变化为例，3.0%向3.10%位置的突破主要依赖于8月份经济数据改善苗头的显现；3.10%向3.15%的突破主要依赖于中美贸易争端的缓和向好局面支撑；3.15%向3.20%的突破则更多依赖于9月份宏观经济增长的切实改善，两个月的数据连续改善基本上确认了经济的触底回暖成型。

10月下旬以来，特别是10月25日后，10年期国债利率向3.30%的突破更多是来自对通货膨胀的恐惧和担忧。

事后来看，这是一轮较为特殊的“猪通胀①”，是一轮单纯只有猪肉涨价所导致的居民消费价格指数明显攀升。

四、2019年11月1日至年底：意外降息证伪“猪通胀”，经济持续改善不敌政策宽松，利率高位有所回落

8～10月份，经济自发触底回升，并伴随中美贸易争端的缓和，10年期国债利率回升超过30个基点。其中虽然包含了对于单纯“猪通胀”的过度担忧，但是整体来看，趋势无误。

10月下旬市场核心焦点集中在“猪通胀”问题。市场首次经历这种单纯由猪价异常攀升带动的CPI指数走高，对此新型“通胀”，“中央银行如何看待”则成为市场投资者最为关注的焦点。

11月5日，中央银行意外地宣布降低中期借贷便利（MLF）利率5个基点，并随后在11月18日降低了OMO利率5个基点。

这一政策举措彻底表明了中央银行对于这轮“猪通胀”的看法。即意味着这种单纯由猪价上涨造成的CPI走高并非典型意义上的通货膨胀，因此也并不需要用紧缩的货币政策来对待处理。

在此因素带动下，10年期国债利率率先收复了10月下旬在“猪通胀”压力下而出

① 关于“猪通胀”内容，详见第二篇中相关内容。

现的利率上行幅度（达 10 个 bp），从 3. 30% 以上位置回归到 11 月 20 日的 3. 20% 附近。

11 月 20 日至 12 月 20 日期间，10 年期国债利率围绕在 3. 20% 一线窄幅波动，直至 12 月下旬开始，下行突破回落到 3. 10% 附近，而年末时期的利率回落更多要由于大量摊余成本法基金[①]发行与建仓行为所导致，与其他因素关系不大（见图 1 –1 –4）。

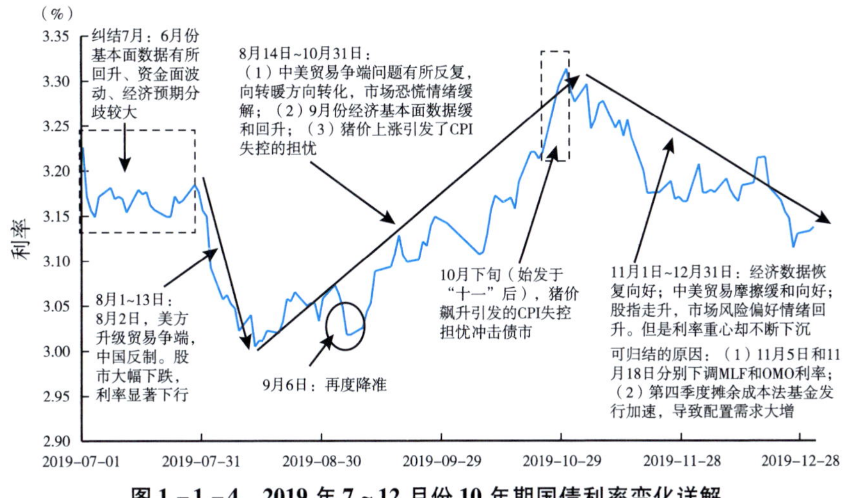

图 1 –1 –4　2019 年 7～12 月份 10 年期国债利率变化详解

资料来源：中央国债登记结算有限责任公司（CDC），www. chinabond. com. cn。

与债券市场相比，整体 12 月份期间，股票市场是当之无愧的热点与焦点。股票指数出现了持续强劲的回升，市场对于经济预期良好，中国将展开新一轮朱格拉周期的呼声高涨，一切似乎都是新周期起步的样子。

债券市场则成为被遗弃的对象，甚至连当时市场中最“头铁”的债券多头分析师也认为未来至少一个季度之内，债券市场没有机会了。

---

① 相关内容请参考本书第二篇第八章第二节《“国 – 金”利差的时代变迁》。

| 第二章 |

2020 年：疫情元年

2019 年底的市场充满着对来年经济发展乐观与美好的预期。在经过短暂波折后，经济增长在 2019 年三、四季度之交呈现出企稳回升态势，“新周期起步”“新一轮朱格拉周期展开”的声音此起彼伏，在这一片美好的期待中，债券市场投资者踏入了 2020 年。

回顾 2019 年的经济变化，可以用一波三折来形容。1 ~3 月份经济增长超预期恢复，但是意外的却是 4 ~7 月份的二次探底，经济增长数据以及金融信贷数据均转头回落，且屡屡低于市场预期。虽然 6 月份经济数据有一抹“超预期”亮色，但更可能是由于季月时点的季节性走强因素所致。

8 月份，微观行业数据陆续转暖回升，虽然所公布的宏观层面经济数据改善并不显著，但是从官方解释来看，更多是受到工作日数量差异和异常天气因素干扰，其后的 9 月份、11 月份数据均显示出经济企稳回暖（10 月份数据略弱），这基本确认了经济增长在缺乏明显货币政策和财政政策刺激的背景下，自发寻找到了底部，并企稳改善。

经济的内生性企稳过程令市场风险偏好情绪油然而生。在 2019 年 2 月 18 日首提“股牛头，债牛尾”的观点后，笔者曾于 2019 年底（12 月 12 日）再度重申了“股牛头，债牛尾”的策略看法，甚至在当时连债券市场中最乐观的多头分析师也认为未来至少一个季度内，债券市场没有机会了。

相对于悲观的债券市场而言，股票分析师则强烈看好股票牛市，所推荐的具体行业品种也发生了改变，从以往侧重的科技股转而推荐周期股。这种股牛债熊的预期在 2019 年 12 月份中下旬显得尤为强烈。

债券市场从 11 月初开始修复由于“猪通胀”而带来的价格下跌。截至 2019 年 11 月 20 日附近，10 年期国债利率从 3. 30% 以上位置回归到 3. 20% 附近，并在此位置横盘近 1 个月时期，进入 12 月下旬后，又从 3. 20% 位置进一步回落到 3. 10% 附近。

在年底时期面对股票和商品市场的强势，债券市场竟然韧性十足，回落了 10 个基点的幅度，着实令人惊讶，当时更多把这种韧性归因于资金面的异常宽裕（当时的隔夜回购利率创半年以来的新低，再度逼近 1% 附近），也有看法归因于新近成立了大量的摊余成本法基金，在年末一级发行市场缺位的情况下，这些基金不得不在二级市场大量买入债券，这种建仓行为带动了利率的下行。

市场、预期、逻辑似乎都一一匹配，预示着在新的年度中“股牛债熊”的展开。但是谁都没有想到，即将跨入的 2020 年竟是如此莫测，在这一年发生的事情竟然在后期如此漫长的时期内影响着世界、影响着中国。

需要注意的是，从 2020 年的资本市场表现及驱动逻辑来看，许久在“江湖”中未见或已被笑为失效的“美林投资时钟”分析框架，在这一年中竟然重新大放异彩，周期性轮回竟然在短时期内再度重演。

第一节
2020 年基准国债利率运行轨迹综述

2020 年的 10 年期国债利率呈现出典型的“V”型反转走势。年初起步于 3.15% 附近，在突如其来的新冠疫情蔓延影响下，中国经济增长出现了负增长，截至 4 月份，10 年期国债利率最低回落至 2.48% 附近，几乎创出了有官方记载数据以来的新低水平，随后很快出现了“V”型反转，利率一路走高，最高冲至 3.35% 高位，年底收盘于 3.15% 附近。

虽然对比年初、年末利率，10 年期国债利率相差无几，但是从年内利率的波动幅度来看，近 100 个基点的波动空间，创出了近些年以来的纪录（见图 1－2－1）。

2020 年是一个经济环境急剧衰退，而后又快速复苏，甚至后期有些偏于过热的年份。在短短一年时间内能看到周期的这种大开大合变化，是较为罕见的。

一年中经历了经济周期的“四季轮回”，利率的变化也就显得非常简洁，全年基本划分为两个大阶段。

（1）1～4 月份，新冠疫情突发，冲击中国乃至全球经济，经济增长快速进入深度衰退中，10 年期国债利率快速下行，甚至创出了历史新低。

（2）5～12 月份，疫情冲击陆续消散，在一系列稳增长政策作用下，中国经济率先走出衰退，10 年期国债利率反转上行，创出了年内新高（见图 1－2－2）。

1月26日（农历正月初二），李克强总理主持召开中央应对新型冠状病毒感染肺炎疫情工作领导小组会议。会议要求，及早做好春节假期后疫情防控安排，采取适当延长春节假期、调整学校开学时间、支持网上办公等措施，减少人员流动。[①]

1月27日（农历正月初三），《国务院办公厅关于延长2020年春节假期的通知》发布，为加强新型冠状病毒感染的肺炎疫情防控工作，有效减少人员聚集，阻断疫情传播，更好保障人民群众生命安全和身体健康，春节假期延至2月2日（农历正月初九），2月3日起正常上班。

1月27日（农历正月初三），海外市场富时中国A50指数期货开市交易，离岸人民币汇率市场开市交易，均显著下跌。

此外，世界卫生组织在26日、27日的新型冠状病毒报告中，将新型冠状病毒疫情全球范围风险改为高风险。世界卫生组织表示，此前发布的报告中，错误地将新型冠状病毒疫情对全球风险总结为中等，其实为高风险。

1月29日（大年初五），港股开市交易，当天股指下跌2.80%，比预期的表现要好。

1月31日凌晨3点30分，世界卫生组织突发事件委员会经讨论，决定将此次新型冠状病毒感染的肺炎疫情确认为“国际关注的突发公共卫生事件”（PHEIC）。同时，还建议把此次肺炎临时命名为“2019-nCoV急性呼吸道疾病”。

这也是自2005年《国际卫生条例》实施以来，世界卫生组织宣布的第6起“国际关注的突发公共卫生事件”。

2月1日开始，中国相关部门开始为2月3日的开市做应对措施准备，并提前传达稳定信号和预期。

2月1日，中国人民银行、财政部、银保监会、证监会、外汇管理局等五部门联合印发《关于进一步强化金融支持防控新型冠状病毒感染肺炎疫情的通知》。同时，中国人民银行副行长、外汇局局长潘功胜接受了《金融时报》记者的专访，就金融支持疫情防控的一系列新的重要举措等内容进行了重点解读。

中央银行明确指出，2月3日将开展1.2万亿元公开市场操作投放流动性。“为维护疫情防控特殊时期银行体系流动性合理充裕和货币市场平稳运行，2020年2月3日中国人民银行将开展1.2万亿元公开市场逆回购操作投放资金，确保流动性充足供应，银

① 《李克强主持召开中央应对新型冠状病毒感染肺炎疫情工作领导小组会议》，中国政府网，2020年1月26日。

行体系整体流动性比去年同期多 9000 亿元。”①

同时，2 月 2 日晚间，有券商证券金融部发布的紧急通知在业内广泛流传，主要内容为“证监会通知 2020 年 2 月 3 日起暂停融券卖出业务”。

经过 10 天的海外资本市场反应、消化以及国内政策管理层的政策储备与预期疏导工作，2 月 3 日中国各资本市场如期开市。

2 月 3 日，春节长假后的首个交易日中，中央银行宣布开展 12000 亿元逆回购操作，因当日有 10500 亿元逆回购到期，当日实现净投放 1500 亿元。同时，中央银行下调 7 天期逆回购利率至 2.4%，此前为 2.5%，即降息 10 个基点。

当天上证综合指数跌 7.72%，深证成分股指数跌 8.45%，创业板指数跌 6.85%。

2 月 3 日开市到 2 月 10 日期间，股市、债市都在消化与定价疫情冲击下的中国经济波动，10 年期国债利率从春节前 3.00% 附近的水平起步，跌破了 2.80%。

新冠疫情对于国内资本市场冲击最大的时期集中在 1 月 23 日～2 月 10 日期间，其中有近 10 天由于春节因素国内资本市场休市，2 月 3～10 日是对国内资本市场的集中冲击时期，市场在此期间的关注焦点都是跟踪每天疫情感染人数的变化数据。

截至 2 月 11 日，湖北以外新增病例连降 7 天。伴随疫情有所缓和，市场的关注焦点开始从疫情感染人数这一环节转移，切换到了关注复工复产的情况，并开始评估疫情暴发对于中国经济的冲击影响程度。政府部门的工作焦点也开始向复工复产环节转换。

在经过前期近 20 多个基点的回落后，债券市场出现了调整，10 年期国债利率从 2 月 10 日附近的 2.78% 附近回调到 2.88% 附近。

整体来看，新冠疫情暴发对于债券市场的第一波影响暂告落定，其间并没有实质性的经济数据发布，更多体现的是市场投资者对于经济冲击的恐慌情绪以及海外市场波动引发的风险厌恶情绪。但是无论是何种情绪，其本质则体现的是对国内经济运行的忧虑。

相比于债券市场的波澜，春节后股票市场的表现却有点出人意料，股指基本上是以一步到位的方式完成了下跌，随后持续修复上行。对于股票的迅速定价，笔者的解释有三。第一，长假时间里海外股市的风险厌恶情绪进行了充分释放，这有助于国内股市开市后的迅速定位。第二，疫情暴发前，股指已经表现为牛市特征，市场投资者对于趋势牛市的预期较为一致。第三，市场回顾了 2003 年非典疫情时期的变化，从而展现出了明显的学习效应。

---

① 中国人民银行网站，2020 年 2 月 2 日。

（三）2020年2月21日～3月19日：第二波冲击——海外变数

从疫情暴发到国内恐慌情绪缓解，大致耗费了一个月时间。本以为这种缓解的局面会持续，令人意外的是海外市场出现了“巨震”。

中国国内的新冠疫情逐步得到有效控制，但从国际范围内来看，一些国家却开始陆续宣布确诊数量增加。按照世界卫生组织的统计，截至2月24日，全球出现新冠疫情的国家为29个。

在新冠疫情全球蔓延的背景下，以美国股市为代表的海外资本市场开始出现“巨震”。

美国道琼斯股指从2月21日的29000点附近连续出现暴跌，截至3月20日已跌至19000点附近，其跌幅之大、跌速之快甚至超越了2008年次贷危机时期。

在此背景下，七国集团（G7）财长和银行家召开电话会议讨论如何应对疫情冲击。北京时间3月3日晚间23点，美国联邦储备理事会（美联储，FED）宣布紧急降息，下调联邦基金利率目标区间50个基点，至1.00%～1.25%。对此，美联储表示，降息的理由是因为病毒构成了不断变化的风险。

海外疫情的蔓延导致了全球风险资产出现大幅下跌，中国股市和利率再度回落，10年期国债利率从2月20日的2.88%起步，一路下行。

无独有偶，在海外市场面对疫情冲击的同时，又一“黑天鹅”事件爆发了，即俄罗斯与沙特展开了“石油战”。

3月7日，“欧佩克+”未能达成减产协议，俄罗斯拒绝进一步减产原油，原有的减产限制也被取消。而与此同时，沙特大幅降低售往欧洲、远东和美国等市场的原油价格，折扣幅度创逾20年来最大。同时，沙特还私下告知市场参与者，如有需要将增加产量，甚至不排除达到1200万桶/日的创纪录水平。①

因新冠疫情导致的需求降低状况，又会因沙特增产而变得雪上加霜。当时媒体采访的某大宗商品对冲基金经理表示，沙特此举相当于在原油市场“宣战”。

在此背景下，国际原油价格大幅度下跌，跌幅超30%以上。疫情冲击叠加国际市场“石油战”，导致美国股市在北京时间3月9日夜间跌超2000点，标普500股票指数日内跌7%，触发第一层熔断机制。

30多年以来的美股市场，此前真正触发熔断仅有一次，即1997年10月27日，道琼斯工业指数暴跌7.18%，创下自1915年以来最大跌幅。若干年后再一次美股市场熔

---

① 新华网3月9日援引彭博报道。

断发生，导致了市场风险厌恶情绪显著增加，当天国内10年期国债利率明显下行，一度跌至2.52%附近。

在国际市场风雨飘摇之际，国内疫情却出现了持续改善，市场情绪开始趋向乐观积极。

国内的乐观情绪与海外市场的“巨震”相互叠加，但是3月9日以来，美股、美债等资本市场却进入了“股灾”模式，股指、利率大幅度波动起伏。笔者记录了当年3月份时期美股、美债剧烈波动的一些表现情况，如下列示（均以北京时间为准）：

（1）3月9日晚，美股发生下跌熔断；

（2）3月10日下午1点38分，美债价格发生下跌熔断；

（3）3月10日下午，标普股指期货发生上涨熔断；

（4）3月12日上午10点，美国纳指期货下跌熔断；

（5）3月12日晚，美国道指、纳指、标普指数开盘下跌熔断；

（6）3月13日晚7点左右，由于风险偏好持续回升，美股期指涨幅扩大，标普500指数期货涨5%，触发交易限制；

（7）3月16日，面对联储再度紧急降息到零利率，标普500股指期货开盘即下跌熔断；

（8）3月16日晚，美股开盘即下跌熔断；

（9）3月17日，标普500股指期货上行熔断；

（10）3月18日中午时分，继标普500指数期货、纳指期货之后，道指期货亦触及止损跌停限制；

（11）3月19日凌晨4点，美股收盘再度暴跌，盘中发生了本月以来第四次、历史上第五次触及熔断；

（12）3月20日清晨，纳指期货涨至7629点，触及交易限制；

（13）3月23日清晨，美股期指触及下跌熔断限制，道指期货、标普500指数期货跌5%，纳指期货跌近5%；

（14）3月24日下午5点40分，美国三大股指期货均触及涨停限制；

（15）3月24日晚间8点50分，美股期指拉升，三大股指期货均涨5%，再度触及“涨停”。

3月中旬，各国联手出台各类政策救助股市。北京时间3月16日（周日）美联储将联邦基金利率区间降至0～0.25%，并推出7000亿美元的大规模量化宽松计划，以保护经济免受疫情影响。

面对高度混乱的金融市场，美联储还将银行的紧急贷款贴现率下调了125个基点，至0.25%，并将贷款期限延长至90天。

与此同时，俄罗斯与沙特的“石油战”也进行得如火如荼。北京时间3月18日周三晚九点，西得克萨斯中质油（WTI）期货合约跌破24美元/桶，创2002年6月以来新低，日内跌超10%，布伦特原油价格跌幅也扩大至逾5%，跌至27美元关口。

即便如此，沙特能源部依然表示，在指示沙特阿美公司在未来数月继续以1230万桶/日的水平供应原油。而俄罗斯石油公司则坚称，即使油价接近每桶10美元，其较低的生产成本仍将使它们继续增产。

疫情的蔓延插了美股“第一刀”，而俄罗斯与沙特的“石油战”则插了美股“第二刀”。全球风险资产在大幅下挫过程中，中国A股也转头回落，二次探底。

但是与风险资产的弱势相比，国内债券市场却表现相对淡定平稳，投资者更多地将焦点集中在疫情结束以及“经济底”已探明的角度上。从3月10日开始，10年期国债利率从2.50%附近逐渐走升起来，截至3月19日回升到2.73%附近。

回顾从疫情暴发到3月20日附近这段时期，两个“意想不到”发生：其一，没想到中国这次疫情恢复得这么快，一个半月时间内就得以平稳；其二，没想到海外蔓延得那么厉害，至今其严重程度已经远超中国。

总体来看，2月21日～3月19日，利率下行的第二波主要触发因素是海外市场的“巨震”，其带动了风险厌恶情绪再度回升，从而令利率“再下一城”。但是从3月10日开始，伴随国内疫情出现转折点，利率没有与风险情绪协同共振，反而选择了平稳回升。

在当初，针对3月10日后国内利率不降反升的现象也有另一种解释。即从3月中旬以来，美国资本市场出现了一轮流动性危机，造成了美国市场中的“股债双跌”局面。这种流动性收缩的态势也传导进了国内资本市场，从而造成了国内市场的“股债双跌”现象。因此，3月10～20日期间，国债利率不降反升的现象可能更多应归因于美国市场流动性危机的传导。

（四）2020年3月20日～4月29日：第三波冲击——利率在经济企稳与政策加码宽松中纠结反复

进入3月份下旬，美国市场终于结束了“股债双跌”的流动性危机局面，中、美两国的股指虽然还在弱势过程中，但是中、美两国的利率都结束了上行态势，并开始回落下行，这标志着流动性危机的局面得以缓和。

债券的关注焦点重归国内经济基本面和政策面因素。在度过疫情冲击最为严重的2

月份后，经济状况从 3 月份开始出现边际转暖。3 月下旬以来，不少行业高频数据已经显现出好转的迹象，乐观的声音和判断也多了起来。

2020 年 3 月 22 日，时任中央银行副行长陈雨露公开表示，我国实体经济正在边际改善。从 3 月以来掌握的支付结算数据、存贷款数据动态来看，确实实体经济在不断边际持续向好。估计在第二季度各项经济指标会出现显著改善，中国的经济增长会比较快地回到潜在产出附近。①

而几乎同期，新华社消息报道："3 月份以来，我国发用电量明显回升。3 月 17 日，全国全口径发电量 179 亿千瓦时，较 2 月底提高 10.8%，较上年同期增长了 1%，日发电量实现今年春节以来的首次正增长。"②

中国经济状况度过了最差时期，我国的政策也开始进入了连续放松刺激的过程。这一阶段出台的宽松政策举措不断，根据当时的媒体报道或官方渠道证实，笔者整理了当时一系列的宽松举措，供读者参考。

（1）3 月 25 日，媒体援引英国《金融时报》报道："中国央行就下调银行储户存款利率进行讨论"。

（2）再度降息。3 月 30 日 9 点 45 分，中国央行当天进行的公开市场 7 天期逆回购操作中标利率 2.20%，此前为 2.40%。

（3）3 月 31 日，国务院总理李克强主持召开国务院常务会议。会议指出，要进一步增加地方政府专项债规模，在前期已下达一部分今年专项债限额的基础上，抓紧按程序再提前下达一定规模的专项债，按照"资金跟着项目走"原则，对重点项目多、风险水平低的地区给予倾斜。各地要抓紧发行，力争二季度发行完毕。同时，会议确定进一步强化对中小微企业普惠性金融支持。增加中小银行再贷款再贴现额度 1 万亿元，进一步实施对中小银行定向降准，引导中小银行将获得的全部资金以优惠利率向中小微企业贷款，扩大涉农、外贸和受疫情影响较重产业的信贷投放。支持金融机构发行 3000 亿元小微金融债券用于发放小微贷款。引导公司信用类债券净融资比上年多增 1 万亿元。促进中小微企业全年应收账款融资 8000 亿元。③

（4）4 月 3 日，中国人民银行副行长刘国强在国务院联防联控机制新闻发布会上表示，存款基准利率是利率体系的压舱石，调整时要考虑多方面因素，当前 CPI 明显高于

① 赵白执、南彭扬：《陈雨露：估计二季度各项经济指标会出现显著改善》，中国证券报·中证网，2020 年 3 月 22 日。

② 姜琳：《发电量首次正增长！经济运行现"暖"意》，新华网，2020 年 3 月 22 日。

③ 《李克强主持召开国务院常务会议》，新华社，2020 年 3 月 31 日。

一年期存款利率，同时还要考虑经济增长、内外平衡，以及利率太低是否加大货币贬值压力等因素。存款基准利率与老百姓关系更直接，作为货币政策工具可以使用，但要充分评估，考虑老百姓的感受。①

（5）4月3日傍晚5点新闻报道：为支持实体经济发展，促进加大对中小微企业的支持力度，降低社会融资实际成本，中国人民银行决定对农村信用社、农村商业银行、农村合作银行、村镇银行和仅在省级行政区域内经营的城市商业银行定向下调存款准备金率1个百分点，于4月15日和5月15日分两次实施到位，每次下调0.5个百分点，共释放长期资金约4000亿元。中国人民银行决定自4月7日起将金融机构在央行超额存款准备金利率从0.72%下调至0.35%。

（6）4月15日9点45分，中国央行宣布今日开展一年期1000亿元中期借贷便利（MLF）操作，操作利率下调至2.95%，此前为3.15%。从2020年4月15日开始，中国人民银行对农村金融机构和仅在省级行政区域内经营的城市商业银行定向下调存款准备金率1个百分点，分两次实施到位，每次下调0.5个百分点。当天为实施该政策的首次存款准备金率调整，释放长期资金约2000亿元。同时，中国人民银行开展中期借贷便利（MLF）操作1000亿元。

（7）4月17日，中共中央政治局召开会议，分析国内外新冠疫情防控形势，研究部署抓紧抓实抓细常态化疫情防控工作；分析研究当前经济形势，部署当前经济工作。会议指出，“要以更大的宏观政策力度对冲疫情影响。积极的财政政策要更加积极有为，提高赤字率，发行抗疫特别国债，增加地方政府专项债券，提高资金使用效率，真正发挥稳定经济的关键作用。稳健的货币政策要更加灵活适度，运用降准、降息、再贷款等手段，保持流动性合理充裕，引导贷款市场利率下行，把资金用到支持实体经济特别是中小微企业上”。会议强调，“要坚持房子是用来住的、不是用来炒的定位，促进房地产市场平稳健康发展”。② 市场投资者敏锐地观察到，在本次政治局经济工作会议中提到了“降息”字眼，这在以往是非常罕见的。

（8）4月24日上午，中国央行进行561亿元定向中期借贷便利（TMLF）操作，TMLF操作为一年期，利率为2.95%，此前为3.15%。

一系列宽松刺激措施纷沓而至，其目标都是对冲疫情对宏观经济运行的影响。

自2020年1月20日前后新冠疫情暴发以来，直至3月上旬期间，国内的主要工作

---

① 《央行：调整存款基准利率要充分评估 考虑老百姓感受》，证券时报e公司，2020年4月3日。

② 《中共中央政治局召开会议》，新华社，2020年4月17日。

是抗疫，虽然有一些政策宽松方面的举措，但是从笔者认知来看，更多是出于稳定市场恐慌情绪的目的。

进入 3 月上旬后，国内疫情蔓延形势得到了初步控制，但是海外的疫情局面则恶化起来，伴随海外各经济主体大幅度加码刺激宽松政策，3 月下旬以来中国的刺激宽松政策也接踵而至。

这一时期的政策目的已经并非是稳定资本市场预期，而是真正着眼于刺激实体经济尽快复苏，促进更快、更好的复工复产。

从 3 月 20 日以来，我国出台了一系列密集的宽松刺激性政策，降准、降息、降低超额存款准备金利率、发行抗疫特别国债等措施不断，一直持续到 4 月底。根据不完全统计，这段时期内几乎每 2～3 天就会有一个刺激性政策出台落地。

经济企稳回暖信号频频显现，宽松刺激性政策频出不断，这两个因素同时显现。因此在这段时期债券市场面临一个两难的处境：一方面，基本面出现了企稳改善的曙光；另一方面，政策面在加码宽松。那么长期利率走向该何去何从？

在当时，市场的主流认知是这样的：即便经济会起来一些，只要货币政策宽松着，利率还会下来。因为这次经济回落的幅度太大了，即便起来，总体水平也不高，谈不上复苏，所以只要政策依然宽松，利率依然会下行。

极度宽松的货币政策产生的结果就是货币市场利率远远低于政策利率水平，市场隔夜利率加权平均水平甚至一度低至 0.5%，这明显是一种不合理的状态。但是在当时，狂热的债券市场投资者却认为货币市场隔夜利率的正常定位本应该就是比拟超额存款准备金利率（0.35%），而并非参照于公开市场操作利率。

市场预期在“两难选择”中更侧重于政策宽松因素，同时海外市场的波折也在情绪层面支持着债市多头的看法。例如，3 月下旬后美国虽然暂时摆脱了流动性危机，脱离了“股债双杀”的局面，但是股指依然在下坠过程中，而同期的俄罗斯与沙特“石油战”依然愈演愈烈，这成为国际市场投资者的关注焦点。

所谓的“石油战”终于在 4 月 21 日演绎至巅峰。北京时间 2020 年 4 月 21 日（05：03：13）美油 5 月合约收跌 171.7%，报 -13.1 美元/桶，这是历史首次跌至负值，其在盘中跌幅更是一度超 300%，价格最低报 -40.32 美元/桶。6 月原油期货收跌 15.22%，报 21.22 美元/桶。油价负值意味着将油运送到炼油厂或存储的成本已经超越了石油本身的价值。

“石油战”所带来的风险偏好情绪明显低落，历史罕见的负油价事件也引发了中行“原油宝”事故①的发生，险些造成国内金融系统风险。

政策与情绪主导了3月20日以来的市场变化，其权重影响超越了基本面的复苏苗头，带动了长期利率向下突破。

4月8日，10年期国债利率一度触及2.48%的低位，其后虽然在经济复苏苗头初现、中央决定发行抗疫特别国债的信息影响下有所波动，但是最终还是受到了资金面异常充裕以及“石油战”风险事件的影响，于4月29日再度收于2.50%的历史低位。

从历史后视镜的角度来看，新冠疫情暴发对于国内资本市场的冲击持续到4月底就终结了，但是身在当时，并没有人认为这就是拐点。

二、2020年4月30日～8月31日：经济复苏

度过了“五一”长假，市场迎来了各类4月份经济数据的集中发布。从5月7日发布的4月份进出口数据、5月11日发布的金融货币数据以及5月15日国家统计局发布的经济增长类数据来看，4月份经济呈现出超预期恢复的状态。

3月份中下旬以来各行业高频数据展现出的经济暖意在4月份开始放大、发酵，宏观经济数据的变化进一步确认了经济的回暖复苏格局。

这期间虽然国内货币政策依然宽松，但是货币市场隔夜利率已经不再继续下探，企稳于当期的低位水平。美国市场虽然暂时摆脱了崩塌式下跌，但是美元衍生品市场开始“price in”美国“负利率”②。

应该说在外部市场局势稳定后，风险偏好因素已经不再起主导性作用，市场多空双方围绕经济基本面和政策面进行博弈。

5月份以来，经济基本面依然延续了3月中下旬开始的回暖格局，而被债市多头赋予巨大权重影响的货币宽松局面也出现了些许变化。隔夜回购利率加权平均水平回落至0.70%附近后，不再继续下探，而是横盘稳定，继而从5月中下旬开始出现了明显回

---

① 2020年受新冠疫情、地缘政治、短期经济冲击等综合因素影响，国际商品市场波动剧烈。美国时间2020年4月20日，WTI 5月期货合约CME官方结算价－37.63美元/桶为有效价格，客户和中国银行都蒙受损失，由此触发“原油宝”事件。4月21日，中国银行原油宝产品“美油/美元”“美油/人民币”两张美国原油合约暂停交易一天，英国原油合约正常交易。2020年5月4日，国务院金融稳定发展委员会在第28次会议，提出高度重视国际商品市场价格波动所带来的部分金融产品风险问题。

② 针对万众期待的负利率，美联储主席鲍威尔于5月13日表示，负利率不是美联储所关注的。美联储打算继续使用已经尝试过的工具。在此之前，负利率是一个悬而未决的领域，之前关于负利率讨论的会议记录显示，几乎“所有”联邦公开市场委员会（FOMC）成员都反对负利率。

升，并向公开市场操作利率（OMO 利率）靠拢。至此，支撑债券市场多头的最主要动力被松动、瓦解。

超低隔夜回购利率的逐渐走升，叠加经济基本面的不断回暖，构成了债券市场最大的负面冲击力。10 年期国债利率从 2.50% 起步回升，一路上行，中途都没有出现过像样的回撤。

在此期间虽然也出现过零星的所谓“风险事件”，例如，5 月下旬的中美经贸关系波折、6 月 16 日北京市应急响应级别[①]由三级上调至二级、8 月 10 日市场传言中央银行入场购买国债[②]等。这些所谓的风险事件或传言均没有对债券市场产生实质性影响，债券市场的逻辑主线非常坚定地确定为“资金利率由偏低向正常水平回归 + 经济数据回暖延续”。

从 4 月 30 日至 8 月 31 日，10 年期国债利率几乎无明显回撤的上行，从 2.50% 回升，突破 3.0% 关口，最高冲至 3.05% 附近（见图 1－2－3）。

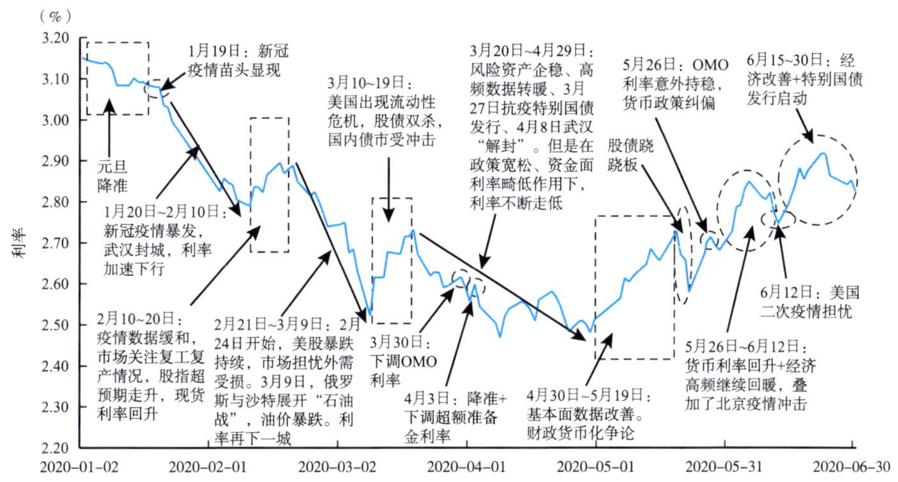

图 1－2－3　2020 年 1～6 月份 10 年期国债利率变化详解

资料来源：中央国债登记结算有限责任公司（CDC），www. chinabond. com. cn。

---

① 2020 年 1 月下旬，为应对新冠疫情，北京市启动重大突发公共卫生事件一级响应。随着疫情防控形势的变化，北京市突发公共卫生事件应急响应级别在 4 月 30 日 0 时由一级下调至二级，在 6 月 6 日 0 时起由二级调至三级，并相应调整防控策略。

② 8 月 14 日央行资产负债表发布，没有显示购买国债，粉碎了 8 月 10 日的市场传言。

2019 年以来市场聚焦的宏观变量就是经济增长，很少聚焦到通货膨胀领域。谁也没想到 2020 年底隐约可见的通胀预期和担忧竟然成为 2021 年的一大宏观主线。

（二）2020 年 10 月 16 日～11 月 19 日：海外风险冲击叠加永煤违约事件

经济运行良好已经成为市场共识，这是债券市场利率水平连续上行的根基。但是连续上行突破的利率也引发了监管当局的关注。

面对持续上行的货币市场回购利率和同业存单（NCD）利率，10 月 27 日附近，市场出现了定向降准和中央银行指导 NCD 价格（觉得太高）的传言。

此外，北京时间 2020 年 10 月 29 日（当地时间 10 月 28 日晚）法国总统马克龙发表全国电视直播讲话，宣布法国将于 10 月 30 日正式实施第二次全国“封城”，以应对日益恶化的疫情挑战。[①] 根据马克龙宣布的内容，本次防疫力度小于当年春季的封城措施。

欧洲二次疫情的暴发导致了市场风险资产波动加大，在情绪方面有利于债券市场利率的稳定。

而从 11 月 2 日开始，市场也切实明显感受到了资金面出现松动迹象。应该说至此为止，上述因素都是有利于缓解利率上行压力的，但是美国总统大选改变了这一切。

11 月 4～8 日，美国总统大选开始，最终拜登击败特朗普当选新一届美国总统。总统选举过后，全球风险资产所面对的不确定性消除，开始大涨，这对本已趋稳的债券市场再度形成压力。

无独有偶，11 月 9 日辉瑞疫苗在大型研究中显示，可预防 90% 的新冠病毒感染[②]。这一信息导致了全球股市大幅上涨。

总统选举落定，令不确定性消除，叠加疫苗成功有效的好消息，带动了全球风险资产的强势上涨，在此情绪影响推动下，国内债券市场利率再度回归上行轨道。

屋漏偏逢连夜雨。11 月 10 日，永煤（永城煤电控股集团有限公司）债券违约事件爆发了。

2020 年 11 月 10 日，永煤控股在上海清算所发布了《关于永城煤电控股集团有限公司 2020 年度第三期超短期融资券未能按期足额偿付本息的公告》。称公司因流动资金紧张，2020 年度第三期超短期融资券“20 永煤 SCP003”未能按期足额偿付本息，已构成实质性违约，涉及本息金额共 10.32 亿元。这成了本轮信用债市场巨震突变的导

① 李洋：《马克龙宣布法国将实施第二次全国“封城”》，中国新闻网，2020 年 10 月 29 日。

② 辉瑞此前预计首批疫苗的有效性在 60%～70% 之间，“超过 90% 就很了不起了”。科学家们此前期望新冠疫苗至少要达到 75% 有效，而白宫疫情顾问福奇医生认为 50%～60% 有效率就可以接受。而辉瑞/BioNTech 疫苗初期数据却达到了 90%。

火索。

无独有偶，11月11日在财报数据改善且无明显事件冲击的情况下，联合评级将魏桥集团两只债券评级由AAA下调至AA+，这引发了市场投资者对于魏桥集团经营状况的不良猜想。

连续两起信用风险事件，导致投资者开始讨论国企“逃废债”的行为是否会蔓延，这种行为是否会被其他同类型企业所效仿，市场悲观情绪进一步发酵。

从2020年11月12日开始，市场投资者悲观预期信用风险事件可能会密集发生，这种风险厌恶情绪开始进一步向其他信用债传导。部分与永煤、华晨、青海模式具有相似性的信用债开始遭到市场的抛售，恐慌情绪横向蔓延。

同时，部分债券型基金因持有部分违约债券，导致了净值下降，遭遇了份额赎回。为应对赎回压力，债券基金开始通过抛售流动性较好的高等级债券或以在资金市场拆入资金的方式来应对冲击。

悲观情绪开始通过资金市场纵向蔓延。即便中央银行在公开市场进行了大额的流动性投放，资金市场依然全线紧张，拆借利率不断上行。出于对信用风险的担忧，利用信用债作为抵押品的资金拆借难度明显提升，流动性分层初现端倪。

就本质而言，多个独立事件聚集发生，引发了二级市场投资者集体性的风险偏好异动，严重冲击了债券市场投资者对国有企业信用资质的“固有信仰”。

从11月11日开始，一直持续到11月19日，整体债券市场都处于永煤违约事件产生的系列冲击过程中，10年期国债利率也从3.20%附近一举上冲到3.35%，创出了年内最高利率水平。

应该说，10月16日～11月19日，市场的焦点更多地放在了风险事件角度。

无论是传言中的央行指导NCD利率、法国因二次疫情再度“封城”事件，还是美国总统选举引发资本市场波动、辉瑞疫苗新进展，乃至最后发生的永煤信用债违约事件，其本质均属于风险事件。

这些事件短期内对市场产生了情绪方面的冲击和扰动，并非持续性因素，市场的内在主线依然是经济复苏乃至过热的逻辑，虽然这一内容在此时期并不被投资者时常提及。

（三）2020年11月19日～12月31日：资金再现宽松+海外疫情再起

面对永煤违约事件所造成的信用冲击以及流动性冲击，11月21日，国务院金融稳定发展委员会（简称“金融委”）召开会议指出，金融监管部门和地方政府要从大局出发，按照全面依法治国要求，坚决维护法制权威，落实监管责任和属地责任，督促各类市场主体严格履行主体责任。依法严肃查处欺诈发行、虚假信息披露、恶意转移资产、挪用发行资金等各类违法违规行为，严厉处罚各种“逃废债”行为。①

金融委会议对于“逃废债”行为的措辞极大地缓解了市场投资者的担忧。部分还未出现实质性危机、但是前期跌幅较大的债券品种纷纷反弹，市场变化也反映出了投资者对信用债危机的担忧在减缓。

同时，永城煤电在随后时间内连续对一定持有量的债权人进行密集拜访，并于11月23日晚间召开了“20永煤SCP003”的持有人会议。会议审议议案包括：同意发行人先行兑付50%本金，剩余本金展期270天，展期期间利率保持不变，到期一次性还本付息，并豁免本期债券违约。如本议案获得通过，发行人将先行兑付本期超短期融资券50%的本金，剩余本金延期兑付。

信用风险开始逐渐化解。与此同时，中央银行也开始加大资金投放力度，平抑由此事件而导致的流动性风险。最典型的信号是在11月30日超预期投放中期借贷便利（MLF）资金。

2020年11月30日，中国人民银行开展2000亿元中期借贷便利（MLF）操作和1500亿元逆回购操作。此外，中央银行还提前透露，将于12月15日开展MLF操作（含对12月7日和16日两次MLF到期的一次性续做），具体操作金额将根据市场需求等情况确定。

这是2019年12月以来，中央银行首次在非月中时间操作MLF，当月央行超量续作MLF资金4000亿元，提供的增量MLF力度创出了年内最大。

政策重心转向防风险，对冲信用违约冲击，维稳资金面。这一事件可以比拟或参考2019年的包商银行事件。在2019年包商银行事件发生后，央行出台了一系列措施，包括增加逆回购投放规模、对中小行增量操作MLF、两次降准释放资金、增加再贴现和常备借贷便利额度3000亿元等，一系列措施有效平稳和化解了流动性风险。

金融委的表态以及央行在货币政策执行报告中强调的“坚决不让局部风险发展成系统性风险、区域性风险演化为全国性风险”的表述，均指向短期内政策重点在于稳定货币市场资金面，防止信用违约冲击蔓延。

面对永煤信用债违约事件冲击，中央银行在11月中下旬对货币市场流动性状态进行了精心调节，可以观察到的微观迹象如下。

---

① 《刘鹤主持召开国务院金融稳定发展委员会第四十三次会议》，中国政府网，2020年11月22日。

11月12日，债券投资者的微信朋友圈内到处弥漫着恐慌的情绪。随后11月13日在无逆回购到期的情况下，央行投放了1600亿元7天期逆回购，随后几天持续呵护资金面。11月23～30日，央行共计投放5800亿元跨月7天期逆回购。11月25日，交易所市场中的某一“神秘资金机构”在7天利率2.40%附近“疯狂”融出资金，预计规模约5000亿元左右，这导致了银行间市场的跨月流动性亦跟随转松。11月13日以来，货币市场隔夜资金利率明显回落。

回顾来看，这是一段资金面因素和基本面因素相互对抗的时期。在这段时期中，大宗商品价格上涨快速，股市表现不错，但是债券市场却相对稳定，特别是短期利率反而稳中略降。

其主要原因是债券市场在博弈资金面的变化（即中央银行的态度）。在此期间，央行进行了过万亿元规模的资金投放，再加上预期中的年底财政资金下拨，货币市场加权利率甚至跌到了2020年4月份的低位水平，这种异常宽松的资金状况极大地对冲了基本面过热对债券市场造成的压力。

在资金面与基本面预期的博弈中，债券市场利率暂时寻求到了平衡，10年期国债利率在3.25%～3.30%这一窄幅区间内震荡。一方面，面对经济持续向好，甚至过热，长期利率没有出现进一步走高；另一方面，在这种极度宽松流动性状态下，长期利率也没有出现回落。

打破这一均衡的事件发生在12月20日（周末）。英国宣布对伦敦和英格兰东南大部分地区实施全面封锁，努力遏制正在英国迅速传播的冠状病毒的新变种。世卫组织也证实，多国确认出现变异新冠病毒相关确诊病例。

12月19日，英国科学家宣布发现具有更强传染性的新冠病毒变种。英国政府也宣布调升伦敦等地疫情防控等级，启动封锁措施，为期两周并取消节假日放松防疫限制五天的计划。据英国广播公司（BBC）报道，已有超过40个国家或地区发布了针对英国的旅行禁令，对疫情的担忧再次席卷市场。

英国新病毒的发现导致了国内风险资产大幅波动，债券利率终于跌破3.25%～3.30%平台，在2020年底回落至3.14%附近（见图1－2－4）。

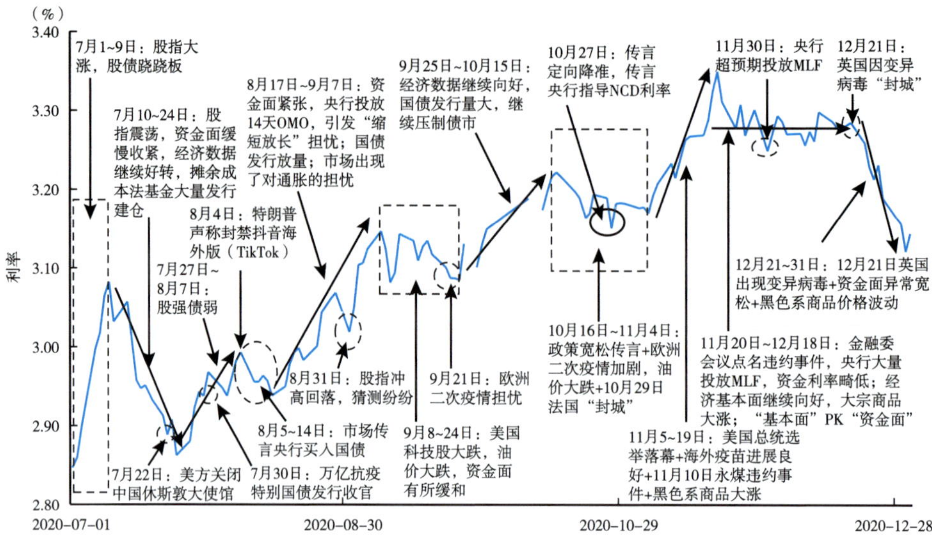

图1-2-4　2020年7～12月份10年期国债利率变化详解

资料来源：中央国债登记结算有限责任公司（CDC），www. chinabond. com. cn。

奇幻的2020年结束了！

| 第三章 |

2021 年：飘忽不定的“滞”与“胀”

从笔者自身感受而言，2021 年对宏观经济增长因子的解读是最为模糊莫测的。

从经济增长数据角度来看，这是长期以来第一次面临如此之强的基数效应，常规习惯利用同比增速来衡量经济边际变化的模式已经失效，但是更合理的方式（环比比较或两年复合增速比较）市场又并未熟悉和接受。

因此在 2021 年每面临一个经济数据的发布，最为头疼的事情就是如何去评判其强弱好坏，如何去观察判断其相比于前期的边际变化。

当市场参与者无法通过“表观”同比增速来判断经济边际变化时，就往往会与当时的市场预期来进行比较。但是客观而言，市场各类数据预期的质量参差不齐，而且从资产的定价原则来看，与预期比较而成的差异仅仅只是造成价格的波动（假设当前价格深刻反映了对经济的预期），与前序实际值数据的比较才会形成价格趋势性的变化（假设每期的价格反映了经济当期的实际增长水平）。

例如，以往市场投资者在做历史回顾与比较时，很少采用与当时的预期水平去进行比较，而更多的是比较每期实际增速的变化。从这一例子可见，所谓的“预期差”并非趋势的决定力量。

相比于经济增长因素的复杂性，通货膨胀因素则是一个较为清晰透明的指标。在 2021 年里，所谓的通胀更多是指工业品价格通胀，特别是与黑色金属工业更为相关的品种（如“三黑一色”[①]）。

由于通货膨胀类指标具有同比、环比概念，更重要的是可以借助于绝对价格的变化进行直观反映，因此对其的认知与解读并非像经济增长数据那么费力。

疫情因素在 2021 年不是一个高权重的影响变量，但是也并非可以忽视。记得当年初，笔者曾认为 2021 年就不需要考虑疫情因素对市场或经济的影响了。事后来看，这

① “三黑”指黑色金属、石化（石油 + 化工）、煤炭，“一色”指有色金属。

种想法显然是过于幼稚或过于托大了。

在2021年曾出现过2～3波相对严重的疫情。分别是年初的“北方四省疫情”、年中的“南京疫情”以及年底的“西安疫情”。这些疫情事件对于当期的经济增长还是产生了不小的影响。

如果从大的逻辑来理解2021年的宏观主线（特别是对于债券市场的影响主线），可以将其归结为：2021年的宏观主线是不断在“滞”与“胀”的组合变化中演进。

回顾2020年，宏观阶段划分非常简洁：1～3月份衰退，4～8月份复苏，9月份至年底过热。2021年就是在过热的基础背景下展开并演绎的，当经济出现过热苗头的时候，必然会产生通货膨胀的现象或预期。只是在2021年这种通货膨胀更多的是以工业品价格来体现，以生产者物价指数（PPI）来体现，而非以传统的居民消费价格指数（CPI）来体现。

当通胀因素或预期出现后，必然会产生对货币政策的诸多猜测。特别是当滞胀出现时，政策会如何应对？这导致了市场投资者对于货币政策取向时常犹疑。

2021年的宏观经济主线是：经济增长时弱时稳，通货膨胀起伏波动。这两个因素交叉组合，时而构成滞胀预期，时而构成复苏预期，时而还会构成衰退预期。

伴随宏观经济主线组合的变化，（货币）政策预期的主线则是：时而担忧（货币）政策紧缩，时而又预期（货币）政策会显著宽松。

同时关注增长和通胀双主线，要费力得多。而从后视镜角度来看，如果在2021年只单纯关注通胀这一主线也是一种不错的选择，至少对于当年债券市场的节奏判断不会产生明显的偏差。

从全面性介绍角度出发，笔者还是同步贯穿经济增长和通货膨胀这双主线。

第一节
2021年基准国债利率运行轨迹综述

2020年下半年利率“高歌猛进”的上行态势并没有延续进入2021年，仅仅在年初略有上行后，就意外地戛然而止。

以10年期国债利率为例，全年甚至走出了一个类似单边回落的趋势，即便中途偶有波动，但是波幅有限。10年期国债利率年初起步于3.18%，最高仅仅上冲到3.28%，最终收盘于几乎全年的最低点——2.76%（见图1－3－1）。

图1-3-1 2002～2022年10年期国债利率变化一览

资料来源：中央国债登记结算有限责任公司（CDC），www.chinabond.com.cn。

全年来看，除去一季度初、三季度末四季度初债券市场曾出现了两波相对稍大的调整外，其他时期几乎可以用单边下行来形容。

回顾2021年债券市场的驱动逻辑，是两条主线并进。

第一条是对于经济增长因素的判断。在度过了2020年四季度超越潜在增速水平的高增后，经济增长动力出现了起伏波动，时弱时稳。尤其困难的是，在对经济增长数据做强弱判断时，需要格外警惕过强的基数效应干扰。

第二条主线是对于通货膨胀的跟踪。2020年需求急速恢复以及2020年底“限产、限电”事件不断发生，这导致了供给端和需求端都推升了通货膨胀的实际水平和预期。工业品价格特别是以黑色大宗商品价格为代表的工业品价格，成为观察通货膨胀的最直观指标。

经济的趋弱会引发政策（特别是货币政策）宽松的预期，通货膨胀预期的走强又会导致政策（特别是货币政策）紧缩的预期，宏观双因子相互变化，自然引发市场投资者对于货币政策松紧预期也不断切换，进而推动了利率的变化与波动。

按照宏观双主线切换及其引发的政策预期波动来看，2021年的债券市场大致可以划分为如下几个大主题阶段。

2021年1～4月份：该阶段通胀上行的预期和经济下行的预期并存，类似于一个小型的“滞胀”周期。因此从总体大类资产表现来看，形成了股债皆平、商品最强的市场特征。

2021年5～7月份：该阶段通胀上行的预期得以缓解，且经济出现了回落现象，类似于一个小型衰退周期。

2021年8～10月份：该阶段通胀预期再度强化，且经济连续下行，又形成了一个小型的“滞胀周期”。

2021年10月份后：通胀预期显著缓解，且经济处于稳定状态。

2021年10年期国债利率变化见图1－3－2。

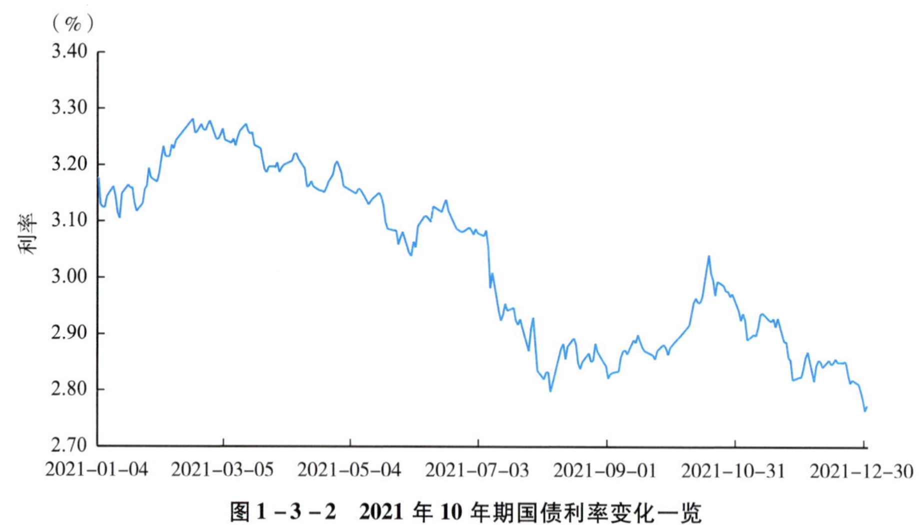

图1－3－2　2021年10年期国债利率变化一览

资料来源：中央国债登记结算有限责任公司（CDC），www. chinabond. com. cn。

2021年的通胀运行状态一度引发投资者对货币政策紧缩的忧虑。忧虑的彻底缓解发生在“行政性手段控通胀”措施出台后，这彻底转变了对政策紧缩的担忧。

客观而言，如果面临滞胀格局，市场化政策（货币政策）以“滞”为治理焦点，行政化手段以“胀”为治理焦点，债券市场则会成为受益者。

第二节
2021年长期利率波动详解

按照上述“后视镜”式的观察，划分宏观驱动双主线，将2021年的债券市场变化划分为四大阶段，分别为：①1～4 月份；②5～7 月份；③8～10 月份；④10 月份至年底。

每个阶段中，经济增长因素和通货膨胀因素都产生了与前一阶段不同的组合变化，进而令市场投资者对于未来货币政策的预期产生波动，并作用在债券市场利率运行层面。

开年的 1～4 月份，经济增长情况尚可，市场焦点先立足于通胀预期（海外再通胀交易盛行）。随后北方四省疫情发酵，导致了“就地过年”出现，市场焦点逐渐向弱增长角度转化，该时期利率经历了先升后降的过程。

综合全部时间段来看，该时期更倾向于是一种微型“滞胀”局面，各类资产表现为：股市冲高回落，总体收平；利率冲高回落，总体趋平；只有商品价格（南华工业品指数）一枝独秀。

进入 5～7 月份，伴随黑色大宗商品价格出现剧烈震荡，通胀预期有所弱化，但是经济趋弱的态势却逐渐显性化。叠加南京新冠疫情暴发，市场对于经济增长的预期更为黯淡，应该说经济增长预期偏弱是该时期的主线。

8～10 月份，经济走弱与通胀再起的预期同时并存。7～9 月份经济增长数据连续走弱，但是黑色大宗商品价格却再度冲高，PPI 环比增速在此期间持续上扬，资本市场则再现滞胀组合特征：股债双弱，商品独强。

10 月中下旬后，面对大宗商品价格的再度上涨，国家发展改革委采用行政化管制方式来进行治理。首先，这在很大程度上化解了市场对于“紧缩货币治通胀”的担忧；其次，在连续治理措施出台后，大宗商品价格开始步入下行通道，通胀预期显著缓解。与此同时，经济增长数据虽趋于平稳，但是市场对于经济后续下行的担忧并未减弱，利率走势再度进入了下行轨道中。

一、2021 年初至 4 月 30 日：微型“滞胀”

2020 年四季度出现了需求过热，年底的限电、限产又导致了供给收缩，供需失衡令工业品价格出现了明显攀升，这种局面延续到了 2021 年。

市场投资者本已对工业品通胀的关注度倍增，此时新当选的美国总统拜登又提出了 1.9 万亿美元的刺激计划，这导致了海外再通胀交易异常盛行。

供需失衡，内外共振，通胀成为 2021 年第一季度的市场主题。

更为意外的是，年初北方四省再度出现了疫情暴发局面，为避免大规模人员流动扩散疫情，当年春节政府建议广大人民“就地过年”，减少大规模的返乡流动。

新冠疫情反复与就地过年（影响消费）令经济增长动力匮乏，经济动能开始出现触顶回落的迹象。

（一）2021年1月4日～2月18日：资金面由超宽松回归正常化

开年的债券市场尚未对宏观基本面因素有过多的分歧或探讨，按照惯例，春节前后都是以资金面波动作为交易主题。

2020年11月份永煤债券违约事件爆发，中央银行为避免可能存在的流动性冲击，采取了异常宽松的措施手段，大量投放了基础货币，导致了货币市场利率显著低于公开市场操作（OMO）政策指引利率，处于明显偏低的状态。

进入2021年，"永煤违约"事件平息，而且春节期间的流动性具有"天然"的回笼收紧特征，货币市场利率开始逐渐向正常水平回归。

开年之初，面对异常宽松的资金面环境，市场还曾总结出若干合理解释。例如：①永煤违约后的政策应急；②年关春节前保流动性平稳；③为了缓解当时人民币升值过速的局面等若干因素。

但是从1月7日开始，中央银行在公开市场操作中的逆回购规模出现了持续缩量。从之前常规性的100亿元，降低至50亿元，进而在1月13日再度降低到"地量"20亿元规模。这一现象客观反映出中央银行调整异常宽松货币流动性的意图，自此货币市场利率开始止跌回升。

但是当时市场投资者的关注焦点是国内一些地区零星疫情的暴发，如北方四省、北京与上海等地疫情，并没有过多地关注这一流动性主动收缩的信号。

进入1月下旬，财政集中缴税开始。同时，1月28日春运开启，象征着春节期间的现金走款展开。多重因素碰头导致货币市场流动性异常紧张。

1月26～29日期间，货币市场流动性紧张程度超乎预期，回购利率水平创出近15个月以来新高。

自1月27日开始，中央银行在公开市场操作中开始增量投放流动性，同时1月29日的交易所市场也出现了所谓的巨量"维稳资金"（204001，隔夜品种）融出，从以往经验来看，这也是中央银行平稳流动性的工具之一。

在资金面由异常宽松向正常水平回归的过程中，10年期国债利率也从3.10%附近回升到3.20%。

进入2月份，货币市场资金利率趋于稳定，但是屋漏偏逢连夜雨，资金面紧张对于债市的冲击方才有所缓解，华夏幸福（华夏幸福基业股份有限公司）违约事件对债券市场的冲击再起。

2月4日，市场流传出一张各家基金持有华夏幸福债券的名单，导致多家基金遭遇大额赎回，为应对赎回，基金抛售各类债券，包括可转债类资产。在此冲击下，10年期国债利率快速突破3.20%关口，直逼3.25%。

随后的春节长假中，海外风险类资产大涨，再通胀交易氛围非常浓重，这令本已脆弱的债市情绪更为恐慌。春节后的第一个交易日，货币市场回购利率也再度走高。海外再通胀交易如火如荼，节后资金面收缩，这两方面因素导致利率在春节后第一个交易日里再创新高，10年期国债利率升至3.28%。

为防止资金紧张局面引发市场投资者对货币政策取向产生认知偏差，2月18日晚，中央银行主管的《金融时报》发表文章称，“当前已不应过度关注央行操作数量，否则可能对货币政策取向产生误解，重点关注的应当是央行公开市场操作利率、MLF利率等政策利率指标，以及市场基准利率在一段时间内的运行情况”。

（二）2021年2月19日～3月15日：多空交织，利率趋稳横盘

春节后首个交易日内资金紧张，且当天的公开市场采取了缩量净回笼操作，这让市场投资者产生了货币政策取向收紧的忧虑。为此，当天晚上《金融时报》发表文章释疑。

这一表态在一定程度上平抑了市场对于货币政策趋紧的担忧，且随后几天的资金面利率逐渐出现了稳定迹象，流动性趋紧对于债券市场的压力得到了明显缓解。

但是海外市场的再通胀交易依然如火如荼。这轮全球再通胀交易发生的背景主要有两个方面。

（1）全球新冠疫情出现了明显的缓解以及疫苗产生。单日确诊数已从1月初的近90万例回落到40万例左右，国外疫苗接种情况也较好，这意味着疫情的高峰已经过去，对经济需求的影响将逐渐减弱。

（2）拜登平稳就任美国总统且民主党控制国会参众两院后，民主党将极大概率推出超大规模的救助刺激政策，1.9万亿美元的刺激计划法案很有可能获得通过。

国际市场的再通胀交易对于国内债券市场投资者情绪造成了明显冲击。

相比于海外市场的再通胀交易火爆，国内股市却从2月22日开始出现了大幅下跌，基金“抱团股”（如白酒类股票）大幅下挫。国内股市的突变对于国内债券市场投资者情绪带来了一些正面激励效应。总体来看，海外与国内的股票市场传递给国内债券市场的情绪影响相反，综合效应持平。

经济基本面传递出的信息则参差不齐。一方面，1月份以来的一些中观行业高频数据反映出经济增长有所回落；另一方面，1～2月份的宏观经济指标尚可，但是确实体

现出了“就地过年”的预期特征：“强生产+弱消费”。

在此阶段可总结为：资金面趋于稳定+情绪面多空交织+基本面表现尚可。在这种矛盾交织中，债券市场陷入了进退两难的震荡格局。以10年期国债利率为例，基本以3.25%为中枢，展开极小波幅的震荡。

（三）2021年3月16日～4月30日：通胀预期与经济下行预期并存，但是货币资金却意外宽松

3月16日开始，10年期国债利率打破了盘整平台，出现了转折下行。而且从“后视镜”角度来看，这波下行一直持续到了5月底，中途虽有些许波动，但是整体下行态势较为顺畅。

盘整平台被打破发生在3月19日至3月24日期间，触发因素是欧洲疫情的严重化。以法国、德国、意大利等为代表的欧洲国家受制于疫情的严重化，纷纷收紧了防疫措施，导致了全球风险厌恶情绪再起，在情绪上对于国内债券市场形成了利多支撑。10年期国债利率开始脱离3.25%一线平台，向下突破，并最终在3月底跌破3.20%。

总体回顾2021年一季度的各类资产表现，可以看出如下特征。

（1）从债券品种来看，收益率曲线平坦上行，1年期利率走高15个基点，10年期利率走高了5～7个基点，曲线平坦上行。从表现来看，符合美林时钟的“滞胀”象限的表现特征。

（2）从三大类资产走势来看，“股弱、债不强、商品很强”。从表现来看，符合美林时钟的“滞胀”象限表现特征。

（3）从股票的分类表现来看，一季度公用事业类股票相对强势，而通信行业类股票则明显偏弱，和美林时钟的“滞胀”象限表现特征也基本吻合。

（4）从市场投资者心态来看，一方面担心经济下行，另一方面担心通胀（工业品）上行。这也是典型的滞胀预期表现。

（5）从现实的宏观经济数据来看，以两年复合增速来衡量经济增长，相比于去年四季度，经济增速走弱。通胀数据则走强，特别是体现在工业品价格PPI角度，无论其环比还是同比，均超越市场预期。这从宏观数据角度体现了滞胀特征。

进入4月份，系列风险事件对于债券市场情绪的冲击影响趋于淡化，市场投资者将焦点转移到经济基本面。4月中上旬公布的3月份物价数据（主要指PPI）以及经济增长数据（以两年复合增速衡量）体现出较为明显的滞胀特征。

4月9日发布PPI数据，显著超越市场预期，一度造成了债券市场的短期波动调整。而4月12日发布的金融信贷数据则走低，叠加3月份经济增长类数据（4月16日发

布）相比1～2月份确实有所回落，这带动了市场利率转而下行。截至4月20日，10年期国债利率已经回落到3.15%附近。

事实上，滞胀对于债券市场的影响更多取决于货币政策的态度，往往市场投资者会担忧为治理通胀压力，货币政策会采取紧缩举措。

对于这种担忧的缓解，是发生在4月12日一季度中央银行记者会上。在问答环节中，时任货币政策司司长孙国峰表态温和，表示要维护4月份资金面的稳定。

这一表态极大减缓了市场投资者对于PPI冲高、货币政策收缩的担忧，对于债券的利率下行突破起到了重要作用。

历年的4月份都是财政存款回笼的大月，极易导致资金面波动，带动货币市场利率冲高，但是2021年的4月份却体现为资金宽松的局面。银行间市场DR007利率最高仅为2.22%，隔夜利率也维持在2%以下。从交易所市场回购利率走势来看，非银行金融机构资金融通市场也相对平稳。事后机构投资者戏称“似乎感觉度过了一个‘假税期’”。

4月下旬大宗商品价格上涨依然强势，媒体报道也多次提及居民生活用品价格的上涨现象，这再度引发了市场对于通胀因素的担忧。

4月22日《证券日报》也发表评论文章称，“一年多来，对于大宗商品市场的异常表现，市场似乎已见怪不怪。不可否认，目前国内大宗商品价格上涨的主要原因，包括市场对供给端受限的炒作。在我国力争2030年前实现碳达峰、2060年前实现碳中和的重大战略决策推进下，包括钢材在内的大宗商品供给端压缩预期增强，或也将使得市场供需格局持续趋紧。上游商品涨价难续，但大幅降价短期或也难实现。产业链上成本压力转嫁的规律不可逆，‘涨声一片’背后，尤需警惕终端商品成本风险”①。

货币资金面宽松条件下市场利率出现明显回落，进入4月下旬则再度出现了波动，但是整体波幅并不显著。

终于在4月30日，10年期国债利率定格于3.16%这一较低水平，与开年3.17%的位置几乎持平。

之所以将第一阶段划分至此，主要是考虑到1～4月份时期，股债各自打平，只有商品价格指数出现了显著走高，从大类资产表现来看，是类似于“滞胀”格局的。从现实的基本面变化来看，确实存在着通胀预期（在本阶段更多体现为海外的再通胀交易所导致）与经济回落预期并存的现象（年初以来中观行业高频数据走弱以及3月份的宏

---

① 赵黎昀：《警惕大宗商品“涨声”背后的终端成本风险》，载《证券时报》2021年4月23日，第1版。

观数据有所走弱），因此导致产生了对货币政策取向变化的担忧（更多是指针对通胀而出现的政策收缩预期）。

相对而言，1～4 月份时期，市场更偏于关注通胀因素，因此投资者对待政策取向预期也多持谨慎态度。

二、2021 年 5～7 月：经济趋弱逐渐取代通胀担忧，成为市场焦点

5 月份的债券市场是 3 月中旬以来利率下行局面的延续。4 月份发布的 3 月份各类宏观数据已经开始显示出经济运行中既存在通胀苗头，也存在经济下行压力。基本面线条基本明确，那么后面的工作就是时刻感受关注哪个因素会阶段性居于主流，这会主导各大类资产价格的变化节奏。

面临高企的 PPI 增速，4 月 12 日中央银行的温和表态在很大程度上说明通胀似乎不是其关注的焦点，也更不会用紧缩的货币政策来治理通胀，那么自然而然市场的焦点就会切换到经济下行压力这一方面。

（一）2021 年 5 月 6 日～5 月 18 日：商（品）强债不弱，令人咋舌

“五一”长假过后，最引人注目的是大宗商品价格走势，其走势之强颠覆了人们的历史认知。笔者收集整理了 5 月 7 日当天各类大宗商品价格的走势情况，供各位读者参考感受。

2021 年 5 月 7 日当天价格创多年新高的商品类别有：

（1）热卷期货创历史新高至 6096 元/吨，螺纹钢期货创历史新高至 5737 元/吨。

（2）铁矿石期货刷新历史高点至 1250 元/吨，普氏 62% 铁矿石指数创历史新高至 212.75 美元/吨。

（3）伦铜涨逾 3%，创历史新高至 10435 美元/吨，沪铜创近 10 年新高至 75780 元/吨。

（4）沪铝创 2011 年 8 月以来新高至 19950 元/吨，伦铝创 2018 年 4 月以来新高至 2550.5 美元/吨。

（5）动力煤期货 07 合约创历史新高至 939.6 元/吨，焦煤期货创历史新高至 1957 元/吨。

（6）玻璃期货刷新历史高点至 2573 元/吨，PVC 刷新历史高点至 9330 元/吨。

（7）美豆刷新 2012 年 10 月以来高点至 1588 美分/蒲式耳，美豆油触及涨停创 2008 年 7 月以来新高至 66.28 美分/磅，美玉米创 2013 年 3 月以来新高至 7.2875 美元/蒲式耳。

（8）芝加哥期货交易所（CBOT）软木材期货触及涨停，创历史新高至 1670.50 美

元/千板英尺。

面对各类大宗商品价格的超级强势，更令人咋舌的是债券市场的异常淡定，波澜不惊。以至于在 5 月 10 日收盘后，债券市场投资者纷纷自嘲式评论如下：

今天是 2021 年 5 月 10 日。

商品，涨得不可谓不努力。应该说是“涨停”限制了它的“涨幅”。

舆论造势，也不可谓不努力。各种群、各种公众号里都是关于“商品涨破天边”的消息。

铁矿石、螺纹钢、热卷都创造了“有这个品种以来从未见过的高价”。

然而，“集体涨停”的商品，遇上的依然是“红色收盘”的国债期货。市场看到的，继续是 1.65% 的隔夜，以及 2.90% 仍然“供不应求”的存单。

还有一点，DR14 也只有 1.90%。如果 1.90% 的资金价格可以跨税期，还是令人十分心动的。

如果在“商品涨停潮”和“PPI 即将公布”的共同作用下，市场都没有为“通胀”定价。也确实很难想得出还有什么能“逆转市场焦点”。

有朋友说“6.0% 的 PPI 影响不了不等于 8.0% 的 PPI 也影响不了”，还有朋友说“10 年国开 3.6% 的时候没影响不等于 3.5% 的时候还没影响”。这么说，理论上不能算错，但政治局会议都还没关心起通胀，咱们瞎操什么心呢？

从上述笑谈中可见，商品涨价的预期异常强烈，但是债券市场并不为所动，是一段较为奇异的时期。

事实上，市场已经开始渐渐感受到监管当局可能倾向于采取行政化而非货币政策收紧的方式来治理大宗商品价格问题，几个信号显示如下。

（1）4 月 30 日，政治局经济工作会议公告稿中并没有提及市场热议的通胀问题。

（2）5 月 12 日国务院常务会议要求“要跟踪分析国内外形势和市场变化，做好市场调节，应对大宗商品价格过快上涨及其连带影响。加强货币政策与其他政策配合，保持经济平稳运行”。

（3）5 月 14 日，唐山市场监管局等三部门约谈全市钢铁生产企业，要求自觉维护市场价格秩序。

这一切都似乎暗示着货币紧缩并非治理大宗商品价格异常高企的首选手段。

（二）2021 年 5 月 19 日～6 月 1 日：行政手段控价，利率直下

谜底在 5 月 19 日晚间揭开。当晚新闻联播内容显示，李克强总理主持召开国务院常务会议，部署做好大宗商品保供稳价工作，保持经济平稳运行。会议指出，今年以

来，受主要是国际传导等多重因素影响，部分大宗商品价格持续上涨，一些品种价格连创新高。要高度重视大宗商品价格攀升带来的不利影响，贯彻党中央、国务院部署，按照精准调控要求，针对市场变化，突出重点综合施策，保障大宗商品供给，遏制其价格不合理上涨，努力防止向居民消费价格传导。一要多措并举加强供需双向调节。落实提高部分钢铁产品出口关税、对生铁及废钢等实行零进口暂定税率、取消部分钢铁产品出口退税等政策，促进增加国内市场供应。着力调结构，抑制高耗能项目。发挥我国煤炭资源丰富优势，督促重点煤炭企业在确保安全前提下增产增供，增加风电、光伏、水电、核电等出力，做好迎峰度夏能源保障。坚持扩大对外开放，加强大宗商品进出口和储备调节，推进通关便利化，更好利用两个市场、两种资源，增强保供稳价能力。二要加强市场监管。发挥行业协会作用，强化行业自律。加强期现货市场联动监管，适时采取有针对性措施，排查异常交易和恶意炒作行为。依法严厉查处达成实施垄断协议、散播虚假信息、哄抬价格特别是囤积居奇等行为并公开曝光。三要保持货币政策稳定性和人民币汇率在合理均衡水平上的基本稳定，合理引导市场预期。帮助市场主体尤其是小微企业、个体工商户应对成本上升等生产经营困难。落实好对小微企业和个体工商户减免税、对先进制造业企业按月全额退还增值税增量留抵税额政策，精简享受税费优惠政策的办理手续。实施好直达货币政策工具，加大再贷款再贴现支持普惠金融力度，落实好小微企业融资担保降费奖补等政策，引导银行扩大信用贷款。①

从会议精神来看，未来将更侧重于采用行政化手段来进行大宗商品保供稳价工作，在诸多的各类措施中，虽然涉及货币政策，但却是要求采取宽松基调来对冲成本影响。

至此市场对于通胀的恐惧（主要是来自担忧货币政策收缩的恐惧）完全消解，货币政策在“滞”与“胀”的选择中，无疑将“滞”作为主线目标对待，这将是完全有利于债券市场的情形。

从 5 月 19 日开始，利率下行几乎毫无波折，其间虽然也遭遇了资金面紧张、黑色产品价格波动的影响，但是 10 年期国债利率从 5 月 19 日的 3.15% 附近一举回落到了 6 月 1 日的 3.04%。

（三）2021 年 6 月 2 日～7 月 6 日：黑色商品价格二度冲顶，市场预期波动

剔除驱动主线的变化切换，如果从更长时间周期维度来看，始自 3 月中旬以来的利率下行延续到了 5 月底，已经有近 3 个月时间了。

进入 6 月份后，市场出现了一些波动。首先可能有技术性调整的要求，但是更为显

① 《李克强主持召开国务院常务会议　部署做好大宗商品保供稳价工作等》，中国政府网，2021 年 5 月 19 日。

著的影响因素依然是黑色商品价格的起落波动。

对于经济增长因素，市场依然停留在争论迟疑中。虽然从理论上看，以两年复合增速来衡量经济增长边际变化更为合理化，但是多数投资者还是参考市场预期比较（事实上，在这种强基数扰动下，市场预期的准确性非常值得怀疑）。而对于通货膨胀因素（特别是工业品通胀）却一目了然，而且存在实时的黑色商品价格作为参考。

在国务院已经三令五申治理大宗商品价格过速上涨之后，黑色商品价格依然是“百足之虫，死而不僵”，委实出乎预料。在 6 月中上旬，我国的黑色产品价格出现了二度冲顶的走势，这自然也引发了利率上行调整。6 月下旬后，伴随大宗商品价格二次冲顶失败，债券利率才再度回落下来。

6 月 2 日～7 月 6 日，10 年期国债利率从 3.04% 起步，最高上冲到 6 月 17 日的 3.14%，最终收于 7 月 6 日的 3.08% 附近。

总体来看，该阶段的主要特征是大宗商品价格波动引发预期波动，进而导致了利率先扬后落，但是整体来看，并无明显的趋势性（见图 1－3－3）。

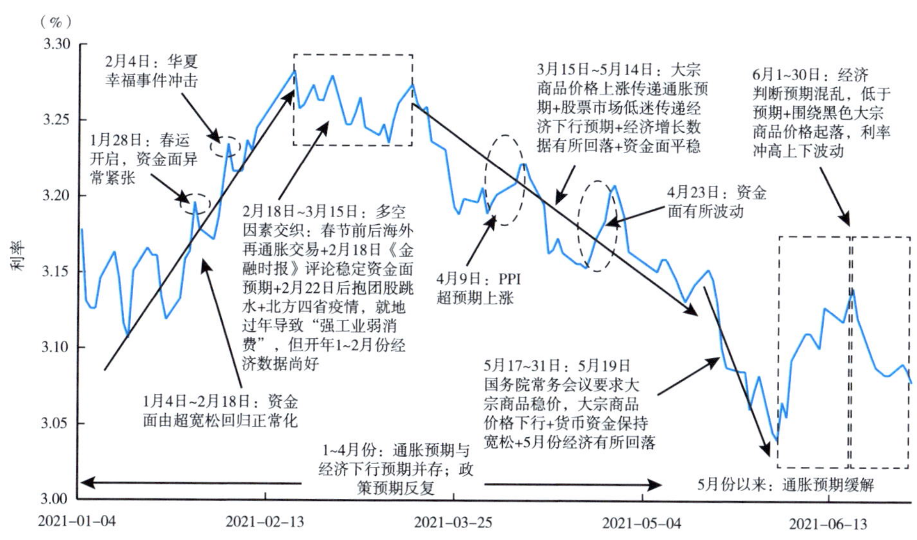

图 1－3－3　2021 年 1～6 月份 10 年期国债利率变化详解

资料来源：中央国债登记结算有限责任公司（CDC），www. chinabond. com. cn。

（四）2021 年 7 月 7 日～8 月 5 日：意外降准叠加南京疫情，利率显著下行

在经历了近一个月的波动盘整后，债券市场终于在 7 月 7 日迎来了重要的拐点。7

月7日晚间《新闻联播》报道，国务院常务会议指出，“针对大宗商品价格上涨对企业生产经营的影响，要在坚持不搞大水漫灌的基础上，保持货币政策稳定。适时运用降准等货币政策工具，进一步加强金融对实体经济特别是中小微企业的支持，促进综合融资成本稳中有降”。面对当晚的这一信息，债券市场投资者热情如火，当晚一直交易到9～10点方才收盘。

国务院宣布的这次降准非常意外，而且很快落地。在5月9日，中央银行正式公告实施全面性降准。市场对于准备金率“普降”的结果也感意外（长期以来，市场投资者更习惯于“定向式”降准）。此外，市场传言很久的“15号文”① 在网络上曝光而出，该文显示将严格限制城投平台公司的新增融资功能，令市场对于经济预期更为暗淡。

受到上述信息影响，5月12日（周一）开市后，10年期国债利率即跌破3.00%关口，市场多头氛围浓重。

更为可怕的是，预期之外的准备金率普降这一动作反而导致了市场人士的逆向思维。人们反而担心经济运行中隐藏着“自己没有看到，只有管理层看到”的隐形风险，宽松的政策措施反而强化了投资者对经济的悲观预期。宽松的政策取向叠加悲观的情绪预期，导致了市场酝酿出后期将进一步降息的预期，可谓“得陇望蜀”。

投资者日益强化的降息预期被传言为“绿色MLF操作”（“绿色MLF”简写为GMLF）。即以GMLF的名义投放流动性，且利率要低于正常的MLF利率，这事实上相当于隐性降息。

7月初意外降准引发的降息预期逐渐在中旬趋于平稳，预期因素对于债券利率失去了持续推动力，但是疫情因素却又重归债市视野。

7月中旬以来，海外疫情风险不断加大，国际风险资产大幅波动。受德尔塔（Delta）变种病毒持续扩散影响，多国新冠疫情持续反弹。国际疫情形势严峻的同时，国内的南京疫情暴发了。

2021年7月21日晚间11点，南京通报禄口国际机场新冠病毒检出阳性情况。据“南京发布”公众号消息，截至7月20日下午6时，已出结果中检测阳性9份，其他样品正在检测中。涉及工作人员主要是参与机场航班保障人员，包括地服、保洁等岗位人员。

---

① 《银行保险机构进一步做好地方政府隐性债务风险防范化解工作的指导意见》（简称“15号文”）。15号文共六章二十六条，主要是重申严禁新增隐债、妥善化解存量隐债、强化风险管理等监管要求。

事实上，站在7月20日南京疫情初发时点，市场并未感受到南京疫情的严重性。疫情通告虽然在当时助推了利率下行，但是影响幅度非常有限，在7月下旬时期对利率推动更大的影响因素主要集中在如下两个。

（1）7月23日，出现了有关房地产政策的众多信息。

7月23日下午，住房和城乡建设部网站发布《住房和城乡建设部等8部门关于持续整治规范房地产市场秩序的通知》，表示力争用3年左右时间，实现房地产市场秩序明显好转。

7月23日，上海限购政策再次加码，出台加强赠与管理的新规定。规定自2021年7月24日起通过赠与方式转让住房的受赠人应符合国家和本市住房限购政策，该住房5年内仍记入赠与人拥有住房套数。

7月23日上海宣布，房贷利率将上调。首套房贷利率将从现在的4.65%调整至5%，二套房贷利率从5.25%上调至5.7%。

总体来看，7月23日出现了事关房地产调控的若干政策和传言。

（2）7月26日，海外金融市场爆发了“中概股危机”。

事因源于中共中央办公厅、国务院办公厅印发了《关于进一步减轻义务教育阶段学生作业负担和校外培训负担的意见》，这对于教育培训类的企业打击沉重。面对该意见出台的超预期性，多家国际经济调研机构警告投资者慎重选择并投资中概股，认为中概股相关企业面临着重大的政策不确定性风险。

7月26日当天，伴随中概股在海外市场被剧烈抛售，国内A股也大幅下跌。当日A股市场陆股通也出现了一定量的净流出。在与各类投资者交流过程中，代表性的看法是：外资乃至市场可能担忧后续对民生类行业的政策，包括效率与公平的再平衡等问题。

面对由于“双减”政策出台所引发的股市波动，7月28日新华社发表《中国股市观察》一文，文章认为，“近期中国股市出现较大波动，市场存在一定的担忧情绪。深入分析当前市场关心的几方面问题，不难得出结论：中国经济持续向好的基本面没有发生变化，中国改革开放的步伐依然坚定，中国资本市场发展的基础依然稳固。无论是针对平台经济还是校外培训机构，这些监管政策，都是促进行业规范健康发展、维护网络数据安全和保障社会民生的重要举措，并非针对相关行业的限制和打压，而是有利于经济社会长远发展”①。

① 刘慧：《中国股市热点观察》，新华社，2021年7月28日。

此外，始自 7 月 20 日的南京疫情也面临扩散的危险。7 月 30 日记者报道称，南京疫情传播链已经波及多个省市，杭州、温州、武汉等多地发布紧急提醒或通知，建议暂缓出省旅游。

“地产政策紧缩 + 中概股危机 + 进行中的南京疫情”，三因素叠加在一起，接续了意外降准对债券市场的推动力，导致 10 年期国债利率在 7 月 26 日跌破 2.90%。

上述因素也进一步激发强化了先前本已平息的降息预期，如“绿色 MLF”传言再起等，此外在 8 月初也开始出现“恒大地产可能面临破产”的种种坊间传言。

各类悲观预期叠加货币政策进一步宽松的预期，多因素共振，导致了利率在突破 2.90% 关口后继续下行，在 8 月 5 日继续跌破了 2.80% 关口。

三、2021 年 8～10 月：黑色商品价格三度冲顶，滞胀预期再起

2021 年面对大宗商品价格剧烈上涨，管理层先后多次召开会议，意图进行解决治理。债券市场投资者曾一度担心会采用收缩货币量的方式来进行管理，但是 5 月 19 日国务院常务会议内容显示，将更倾向于采取行政化管理的方式来进行整顿治理，而且 7 月 7 日国务院常务会议再度关注大宗商品涨价问题，并还意外地宣布了降准政策。

这彻底打消了投资者对于货币政策收缩的担忧，至此大宗商品涨价问题只成为影响投资者情绪的因素，而并不会衍生出紧缩性的货币政策。

但是任何手段治理大宗商品价格都存在效果问题。

事实上从 3 月份开始国家就着手采用各类方式治理大宗商品价格暴涨现象。以国内市场中较具代表性的黑色商品产品——螺纹钢价格为例。3 月份以来依然保持强势上涨，甚至在 5～10 月期间出现了三次较为明显的冲高走势，分别发生在 5 月中旬、7 月下旬、10 月上旬。虽然从“后视镜”的角度来看，这些冲高态势最终都是冲顶的波动，但是身处当时，黑色商品价格的屡屡强势依然传递出通胀难控的感觉，极大影响了债券市场投资者的情绪和预期。

通胀预期反复起伏，同时第三季度的经济增长却依然不振。8 月 16 日，7 月份宏观经济数据发布，低于市场预期。笔者引用了当期高盛公司的一个解读评论，认为较为到位且客观。

高盛公司在 2021 年 8 月 19 日发布的一篇名为《中国经济政策的协调性非常重要》的研究报告指出，“中部地区的大雨和洪水灾害影响到基建增速；持续的监管影响到地产和地方债发行；高传染性的疫情在多省出现带来经济活动进一步的限制；东部沿海的台风让贸易活动受到影响；‘618 线上购物节’可能让部分消费活动前置，也造成七月

在线消费的疲软。众多事件（也包括不少黑天鹅事件）共同作用，令经济增长异常乏力”。如果从“后视镜”来看，这简直是一次“完美风暴”。

通胀反复和经济疲弱共存于此时期，市场虽然确定了货币政策基调宽松，但是投资者依然充满了对通胀的恐惧，对于货币政策的持续加码宽松产生怀疑，对于政策力度与节奏的预期在不断反复波动。

（一）2021年8月6日～9月29日：加码宽松预期时起时落，利率波动反复震荡

如上综述，7、8、9月份三个月的经济增长受到诸多不利因素的影响，出现了持续下行态势，二季度经济状况比一季度显著弱化，但是市场关注的通胀预期却并没有见到显著缓解，大宗商品价格在此阶段可谓强势震荡，反复冲顶。

虽然市场已经并不担忧货币政策会针对大宗商品价格进行紧缩治理，但是在利率已经显著回落的背景下，7月7日开启的货币政策宽松是否可以持续加码，投资者则心存疑虑。

在此阶段，市场关注的焦点就是货币政策是否可以加码宽松、是否有降息、是否还有降准等，围绕这些看点，市场预期反复波动。债市投资者时刻密切紧盯着中央银行公告信息、国务院会议、政府领导的每一句发言，揣测内涵，猜测潜台词。交易行为反反复复，加码宽松预期浓重时会推动利率下行，实际政策未落地则又出局观望。

8月6日至9月底，10年期国债利率基本保持一个低位横盘的态势，从2.80%起步，最高冲至2.89%，最终收于2.86%。

在此期间有两个重要的事件发生，虽然这两件事在当期对于债市的影响并不大，但是其在后期会体现出其巨大影响。

（1）恒大事件浮出水面。根据媒体9月13日报道，近期，中国恒大集团通知两家银行，将暂停支付9月21日到期的贷款利息。中国的银行贷款利息通常在每个季度最后一个月的21日支付。恒大本周告知其中一家银行，集团财务不会签字同意支付利息的资金，它要求银行等待尚在制定中的展期方案。恒大尚未给所有银行发出关于暂停利息支付的正式通知。自9月初以来，恒大还推迟了多家公司的信托款支付。据悉，恒大可能从9月8日起暂停支付所有理财产品。截至2021年6月底，恒大公布的现金和现金等价物为867亿元人民币（134亿美元），而总借款为3317亿元人民币（513亿美元）。种种迹象表明，恒大的流动性已经岌岌可危，债务危机到来恐怕只是时间问题了。①

① 《恒大债务危机再升级！已通知两家银行将暂停支付贷款利息》，网易新闻，2021年9月13日。

（2）限产限电频频发生。限电、限产成为2021年9月份的热点词汇。在电力供应紧张背景下，全国多地发布限电通知，大部分地区则将重点放在企业上，部分企业错峰生产或者停产，严重地区出现企业“开二停五”“开一停六”现象，甚至在东北地区还出现了限制居民用电的异常现象。

2021年三季度出现限电限产的背景有二：其一是国家发展改革委大力推进能耗双控、淘汰落后产能并控制碳排放的进程。部分地方政府为遏制高耗能、高排放项目盲目发展，组织开展高耗能企业用能预算管理、有序用电和错峰生产等措施，但是在实施过程中，出现了“一刀切”“简单化”等做法。其二是煤炭价格大涨，煤炭供应紧张，火电企业亏损，发电输出不足。

当时的经济在疫情散发的影响下已经出现了一定的下行压力，“限电限产”的发生无疑造成了雪上加霜的效果，市场投资者对于经济预期越发黯淡。

（二）2021年9月30日～10月18日：多重利空叠加冲击，利率显著回升

“十一”长假期间，市场没有等来预期中的加码宽松政策，略显失望。同期，大宗商品价格继续演绎着第三波的冲顶走势（“后视镜”角度观察）。

如果说7月份以来的利率下行主要是以降准为代表的宽松货币政策推动所致（因为同期依然是通胀高企和经济下行的矛盾组合），那么政策预期的失落则对于长假后的债市起到了关键性作用。在政策加码宽松无望叠加通胀继续冲高的背景下，债券市场结束了长达近2个月的盘整，终于出现了集中性调整。

滞胀因素超越了政策宽松因素，再度成为市场关注主线。特别是10月中旬期间，市场投资者热议滞胀局面，带动了利率加速上行。在短短的十几个交易日里，10年期国债利率从2.86%起步，一举冲高至10月18日的3.04%位置。

回顾整体8～10月份时期，宏观经济层面的主线是滞胀，但是由于市场投资者已经免疫了对于货币政策收紧的担忧，因此债券市场在经济下行和通胀上行这一对矛盾的角力中，更关注货币政策的宽松，形成了利率的快速下行。

但是不可否认的是，政策因素对于市场的推动是非持续性的，市场总还是希望看到基本面的实质性变化，才会蓄积更长期、更持久的上涨预期。可惜在这个阶段中后者并没有发生，因此反而打击了债市多头的情绪，导致利率出现了趋势性走高局面。

四、2021年10月至年底：黑色商品价格崩盘，通胀预期缓解，政策加码宽松

10月下旬以来，面对始终热情不减、高歌猛进的大宗商品价格，国家发展改革委终于以整顿治理煤炭价格为抓手，实施了强力措施。在多部门连续出台的政策影响下，

动力煤价格连续跌停后回落至9月底的水平。

监管当局马不停蹄，持续对部分商品价格实施高压调控。国家发展改革委9天连发16文就煤炭产能释放、煤价回归合理水平等进行安排部署，对煤炭市场进一步调控。国务院国资委两天之内三次部署今冬明春煤炭电力保供工作，国家能源集团、中煤集团等能源央企也积极践行稳价保供承诺。

10月27日国家发展改革委、市场监管总局等多部门联合开展煤炭现货市场价格专项督查，在此一系列的措施影响下，当晚夜盘国内黑色系商品价格全线下跌，本在日间已经跌停的“煤炭三兄弟”（动力煤、焦煤、焦炭）再度跌停。

以煤炭市场为抓手的调控也对其他类别商品价格起到了重要影响。例如，7月份以来就连续下跌的铁矿石，再如7～10月份韧性不减，价格反复冲高的螺纹钢，都从此时开始出现了连续暴跌。在上半年涨幅巨大的商品价格几乎在1～2个月的时间内抹去了全部涨幅，堪称“崩盘式”下跌。

大宗商品价格的急跌终于彻底消除了市场投资者对于通货膨胀的担忧，这是2021年制约债券市场最大的因素。但是客观而言，四季度经济增长因素却趋于平稳（无论从环比增长角度还是两年复合增速角度衡量），并没有延续三季度的走弱态势。因此2021年10月份以来的利率下跌并非是反映经济衰退的预期，更多反映的是通胀预期的瓦解。

（一）2021年10月19日～11月19日：大宗商品价格彻底崩盘

10月19日下午，国家发展改革委组织重点煤炭企业、中国煤炭工业协会、中国电力企业联合会召开今冬明春能源保供工作机制煤炭专题座谈会，研究依法对煤炭价格实施干预措施。

当天夜盘，煤炭“三兄弟”大跌，焦煤和动力煤期货主力合约跌停，分别跌8.99%和8.01%，焦炭期货跌逾8%。

连续多日，国家发展改革委就煤炭保供稳价重磅发声，并一连派出督导组、调查组和调研组奔赴多地。当时媒体报道，国家发展改革委正在研究建立规范的煤炭市场价格形成机制，引导煤炭价格长期稳定在合理区间，同时正研究将煤炭纳入制止牟取暴利的商品范围。

在多部门连续出台的政策影响下，动力煤价格开启了快速下降的通道，连续跌停后回落至9月底的水平。监管方持续对部分商品价格高压调控，国家发展改革委9天连发16文，并与其他部门联合开展煤炭现货市场价格专项督查。

强韧的大宗商品价格开始出现崩塌式下跌。10月19日～11月5日，利率的下行与南华工业品指数的下行几乎是亦步亦趋，完美重合。10年期国债利率从3.04%的高位回落至跌破2.90%，11月5日当天，10年期国债利率报2.89%。

国债利率经过15个基点的下行后，趋于平稳，至此大宗商品价格崩盘对于债市投资者情绪的提振作用告一段落。

进入11月份，陆续发布金融信贷数据以及经济增长数据，10月份经济状态相比于9月份出现了改善企稳。与此同时，市场也传言中央银行在进行窗口指导，意图稳定信贷。

例如，市场传言一：11月19日坊间传言，人民银行当天召开会议，通知所有商业银行开会，要求加大开发贷投放，必须在年底前浮出水面。受此传言影响，当天股票市场的房地产开发板块持续走强，万通发展涨停，广宇发展、华联控股、阳光城、招商蛇口跟涨。

市场传言二：某地金融系统下达《关于房地产开发贷款的通知》。通知显示，"按总行要求，请各市州对照10月房地产开发贷款余额及环比变化情况，采取有效措施，督导辖内金融机构加大房地产开发贷款投放，加快在途房地产开发贷款审批力度，12月投放计划满足条件的往前挪一挪，务必扭转房地产开发贷余额持续下滑态势，确保11月末房地产开发贷款余额环比上月实现正增长，相应工作成效应体现在每日的日报数据上。同时指导金融机构摸排需求，加大项目储备力度……"

11月5日后，伴随10月份金融信贷以及经济增长数据趋稳，且市场预期中央银行将加大对于房地产领域的金融支持，10年期国债利率在跌破2.90%关口后出现了犹疑盘整。11月5～19日，10年期国债利率在2.90%～2.94%这一狭窄区域盘整，暂时脱离了前期快速下行的通道。

（二）2021年11月22～26日：海外奥密克戎病毒来袭

11月下旬，最引人关注的事件当属奥密克戎病毒的出现。此前据央视网消息，南非国家传染病研究所于11月25日发表声明称，已在南非检测到一种新型新冠病毒变异株B.1.1.529。目前已在南非22例阳性病例中检测到该变异毒株。

该研究所警告，检测到的新变种病例和新冠病毒检测结果呈阳性的人数都在迅速增加。专家表示，对这种新变种的主要担忧是它具有大量突变，这引发了对疫苗耐药性和病毒传播性的担忧。

英国专家则警告称，目前在非洲南部国家博茨瓦纳发现的新冠病毒变种B.1.1.529很可能是"超级变种"，其毒性和传播性很可能比现有的变异毒株德尔塔（Delta）更可怕。

WTO发言人也表示，这种病毒最终可能会被命名为"Nu"。其变异毒株首次于11

月 11 日被发现，且变异病毒的传播速度非常快。

2021 年 11 月 26 日，世界卫生组织举行紧急会议，讨论 B. 1. 1. 529 新冠变异毒株。会后世界卫生组织发布声明，将其列为“需要关注“的变异株（variant of concern），并命名为奥密克戎（Omicron）。

新变异病毒的出现，导致了海外风险资产出现了大幅下跌，风险厌恶情绪几乎席卷全球。在此背景下，国内债券市场则受到正面激励，利率在经过一阶段的盘整后，再度突破下行。10 年期国债利率从 2. 93% 附近起步，一举跌落至 11 月 26 日（26 日当天是新病毒出现对资本市场冲击程度最大的一天）的 2. 82% 。

（三）2021 年 11 月 26 日～12 月 30 日：货币宽松与西安疫情

大宗商品下跌彻底瓦解了通胀预期，新变异病毒奥密克戎的出现为世界经济运行再蒙上一层不确定性的阴影，经济增长因素虽然呈现阶段性企稳，但是投资者对于未来经济运行预期仍是偏于悲观和谨慎的。在此背景下，政策持续加码宽松就成为市场预期主流。

国务院总理李克强 12 月 3 日下午在中南海紫光阁视频会见国际货币基金组织总裁格奥尔基耶娃时表示，中方高度重视同基金组织的关系，愿进一步深化双方合作。希望基金组织继续致力于推进份额和治理改革，在帮助发展中国家应对疫情、促进全球经济复苏方面发挥更大作用。李克强总理介绍了中国经济形势，指出中国将继续统筹疫情防控和经济社会发展，实施稳定的宏观政策，加强针对性和有效性。继续实施稳健的货币政策，保持流动性合理充裕，围绕市场主体需求制定政策，适时降准，加大对实体经济特别是中小微企业的支持力度，确保经济平稳健康运行。①

这一消息再启降准预期，而且非常快地实施落地。12 月 4 日下午 5 点，中国人民银行宣布降准政策。央行公告显示，为支持实体经济发展，促进综合融资成本稳中有降，中国人民银行决定于 2021 年 12 月 15 日下调金融机构存款准备金率 0. 5 个百分点（不含已执行 5% 存款准备金率的金融机构）。本次下调后，金融机构加权平均存款准备金率为 8. 4% 。

但是意外的是，债券市场面对这次降准却格外淡定，市场利率在降准前后基本没有出现什么显著变化。

11 月 26 日～12 月 21 日，虽然中途在 12 月 4 日出现了再度降准，但是 10 年期国债利率始终围绕 2. 85% 一线窄幅波动，最高不过 2. 87% ，最低也没有跌破 2. 82% 。

---

① 《李克强会见国际货币基金组织总裁》，央广网，2021 年 12 月 4 日。

国债利率的再度下行突破点发生在 12 月 23 日，在此期间有两个事件出现，助推了利率的下行突破。

其一，市场出现了非常浓重的降息预期。这种预期的出现一方面反映出市场对于未来经济发展的担忧，另外也是基于前期降准政策的进一步衍生。通常情况下，在“降准”之后，市场预期会惯性地向下一步“降息”去延伸。

市场对于降准或降息的“赌注”是在稳增长大背景下进行的，虽然面对稳增长的长期效果是利空于债券的，但是在初期市场总是期待于降准、降息政策的率先落地，这在短期内会对债券市场起到正面推动效果。

在当时，很多机构的预期是“利率先下后上。先赌一下降息，然后赌一下稳增长政策见效”，因此，短期利多的预期依然支持债市走强。

其二，受到疫情影响，12 月 23 日西安封闭。陕西西安的疫情是从 12 月 9 日开始暴发的。2021 年 12 月 23 日后，西安市采取封控措施。

“降息预期与疫情冲击”两大因素在 12 月下旬同时出现，导致利率“再下一城”。从 12 月 23 日开始，10 年期国债利率再度下行，最终在年底突破了 2.80% 关口，收盘于 2.77%（见图 1－3－4）。

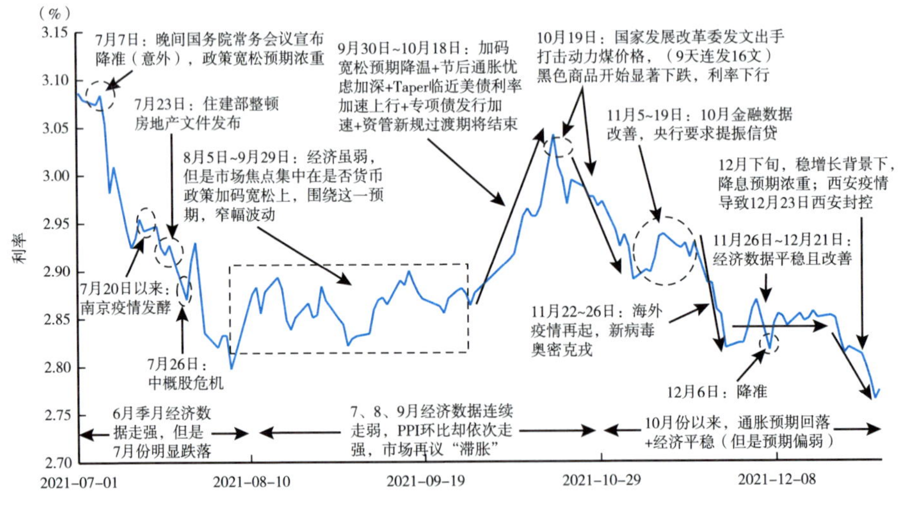

图 1－3－4　2021 年 7～12 月份 10 年期国债利率变化详解

资料来源：中央国债登记结算有限责任公司（CDC），www. chinabond. com. cn。

| 第四章 |

2022 年：艰难的疫情岁月尾声

新冠疫情始于 2019 年底、2020 年初，2020 年可谓是新冠疫情元年，这一年市场经历更类似于 2003 年非典疫情时期。总体来看，2020 年的疫情对于社会生活与经济具有急速冲击，但是回首来看，来得急，去得快，似乎也没有过度地影响到人们的生活与工作。

2021 年疫情冲击并没有产生全局性的影响。虽然时不时出现北方四省疫情、南京疫情、西安疫情等状况，但是疫情特征呈现散发、点状属性，对于工作与生活也没有产生过大的影响，以至于人们在 2021 年产生了疫情趋于结束的想法。

最为典型的例子是，相比于 2021 年春节时期，政府为防止疫情蔓延，还在鼓励“就地过年”，而进入 2022 年初春节则已经可以自由流动，回乡过年了。

本以为疫情对于社会生活、工作的影响会日趋淡化，万万没有想到的是 2022 年却成为社会生活与活动受疫情影响最大的年份。这主要还是归因于新病毒变异品种的出现。

2021 年 11 月 25 日，南非检测到一种新型新冠病毒变异株 B. 1. 1. 529。11 月 26 日，世卫组织举行紧急会议，讨论 B. 1. 1. 529 新冠变异毒株。会后世界卫生组织发布声明，将其列为“需要关注”的变异株，并命名为奥密克戎。

自此，奥密克戎病毒成为全世界流行的主要毒株，该病毒相比于以前的毒株具有更为广泛的传播性和感染性，对于趋于稳定的全球秩序产生了巨大的冲击和影响。

在此背景下，全球政府都在积极努力地与奥密克戎病毒做斗争，疫苗的研发进入加速化阶段。与此同时，为了防止人群之间的感染扩散，防疫政策与措施也趋于严格化，这不可避免对社会生活产生了诸多影响。

回首 2022 年，面对新型病毒的冲击、防疫措施的严格化，社会活动在经济建设和防疫抗疫过程中艰难平衡，最终在不断摸索与实践中，迎来了防疫政策的进一步优化和调整。虽然整体过程起伏波折，但是终于迎来了抗疫斗争的最终胜利。

债券市场的波折反复也是“经济建设与防疫抗疫艰难平衡”的直观体现。

第一节
2022年基准国债利率运行轨迹综述

2022年在某种意义上看，是有点颠覆传统认知的。

从股票市场表现来看，当年的上证综指几乎单边下行，呈现典型的熊市走法。但是债券市场却也没有呈现出“跷跷板”式的牛市形态。开年10年期国债利率为2.78%，年底为2.83%，几乎没有显著差异。“债平股熊”的走势是颠覆传统认知的一种形态。

第二个相对意外的事情是发生在上半年时期。在遭遇上海疫情的背景下，债券市场却反应平平，利率仅仅小幅度回落，而且很快收复了失地，这可能更多地归因于市场的学习效应。在历经多次疫情冲击（甚至包括2003年非典时期的经验）后，利率总是会快速的呈现“V”型变化，这种“烙印”经验可能制约了上海疫情期间债券市场的表现。

回顾2022年经历，无论是从国际角度还是从国内角度，都可谓一波三折，考验重重。

这一年，世界经历了俄乌冲突的考验，中国上海遭遇严峻疫情，经历了近两个月时间的封控管理，中国的防疫政策经过反复论证，最终优化调整，中国人民在2022年底、2023年初经历了第一波病毒集中感染的严峻考验。

对于债券市场而言，更是罕见地经历了年初、年底两波剧烈的赎回大潮，甚至一度引发了以银行理财子公司为代表的资管行业产生“巨震”。

年初第一波理财产品赎回潮起因是股票市场的显著下跌，引发了投资者对于“固收+”产品的猛烈赎回。至此，红火三年的“固收+”产品规模呈现出偃旗息鼓的收缩态势。

年底第二波赎回潮更多地归因于债券市场下跌，这引发了投资者对于固定收益类基金以及理财产品的猛烈赎回。若非监管当局果断出手阻隔风险传导，其后果将不可设想。这可以算是银行理财子公司成立以来遭遇的首度冲击。

如果回溯2022年驱动债券市场变化的主线，相比前几个年度而言则略显凌乱。经济基本面数据是一个解释维度，但是至多可以解释前三个季度的利率方向变化。虽然2022年的经济规模绝对量出现了显著低增，但是资产价格（股、债）更多的是以边际变化为依据进行定价，因此前三个季度中债券市场跟随经济增长的边际变化而起伏波动，但是波幅有限。

在波动尤其剧烈的第四季度，经济基本面因素对于债券市场的解释是无力的。市场焦点被防疫政策的变化所主导，因此在此相当时期内基本面走向和利率走向脱离了传统的正相关性。

也正是这种经济数据与利率走势的背离（同时又没有货币政策的干扰），促使笔者开始反思长期习惯的所谓基本面框架，深刻反思了“基本面引导利率走向”的内涵，特别是在面临重大政策转变时，必须要高度重视预期因素的重要影响。

2022 年的 10 年期国债利率呈现低位波动盘整的变化态势。年初起步于 2.78%，最高上冲至 2.91%，最低下探至 2.58%，收盘于 2.83%。从变化形态上看，近似于“V”型，但是并不典型（见图 1－4－1）。

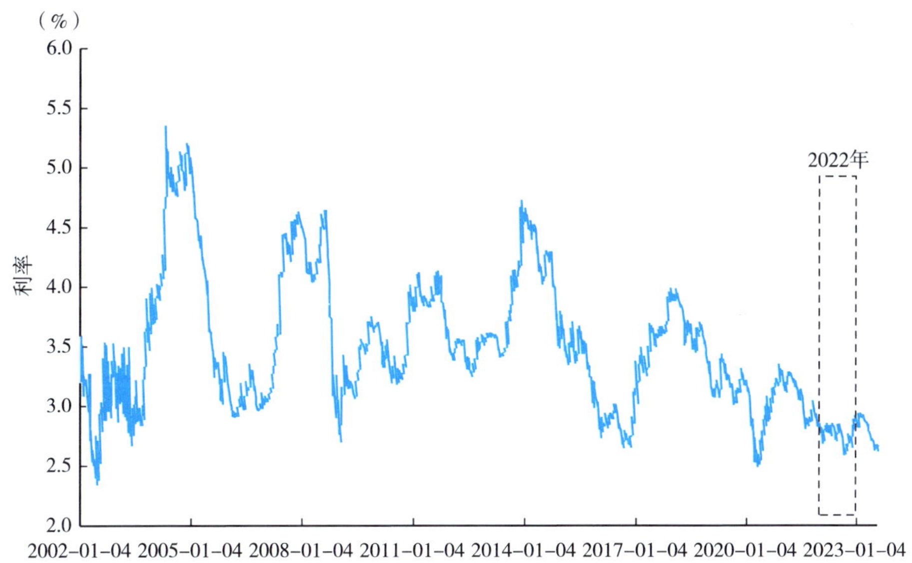

图 1－4－1　2002～2022 年 10 年期国债利率变化一览

资料来源：中央国债登记结算有限责任公司（CDC），www.chinabond.com.cn。

如果划分驱动主线，大致可以划分为先后两条主线：

1～3 季度可以用经济增长因素来刻画描述利率方向变化。上海疫情因素也只是通过其对经济影响的渠道，来对债券利率方向产生推动。

第 4 季度是较为特殊的时期，经济基本面数据对于利率变化的解释作用明显弱化，各类市场基本是围绕防疫政策的变化、优化进程而展开的（见图 1－4－2）。

图1-4-2　2022年10年期国债利率变化一览

资料来源：中央国债登记结算有限责任公司（CDC），www.chinabond.com.cn。

如果说2022年的市场给债券投资者带来什么启示，那应该是要学会面对“巨大变局”时期，应当及时进入底线思维模式，不要再过多地纠结于传统的定价框架。所幸的是这种“巨大变局”时期并不多见。

但是无论2022年股、债如何变化，更为庆幸的是，疫情影响中国经济与生活的时期终于过去了，中国人民终于取得了三年防疫抗疫斗争的最终胜利！

第二节
2022年长期利率波动详解

从驱动主线而言，笔者倾向于将基本面因素和政策面因素作为影响2022年债券市场运行的先后双主线。但是从更为细致的划分角度，却更倾向于将利率的变化节奏划分为四个阶段。

第一阶段集中体现在1～3月份时期，主要围绕经济方向的边际变化而展开；第二阶段集中体现在4～7月份时期，这一阶段虽然形式上围绕上海疫情而展开，但是本质是疫情对经济活动的影响；第三阶段则是摆脱上海疫情影响后的经济波动引发利率波动；最后一个阶段则是完全围绕防疫政策的变化、优化而展开。

一、2022年1月4日～3月23日：“降息之坑”与“黑天鹅”频出

2022年也是以美好的经济企稳复苏预期为开局起点的。若干年来，开年对于经济

的乐观预期几乎成为惯例，这一方面可能与人们进入新年“天然”具有美好期待有关，另一方面也是受到年底中央经济工作会议振奋人心的计划、规划所激励。

（一）2022 年 1 月 4 日~2 月 21 日：数据真空期，利率围绕资金面无序波动

2022 年是在 2021 年底强烈稳增长预期中拉开帷幕的。2021 年底的降准措施叠加年底稳增长预期，自然而然地引发了市场投资者加码宽松的降息预期。

2022 年初，各地零星散发疫情亦不断。开年以来，虽然西安疫情感染人数迎来平稳回落拐点，但河南疫情加重，深圳疫情反复。

稳增长政策预期强烈，债券投资者最关注的就是降息政策是否如期落地。在这一预期引导下，利率开年即呈现逐渐回落走势。终于在 1 月 17 日预期兑现，中央银行进行了降息操作，当天同步下调公开市场操作（OMO）和中期借贷便利（MLF）利率各 10 个基点。

降息的举措一度导致市场做多情绪高涨。10 年期国债利率从开年的 2.78% 水平盘整波动到 1 月 14 日（降息前一交易日）的 2.79% 位置，在降息政策落地后出现明显加速下行，直至 1 月 24 日 10 年期国债利率已跌至 2.67%。

从“后视镜”角度回顾，在 1 月 17~24 日这一期间发生了两个事情，分别对于债券市场的短期和中期运行产生了显著影响。

其一，降息政策的落地反而更催生出市场对于经济的悲观预期。这是较为常见的一种现象，面对政策宽松，往往在短期内反而引发市场的悲观臆测与担忧，投资者不会去关注宽松政策所可能对经济带来的正面支撑，反而会去积极寻找有什么尚未被发现的负面因素存在。当然，同期股市的疲弱表现也会给市场投资者以这方面潜移默化般的“诱导”。

在降息次日 1 月 18 日的中央银行记者招待会中，时任央行副行长也提出了“避免信贷塌方”“不关切就‘哀莫大于心死’”等说法，这一表述令市场预期更为谨慎悲观。此后一段时期，各类分析研究报告的主线就围绕“信贷塌方”角度而展开。虽然市场对于信贷的预期越发疲弱，但是事实上 1 月份信贷与社融增量（2 月上旬发布）却远超预期。

单纯的一次降息在短期内反而导致资本市场投资者的预期更为悲观，长期利率在降息后进一步加速下行。

其二，市场在当初并没有意识到，本次降息事实上是“一揽子”稳增长（或称刺激）措施的组成之一。

债券市场投资者最喜欢货币政策放松，最恐惧其他类政策（如财政、产业）的同

步放松。当单纯只有降准或降息发生时，多数人会得出“这无法刺激经济复苏”的结论，因此就会对债市形成正面双支撑：既有宽松流动性的政策因素支撑，又有经济无法改善的基本面因素支撑。

1月17日降息发生后，在随后的时期中一系列的其他领域稳增长政策也很快推出并落地。笔者梳理了后续的一系列政策，供读者参考。

（1）1月19日新闻媒体报道，中国正在起草规定，放宽开发商对商品房预售资金的使用。知情消息人士称，中国正在起草适用全国的规定，使房地产开发商更易获得托管账户中的商品房预售资金，这是中国为缓解房地产业的严重资金短缺而采取的最新举措。

上述措施最终证实落地是在2月10日。据记者多方了解，全国性商品房预售资金监管的意见已于近日出台。

（2）2月8日，中国人民银行、中国银行保险监督管理委员会发布通知明确，银行业金融机构向持有保障性租赁住房项目认定书的保障性租赁住房项目发放的有关贷款不纳入房地产贷款集中度管理。

（3）2月17日以来，陆续有菏泽、重庆、赣州等地的部分银行将首套房贷首付比例降至20%。

（4）2月中旬坊间传言，中央银行正在加大指导力度，督促商业银行加快发放按揭和房地产开发贷款。

一系列传闻或政策措施纷沓而至，事实上证明了这是“一揽子”稳增长措施，特别可能是围绕房地产领域而集中推出，降息只是其中一个组成部分。

当然上述总结均具有“后视镜”特征，在身处当时，“一揽子”措施并不被投资者所关注，债券市场只是沉浸在降息的利多刺激中。但也正是因为如此，这次降息对于利率走势而言，反而促其形成了“降息之坑”。

1月24日，10年期国债利率创出降息后的最低水平，1月25日开始进入了回升状态。但是回升的拐点并非由于其他刺激政策引发宽信用预期而产生的，这次拐点是由于股市大幅下跌冲击“固收+”产品，进而累及纯债品种而形成。

1月25日，不断下跌的股市再度遭遇乌克兰危机影响，加速回落。自25日至春节前，短短四个交易日中股市连遭重挫。截至1月底，A股持续走低，年初至今近4200家公司股价下跌，590家公司股价跌幅超20%，超1700只基金净值年内跌幅超10%。在此背景下，各个基金公司纷纷启动自发申购，稳定投资者情绪，在当时都产生了一种类似“股灾”的感觉。

股市的弱态直接拖累了“固收 +”产品的表现，为规避风险或应对客户赎回，纯债品种也遭遇抛售。10 年期国债利率随之出现了回升调整，利率下行的拐点由此产生。

2 月 7 日是春节后的首个交易日，从此时开始，市场对于宽信用预期才逐渐发酵。主要原因也是陆续观察到一些关于房地产方面的政策松动。例如：①2 月 8 日，中国人民银行、中国银行保险监督管理委员会发布通知明确，银行业金融机构向持有保障性租赁住房项目认定书的保障性租赁住房项目发放的有关贷款不纳入房地产贷款集中度管理。②2 月 10 日发布的金融数据显示，1 月社会融资规模增量为 61700 亿元，前值为 23682 亿元，1 月新增人民币贷款 39800 亿元，前值为 11318 亿元。这也导致了市场利率加速上行。③2 月 10 日晚间，《全国性商品房预售资金监管办法》出台。④2 月 17～18 日，陆续出现了菏泽、重庆、赣州部分银行将首套房贷首付比例降至 20%，并且不少城市默默降低了首套房贷利率。

这一系列因素令利率回升具备了基本面和政策面因素支撑。可以说，前期由于股市下跌拖累“固收 +”产品，进而对纯债造成冲击，是终结利率下行的触发因素。春节后，其他“一揽子”政策出台令市场开始预期宽信用格局显现，债券市场的调整开始持续化、加速化。

1 月 4 日～2 月 21 日，市场利率呈现出“V”型变化。10 年期国债利率起步于 2.78%，在降息政策的推动下，最低下探至 2.67%，又在其他系列稳增长政策推出的冲击下，回升到 2.83%。由此，笔者将其形容为“降息之坑”！

（二）2022 年 2 月 22 日～3 月 23 日：“黑天鹅”接踵而至

2 月下旬至 3 月中旬时期，是一个“黑天鹅”事件频出的时期。

北京时间 2 月 24 日上午，俄罗斯发起对乌克兰的特别军事行动，双方冲突迅速加剧。

回顾俄乌冲突，进入资本市场视野是在 1 月 25 日。根据当时的媒体报道，乌克兰和俄罗斯的关系加速恶化，双方在两国边境地区部署了大量军事人员和装备。1 月 25 日当天上证综指大跌 91 点，开始对这一风险事件作出反应。

俄乌局势不断紧张，国际市场风险资产大幅波动，最终在 2 月 24 日冲突升级。随后一段时间，国际、国内市场的焦点均围绕俄乌冲突进展而展开。风险资产受挫，避险情绪升温，导致了债券市场显现暖意，10 年期国债利率开始下行。

需要指出的是，由俄乌冲突引发的国内股市大跌一直延续到 3 月 15 日，利率在同期也随之下行。但是在利率下行过程中，也能隐隐感受到一些不稳定，这主要是股市大幅下跌再度引发了“固收 +”产品遭及拖累，在客户赎回压力下，基金被动抛售纯债品种。

股市→“固收+”产品→纯债，这一传导链条再度发酵。如果说1月25日（春节前）是第一波赎回潮冲击，那么3月上中旬应该算是第二波赎回潮冲击。

在俄乌冲突引发风险资产暴跌过程中，上海疫情也初露端倪。

3月10日下午，国务院联防联控机制综合组召开全国新冠肺炎疫情防控视频会商会议。会议要求，坚持“外防输入、内防反弹”总策略、“动态清零”总方针，尽快阻断疫情传播途径，坚决避免疫情规模再扩大，决不能让来之不易的防控成果前功尽弃。会议强调，社会面防控举措要再提速，口岸城市等外防输入措施要再从严，重点场所疫情防控风险隐患排查要再加强，常态化防控关口要再前移，坚决遏制疫情扩散。①

3月11日开始，上海疫情明显加剧。此外，3月12～13日（周末），除上海外，其他各地也遭遇疫情冲击。在此期间，上海中、小学停课，改为线上教学，暂停省际交通。深圳则全市暂停活动，进行全员核酸检测。各地疫情纷纷，气氛沉重，有点类似2020年一季度时期的模样。

总体来看，2月下旬至3月上中旬时期，俄乌冲突爆发，国内疫情再趋严峻，股市大跌进而拖累“固收+”品种，诸多因素齐头并进，令10年期国债利率暂时摆脱了上行态势，出现了一定幅度的回落。

可以说，2月22日～3月14日，股、债市场均由“黑天鹅”事件所主导，其综合效应是降低了市场风险偏好，客观上造成了利率下行，10年期国债利率回落到2.76%位置。

风险偏好情绪对于债市的正面推动与刺激效应被开年1～2月经济数据（3月15日发布）的好转所对冲。

3月15日发布的1～2月经济增长数据大超预期。开年经济状况明显好于市场预期，叠加“固收+”产品赎回压力不减，拖累纯债品种，10年期国债利率转头上行，中断了2月下旬以来的回落态势。至3月23日，10年期国债利率再度回归到2.83%位置。

总体来看，2月22日～3月23日这短短一个月内风险事件频出，风险偏好情绪的变化左右债市波动，但是在基本面情况尚可的背景下，利率没有趋势性方向，选择了波动震荡态势。

---

① 张文婷：《国务院联防联控机制：尽快阻断疫情传播途径　坚决避免疫情规模再扩大》，人民网，2022年3月12日。

二、2022 年 3 月 24 日～7 月 8 日：上海疫情暴发，微缩版的 2020 年

2022 年最重要的一次变化来临。

上海经过一系列的疫情散发事件后，终于在 3 月 27 日周日晚宣布，依次封控浦东、浦西（相当于实质性“封城”）。事实上在这之前若干天，很多上海当地的公司已经开始分批次居家办公了。

上海因疫情造成了封闭，市场彻底将关注焦点转移回国内疫情角度。这次封闭时间较长，直至 6 月 1 日上海才宣布解封，但是上海疫情对于经济活动影响程度远不及武汉时期。

从当时的政府工作进程梳理情况来看，3 月底上海进入了封闭状态，4 月份政府工作的焦点集中在抗疫，5 月份工作焦点集中在积极推动复产，6 月 1 日解封后工作焦点集中在积极推动复工。

（一）2022 年 3 月 24 日～4 月 29 日：令人“沮丧”的债市行情

上海疫情暴发，自然对债券市场形成利多支撑效应，直至 4 月 7 日，10 年期国债利率从 2.83% 快速下行至 2.73%。但是比较而言，这次利率下行幅度和当年武汉疫情暴发时期相比可谓“微乎其微”。以至于当时的市场投资者对于当期的债市存在着诸多疑惑和不解。

笔者认为，上海疫情暴发所引致的利率下行幅度远低于市场预期，更多的还是债券市场在 2020 年武汉疫情前后表现所形成的“疤痕效应”所致。当年疫情前后利率呈现“V”型反转态势，这给予太多的投资者以沉痛的教训。

面对突发性自然灾害的冲击，经济会短暂受挫，但是这不代表经济内在动力丧失。上海疫情冲击了宏观走势，经济运行最差的时期就是 3 月和 4 月。在经济增速“砸坑”后即开始改善恢复，因此资产价格也伴随着经济形势的边际改善而变化。

上海疫情暴发后，利率确实出现了下行，但是幅度非常有限，并且从 4 月 8 日开始重返上行轨道，直至 4 月底一度逼近了年内高点。

4 月 11 日开始陆续公布一季度及 3 月份经济数据。由于 3 月份受到疫情封控影响的工作日有限，整体来看，一季度及 3 月份的经济增长数据和金融数据均处于良好状态中，基本面在当期没有给债券市场更多的利多支撑。伴随上海封闭，市场更多期待稳增长政策的刺激，当然对于债券市场投资者而言，更多的是在期待降准或降息。

4 月 15 日中央银行宣布降准措施，但是 0.25 个点的降幅远低于市场预期，并没有给债券市场以更多的提振效应。其后也并未见到显著宽松的货币政策措施出台。从 4 月

8 日开始，弱于预期的货币宽松措施叠加尚且不错的 3 月份（以及一季度）经济增长数据，令快速下行的利率走势戛然而止，重新步入了回升。

截至 4 月 29 日（“五一”长假前夕），10 年期国债利率甚至冲到了 2.85% 附近，一度逼近于年内的高点。

回顾来看，武汉疫情前后利率的表现给市场投资者留下了显著的“疤痕效应”，以至于再度面对上海疫情时，债券市场显得异常冷静与淡定。

这可谓是 2022 年债券市场给投资者的第一个“超乎预期”。

（二）2022 年 5 月 5 日 ~7 月 8 日：利率再现“V”型

上海疫情暴发，对于三月份经济数据的影响程度有限，但是这一负面影响实打实地落定于 4 月份的经济活动中。

“五一”长假过后，月中旬陆续公布金融信贷、经济增长等基本面数据，这些数据均出现明显回落，而且回落幅度超越市场预期。

这一局面其实是预期范围内的，但是在利率回升甚至已经超越上海疫情暴发时点位置的背景下，跌落的基本面数据还是起到了正面推动作用。“五一”长假后，10 年期国债利率再度回到下行轨道。

利率回落虽然是在反映 4 月份的经济弱态，但更多应该是对前期利率回升的一种修正。毕竟 4 月份中旬以来，面对一季度尚可的经济增速，利率不降反升，甚至还出现了明显上行。

市场投资者对于稳增长政策的出台预期浓重。5 月份以来，坊间不乏出现特别国债、央行指导加大信贷投放力度等传言，但是却并未见到实质性政策落地。

5 月 25 日国务院常务会议部署稳经济“一揽子”措施，并于下午 3 点召开了全国稳住经济大盘电视电话会议，敦促各地狠抓落实，抓紧出台符合地方实际的稳经济政策。此次会议在省、市、县设立分会场，各级政府领导及政府主要组成单位负责人都将参加或收听收看。

即便如此，市场依然没有见到预期中的刺激措施出台。“无刺激，经济难稳，债牛依然”，在这一认知主导下，市场利率继续下行。直至 5 月底 10 年期国债利率跌穿了 2.70% 关口。

5 月底期间，上海各居民小区即将解封的预期与氛围越发浓重，市场也开始盛传 6 月 1 日全面解封。终于在 5 月 30 日晚 6 点，上海市发布了《关于 6 月 1 日起全市住宅小区恢复出入公共交通恢复运营机动车恢复通行的通告》。

从此，债券市场利率重归武汉疫情后期走势，经济在“砸坑”后的回暖态势也显而易见。

事实上，5 月以来全国新冠疫情形势好转，部分地区开始复工复产，带动制造业景气回升。6 月份上海解封后，政府对于复工复产的推动力度进一步加大，经济回暖态势非常明显。

6 月上旬，上海、北京等地虽然出现过零星疫情，并引发全员筛查，但是市场只出现过短期波动，利率上行态势非常坚定。

复工复产引发债市调整，又遭遇 6 月底（半年末时点）资金面波动，再叠加市场对于防疫政策优化的丝丝预期，显著冲击了债券市场。利率从 5 月底不足 2.70% 的低位一路回升到 7 月上旬 2.84% 附近（见图 1－4－3）。

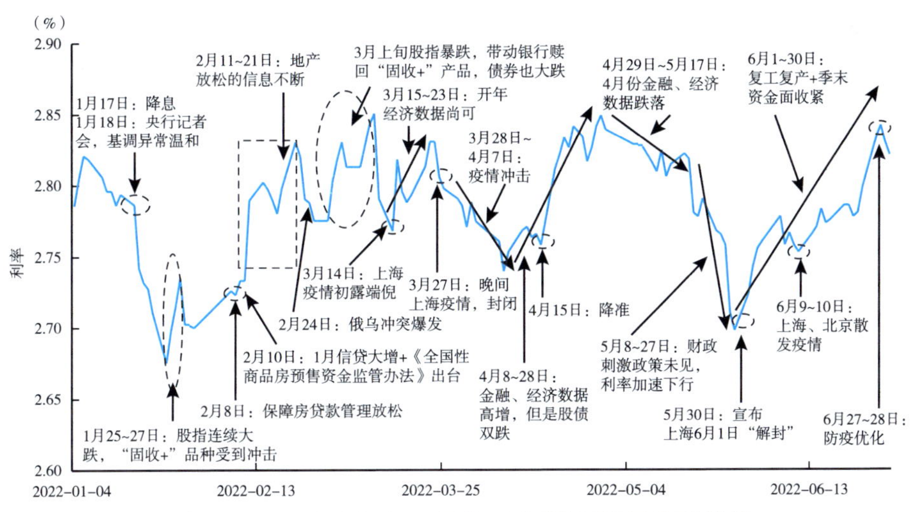

图 1－4－3　2022 年 1～6 月份 10 年期国债利率变化详解

资料来源：中央国债登记结算有限责任公司（CDC），www. chinabond. com. cn。

上半年，中国与海外均经历了若干次“黑天鹅”事件冲击，但是 10 年期国债利率并没有显示出明显的趋势方向，总体在震荡反复格局中结束了 2022 年的上半年。

三、2022 年 7 月 11 日～9 月 30 日：经济起落与稳增长政策

面对上海疫情的暴发，中国经济也经历了一个短暂的“V”型变化：4 月急跌、5 月触底、6 月份反弹。

客观而言，在短周期内经济出现“V”型变化是较为特殊的。6 月份经济迅速回暖，一方面是前期急跌后的应激反应使然；另一方面还有季月的回暖特性效应支撑。

在这种短期内波动迅速完成后，市场进入一个相对正常、更体现内生性增长潜质的时期，这可能才是经济动力的本质。

（一）2022年7月8日～8月18日：经济复苏乏力与二度降息

进入7月份，中国人民银行公开市场操作（OMO）一度缩量至30亿元，这一度引发了市场的担忧。

之前为应对上海疫情负面冲击，中央银行从4月份以来始终维持着异常宽松的货币市场资金面环境，隔夜利率远低于政策利率中枢水平，用时任央行官员的描述就是“保持着略高于合理充裕水平的流动性环境”。

5、6月份中国经济出现了改善恢复迹象，伴随着上海疫情度过及经济回暖，市场也担忧这种异常宽松的资金面无法持续。进入7月份即发生的OMO缩量（缩至30亿元）自然加剧了市场投资者的这种担忧，10年期国债利率盘整在2.83%附近，犹疑观望。

利率折点出现在7月13日，是由突发性事件因素引发的，即烂尾楼停贷事件。

7月13日前后媒体报道，近两日一些烂尾楼业主单方面宣布停止偿还商品房按揭贷款，引发了声势愈大的“强制停供潮”。

研究机构披露的不完全统计显示，目前已有河南、湖南、江西、广西等15个省份超50个楼盘发布了公开声明。声明表示，如果楼盘无法在一定期限内复工，业主将选择强制停还按揭贷款，风险与损失由各方共担。

在这些楼盘中，有的是已经延期交付多年、实打实的烂尾楼，有的则是还没到交付时间，但因房企资金紧张、至今难以复工的停工盘。很多断供项目主要发生在已经违约的房企项目上，包括恒大、新力、世茂等企业。

有相关研究机构估算，停工面积占行业整体的比例为5%左右。目前违约房企停工面积平均占比在20%左右，违约房企占行业总产能的比例约25%，则目前估算行业停工面积约为行业施工面积（97亿平方米）的5%左右，总量约为5亿平方米，随着违约企业销售的下滑，后续停工规模还可能会不断增加。

这一现象可能会对银行资产造成潜在损失。若按照停工5亿平方米，1万元/平方米进行简单估算，则对应资产价值5万亿元，考虑到按揭贷款的首付比例以及开发贷款的资本金比例要求，预计影响商业银行的资产规模约两万亿元附近。

断供是比房价下跌更打击资产价格信心的状况，之前从未如此大范围出现过。这不仅影响居民信用，影响市场期房销售，还可能影响银行资产质量及贷款意愿，一旦解决不好最终将导致地产类资产价格进一步下跌。

鉴于如此可怕的“沙盘推演”，市场中不乏有人称其堪比于当年的美国次贷危机。

7月14日开始，为避免社会恐慌情绪扩散，进而冲击各类资产价格，陆续有商业银行开始明确公布其自身所涉及的停贷规模，希望通过信息透明化来化解平抑社会恐慌情绪。

同一天下午2点，坊间传言中国监管部门召开会议，就“房贷断供”风波研究风险防范方案。

7月14日晚间，银保监会回应“停贷”事件。针对多地业主因楼盘延期交付宣布停止还贷的事件，银保监会有关部门负责人作出回应，表示将引导金融机构市场化参与风险处置，加强与住建部门、中国人民银行工作协同，支持地方政府积极推进“保交楼、保民生、保稳定”工作。银保监会有关部门负责人特别表示，本次事件的关键在于“保交楼”，对此监管当局会高度重视。①

烂尾楼停贷舆情持续发酵，引发了市场的担忧。为避免火上浇油的局面出现，前期已经明显缩量的公开市场操作也在7月18日重新扩量，意图迅速化解市场的紧缩预期。而且更令人意外的是，此前已经明显偏低于政策利率中枢的资金价格在7月下旬却“再下一城”，相比于前期的“异常宽松”局面更加宽松了，隔夜回购利率一度跌至1%的“超级”低位。

祸不单行。继6月经济数据明显改善后，7月中下旬各类高频行业数据再显颓势，经济基本面回暖的预期被蒙上了一层阴影。

总结来看，7月份以来以烂尾楼停贷这一风险事件为触发点，以资金面重返超预期宽松为辅助力量，配合以经济增长恢复势头的放缓（8月上旬发布的7月诸多经济、金融数据确实印证了增长势头放缓），多重因素共振，推动了利率拐折下行，10年期国债利率从2.83%附近一路跌落下来。

超乎当时的市场预期，在8月15日中央银行在公开市场操作中二度降息。当天9点20分，中国人民银行在公开市场中开展4000亿元中期借贷便利（MLF）操作（含对8月16日MLF到期的续做）和20亿元公开市场逆回购操作，充分满足了金融机构需求。中期借贷便利（MLF）操作和公开市场逆回购操作的中标利率均下降10个基点。

由舆情风险事件起步，至资金面“超级”宽松，再到7月份经济增长势头放缓，最终落定到降息，这一连串的因果事件导致利率出现了2022年内最大的一波跌幅。

7月8日~8月18日，10年期国债利率从2.85%附近一路下行，跌至2.58%。

---

① 程婕：《银保监会回应“停贷事件”：关键在于“保交楼”》，中国新闻网，2022年7月15日。

（二）2022年8月19日～9月30日：“一揽子”措施与第二个“降息之坑”

与1月份降息后相同的剧本在8月份再度上演，构成了年内的第二个“降息之坑”。

与1月份的降息相仿，8月15日的降息并非一个单独的政策工具，而是“一揽子”稳增长措施的组成部分。债券市场在短期内欢呼宽货币政策的利多后，很快也发现了其他类稳增长措施给债券带来的压力。

与“815”降息几乎同步或很快推出的“一揽子”稳增长事件或操作如下列示。

（1）国务院总理李克强8月18日主持召开国务院常务会议，部署推动降低企业融资成本和个人消费信贷成本的措施，加大金融支持实体经济力度；部署加大困难群众基本生活保障力度的举措，兜牢民生底线；确定支持养老托育服务业纾困的措施，帮扶渡过难关、恢复发展；决定延续实施新能源汽车免征车购税等政策，促进大宗消费。①

（2）8月18日央视新闻报道，住房和城乡建设部、财政部、人民银行等有关部门近日出台措施，完善政策工具箱，通过政策性银行专项借款方式支持已售逾期难交付住宅项目建设交付。

（3）根据坊间传言，8月23日中央银行召集部分金融机构，召开了货币信贷形势分析座谈会，希望金融机构能加大对地产领域的支持。

（4）8月24日，国务院常务会议决定增加政策性开发性金融工具额度和依法用好专项债结存限额。

（5）8月31日，国务院常务会议上李克强总理再次提到3000亿元政策性金融工具、地产政策“一城一策”、老旧小区改造、高速公路项目、引导银行中长期贷款投放等措施内容，并要求相关政策实施细则9月上旬应出尽出。②

（6）9月中旬，陆续有报道显示，一些城市限购限贷政策出现松动。

（7）9月29日晚，央行、银保监会发布通知，阶段性调整差别化住房信贷政策。符合条件的城市，可自主决定在2022年底前阶段性维持、下调或取消新发放首套住房贷款利率下限。

（8）9月30日，财政部、税务总局发布《关于支持居民换购住房有关个人所得税政策的公告》，明确支持居民换购住房有关个人所得税政策。自2022年10月1日至2023年12月31日，对出售自有住房并在现住房出售后1年内在市场重新购买住房的纳税人，对其出售现住房已缴纳的个人所得税予以退税优惠。其中，新购住房金额大于或

---

① 《李克强主持召开国务院常务会议（8月18日）》，中国政府网，2022年8月18日。

② 《李克强主持召开国务院常务会议（8月31日）》，中国政府网，2022年8月31日。

等于现住房转让金额的，全部退还已缴纳的个人所得税；新购住房金额小于现住房转让金额的，按新购住房金额占现住房转让金额的比例退还出售现住房已缴纳的个人所得税。

（9）9 月 30 日晚间，彭博新闻社报道中国再出挽救房地产行业的最新举措。据悉监管部门要求国有大型银行在 2022 年最后四个月，合计对房地产领域的净融资至少新增 6000 亿元，以避免信用收缩，维护房地产市场的稳定健康发展。有市场消息称，监管部门近期指示包括中国建设银行和工商银行在内的 6 家国有大型商业银行，为房地产领域提供融资支持，增加额每家不得少于 1000 亿元。提供资金的形式可包括按揭、开发贷、购买房地产开发商发行的债券等。①

（10）9 月 30 日晚上八点半，中央银行宣布，10 月 1 日起，下调首套个人住房公积金贷款利率 0.15 个百分点，5 年以下（含 5 年）和 5 年以上利率分别调整为 2.6% 和 3.1%；第二套个人住房公积金贷款利率政策保持不变，即 5 年以下（含 5 年）和 5 年以上利率分别不低于 3.025% 和 3.575%。

（11）同样是 9 月 30 日晚上，《证券时报》信息称监管部门近日鼓励银行进一步加大对制造业中长期贷款、房地产等领域的信贷投放。其中，在制造业中长期贷款方面，要求 21 家全国性银行在 1～7 月新增 1.7 万亿元左右制造业中长期贷款的基础上，8～12 月鼓励再新增 1 万亿～1.5 万亿元，各家银行制造业中长期贷款增速原则上不低于 30%。

8 月下旬至 9 月，一系列涉及产业、财政、信贷等领域的政策集中推出，令人眼花缭乱，也很快令市场投资者产生了宽信用预期。

而无独有偶，8 月下旬开始“超级”宽松的货币资金面也出现些许变化，资金利率摆脱“异常”低位，开始出现回升迹象。

7 月份以来的风险事件叠加经济恢复乏力带来了降息，带动了利率快速回落，而 8 月中下旬开始的“一揽子”稳增长措施陆续出台，又引发了市场对于宽信用的预期迅速生成，转而导致了利率回升，构筑了 2022 年的第二个“降息之坑”。

在 8 月份下旬展开的债市调整中，还有一个时常被提及的推动因素，就是海外市场利率的大幅上行及人民币加速贬值。

2022 年 8～10 月份美国 10 年期国债利率出现了加速走高迹象，从 2.60% 附近几乎

---

① 李贝贝：《多家大银行年内将各增房地产融资至少 1000 亿元，专家：六大行或释放 6000 亿元》，载《华夏时报》2022 年 10 月 11 日，地产版。

毫不停息地上行到4.20%。与此同时，人民币汇率也脱离了6.7～6.8平台，一路上冲到7.3～7.4附近。

海外市场利率快速上行在情绪层面助推国内利率上行，人民币贬值也引发部分外资机构抛售人民币资产，殃及债券。

截至9月30日，10年期国债利率从2.58%的年内最低位置回升至2.76%。

四、2022年10月8日～12月31日：防疫政策优化调整

2022年四季度是一个注定要被浓墨重彩载入史册的时期。

持续近三年的防疫抗疫战斗在这一时刻被画上了句号，中国人民最终取得了抗疫斗争的伟大胜利。

回顾2022年四季度，资本市场基本都是围绕防疫政策调整、优化、变化而展开。

事实上，从2022年6月下旬开始市场中就时不时地流传一些防疫政策优化调整的传言，撩拨着市场投资者的预期。这些传言包括动态清零政策松动、防疫政策等级调整、从甲级管理下调到乙级，等等。

6月28日，国家卫生健康委发布第九版新冠诊疗方案，部分放松了隔离时间要求，将“14+7”的管控政策改为“7+3”的管控政策。

上述坊间传言多来自市场层面的预期或揣测。7月28日中央政治局会议做出了基本定调，要高效统筹疫情防控和经济社会发展工作。对疫情防控和经济社会发展的关系，要综合看、系统看、长远看，特别是要从政治上看、算政治账。要坚持人民至上、生命至上，坚持外防输入、内防反弹，坚持动态清零，出现了疫情必须立即严格防控，该管的要坚决管住，决不能松懈厌战。要坚决认真贯彻党中央确定的新冠肺炎防控政策举措，保证影响经济社会发展的重点功能有序运转，该保的要坚决保住。①

此后，市场对于疫情政策方面的臆测和预期趋于淡化。

（一）2022年10月8～31日：防疫抗疫压力不断增加，经济预期再趋黯淡

2022年“十一”长假期间出行人数明显增加。根据10月9日国家卫生健康委发布通报信息，假期后新增确诊病例比假期前增加较多。

10月10日、11日、12日，《人民日报》连发三文。

（1）仲音：《增强对当前疫情防控政策的信心和耐心》，《人民日报》2022年10月10日。（2）仲音：《“动态清零”可持续而且必须坚持》，《人民日报》2022年10月11

① 邹伟等：《高效统筹疫情防控和经济社会发展工作》，新华网，2022年7月31日。

日。(3) 仲音:《"躺平"不可取,"躺赢"不可能》,《人民日报》2022年10月12日。

三天连发三文,出处均为《人民日报》,作者均为仲音。而上一次相似情形发生是在2022年4月20日,《人民日报》第四版发布仲音的文章《"躺平"没有出路,"动态清零"才是最佳方案》。

这似乎预示着坚决抗疫斗争的局面与相关政策暂不会发生调整改变。由于严格的抗疫防疫措施会在一定程度上制约经济活动,因此市场对于经济悲观预期再起。市场利率在8～9月份持续上行后,也出现了拐头回落。

2022年10月也是中国政治进程中非常重要的时期,举世瞩目的中国共产党第二十次全国代表大会召开,并于10月22日(周六)胜利闭幕。

整个10月,在疫情依然反复的背景下,市场投资者对于经济活动的预期相对谨慎,长期利率不断回落。进入10月下旬,市场对于未来的疫情发展局面更加担忧,特别是伴随冬季来临,预期防疫工作的难度会加大。

(二) 2022年11月1日～12月13日:双主线并进,引发债市巨大赎回潮

11月份开启的债市大调整其实是从资金面初露端倪的。上海新冠疫情暴发后,中央银行一直保持一个"略高于"合理充裕水平的流动性状态,因此资金回购利率多维持于低位,即便遇到月末或季末特殊时点有所上行,但是随后很快就会跌落回原低位。市场投资者已经逐渐地习惯了这一状态。

10月底时点过后,本预期如前一般,资金利率在时点冲高后如期回落,但是这次竟然出乎了市场预期。11月上旬货币市场资金利率不仅没有如期回落下来,反而开始向公开市场逆回购利率方向不断靠拢。这无疑说明了中央银行开始引导市场利率进入重返"正常化"的进程,令流动性回归合理充裕水平,令偏低的货币市场利率回归政策利率中枢附近。

在货币市场流动性重返"正常化"过程中,长期利率也出现上行压力。但是对债券市场崩盘起到主要推动的因素并不在此,而是在于如下两条几乎同步并行的主线。

第一条主线无疑是防疫抗疫政策的优化与调整。

10月底以来,市场投资者对于防疫政策的变化与调整就产生了些许预期,进入11月份后,这种预期更加浓重。

11月10日晚《新闻联播》播报,中共中央政治局常务委员会召开会议,研究部署进一步优化防控工作的二十条措施。会议强调,高效统筹疫情防控和经济社会发展,最

大程度保护人民生命安全和身体健康，最大限度减少疫情对经济社会发展的影响。[①] 这就是被市场所简称的“20 条”，这正式拉开了防疫政策优化调整的帷幕，是我国防疫抗疫战斗过程中的一个里程碑。继而在 12 月 7 日，国务院应对新型冠状病毒肺炎疫情联防联控机制综合组发布《关于进一步优化落实新冠肺炎疫情防控措施的通知》[②]。这被市场称为“新 10 条”。

11 月 10 日的“20 条”拉开了防疫政策优化调整的帷幕，而 12 月 7 日的“新 10 条”则正式明确了防疫政策优化调整完毕，我国的防疫抗疫终于进入了崭新阶段。

2022 年 12 月 26 日，国家卫生健康委宣布，“将新型冠状病毒肺炎更名为新型冠状病毒感染。经国务院批准，自 2023 年 1 月 8 日起，解除对新型冠状病毒感染采取的《中华人民共和国传染病防治法》规定的甲类传染病预防、控制措施；新型冠状病毒感染不再纳入《中华人民共和国国境卫生检疫法》规定的检疫传染病管理”[③]。至此人们“谈新冠而色变”的时期结束了。

2023 年 2 月 16 日，中共中央政治局常务委员会召开会议，听取近期新冠疫情防控工作情况汇报。会议指出，3 年多来，我国抗疫防疫历程极不平凡。2022 年 11 月以来，我们围绕“保健康、防重症”，不断优化调整防控措施，取得疫情防控重大决定性胜利，创造了人类文明史上人口大国成功走出疫情大流行的奇迹。[④]

2022 年 11 月至年底两个月时间内，我国政府针对疫情变化新形势，不断地优化调整防控措施，以“20 条”“新 10 条”“乙类乙管”三大政策为标志，确立了防疫方案的最终优化结果，为三年抗疫防疫历程画上了胜利的句号。

伴随上述防疫政策调整优化的时间线索，债券市场也出现了波动、调整，其间的传导逻辑一目了然，防疫措施对于经济活动具有一定的影响性，当这些措施优化调整后，将在很大程度上解开经济活动的束缚，令经济恢复自身的动力与活力。这成为 2022 年四季度债市大调整的最主要的影响因素。

面对防疫政策的优化与调整，社会中的感染人数也不断增加，第一波感染人群高峰就在 2022 年底成型。感染人数的增加必然也会对当期经济活动产生负面影响，市场对防疫政策优化可能对经济产生的中期效应和短期效应出现了争论与探讨。主要的争论探

---

① 详见《中共中央政治局常务委员会召开会议　习近平主持会议》，中国政府网，2022 年 11 月 10 日。

② 详见《关于进一步优化落实新冠肺炎疫情防控措施的通知》，中国政府网，2022 年 12 月 7 日。

③ 孙红丽：《2023 年 1 月 8 日起，对新型冠状病毒感染实施“乙类乙管”》，人民网，2022 年 12 月 27 日。

④《习近平主持中共中央政治局常务委员会会议听取近期新冠疫情防控工作情况汇报》，载《新华每日电讯》2023 年 2 月 17 日，第 1 版。

讨点在于两个方面。

（1）防疫政策优化对于经济有正面支撑效应，但是感染人数增加对于经济活动有抑制作用，那么在防疫政策优化后，究竟哪个效应是主要影响？

参考海外国家经验，从2021年四季度到2022年一季度感染人数都是急剧攀升，但这些国家的经济增长都是持续向上修复的，所以感染人数多寡不是经济的主要影响因素，防疫政策对人流和物流的限制才是主要影响因素。因此经济会伴随防疫政策优化而向上修复，而不会因为感染人数增加而被抑制。

但是事实上，伴随防疫政策优化展开，感染人数增加，2022年11～12月份经济确实处于不断下行的过程中。但是天佑中华的是，本次中国各地的感染高峰迅速到达，随后很快出现了峰值回落。

根据国家卫健委报告（2023年1月19日发布），各省已经度过了三个高峰，就是发热门诊高峰、急诊高峰和重症患者高峰都已经度过。全国发热门诊就诊人数在2022年12月23日达到峰值，之后持续下降，到1月17日较峰值下降了94%，已经回落到12月7日前的水平。全国急诊就诊人数在2023年1月2日达到峰值，之后持续下降，1月17日较峰值下降了44%。全国在院的阳性重症患者人数是在1月5日达到峰值，之后持续下降，1月17日较峰值数量下降了44.3%。[①]

如此看来，感染人数增加对经济的影响时期基本集中在了11～12月份。

（2）假如感染人数上行对经济会造成压制，资本市场（股、债）会对这种短期压制（稍长时期视角乐观）定价吗？

从11月份以来的股、债市场表现来看，市场面对可预期的短期冲击，更着眼于长期的正面支撑，因此股、债都在经济复苏的中期假设中演绎变化，而没有更多地去反映短期的经济波动。

单纯对债券市场而言，除去有防疫政策不断优化、经济长期预期乐观这第一条主线冲击外，还遭遇了经济政策方面的第二条主线冲击。

第二条主线就是稳增长政策，特别是对于房地产行业的稳增长政策。

几乎与防疫政策优化同步进行，持续紧缩的房地产政策从2022年11月份开始出现了明显放松，而且力度远超市场预期。其中最引人关注的就是地产政策的“三支箭”。

---

① 《国家卫健委：各省已度过发热门诊、急诊、重症三个高峰》，央广网，2023年1月19日。

第一支箭是指信贷支持。万亿级授信支持“十六条”新政①。

第二支箭是指债券融资支持，延期扩容纾困房企融资。

11 月 8 日，为落实稳经济“一揽子”政策措施，坚持“两个毫不动摇”，支持民营企业健康发展，在人民银行的支持和指导下，交易商协会继续推进并扩大民营企业债券融资支持工具，支持包括房地产企业在内的民营企业发债融资。

第三支箭是指股权融资，恢复开启涉房上市公司股权融资通道。

11 月 28 日，证监会新闻发言人就资本市场支持房地产市场平稳健康发展答记者问时表示，恢复上市房企和涉房上市公司再融资。

根据统计，11～12 月份期间涉及房地产领域的政策以及官方表态高达 8 条之多，分别列示如下。

（1）11 月 8 日，交易商协会继续推进并扩大民营企业债券融资支持工具，支持包括房地产企业在内的民营企业发债融资。“第二支箭”由人民银行再贷款提供资金支持，委托专业机构按照市场化、法治化原则，通过担保增信、创设信用风险缓释凭证、直接购买债券等方式，支持民营企业发债融资。预计可支持约 2500 亿元民营企业债券融资，后续可视情况进一步扩容。

（2）11 月 14 日，银保监会、住房和城乡建设部、人民银行发布《关于商业银行出具保函置换预售监管资金有关工作的通知》，允许商业银行按市场化、法治化原则，在充分评估房地产企业信用风险、财务状况、声誉风险等的基础上进行自主决策，与优质房地产企业开展保函置换预售监管资金业务。

（3）11 月 21 日晚间，媒体信息报道，在前期推出的“保交楼”专项借款的基础上，人民银行将面向 6 家商业银行推出 2000 亿元“保交楼”贷款支持计划，为商业银行提供零成本资金，以鼓励其支持“保交楼”工作。

（4）11 月 22 日，李克强总理主持召开国务院常务会议，部署抓实抓好稳经济“一揽子”政策和接续措施全面落地见效，巩固经济回稳向上基础。会议指出，稳定和扩大消费。支持平台经济持续健康发展，保障电商、快递网络畅通。落实因城施策支持刚性和改善性住房需求的政策。推进“保交楼”专项借款尽快全面落到项目，激励商业银行新发放“保交楼”贷款，促进房地产市场健康发展。会议指出，加大金融支持实体经济力度。引导银行对普惠小微存量贷款适度让利，继续做好交通物流金融服务，加大

---

① 2022 年 11 月 23 日，央行网站发布《中国人民银行、中国银行保险监督管理委员会关于做好当前金融支持房地产市场平稳健康发展工作的通知》，出台十六条措施，支持房地产市场平稳健康发展。

对民营企业发债的支持力度，适时适度运用降准等货币政策工具，保持流动性合理充裕。①

（5）11 月 23 日，中国人民银行、中国银行保险监督管理委员会发布《关于做好当前金融支持房地产市场平稳健康发展工作的通知》。

（6）11 月 25 日下午 5 点 40 分，中国人民银行决定于 2022 年 12 月 5 日降低金融机构存款准备金率 0.25 个百分点。

（7）11 月 28 日，证监会新闻发言人就资本市场支持房地产市场平稳健康发展答记者问，允许符合条件的房地产企业实施重组上市，重组对象须为房地产行业上市公司。这意味着地产再融资时隔 7 年再迎解禁。

（8）12 月 15 日，国务院副总理刘鹤在第五轮中国－欧盟工商领袖和前高官对话上发表书面致辞。刘鹤指出，对于明年中国经济实现整体性好转，我们极有信心。房地产是国民经济的支柱产业，针对当前出现的下行风险，我们已出台一些政策，正在考虑新的举措，努力改善行业的资产负债状况，引导市场预期和信心回暖。未来一个时期，中国城镇化仍处于较快发展阶段，有足够需求空间为房地产业稳定发展提供支撑。②

如此密集的稳增长措施及官方表态接踵而出，特别是更多地指向了房地产领域，这令债券投资者非常紧张。

长期以来，支撑债券市场牛市的“两大政策基础”（防疫政策制约经济活动＋地产紧缩政策影响融资需求）发生彻底变化。这造成了利率市场出现了大幅度调整，并直接导致了债券基金出现了大面积赎回的现象。最终金融委在 12 月下旬召开会议，专门研究解决理财产品被大量赎回的问题。

11 月 16 日开始，债券基金再度遭遇严重赎回。2022 年，银行理财产品和各类资管产品遭遇过两轮赎回大潮。

第一轮赎回潮发生在 2022 年 3 月份。当时由于股票市场调整，引发理财产品（主要指“固收＋”类产品）出现大规模破净。3 月份全市场有 3600 只银行理财产品录得负收益，产品累计净值在 1 元以下的银行理财产品达到 1200 只，破净产品占总产品数量已经超过 13%。

第二轮赎回潮就发生在 2022 年 11～12 月份。主要是由于股票市场与债券市场的接

① 《李克强主持召开国务院常务会议　部署抓实抓好稳经济一揽子政策和接续措施全面落地见效等》，中国政府网，2022 年 11 月 23 日。

② 《社论：积极推动落实扩大内需战略，实现国民经济良性循环》，载《21 世纪经济报道》2022 年 12 月 19 日，第 1 版。

力调整。2022年股票是熊市，尽管年底附近股票市场出现回暖，但是从全年来看，2022年大部分股票投资者均处于亏损状态。雪上加霜，11月以来债券市场也出现了史上最快的一轮下跌走势。

股债双杀的结果就是银行理财的产品净值大幅度下跌。根据万得（Wind）数据统计，截至11月16日，在3万只理财产品当中，最近一周出现负收益的理财产品已经超过1万只，考虑到债券市场调整仍在持续，未来出现负收益的产品可能会继续增加。

11月以来，债券市场的调整幅度之大、调整速度之快，让人甚至想起了2016年底的“债灾”一幕。

10年期国债收益率从10月31日的2.65%快速上行到12月6日的2.90%上方，10年期国开金融债活跃券利率从2.77%上行到3.00%附近，一年期存单利率从2.00%附近上行到2.60%左右。二级资本债更是成为重灾区，上行幅度超过60个基点，部分城投债上行幅度也超过了50个基点。

（三）2022年12月14日～12月31日：监管出手，修复赎回创伤

11月16日发酵的“理财赎回潮”稍显喘息，没想到进入12月份后压力再现，形势更显严峻。

2022年3月份银行理财产品虽然也面临巨大赎回压力，但是那是在年初，毕竟后续还会不断有资金要进入该市场。但是第二轮赎回潮恰逢年底，净值亏损叠加年底时期各类投资机构从年底规模与指标考核角度出发，多数本着“能赎回就赎回”的原则。相比而言，这次的形势更为严峻。

在此局面下，即便中央银行不断投放货币，对于赎回而形成的负反馈局面也是效果有限，银行理财持续遭受净值化转型以来最大的赎回冲击。市场急切盼望着监管当局做出强有力的干预举措，否则趋势蔓延，极有可能形成危机局面。

金融监管当局出手干预的苗头是在12月7日显现的。当天下午临近收盘，市场传言，中央银行召集银行讨论理财赎回事宜。

12月8日，彭博新闻社报道，中国监管层据悉建议险资承接银行卖出的部分债券，以应对理财赎回压力。金融监管部门据悉建议保险公司出手，以缓解银行理财业务短期面临的流动性压力。

市场消息称，中国金融监管机构与部分保险公司及银行召开会议，建议对银行为应对理财产品赎回压力而卖出的债券，在符合相关监管要求的前提下，由参会的保险公司

承接买入，部分头部保险公司已经开始相关的买入操作。①

此外，也有商业银行提议自营资金去承接部分银行理财子公司为应对赎回而卖出的债券。

12 月 13 日，市场传言金融稳定委员会召开会议，探讨银行理财产品面临的赎回问题。

12 月 14 日，根据路透社信息，部分银行理财子公司拟更多采用摊余成本法估值，应对赎回压力。部分银行理财子公司拟对摊余成本法和市值法在产品中的使用比例进行调整，更多地采用摊余成本法，以应对近期的赎回压力。调整后新买入的债券可以使用摊余成本法进行估值，但应是满足摊余成本法的使用条件、期限匹配且符合会计准则的债券。这是市场动荡之时机构的自发调整，短期内对缓和市场情绪有帮助。②

终于一系列的"救市"措施缓解了市场紧张局面，保险公司、银行自营出手共同逆转理财产品市场中负反馈的恶性循环。

再配合以中央银行同期大量投放货币流动性，银行间隔夜回购（DR001）加权平均利率甚至跌破 2020 年 12 月下旬的低点，报于 0.5474%，创出历史新低。

流动性总量宽松，监管部门强力疏导干预，赎回潮终于开始逐渐平息，市场利率从 12 月中旬开始有所回落。

纵观 2022 年四季度，经济增长状况事实上是在不断下行的（主要是在疫情政策优化调整阶段，市场预期不稳且感染人数不断增加所导致），但是市场预期是良好的（市场主流预期认为经过政策调整后，中国经济将摆脱疲弱局面）。

市场预期走在了实际经济转变之前，并带动了利率市场出现了明显调整，10 年期国债利率上行幅度近 30 个基点。

10 年期国债利率在 2022 年底收盘于 2.84%（见图 1－4－4）。

在这三年疫情的特殊时期中，10 年期国债利率起步于 3.14%，最低下探至 2.46%（2020 年 4 月 8 日），最高上行至 3.345%（2020 年 11 月 9 日），最终收盘于 2.84%，三年时期的平均水平为 2.90%。

---

① 《理财 4 亿赎回再度施压债市，保险资金称目前适合出手》，和讯网，2022 年 12 月 9 日。

② 详见汪青：《净值大跌、赎回加剧　银行理财喊话安抚　推"摊余成本法产品"》，经济观察网，2022 年 12 月 16 日。

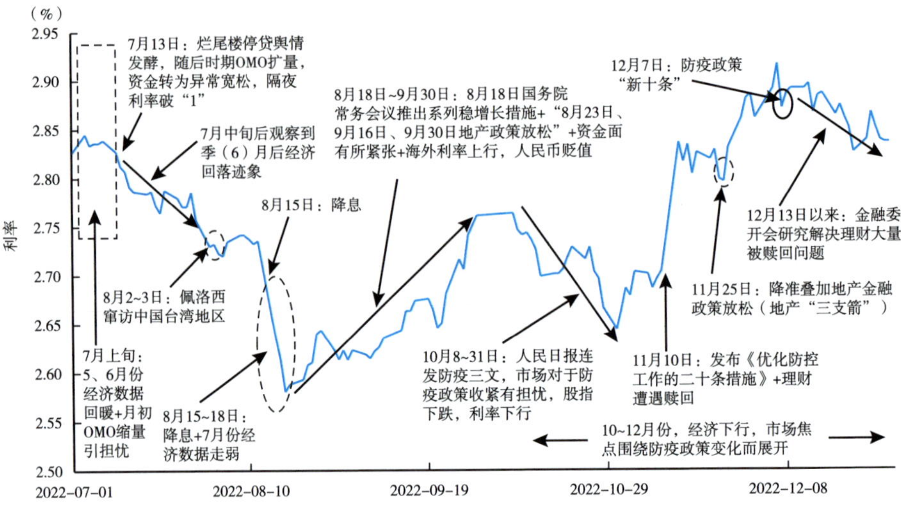

图1-4-4 2022年7～12月份10年期国债利率变化详解

资料来源：中央国债登记结算有限责任公司（CDC），www. chinabond. com. cn。

第二篇 2019～2022年重要事件及逻辑线条反思

历史在经历过程中总是迷茫和未知的，在经过后需要进行反思与总结归纳，这会令当初的迷茫变得格外清晰。无论未来会不会重复这段历史，都会给我们认识世界提供莫大的帮助和借鉴。

笔者曾说过，2019～2022这四年时期是会被中国乃至世界历史浓墨重彩记录的一段时期，在这段时期中，人类经历过恐慌、迷茫，甚至绝望，但是最终又勇敢地走了出来，迎来了新的曙光。相比于社会活动的变化，债券市场只是这一大背景下的一个微小缩影，但是也承载了各类记忆。

用利率来记录并表达历史的变化是债券市场具有的社会功能，也是每一个债券市场投资者观察时代变迁的工具。在这一进程中我们的思维、思路都会不断完善、成熟，以成为更好的“自己”。

在本篇内容中，笔者试图按照时间演进的顺序将每一年度中分析思路、分析方法的完善与改进历程做一反思归纳，权当一份参考。

| 第五章 |

2019 年重要事件及逻辑线条反思

在笔者的认知经历中，始终认为 2019 年是一个重要的、值得关注的年份。虽然从各类资产价格来看，2019 年的波动有限，例如，10 年期国债利率几乎以窄幅震荡的平盘报收全年，但是从宏观角度来看，2019 年具有两大特色。

其一是在缺乏外生政策刺激的背景下，经济在波折中实现了内生性企稳；其二则是经历了历史上首次单纯由猪价催生的“通货膨胀”。

2019 年内生性的经济企稳特别值得关注，这在很大程度上颠覆了以往经济复苏依赖于外生政策刺激的路径，在内生自发企稳的背景下，市场投资者对于未来的经济展望也趋于乐观，并在年底时期产生了中国经济“朱格拉周期”起步的美好预期。

第一节 内生性企稳与“朱格拉周期”起步的源头

近十几年以来，虽然中国的经济增长中枢呈现走低态势，但是起伏波动依然不断。从周期变化来看，中国经济经历过若干次由衰退进入回暖复苏的场景，例如，2008 ~ 2009 年、2012 ~ 2013 年、2015 ~ 2016 年、2018 ~ 2019 年均是“由衰入暖”的转折时期。如果更具体地划分转折月份，笔者更倾向于认为是 2008 年的 11 ~ 12 月份、2012 年的 8 ~ 9 月份，2015 年的四季度、2018 年的 11 ~ 12 月份。

但是从复苏起步的牵引动力来看，上述四次的属性则有所差异。其中前三次更倾向于依赖外生刺激因素引发的经济回暖与复苏，最后一次则更接近于依靠内生自发因素而导致的经济企稳与复苏。

其中，2008 年底、2009 年初的经济企稳与复苏主要触发因素是“四万亿”投资政策，外生政策刺激属性非常强烈。2012 年三、四季度之交的复苏则有赖于金融创新背景下“非标类资产”的迅速扩张所带动，从属性而言，既存在外生政策刺激的成分

（如金融创新政策激发的类信贷资金供给充裕），也存在内生自发的成分（经济运行主体自发产生的融资需求）。2015 年四季度至 2016 年初的经济企稳与复苏更多可归因于 2015 年 6 月份开始实施的棚改货币化安置①，因此从属性而言，外生政策刺激的意味更浓。

相比于上述若干次的企稳转折，2019 年的经济企稳与回暖更具有内生自发属性。众所周知，2018 年是一个经济单边下行、信用收缩的年份，而 2019 年则是一个在全年没有明显（货币或财政）政策刺激背景下，经济自发企稳的年份，唯一可见的是存在一些减税降费方面的措施（体量估计在 2.3 万亿元左右）。

也正是因为缺乏强有力的货币或财政政策的有力刺激与帮扶，2019 年的经济企稳路径并不那么顺畅。从变化节奏来看，呈现出两重底的特征。

从全年月度经济变化的频率回顾，第一次经济底部呈现在 2018 年底至 2019 年初，随后 2019 年 1～3 月份，经济就脱离底部，出现了显著回升，其后 4～7 月份经济增长出现明显的拐点回落态势，8 月份开始才再度步入二度回升的轨道中。因此，2018～2019 年的经济回升路径大致由两个底部构成，第一个底部可以确认为 2018 年底，第二个底部则可确认为是 2019 年 7～8 月份期间。

一、民间投资是经济内生性的重要体现

针对这一缺乏外生政策刺激的年份，笔者更着重关注其内生性复苏的特征。从经济需求来看，常规意义上的“三驾马车”大致分为内需消费、内需投资、外需进出口。其中消费又大致可以划分为居民消费和政府消费，固定资产投资又大致可以划分为政府投资和民间投资（外商直接投资占比很小）。

那么，具有外生属性的需求项目主要为：政府消费＋政府投资。具有内生属性的需求项目则为：居民消费＋民间投资＋外需出口。

在各类经济需求中，大国经济体尤其关注内需部分，内需部分中又尤其关注固定资产投资部分。因此民间投资就成为衡量一国经济内生动力的重要指标。

对于内需中消费和投资部分何者为基础的问题，市场始终存在争论。有看法认为消费应为基础，进而“以需带供”，撬动投资增长；也有看法认为投资是基础，供给创造

① 棚改货币化安置是指政府直接以货币的形式补偿被拆迁棚户区居民，而后居民再到商品房市场上购置住房。2015 年 6 月国务院颁布《关于进一步做好城镇棚户区和城乡危房改造及配套基础设施建设有关工作的意见》，棚改补偿模式由实物货币安置并重转向货币安置优先，棚改由“1.0”进入“2.0”。“棚改 2.0”区别于“棚改 1.0”的最大特征，在于补偿模式由实物安置和货币安置并重转向货币化安置优先。

需求，进而带动消费。

笔者认为消费与投资谁为基础的问题取决于收入的来源。众所周知，消费的基础是（居民）收入。长期以来，收入多以企业营收转化为居民收入所形成，即企业的投资与生产带动了企业营收增加，并以工资的形式转化为居民的收入，因此收入的起源多来自生产或投资端。从这个意义上看，固定资产投资带动了生产增加，进而带动企业营收增加，并通过工资的形式转化为居民收入，形成了消费的基础。在很长时期内，中国内需扩张的基础都是来自固定资产投资端。

固定资产投资从投资主体的企业属性划分，可以划分为政府投资（国有企业以及国有控股企业所进行的固定资产投资）、民间投资（集体所有制企业、私营企业等多部门进行的固定资产投资）以及外商直接投资。三者在总投资中的权重占比大致是3∶6∶1，民间投资是固定资产投资的“定盘星”。

从历史经验来看，每逢民间投资增速在回升过程的年份，经济感受度都偏暖，例如，2007年、2009年、2012年、2017年等年份（见图2－5－1）。

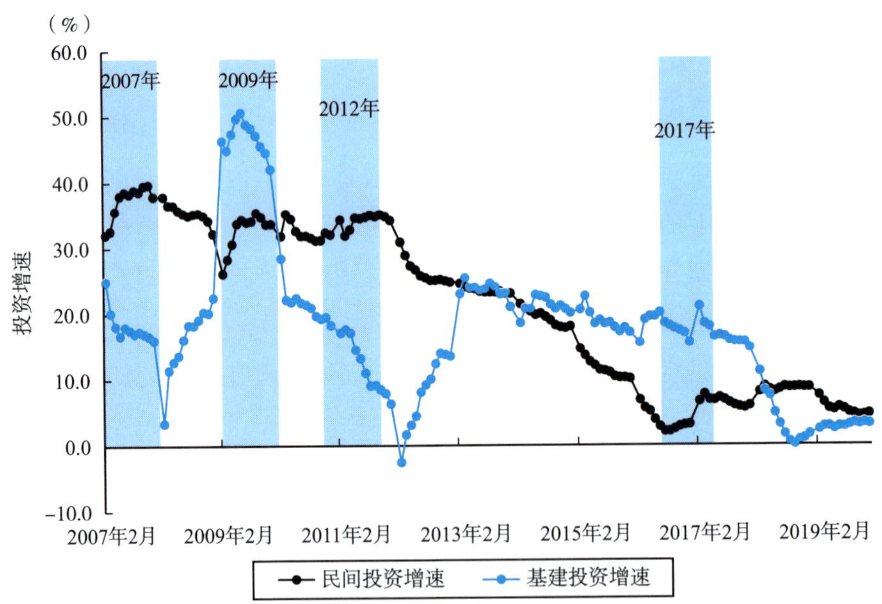

图2－5－1　民间投资增速的升降对于宏观经济的冷暖具有良好的指引

资料来源：国家统计局。

如果仔细观察2019年经济波折企稳的过程，会发现民间投资增速的变化与之息息相关，特别是采用反映边际变化更为敏感的民间投资单月同比增速来衡量。正是从

2019年8月份开始，民间投资单月同比增速出现了触底回升的态势，民间投资增速的企稳回升带动了整体固定资产投资增速的触底回升，进而令中国内需呈现企稳态势，这是2019年经济内生性企稳的重要表现。

从固定资产投资主体来看，民间投资的企稳回升是重要的带动力量，因此2019年的经济企稳具有内生自发属性。相反，若是政府投资主导带动，则更具有外生属性。

二、若干次经济底部的争论

从固定资产投资的客体来看，可以划分为制造业投资、房地产投资和基建投资，三者的权重占比大致为4∶3∶3。但是从民间投资的客体来看，其客体的构成权重与上述则有显著差异，民间投资中的制造业投资、房地产投资以及基建投资的比重大致为6∶3∶1。可见，民间投资内容的组成大类主要是制造业投资和房地产投资。在2019年民间投资内生性企稳的过程中，制造业投资起到了重要作用，特别是其中的高技术产业制造业投资增速更是2019年经济内生性企稳的“先锋官”。

谈及2019年的高新技术产业制造业投资，就不能不提及著名的“新旧动能切换”这一观点。

2012年以来，中国经济增速进入温和回落轨道。在这一漫长的回落过程中，市场投资机构从没有中止过对于经济底部的探讨与争论。曾引发过市场热议的经济大周期底部争论合计出现过三次。

第一次发生在2014～2015年期间。这次探究中国经济底部的焦点集中在第二产业和第三产业对于经济增速的拉动效应上。

在当时，中国新一届政府提出了经济转型的战略目标，主要可以归结为“从侧重于第二产业向侧重于第三产业增长过渡，从倚重于投资驱动向倚重于消费驱动过渡”。

在此战略目标驱动下，市场对于第三产业的增长弹性给予了充分关注，而“巧合”的是，也正是从2015年开始，中国的第三产业对于GDP增速的同比贡献率一举超越了“半壁江山”，达到了55%。在2014～2015年时期，第三产业增速的高企和第二产业增速的下行形成了鲜明的对比。

二、三产业增速之间的此起彼伏令市场对于经济触底的预期得以升温，而这一现象也确实符合了当时中国的战略政策导向——“从侧重于第二产业向侧重于第三产业增长过渡”。

可惜的是，2014～2015年三产业经济增速的崛起更多的是受惠于金融业增加值的崛起，而金融业增加值的崛起更多是和当时股票市场的火爆相关，大量的银行资金通过配资形式进入了股票市场，推升了股票市场的交易量，而交易量的迅速增加带动了金融业增加值的高企，并在很大程度上推高了第三产业的经济增速，形成了“虚幻的第三产业崛起”。最终伴随着2015年下半年股票市场大幅下跌的来临，这一“幻觉”破灭了，市场对于经济前景的预期变得再度黯淡。

第二次发生在2017年三季度时期，被称为是“新周期争论”。

大概从2017年6月份经济数据发布后（7月初以来），资本市场就掀起了一股经济新周期是否到来的争论。自从2009年以来，中国经济基本处于下行周期中，这一特征从2012年以来表现更为明显。2016年三、四季度以来，特别是进入2017年，各类经济数据表现得相对超出预期，增长类数据稳定，势头有所好转，而价格类数据更是一路高涨，同时叠加以股票、大宗商品为代表的资本市场表现强势，据此有部分经济研究者认为中国已经走出了长达数年的经济下行周期，正在进入一个新的经济增长周期，即所谓的“新周期”来临。

持新周期来临的观点认为：

“改革开放以后，我们大致经历了四轮产能周期。2017年前后，我们正站在第五轮产能周期的起点上。”

“2012～2017年黑色、有色等上游采掘行业产能投资大幅下滑，部分年份出现负增长；钢铁、有色、建材等中游行业产能投资大幅下滑，部分年份负增长；化工、造纸等中下游行业产能投资大幅下滑，部分年份负增长。”

从更微观的角度看，“化工、造纸、玻璃、水泥、有色、钢铁、煤炭等传统行业在过去六年中，大量中小企业退出，落后产能被淘汰。除此之外，甚至商贸零售、互联网、家电这些不需要清理产能的行业，也出现了行业集中度的大幅提升”。

“银行对‘两高一剩’行业限贷、环保督察、供给侧结构性改革。我们甚至看到了这几年少有的供求缺口，因为每年需求有10%左右的增长，但是供给在不断下滑。今年上半年，房地产投资8.5%，出口增长8.5%以上，消费增长10.4%，基建投资增长17.5%，但是产能投资只增长5.5%。怀疑到2019年前后，如果我们政策不调整，将会看到部分原材料短缺的情况，就像2004年出现过的电荒，也是跟当时的背景有关。”

总体而言，“新周期靠供给推动”。

这一论点的根本是立足于众多行业（特别是传统产业），在经历了长期的产能淘汰后，已经与需求相匹配，不再具有了下行出清的动力和空间，因此可以抱有产能出清、周期到底的美好预期。

可惜的是，随后的产能出清依然在进行中，特别是一些传统行业的产能依然与市场需求存在一定的供应盈余，这表现为工业品价格再度回归到疲弱格局中。

可以说，传统产能出清，进而经济周期触底是“新周期”看点的逻辑依据，可惜在后期被经济运行状况所证伪。

二、三产业动能的切换逻辑以及传统工业产能的出清逻辑都令资本市场在摸索经济底部过程中产生过期待，但是最终又都被经济发展所证伪，最终表现为传统产业的投资增速依然处于低迷回落之中。

而第三次关于经济大底部的争论则发生在2019年时期，其核心的焦点集中于“新旧动能切换”接近于平衡，并引发了市场投资者对于中国开启新一轮“朱格拉周期”的美好预期。

三、新旧动能切换与朱格拉周期的启动

2013年以来党中央作出判断，我国经济发展正处于增长速度换挡期、结构调整阵痛期和前期刺激政策消化期“三期叠加”阶段。2014年，中央进一步提出我国经济发展进入了“新常态”的看法。

在2015年10月，李克强总理对于经济发展进行了判断，提出了“我国经济正处在新旧动能转换的艰难进程中”。①

新旧动能的转换是中国经济周期磨底的重要线索出发点。在很长一段时期内，中国的经济主要是由“旧动能”所驱动，在长期的粗放型发展过程中，所谓的“旧动能”占据了经济的巨大基数，从2013年中国经济转型开始，中国经济的结构和格局进入了一个“新旧动能”转换的过程。

在相当一段时期中，由于“旧动能”占据了中国经济基数的绝大部分，因此中国经济增速的方向依然由“旧动能”的方向所驱动。但是，在长达7～8年的艰难转型中，“新动能”的发展势头和发展速度在迅速上升，虽然其还不足以决定宏观经济增速的方向，但是已经开始极大地缓释了宏观经济增速下行的幅度。

在最近若干年中，投资者也深切感受了一些“旧有常规性”的高频指标变化与中国的实际经济增速变化幅度正发生着越来越剧烈的分离。例如，传统意义上衡量中国经济变化的“克强指数”与实际GDP增速正发生着越来越剧烈的分离现象。

这很有可能是新旧动能不断切换、平衡的结果，当新旧动能越发接近，并趋于平衡状态的时候，新动能将开始决定中国宏观经济的方向，届时中国经济的大调整周期底部

---

① 梁敏：《经济新旧动能加速切换》，载《上海证券报》2015年10月20日，第F1版。

也就不远了。

而对上述预期进行论证的方式则是采取了制造业投资中的高新技术产业投资和传统产业投资，其分别代表着新、旧动能。

为了方便比较和收集数据，将高技术产业特别是高技术制造业作为经济新动能的主要代表。高技术产业主要分为高技术制造业和高技术服务业，根据国家统计局标准，高技术产业（制造业）是指国民经济行业中 R&D① 投入强度相对高的制造业行业，包括医药制造，航空、航天器及设备制造，电子及通信设备制造，计算机及办公设备制造，医疗仪器设备及仪器仪表制造，信息化学品制造等 6 大类。其中，R&D 投入强度是指 R&D 经费支出与企业主营业务收入之比。

高技术服务业是采用高技术手段为社会提供服务活动的集合，包括信息服务、电子商务服务、检验检测服务、专业技术服务业的高技术服务、研发与设计服务、科技成果转化服务、知识产权及相关法律服务、环境监测及治理服务和其他高技术服务等 9 大类。

根据国家统计局数据测算，2019 年上半年，在固定资产投资领域，高技术制造业投资占整体制造业投资的比例大概在 18% 左右，而高技术制造业对整体制造业投资增长的贡献率在 50% 左右。

高技术制造业已经成为影响整体制造业投资的中枢力量，其以不到 20% 的投资占比，贡献了超过 30% ～50% 的投资增速。结合国家对高技术新动能大力支持的背景，确实有理由相信高技术制造业投资在未来还会保持较高的增速，其对于整体制造业投资的影响将会进一步上升。

高技术制造业代表的“新”动能与传统制造业代表的“旧”动能在此长彼消的过程中逐渐趋于平衡态势，主要动力来自两个原因。

（1）2016 年以来的供给侧结构性改革在很大程度上将传统制造业产能出清，从而令“旧”动能接近于底部区域。

（2）2018 年以来的中美贸易争端令举国上下意识到“科技立国”的重要性，从而导致了对高技术行业的投资热潮，“新”动能部分高歌猛进。

新动能的明显高增速，不断增加了其在制造业总投资中的权重，旧动能的去产能化，令其在制造业投资中的权重日渐降低。前者高增速，权重增加，后者低增速，权重

① R&D（即研究与试验发展）是指为增加知识存量（也包括有关人类、文化和社会的知识）以及设计已有知识的新应用而进行的创造性、系统性工作。

降低，长期如此必然呈现出“新”“旧”动能切换的平衡点，这将构筑制造业投资周期的底部（见图2-5-2）。

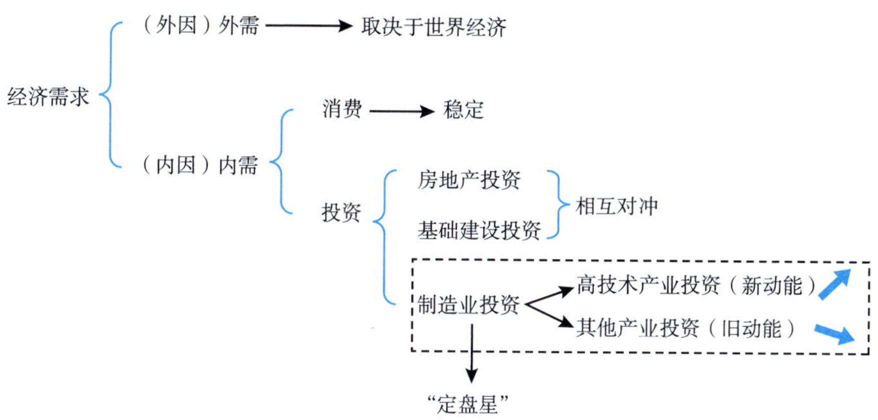

图2-5-2　制造业投资中的“新”“旧”动能切换示意

由高新技术产业带动的制造业投资增速回升是2019年固定资产投资企稳的主要力量，也是民间投资增速企稳回升的主要牵引力。

在新旧动能切换平衡点来临、制造业投资周期企稳回升的美好预期中，在2019年底对“朱格拉周期”启动的市场预期高企，这似乎都预示着中国开启了新一轮的经济景气周期。

第二节
单纯由猪价催生的“通货膨胀”

2019年底，市场投资者经济增长预期开始乐观。无独有偶，2019年底也出现了一轮“莫名其妙”的通货膨胀。

严格来说，这是一次与以往通货膨胀截然不同的物价上涨现象，是历史上首次单纯由猪价催生的“通货膨胀”。

之所以要记录这次特殊的“通货膨胀”，一方面源于其特殊性，其是单纯由猪价上涨所致；另一方面，则可以看出货币政策针对不同类型“通货膨胀”现象的反应。特别是后者，面对通货膨胀或通胀预期，货币政策会以什么方式来应对，2019年底提供了一次宝贵的经验。此外，2021年同样也提供了另一次宝贵经验。

2019年四季度，居民消费价格指数CPI增速出现了加速上行态势，至年底冲至5%以上。2000年以来，CPI增速冲破5%关口的时期只有四次，分别是2004年、2008年、2011年和2019年。

前三次通货膨胀均引发了货币政策的收紧，2019年四季度CPI的冲高走势一度也引发了市场对于货币政策收缩的担忧，并在当年10月下旬引发过债券市场的波动。但是很快在11月5日中央银行却意外宣布了降息措施，迅速化解了市场对于“通胀”引发货币政策收缩的担忧。

究其根本，本轮“通胀”与前三轮通胀截然不同，是一轮单纯由猪价变化所引发的物价指数走高现象。2019年下半年以来，中国CPI中的猪肉价格同比增速出现迅速走高，一度超过100%，这带动了CPI同比增速迅速上行，突破5%关口（见图2－5－3）。

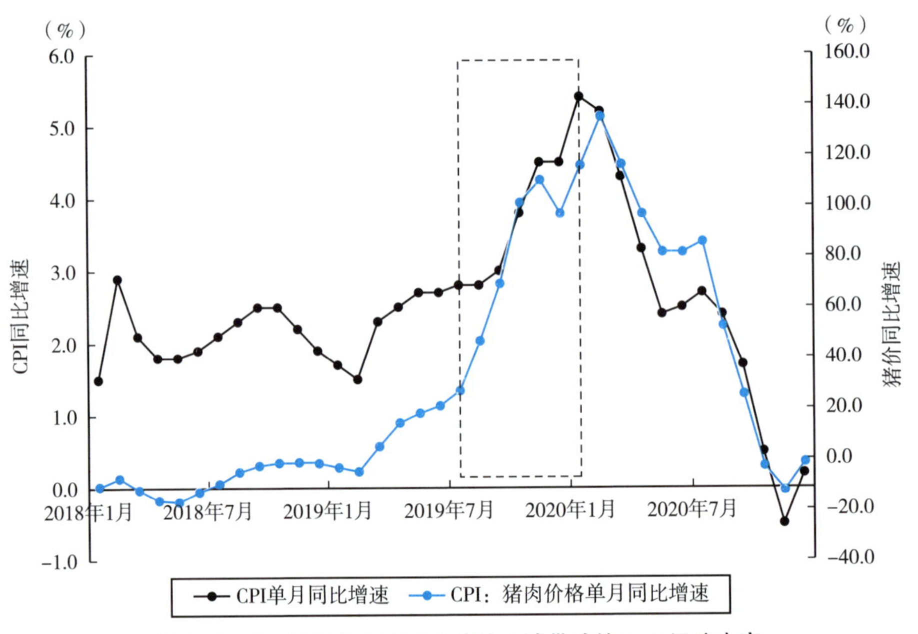

图2－5－3　2019年下半年由猪价上涨带动的CPI迅速走高

资料来源：国家统计局。

CPI上行的同时，核心CPI指数却呈现重心下探的态势，不升反降，说明了带动物价指数回升的主要因素为单纯的猪肉价格，而并非各类项目的普涨（见图2－5－4）。

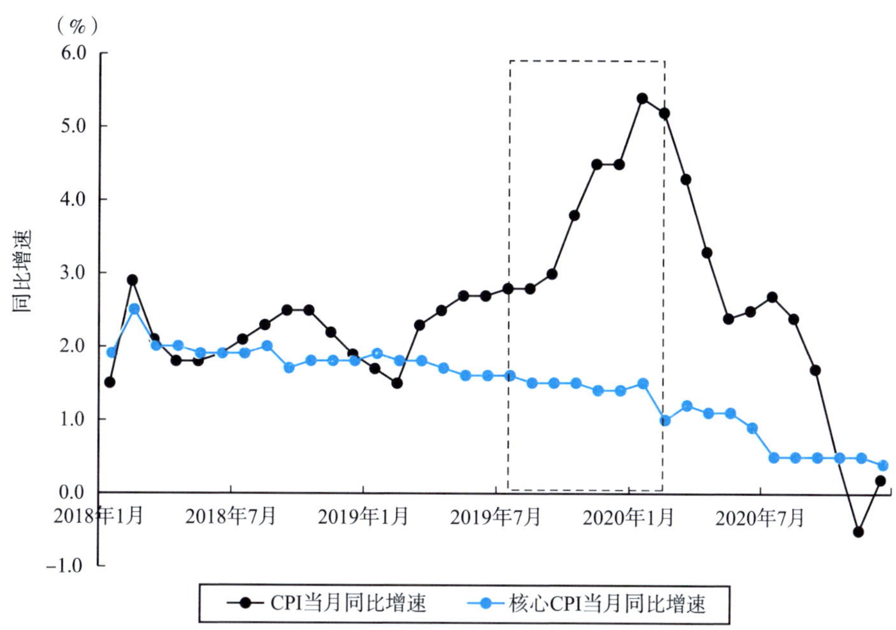

图 2－5－4　CPI 的上涨与核心 CPI 的回落同步并存

资料来源：国家统计局。

因此，面对这种单纯由猪价上涨所带动的 CPI 指数冲高，其根本属性并非通货膨胀现象，与历史上前三次的通胀性质完全不同。

观察历史上的前三轮高通胀，均可发现 CPI 总指数与 CPI 非食品项指数（接近于核心 CPI 概念）呈现同步走升的现象，这代表着物价水平的普遍上行，更倾向于定义为通货膨胀，因此也出现了货币政策的收紧局面（见图 2－5－5）。

因此清晰可见，2019 年 CPI 的走高与前三轮 CPI 的走高性质完全不同。前三轮可谓“通货膨胀”，也随之对应出现了货币政策的紧缩，2019 年的 CPI 走高只是单纯由猪价上涨所引发的物价指数抬升，并不具有通货膨胀的普遍含义。因此，不仅货币政策没有相应收紧，反而在当期更聚焦于稳经济增长的大背景下进行了降息操作。

这是历史上第一次出现的由单纯猪价上涨所造成的“通货膨胀”。债券市场之所以对通货膨胀较为担忧，更主要的原因在于其极易引发货币政策的收紧，这种忧虑在 2019 年四季度产生过，但是在后期被证伪了。同样的剧情也发生于 2021 年，面对当时高企的工业品通胀（预期），市场也曾担忧过货币政策以收缩来应对，但是其后也被证伪了，面对当时 PPI 的持续走高，更多采用了行政监管的方式来进行了应对与整顿。

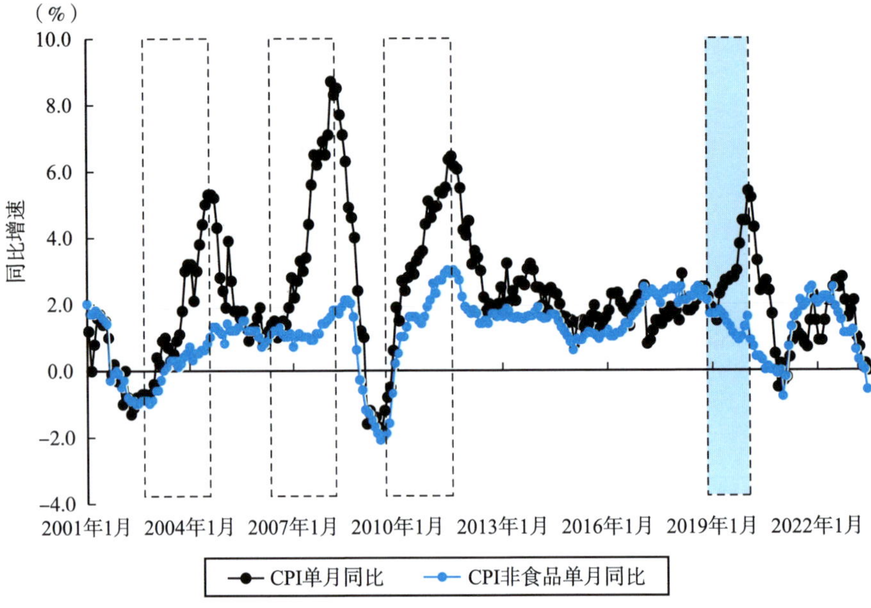

图 2-5-5　2019 年 CPI 走高的属性与前三轮通货膨胀存在明显差异

资料来源：国家统计局。

第六章

2020 年重要事件及逻辑线条反思

2020 年是一个较为特殊的年份，虽然年初即遭遇了新冠疫情的冲击，但是全年经济增长却呈现出“V”型反转的态势。围绕着经济变化的大落又大起，可以深刻感受到市场情绪的极度波动，从大悲到大喜，透彻地反映出人类情绪的极端化。经济变化总是沿着其自身规律在运行发展，但是人的情绪预期却总会夸大这种变化的轨迹。

除去在大的自然灾害冲击面前感受到了人类情绪的极端化波动外，2020 年还出现过不少有趣的话题，比如财政货币化与货币财政化的争论，又比如罕见的电荒现象等。

第一节 供应链冲击与中国出口“反差”

2020 年新冠疫情暴发以来，市场情绪在 4 月份附近是最为悲观的。这种悲观的情绪是由内、外两方面因素共同促成的，内因是来自于新冠疫情对于一季度国内经济增长造成了超预期的冲击（长期以来中国经济增速从没有跌落到负值区间），外因则是在 2 ~ 3 月份期间，海外资本市场出现了“崩盘式”下跌，道琼斯股指下跌的幅度之深、速度之快远超 2008 年次贷危机时期。

资本市场的这种超预期变化自然会引发投资分析者对其解释。回顾当初，面对这种崩盘式下跌的核心解释即为全球的供应链冲击。

从笔者的记忆来看，供应链断裂（或冲击）的说法首现于 2020 年 2 月份，2 月 28 日美联储官员布拉德发言说担心全球供应链中断。自此，市场分析者即围绕该论点展开了全面的分析与论证。

所谓供应链断裂，简而言之是在全球化背景下，每个国家都难以完成某一产品的全产业链布局与生产，当面临巨大自然灾害的时候，某一节点的生产或物流运输环节受到冲击，则极易引发全球的供应链条中断，从而造成生产停滞或商品紧缺。

由于疫情暴发和防控措施的实施，各国之间的贸易和物流运输遭受了严重干扰，市场投资者担忧这种局面造成全球性滞胀局面。一方面，在原材料与零部件供应缺失下，全球极易造成生产供应中断；另一方面，供给无法满足需求，从而导致物价飙升。这在现实中具体表现为一边是制造商和零售商疲于满足日益增长的消费需求，但在许多商场、超市中货品却严重短缺，货架上空空荡荡；另一边则是港口拥堵、运力不足、货船滞留越来越严重，港口集装箱堆积如山。

事实上，这一情景影响最大的是那些依赖中国作为主要制造基地和原材料来源的企业和行业。但是由于中国作为全球最大的商品生产国，市场不仅对于其生产顺畅性产生了担忧，还出于对海外经济的担忧，从而对其需求侧也产生了担忧。

2020年2月下旬至3月上旬，基于供应链断裂所引发的问题，市场预期异常悲观。主流判断是中国的出口增长将出现显著下跌，且世界经济将陷入深度衰退。

但是现实情况却完全出乎了这种悲观预期。事实上，2020年在全球范围内中国的出口可谓“一枝独秀”。

对于当年中国出口强弱判断的两种争论和逻辑分别为：

看空中国出口的逻辑线条是全球需求萎缩，同时中国会受到供应链中断的影响，生产供应能力也会大打折扣。

看多中国出口的理由则是中国具有强大且全面的产业链结构，在全球供应受损的背景下，反而更利于中国出口份额的提升，从而带动中国出口高增。从供给来看，中国产业链、供应链在疫情中经受住了考验，有能力在其他国家大批工厂停工时完成订单，这是出口向好的基础。

事实证明2020年的中国出口可谓“一枝独秀”，除了一季度出现了短暂的跌落外，二季度开始突飞猛进，出口增速一度超越20%（见图2-6-1）。

在这一过程中，看多的逻辑线条也得以充分证实。受益于中国产业链齐全以及原材料充裕，在全球供应链受阻的过程中，中国强大的生产供应能力得以充分体现，即便全球需求出现了萎缩，但是中国在国际贸易中的出口份额得以提升，从而支撑了中国出口的高速增长。

在2020~2021年，中国货物出口占据全世界货物出口的比重从之前的12%~13%附近提升至14%~15%（见图2-6-2），出口份额的提升有效对冲了世界贸易总需求的疲弱，发达国家担忧的供应链冲击反而促使中国的出口高企，至此国内市场对于出口下行的担忧得以彻底缓解与消退。

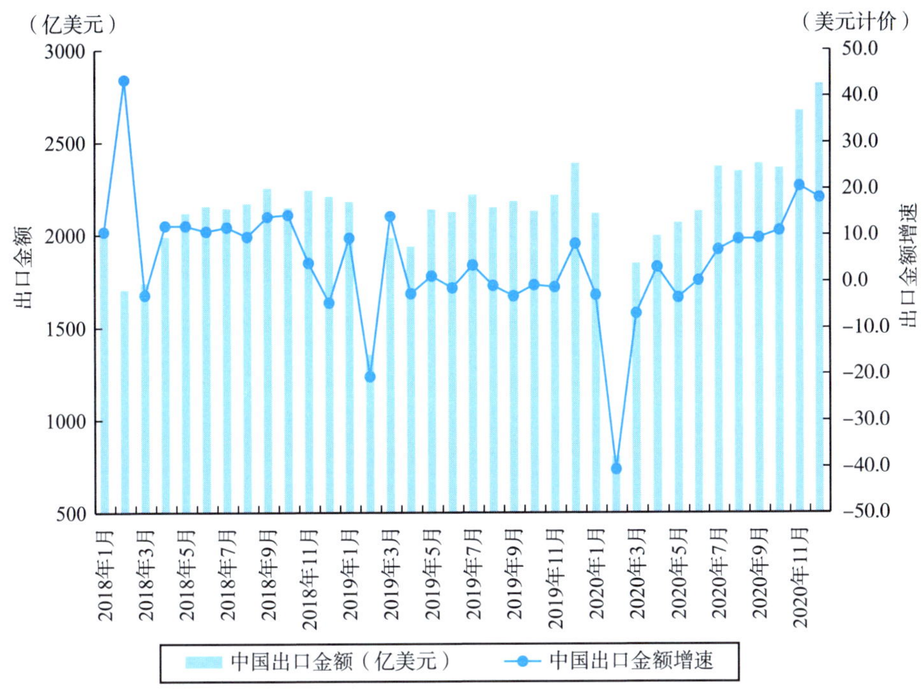

图2-6-1　2020年中国出口增速依然高增

资料来源：国家统计局。

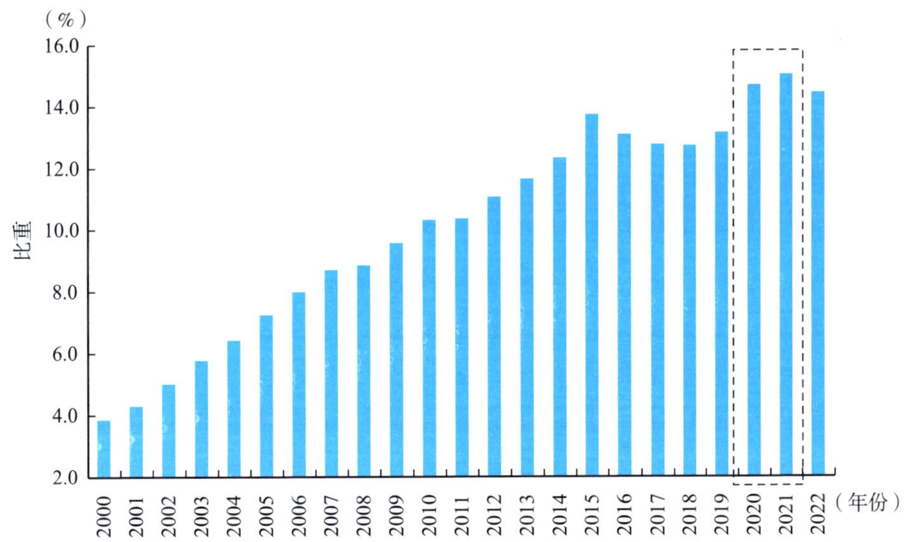

图2-6-2　2020～2021年中国货物出口额占世界货物出口额的比重明显提升

资料来源：国家统计局。

在2020年8月份，中国商务部国际贸易经济合作研究院国际市场研究所副所长白明在接受中新社记者采访时称，中国出口额持续大增，最主要的原因是在不少国家产业链、供应链受到重创甚至“停摆”之际，中国产业体系率先恢复正常运转，出口的竞争优势进一步凸显。① 综合供需两方面来看，中国出口大幅增长的“谜底”就在于，一部分和中国出口商品存在竞争关系的国家，出口能力因疫情显著受损；而中国出口的主要市场需求开始回稳，这中间的“差值”为中国出口逆袭提供了空间。

第二节 “财政赤字货币化”与“货币政策财政化”

货币政策与财政政策都是重要的经济调控政策，而两大政策的具体执行部门——中央银行与财政部也均具有高超的学术水平。2018～2020年以来，针对不同的学术焦点问题，货币政策与财政政策的一些学术代表人物曾进行过三次有代表性的探讨与交流。

第一次探讨与交流发生在2018年三季度，这次研讨的焦点是在金融严监管、去杠杆背景下，经济下滑到底是谁该承担更大的责任。

2018年7月，货币政策研究学者发表两篇文章，分别为《当前形势下财政政策大有可为》和《新时代背景下现代金融体系与国家治理体系现代化》，陈述了财政体系在经济调控中的作为不力问题。财政政策研究学者则随即通过《财政政策为谁积极？如何积极？》一文进行了回应。

第二次探讨与交流发生在2020年二季度，这次研讨的焦点是中国是否该实施“财政赤字货币化”。2020年4月27日，财政学著名研究专家在中国财富管理50人论坛与中国财政科学研究院联合举办的“当前经济形势下的财政政策”专题会上作《新的条件下，财政赤字货币化具有合理性、可行性和有效性》的主题发言。

2020年5月6日，相关货币政策学者则针对上述建议发表了《财政赤字货币化之我见》一文，认为财政赤字可以货币化，但目前是财政政策效率存在问题。

第三次探讨与交流发生在2020年四季度，这次研讨的焦点是针对金融市场监管的有效性问题。

2020年12月20日，财政领域专家学者在中国财富管理50人论坛2020年年会上发表主题为《双循环新格局与资本市场新发展》的讲话，指出了以中央银行为代表的金

① 李晓喻：《7月中国出口增速为何飙升?》，中国新闻网，2020年8月7日。

融体系存在的一些问题。

央行相关人士快速通过《金融时报》发声回应，同时相关学者亦通过财新发表《总结债券市场经验教训，防止以讹传讹》一文进行回应与探讨。

在这三次学术性研讨交流中，影响较大的当属 2020 年二季度时期关于“财政赤字货币化”的争论。因为这一争论不仅发生在中国，也发生在发达经济体，不仅发生在现在，也发生在过去，而且可以预期未来还会继续存在争议。

事实上，每当谈及财政政策与货币政策的配合问题，“财政赤字货币化”都是一个热议话题。简单而言，“财政赤字货币化”指央行直接为财政融资。

在 20 世纪 90 年代，“财政赤字货币化”曾衍生出一个非主流经济学理论——现代货币理论（Modern Monetary Theory，MMT）。一般认为，这一理论的集大成者是美国经济学家 L. 兰德尔·雷（L. Randall Wray）。

虽然该理论至今没有成为主流经济学派，但是从 2019 年开始，特别是 2020 年全球疫情发生以来，该理论获得了包括学术界、政界、金融业界在内的社会各界的广泛关注。

笔者理论基础有限，从个人的理解角度看，MMT 的核心思想即为“财政赤字货币化”。其主张政府部门不要局限于财政赤字约束，中央银行配合财政部门，为财政赤字提供融资。政府部门的负债即为私人部门的收入盈余，从而再通过税收以及发债等模式，形成资金回流至政府，从而防范通货膨胀的发生。

这个运行过程中，中央银行为财政举债要提供支持。政府在财政入不敷出的情况下，不是通过“借钱”（如向市场发债）的方式来为其财政赤字提供融资，而是靠自己“印钱”来为赤字融资。这里说的“印钱”，即政府指定央行“印钱”，具体形式可以是让央行永久性地持有政府发行的债券。

这套理论所推崇的经济调控主导部门是财政体系，而中央银行只是作为提供流动性支持的辅助角色而出现，以保证财政部门的顺利融资举债。税率也将取代利率，成为调控需求和防范通胀的主要工具。

MMT 理论创立于 20 世纪 90 年代，目前尚未成为主流经济学派，在世界各国的经济管理思想中也没有被视为主流理论依据。但是不可否认的是在现实运行中，或多或少存在着“财政赤字货币化”的影子，特别是经济运行遭遇重大冲击时期，“财政赤字货币化”总是会成为讨论热点。

中央银行持有或购买国债，或多或少会存在一些所谓“印钱融资”的质疑，之所以各国法律多规定中央银行只能在二级市场购买国债，而不能在一级市场购买，主要是希望“市场”这一角色能约束住政府举债的冲动。当政府大规模举债时，市场投资者会权衡利弊，采取“用脚投票”的方式来提高其融资成本，从而约束财政赤字的无序扩张。而由于中央银行与财政部存在千丝万缕的联系，由中央银行直接从一级市场购买国债，易导致举债成本约束失效，从而引发财政扩张的冲动。

中央银行持有国债（无论是从一级市场购买还是二级市场购买）事实上总是会降低财政部的融资成本压力。要么体现为中央银行以约定低廉的成本从一级市场购买国债，要么体现为中央银行利用其流动性管理中的优势在二级市场压低利率促使财政部低成本融资。更何况中央银行持有国债票息转化为央行收益，最终再回流财政的方式本身就隐形降低了财政部的融资成本。

在现实环境中，无论美国还是日本，多采取“绕道”的方式。最为典型的是日本，甚至规定了国债利率目标或上限，以此作为二级市场购买国债的标准，日本这一操作模式相比于美国的量化宽松模式，更接近于“财政赤字货币化”的本质。

设想一下，假如 MMT 理论被各国政府实践，那么事实上财政部门将成为经济调控的主导部门，而中央银行在这一理论框架下，只是一个协助配合“印钱”的部门，所以 MMT 理论更追求经济调控由财政主导的思维。

2020 年的学术争论发生后，“财政赤字货币化”思想并未被中国市场所接纳，但是货币政策与财政政策的协调配合依然顺畅进行。

近些年以来，中国人民银行也推出了一系列的结构化货币政策工具，并通过政策性银行落地实施一些流动性工具。

从作用机制上来看，这些流动性工具体现出定向化、结构性的特征，相对克服了传统货币政策只有总量性、普遍性作用的缺点和短板，在一定程度上产生了结构性、定向性的作用，而结构性、定向化特征却恰恰是传统财政政策工具的优势所在，因此从工具的作用角度出发，也不妨将这一局面称为“货币政策财政化”。

总之，货币政策与财政政策始终处于一种“你中有我，我中有你”的关系中。

第三节 短期利率调控框架的建立与完善

从传统的收益率曲线传导机制来看，中央银行通过政策利率的调节去影响短期市场基准利率，短期市场基准利率通过一条完善的收益率曲线传导去调节中长期利率，从而构成货币政策对市场收益率曲线的影响。

对这套机制体系运用较为成熟的是美国，也就是我们熟悉的美联储调控机制。在理解传统的这套调控体系时，我们需要明确一些基本概念：政策利率和短期市场基准利率。

采取类比的方式，可以用美国的货币政策传导机制来进行比较。所谓政策利率通常是指由美联储制定调整的联邦基金目标利率，每年美联储若干次的议息会议主要就是针对该利率进行升降调整决策，而相应的货币市场基准利率则指的是美元隔夜伦敦同业拆借利率（LIBOR）。

当联邦基金目标利率发生变化调整后，通过一系列影响机制，影响隔夜 LIBOR，令隔夜 LIBOR 锚定在联邦基金目标利率附近，隔夜 LIBOR 又是收益率曲线的最前端，其变化通过收益率曲线传导，进而影响收益率曲线的远端。

从大致的原理来看，美联储的传统货币政策传导影响模式即为上述内容。相比于传统的货币政策传导机制，中国的货币政策调控模式并不十分清晰。最大的问题就是政策利率的定位较为模糊。长期以来中国的政策基准利率一度被定位为基准存贷款利率，但是该利率与市场收益率曲线的连接缺乏明显的相关性，难以精确地影响和定位货币市场利率，更难以传递到收益率曲线的远端。

2019 年以来我国中央银行开始构建市场化的货币政策调控机制，并确定了公开市场操作（OMO）利率（从使用频率来看，选择的是公开市场 7 天逆回购利率）作为政策利率，后来又选择 MLF 利率同样作为政策利率。在本书中笔者选取 OMO 利率作为主要论述对象。

由于政策利率选择的是 7 天 OMO 逆回购操作利率，市场也通常考虑其期限含义，自然而然将货币市场基准利率定位在货币市场银行类机构之间的 7 天回购利率（DR007）。在这种机制下，中央银行通过不定期的调整 7 天 OMO 逆回购利率，进而影响货币市场中的 DR007 利率，而 DR007 利率通过收益率曲线传导，进而影响收益率曲线的远端定价。

同理，中央银行也可以通过不定期调整 MLF 利率来实现政策利率的变化，但是针对 MLF 品种（通常为 1 年期品种），其所影响的市场基准利率究竟是哪个，中央银行始终没有明确表达过。市场猜测多认为其意图引导 AAA 级大型商业银行发行的存单利率（NCD 利率），即在 MLF 调控模式中，NCD 利率可视为一个货币市场基准利率。

此外，市场分析中还常常将 10 年期国债利率与 MLF 利率进行比较，不少投资者也认为 10 年期国债利率是围绕在 1 年期 MLF 利率附近而展开波动的。这种看法实无逻辑性，在现实中也没有什么意义，笔者认为并不值得过多关注。

依然回归到最经典的“7天OMO逆回购利率—DR007利率—中长期利率”的传导模式框架中。这一模式框架类似于上述的美联储传统模式框架，即“联邦基金目标利率—美元隔夜LIBOR—中长期利率”，但是存在如下一些问题尚未明确或有待探讨。

（1）相比于美联储联邦基金利率至货币市场基准利率的传导存在现实机制保证，中国的“7天OMO逆回购利率—货币市场基准利率（DR007）”的传导缺乏传导机制性保证。在政策利率与市场基准利率脱节的情况下，中国央行缺乏立竿见影的货币吞吐工具来保证市场基准利率向政策利率靠拢。

（2）所谓市场基准利率，必须是由流动性最为充裕的品种来充当，适用投资者使用的范围应为最广泛。但是从中国货币市场融资的现实来看，7天期回购品种远不及隔夜回购工具更具有代表性。

在中国的货币市场融资体系中，隔夜品种的交易量占据总交易量的比重在80%～90%，完全是“独大”的局面，因此市场默认将DR007作为货币市场基准利率只是考虑到其与7天OMO逆回购利率之间的期限匹配性，并没有考虑到其基准代表性。

笔者认为需要综合考虑基准代表性，更倾向于选择“货币市场综合加权利率”作为政策利率的调控目标，即作为货币市场基准利率的代表。所谓“货币市场综合加权利率”是指将银行之间回购品种（隔夜、7天、14天、21天等）按照其日成交量占比进行加权平均，从而构建一个更具有代表性的短期货币市场基准利率，那么政策利率（7天OMO逆回购利率）的调控对象即针对“货币市场综合加权利率”。

此外，还需要斟酌的是，DR007利率不宜作为政策利率调控对象的原因不止于其基准代表性有限（即成交量占比偏低），还存在有收益率曲线传导错位的不利之处。

众所周知，收益率曲线的传导是由短向长，由近向远，固然DR007利率可以通过收益率曲线影响定价中长期利率，但是却很难反向影响隔夜品种利率，因此DR007对于收益率曲线最前端的影响效应不足，而这恰恰又是成交占比最大的部分和品种。

针对这一点，笔者倾向于认为，要么中央银行逐渐引导市场投资者，转变投资者对于政策利率与货币市场基准利率之间的期限匹配认知（即“7天OMO逆回购利率就是要针对DR007”的普遍认知），要么就转变政策利率的操作工具，改7天OMO回购操作为隔夜OMO回购操作，其目的就是将货币市场基准利率定位于收益率曲线的最前端（隔夜品种）。

除去货币市场基准利率（货币市场综合加权利率）围绕政策利率（7天OMO逆回购利率）窄幅波动这一核心框架外，我国的货币市场基准利率的调控框架还包括了上下轨内涵，即货币市场基准利率在上轨（SLF利率）与下轨（超额存款准备金利率）之间运行，但是由于上下轨利差过大，所以市场并不过多关注。

综合来看，我国的货币市场基准利率的调控框架是“以政策利率（7 天 OMO 逆回购利率）为中枢，以 SLF 和超额存款准备金利率为上、下轨的一套复杂调控机制”。

除去上述利率指标外，市场投资者还往往关注“商业银行综合存款利率”这一指标，即商业银行活期、定期存款与储蓄利率的加权平均水平。不少人认为这是商业银行资金的成本，因此认为资金融出方不会将资金以“亏本”的方式进行融出运用。这一认识是偏颇的，从微观经济学的机会成本概念出发就非常容易理解“商业银行综合存款利率（或称商业银行资金成本）对于货币市场利率没有任何制约作用”，在此不详述。

在上述基础上，可以看看在实践中政策利率对于货币市场基准利率的调控指引效果如何，时间序列是从 2019 年以来进行展示（见图 2－6－3）。

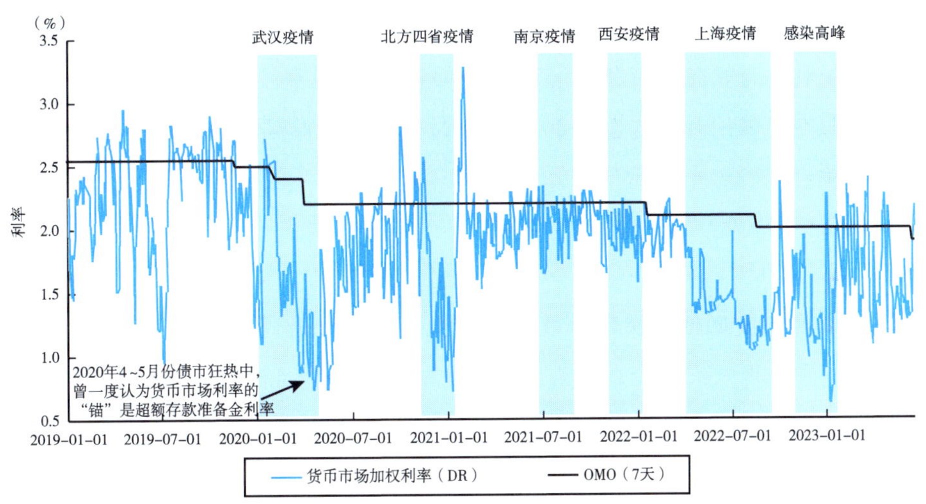

图 2－6－3　2019 年以来政策利率对于市场基准利率的引导效果

资料来源：中国人民银行。

理想的调控模式是货币市场加权利率（DR 综合加权）应该围绕在 OMO 利率附近窄幅波动（类似于隔夜 LIBOR 利率围绕联邦基金目标利率窄幅波动），但是现实表现却总是与理想模式有所差异。特别是三年新冠疫情时期，由于不断存在疫情的冲击，货币政策在冲击过程中也被迫放弃了理想模式，时常出现货币市场加权利率明显偏低于政策利率的现象。

例如，在 2020 年武汉疫情时期，2021 年北方四省疫情、南京疫情、西安疫情时期，

2022年的上海疫情时期和年底的感染高峰时期，均出现了显著的偏离现象。特别典型的当属上海疫情时期和武汉疫情时期，2022年7月13日人民银行货币政策司司长邹澜表示，目前流动性保持在较合理充裕还略微偏多的水平上。[①] 可见“合理充裕”的含义更倾向于是货币市场基准利率围绕政策利率，“略高于合理充裕水平”则更多指货币市场基准利率低于政策利率。

虽然近些年以来，受到诸多因素影响，货币市场基准利率（如DR007或DR001）与政策利率（公开市场7天OMO逆回购利率）吻合关系并不良好，但是从更长期角度来看，短期货币市场利率还是应该围绕在政策利率附近而窄幅波动，显著大幅度的偏离并非常态，分久必合。

在2020年武汉疫情时期曾出现过显著的经验与教训。当时为了对抗疫情的冲击，中央银行进行了各种类型的宽松货币操作，包括将商业银行的超额存款准备金利率下调到0.35%。债券市场在狂热情绪的推动下，一度认为货币市场利率的“锚”已经并非OMO逆回购利率，而是向下轨—“超额存款准备金利率”去靠拢。5月份开始过于偏低的货币市场利率开始向政策利率（7天OMO逆回购利率）回归靠拢，从而推动了收益率曲线的短端显著抬升，这也是2020年5月份以来债券熊市的重要推动因素之一。

/资料补充：美联储货币政策调控机制——从数量型向价格型的转变/

2008年前美联储的操作以数量型为主。美联储通过议息会议决定联邦基金目标利率，即美国政策利率，其意图是通过政策利率的调整来影响货币市场基准利率（美元隔夜SOFR[②] 利率），进而通过收益率曲线最前端的隔夜SOFR利率来传导到收益率曲线中后端，完成“联邦基金目标利率—隔夜SOFR利率—中长期利率”的调控路径。

数量型调控模式意味着利率的调整必须有流动性吞吐机制配套。当市场基准利率与政策利率存在偏差时，美联储就需要通过吞吐流动性来调节市场资金余缺，从

---

① 《国务院新闻办就2022年上半年金融统计数据情况举行发布会》，中国政府网，2022年7月14日。

② 2023年7月3日，英国金融行为监管局（FCA）发布公告称，隔夜和12个月美元伦敦银行同业拆借利率设置现已永久停止，目前仅剩的最后一个LIBOR银行小组——美元LIBOR银行小组已于2023年6月30日结束运作。这也意味着，过去长达数十年金融市场的利率定价基准——LIBOR，已正式退出了历史舞台。在过去几十年里，伦敦银行间同业拆借利率（LIBOR）堪称是世界上最重要的基准利率，在金融市场交易和资产定价中扮演着重要角色，全球数万亿美元的金融工具和贷款产品以LIBOR为参考利率。如今，LIBOR将彻底退出历史舞台。这无疑也标志着一个属于它的利率时代彻底落幕，替代它的市场基准利率为担保隔夜融资利率（SOFR）。

而保证货币市场基准利率向政策利率目标靠拢，这一机制具体由纽约联储在二级市场中通过公开市场操作来实现。

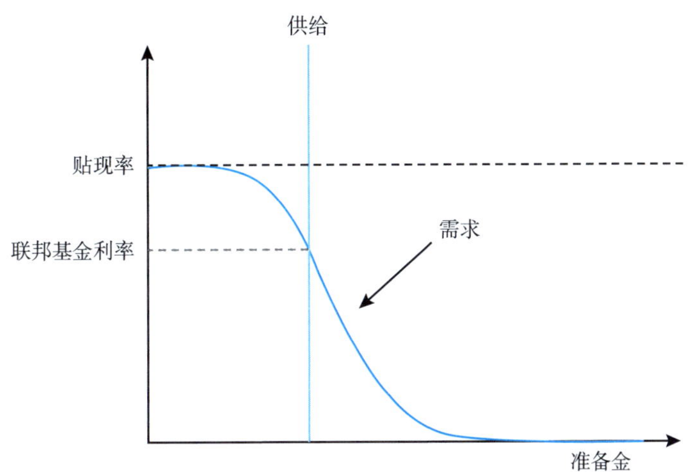

图 2－6－4　数量型操作框架示意（稀缺准备金体系）

当货币市场基准利率低于联邦基金目标利率时，纽约联储在二级市场抵押/卖出国债，回笼市场流动性。由于市场可用流动性体量有限（次贷危机前仅为 200 亿～300 亿美元），资金利率对于流动性较为敏感（这就是我国中央银行所倡导的流动性紧缺管理的基础），流动性收紧使货币市场基准利率自然走高，向联邦基金目标利率靠拢（见图 2－6－5）。反之，则借入/买入国债，释放流动性。

这种机制保证了美联储可以通过主动操作，市场化地促使货币市场基准利率向政策利率靠拢。事实上，长期以来，由于美联储的高度权威，一旦其调整联邦基金目标利率，市场参与者出于信任会自发促成货币市场基准利率的调整，反而未必需要过多的主动管理。

但无论如何，这种通过国债吞吐的方式来主动调节货币市场流动性，进而促成货币市场基准利率与政策利率的靠拢合一，都可称为是数量型的调节机制。

次贷危机后，美联储的政策操作框架面临转型（见图 2－6－6）。核心原因在于，为对冲市场风险偏好骤减带来的流动性冲击，美联储提供的流动性规模短时间内增加数十倍。

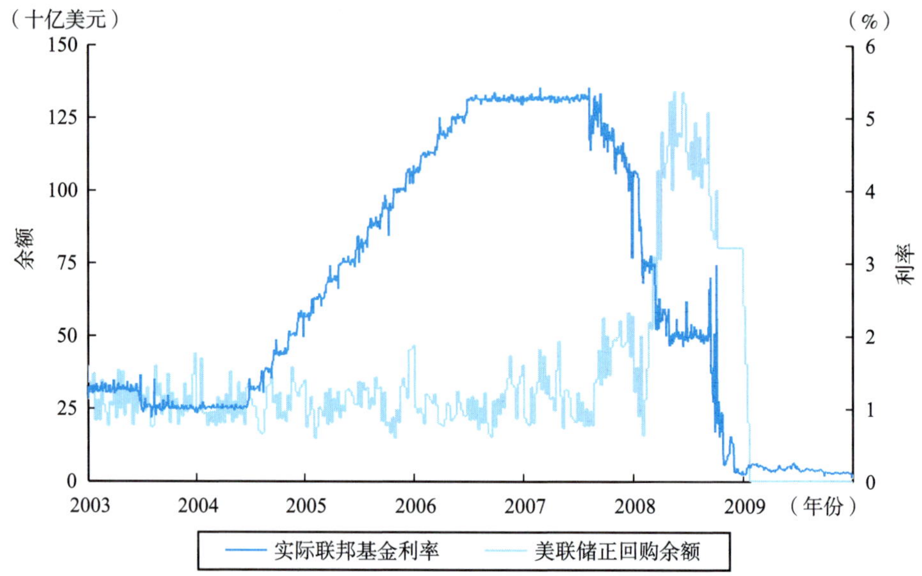

图2-6-5　微调流动性即可影响资金利率（美联储正回购与政策利率）

资料来源：万得资讯（Wind）。

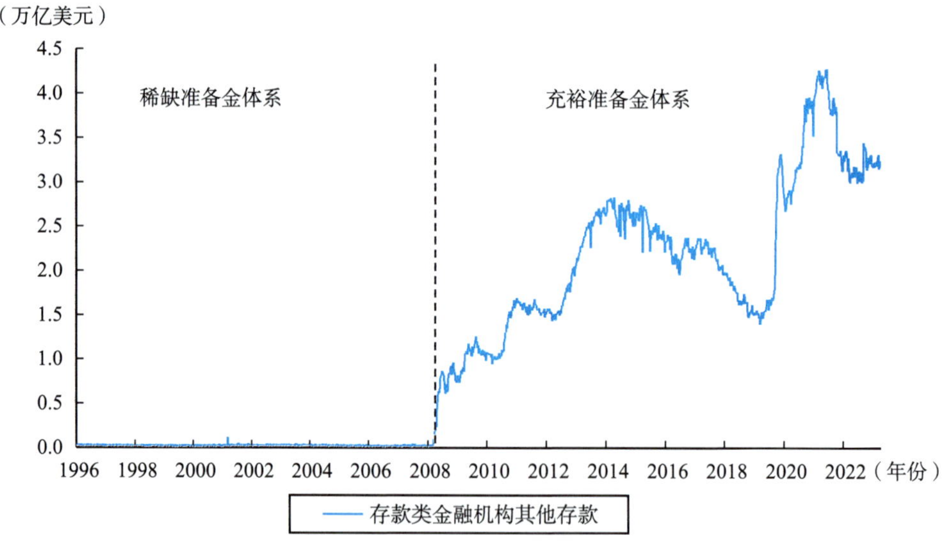

图2-6-6　次贷危机后美联储投放巨量流动性（美联储超额准备金规模）

资料来源：万得资讯（Wind）。

由于流动性不再稀缺，资金利率对于其规模不再敏感，美联储通过吞吐国债调节进而影响资金价格的数量型操作失效。美联储提前开始向价格型操作转型（见图2-6-7）。

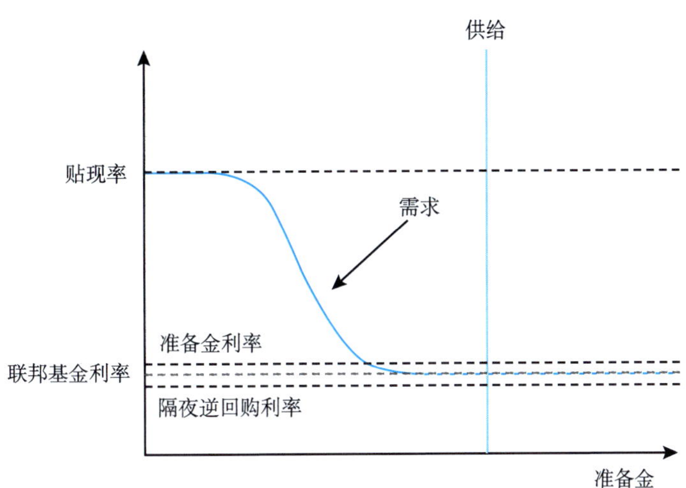

图2-6-7 价格型操作框架示意（充裕准备金体系）

价格型框架的核心在于根据政策利率目标设定所谓的“管理利率”，引导市场利率自发围绕政策利率目标波动。

当市场基准利率出现偏离时，管理利率将鼓励市场参与者通过无风险套利方式自发引导市场利率向政策利率回归。目前美联储有两个管理利率，分别是银行在美联储存放准备金获得的准备金利率（IOR）和货币基金等非银机构将资金暂存在美联储获得的隔夜逆回购利率（ON RRP）。

IOR利率可以理解为联邦基金利率的“锚”，ON RRP类似于联邦基金利率的“底”，两者共同维护美联储设定的政策利率走廊。

例如，联邦基金目标利率区间为5.00%~5.25%，IOR为5.15%，小幅低于目标区间上限；而ON RRP为5.05%，小幅高于区间下限。当实际联邦基金利率出现偏离时（如位于6%），大量机构有意愿将其存放在美联储的准备金（收益5.15%）融出给有资金需求的机构（收益6%），并实现无风险套利（85bp）。

在这个过程中，美联储无须主动操作，套利驱动下市场将自动把利率拉回至IOR附近，也就是政策利率走廊之内，实现美联储的管理目标。实践中，由于非银行金融机构无法获得IOR（没有准备金），导致市场利率向下偏离IOR。为此美联储创建ON RRP工具，当市场利率低于ON RRP时，非银行金融机构选择将钱“借给”美联储，收取ON RRP利率，从而形成了市场资金利率的“底”。

| 第七章 |

2021 年重要事件及逻辑线条反思

2021 年是中国经济增速首次经历高基数效应，如何客观、科学地认知经济增长的边际变化方向是这一年度中的重要话题。其中包括了两个层面的问题：

其一，如何更全面地衡量经济变化。新冠疫情对于经济各个产业部门都形成了冲击，但是无疑对于第三产业服务业的冲击效应是最大的，以往传统的采用工业部门变化来近似衡量整体经济变化的思路受到了挑战。

其二，如何更准确地衡量经济方向的边际变化。在基数效应不明显的前提下，采用同比增速的方式是可以辨别出经济变化方向的，但是面临强基数效应影响的背景下，单纯观察“表观”同比增速去识别经济的变化方向，则存在着巨大的误差性。

第一节 全面衡量经济变化的高频指标：“月度 GDP”

相比于 2002 ~ 2012 年通货膨胀指标是债券市场核心关注指标而言，最近十余年时期内，经济增长指标成为核心关注点。

众所周知，GDP 是最为全面地反映一国经济增长情况的指标，但是由于其公布频率低（多数国家都是每季发布数据，只有少数经济体如加拿大、墨西哥等是按照月度频率发布），因此市场多采用其他一些相关月频经济增长类指标来进行替代观察，如规模以上工业增加值增速。

在一般情况下，月度的工业增加值数据可以对经济增长情况进行客观描述，特别是在经济变化的方向层面，但是存在一些“软肋”。例如，在遭遇某些特定的自然灾害冲击时，不同的经济部门受到的影响程度不一，单纯利用某一特定范围的指标衡量全局的变化幅度，存在偏颇。

2020 年新冠疫情发生后，从逻辑角度看，对于服务业的影响冲击最为严重，因此再单纯地利用工业增加值来衡量经济的变化，虽然方向上不存在问题，但是在幅度判断上是存在较大偏差的。

因此，全面、高频地建立一个类似于GDP的经济指标则变得非常必要，市场研究者通过研究季度GDP的结构，寻找更为高频的（如月度）替代指标，从而合成全面衡量经济变化的“月度GDP”指标。

通常，月度经济增长指标主要有规模以上工业增加值同比增速、服务业生产指数同比增速、社会消费品零售总额同比增速、固定资产投资完成额同比增速、出口金额同比增速。其中工业增加值同比增速、服务业生产指数同比增速剔除了价格因素，而社会消费品零售总额同比增速、固定资产投资完成额同比增速、出口金额同比增速未剔除价格因素，均属于名义增速。

国家统计局公布的季度实际GDP同比数据是基于生产法统计，可分为第一产业GDP、第二产业GDP、第三产业GDP，其中第二产业GDP又可以分为工业GDP和建筑业GDP。

根据上述属性对应关系，可以考虑进行如下的高频替代，并可进行相关性检验。

1. 规模以上工业增加值同比与工业GDP同比

例如，可以计算2020~2021年国内规模以上工业增加值同比的季度平均值较上一季度的变化幅度（其中一季度取1~2月累计同比与3月当月同比的算术平均值，其他三个季度取当季三个月份当月同比的算术平均值），同时计算生产法中工业GDP同比较上一季度的变化幅度，考察这两个变化幅度之间的线性关系。

从数据结果来看，2020~2021年国内规模以上工业增加值与工业GDP同比变化幅度具有非常好的线性关系，二者的数量关系是“工业GDP同比变化幅度① =1.0167×工业增加值同比变动幅度+0.1127”，R方为0.9993（见图2-7-1）。

2. 房地产开发与基建合计投资金额同比与建筑业GDP同比

同理，计算2020~2021年国内房地产开发与基建合计投资金额季度同比较上一季度的变化幅度，同时计算生产法中建筑业GDP同比较上一季度的变化幅度，考察这两个变化幅度之间的线性关系。

从数据结果来看，2020~2021年国内房地产开发与基建合计投资金额与建筑业GDP同比变化具有非常好的线性关系，二者的数量关系是“建筑业GDP同比变化幅度=1.0676×房地产开发和基建投资同比变动幅度+0.4167”，R方为0.9619（见图2-7-2）。

---

① 这里的同比变动幅度单位均为%。

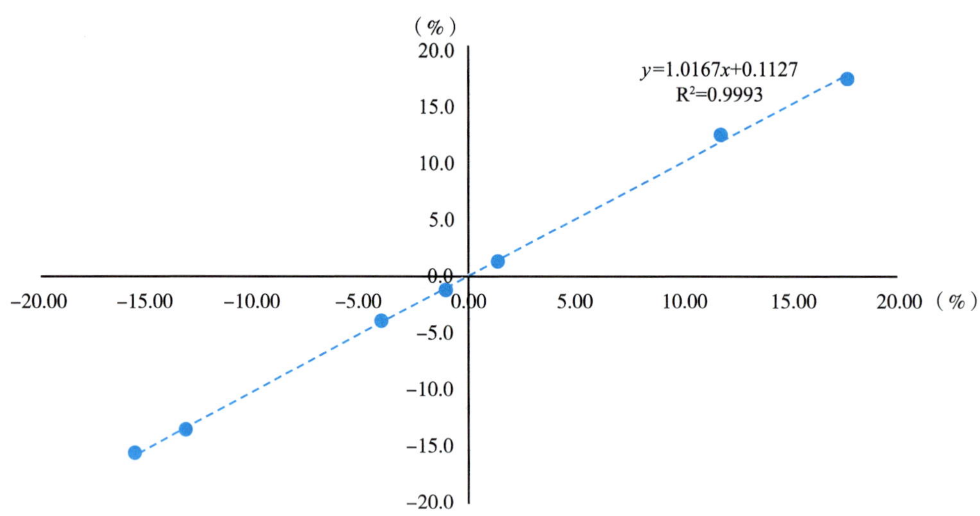

图2-7-1　工业增加值变化幅度与工业GDP变化幅度高度相关

资料来源：国家统计局。

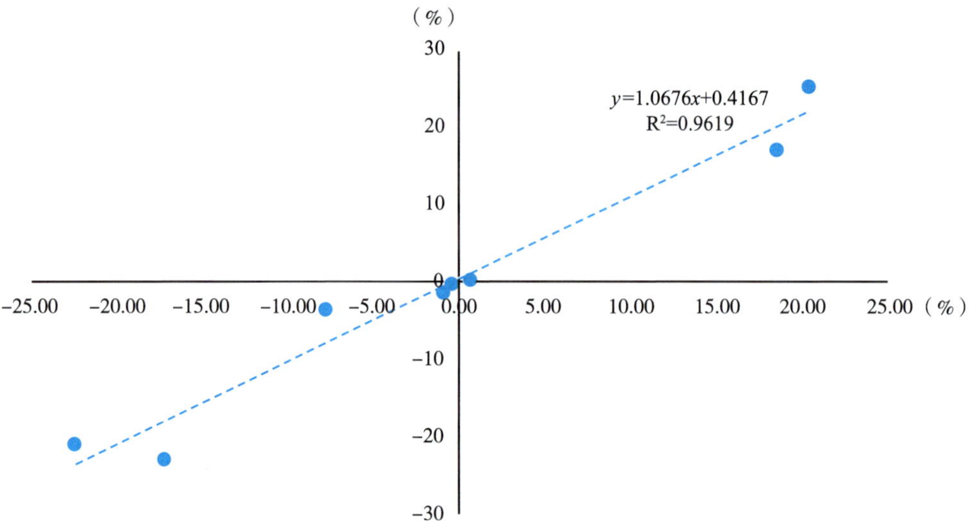

图2-7-2　地产开发与基建投资合计金额同比变化幅度与建筑业GDP变化幅度高度相关

资料来源：国家统计局。

3. 服务业生产指数同比与第三产业GDP同比

此外，还可以计算2020～2021年国内服务业生产指数同比的季度平均值较上一季度的变化幅度（其中一季度取1～2月累计同比与3月当月同比的算术平均值，其他三个季度取当季三个月份当月同比的算术平均值），同时计算生产法中第三产业GDP同比较上一季度的变化幅度，考察这两个变化幅度之间的线性关系。

从数据结果来看，2020～2021 年国内服务业生产指数与第三产业 GDP 同比变化具有非常好的线性关系，二者的数量关系是“第三产业 GDP 同比变化幅度 = 0.5427 × 服务业生产指数同比变动幅度 - 0.0546”，R 方为 0.9539（见图 2-7-3）。

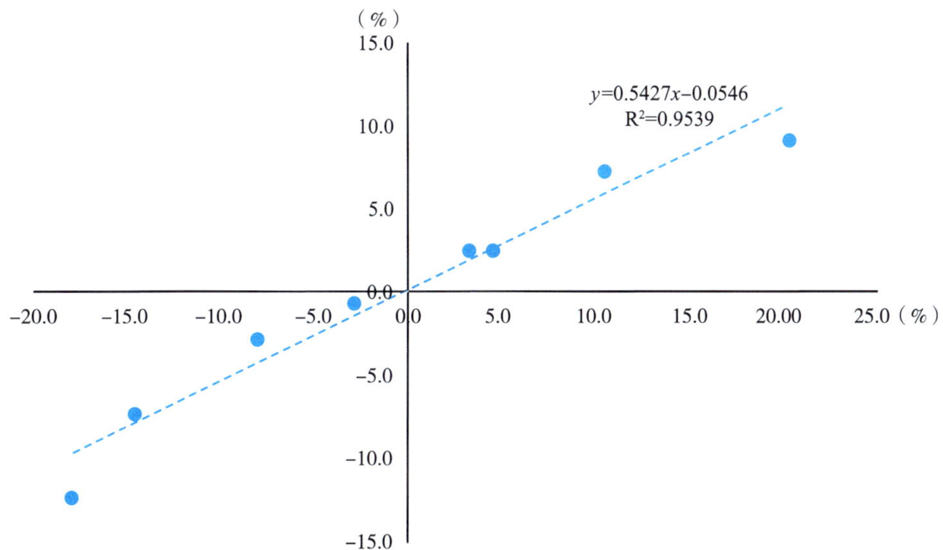

图 2-7-3 服务业生产指数同比变化幅度与第三产业 GDP 变化幅度高度相关

资料来源：国家统计局。

4. 推导整体 GDP 同比变动幅度与各分项同比变动幅度之间的数量关系

整体不变价 GDP 金额等于三大产业不变价 GDP 金额之和：

$$G = G_1 + G_2 + G_3$$

其中：G 为不变价 GDP 金额，下标 1、2、3 分别代表第一产业、第二产业、第三产业。

举例来看，将 2022 年二季度国内实际 GDP 同比相对 2022 年一季度的变动幅度与第一产业、第二产业、第三产业的实际 GDP 同比变动幅度联系起来，其数量关系如以下公式所示：

$$\left(\frac{G^{2022Q2}}{G^{2021Q2}} - 1\right) - \left(\frac{G^{2022Q1}}{G^{2021Q1}} - 1\right)$$

$$= \left(\frac{G_1^{2022Q2} + G_2^{2022Q2} + G_3^{2022Q2}}{G_1^{2021Q2} + G_2^{2021Q2} + G_3^{2021Q2}} - 1\right) - \left(\frac{G_1^{2022Q1} + G_2^{2022Q1} + G_3^{2022Q1}}{G_1^{2021Q1} + G_2^{2021Q1} + G_3^{2021Q1}} - 1\right)$$

$$= \left(\frac{G_1^{2022Q2} + G_2^{2022Q2} + G_3^{2022Q2}}{G_1^{2021Q2} + G_2^{2021Q2} + G_3^{2021Q2}}\right) - \left(\frac{G_1^{2022Q1} + G_2^{2022Q1} + G_3^{2022Q1}}{G_1^{2021Q1} + G_2^{2021Q1} + G_3^{2021Q1}}\right)$$

$$
\begin{aligned}
&=\left(\frac{G_1^{2022Q2}}{G_1^{2021Q2}+G_2^{2021Q2}+G_3^{2021Q2}}-\frac{G_1^{2022Q1}}{G_1^{2021Q1}+G_2^{2021Q1}+G_3^{2021Q1}}\right)\\
&+\left(\frac{G_2^{2022Q2}+G_3^{2022Q2}}{G_1^{2021Q2}+G_2^{2021Q2}+G_3^{2021Q2}}\right)-\left(\frac{G_2^{2022Q1}+G_3^{2022Q1}}{G_1^{2021Q1}+G_2^{2021Q1}+G_3^{2021Q1}}\right)\\
&=\left(\frac{G_1^{2022Q2}}{G_1^{2021Q2}}\times\frac{G_1^{2021Q2}}{G_1^{2021Q2}+G_2^{2021Q2}+G_3^{2021Q2}}-\frac{G_1^{2022Q1}}{G_1^{2021Q1}}\times\frac{G_1^{2021Q1}}{G_1^{2021Q1}+G_2^{2021Q1}+G_3^{2021Q1}}\right)\\
&+\left(\frac{G_2^{2022Q2}+G_3^{2022Q2}}{G_1^{2021Q2}+G_2^{2021Q2}+G_3^{2021Q2}}\right)-\left(\frac{G_2^{2022Q1}+G_3^{2022Q1}}{G_1^{2021Q1}+G_2^{2021Q1}+G_3^{2021Q1}}\right)\\
&=\left[\left(\frac{G_1^{2022Q2}}{G_1^{2021Q2}}-1\right)-\left(\frac{G_1^{2022Q1}}{G_1^{2021Q1}}-1\right)\right]\times\frac{G_1^{2021Q2}}{G_1^{2021Q2}+G_2^{2021Q2}+G_3^{2021Q2}}\\
&+\left[\left(\frac{G_2^{2022Q2}}{G_2^{2021Q2}}-1\right)-\left(\frac{G_2^{2022Q1}}{G_2^{2021Q1}}-1\right)\right]\times\frac{G_2^{2021Q2}}{G_1^{2021Q2}+G_2^{2021Q2}+G_3^{2021Q2}}\\
&+\left[\left(\frac{G_3^{2022Q2}}{G_3^{2021Q2}}-1\right)-\left(\frac{G_3^{2022Q1}}{G_3^{2021Q1}}-1\right)\right]\times\frac{G_3^{2021Q2}}{G_1^{2021Q2}+G_2^{2021Q2}+G_3^{2021Q2}}\\
&+\left(\frac{G_1^{2022Q1}}{G_1^{2021Q1}}-1\right)\times\left(\frac{G_1^{2021Q2}}{G_1^{2021Q2}+G_2^{2021Q2}+G_3^{2021Q2}}-\frac{G_1^{2021Q1}}{G_1^{2021Q1}+G_2^{2021Q1}+G_3^{2021Q1}}\right)\\
&+\left(\frac{G_2^{2022Q1}}{G_2^{2021Q1}}-1\right)\times\left(\frac{G_2^{2021Q2}}{G_1^{2021Q2}+G_2^{2021Q2}+G_3^{2021Q2}}-\frac{G_2^{2021Q1}}{G_1^{2021Q1}+G_2^{2021Q1}+G_3^{2021Q1}}\right)\\
&+\left(\frac{G_3^{2022Q1}}{G_3^{2021Q1}}-1\right)\times\left(\frac{G_3^{2021Q2}}{G_1^{2021Q2}+G_2^{2021Q2}+G_3^{2021Q2}}-\frac{G_3^{2021Q1}}{G_1^{2021Q1}+G_2^{2021Q1}+G_3^{2021Q1}}\right)
\end{aligned}
$$

从以上公式推导可以看出，实际GDP同比变动幅度大致等于三大产业GDP同比变动幅度按去年同期不变价金额占比加权的结果，误差项为三大产业上个季度的实际GDP同比与去年同期不变价金额占比变动幅度的乘积，考虑到三大产业不变价金额占比变动幅度相加为零，因此公式中的误差项影响不大。

国内第一产业GDP同比增速变动幅度一般不太大，其GDP占比也相对较小，因此第一产业GDP同比变动对整体GDP同比变动的影响会很小，可以主要考察第二产业和第三产业GDP同比变动对整体GDP同比变动的影响大小。

根据前述工业增加值同比增速、基建与房地产开发投资同比、服务业生产指数同比变动幅度与工业GDP、建筑业GDP、第三产业GDP同比变动幅度的数量关系，可以大致模拟测算出“月度GDP”的数值，其相比于传统意义上以规模以上工业增加值数据衡量经济变化更为全面、有效。

第二节
在强基数效应下认知经济变化的真实状态

新冠疫情类的自然灾害会瞬间造成对于经济增长的冲击效应，从而导致经济增速出现断崖式下跌，这种情形并不常见。但是其对于后续观察经济增长的边际变化却会造成明显的干扰。在 2021 年和 2023 年都出现了过强的基数扰动，从而令常规观察经济增长的同比增速指标失去了指示意义。

通常情况下，市场习惯于采用同比增速指标来衡量经济的边际变化，当期与上年同期的比较是否是一个衡量边际变化强弱的有效指标呢?

可以用市场耳熟能详的股票指数来举例类比。众所周知，市场衡量股市的边际变化好坏是观察股指绝对值的升降，而股指绝对值的同比增速在绝大多数时期和股指升降是吻合的，如此看来，采用同比增速来衡量边际变化是合适的。

但是也确实存在某些时期，股指绝对值的变化与其同比增速的变化是相悖的，这一定是由于前期股指出现了快速剧烈的波动所导致，即基数效应的影响导致了同比增速的衡量效果失真。举例，2009～2023 年沪深 300 股票指数的月均值与其均值同比增速的关系如图 2－7－4 所示。

很显然，在多数时期中，股指的升降与其同比增速的升降是亦步亦趋的，说明采用同比增速来衡量强弱变化是合适的，但是有一些时期是截然相悖的。

例如，2016 年 2～6 月份，股指是从 2 月份的低位不断地缓慢抬升，对于投资者而言，这意味着市场在企稳变好，但是同期的股指同比增速却加速下行，因此在这个时期用同比增速指标衡量股市的边际变化显然失真了。造成这一时期走势相悖的原因也非常简单，是由于 2015 年同期股指曾出现过大幅的上行，从而造成基数效应影响显著，从而影响了采用同比增速指标衡量强弱变化的真实性。

同理，对于经济走势的判断与解读也会存在上述的问题。当经济走势处于平稳波动时，同比增速的方向完全可以表达经济走势的方向，但是当经济走势出现急剧波动时，同比增速的意义则会失真。

在中国经济运行的绝大多数时期内，即便经济趋势上行或趋势下行，但是其每季变化幅度都是相对稳定的，很难出现单季大幅攀升或下挫的局面，因此持续地比较其同比增速序列之间的升降是可以观察出经济走向的。

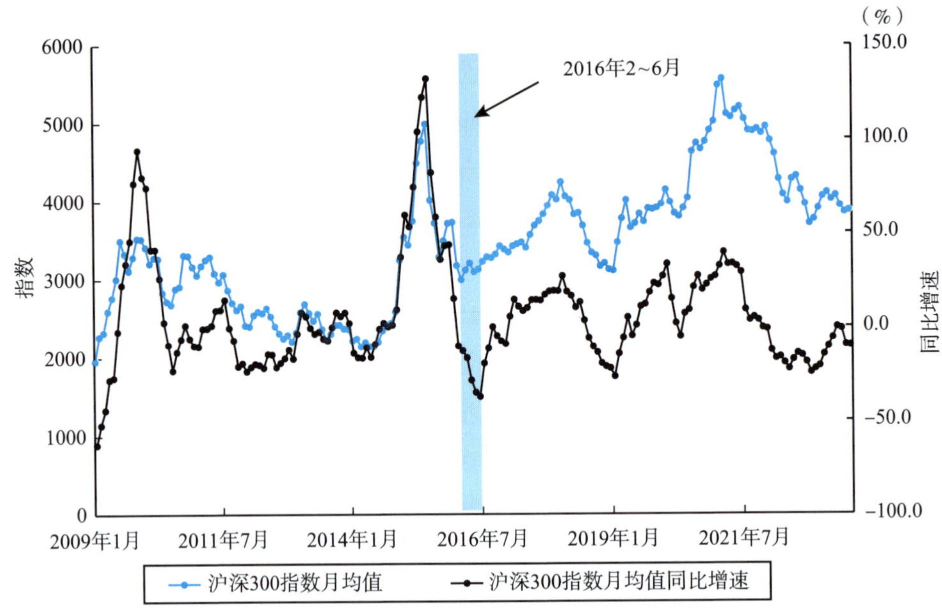

图 2－7－4 股指绝对值变化与股指同比增速变化的差异比较

资料来源：万得资讯（Wind）。

但是 2020～2022 年三年新冠疫情冲击时期，受制于自然灾害因素令经济走势出现过“断崖式”回落，如 2020 年一季度（武汉疫情冲击）、2022 年二季度（上海疫情冲击），这时就造成了超低的基数，必然对于次年同期的同比增速形成巨大的上拉效应，而巨大上拉效应后，又必然会形成显著的回落，面临这种由于基数效应所导致的同比增速巨幅波动该如何处理？同期经济的真实走势变化又该如何表达？这是在 2021 年、2023 年笔者始终思考的问题，但是似乎看似逻辑正确的思考与当初的市场认知始终存在着差异。

以 2020～2021 年为例，基数效应的巨大影响主要出现在 2021 年。众所周知，2020 年一季度由于武汉疫情的冲击影响，当季我国的 GDP 同比增速为罕见的－6.8%，这是历史上从未出现过的低位，但是这真实反映了当期的经济走势确实处于“断崖式”下坠中。

随后二季度伴随武汉疫情冲击消除，经济增速回升到 3.2%，注意 2020 年二季度 GDP 同比增速的比较基准是 2019 年二季度，3.2% 的同比增速是经济表现的真实反映：经济比一季度有所恢复，但是依然没有恢复到正常水平（假设正常水平是 2019 年时期 5%～6% 的 GDP 增速）。

三季度经济增速继续上行恢复至 4.9%，比二季度继续改善，但是依然没有达到正常水平。到了四季度 GDP 增速是 6.5%，不仅比三季度继续增强改善，甚至超越了 2019 年 5%～6% 之间的增速水平，也即意味着出现了过热迹象。

总体来看，2020 年四个季度的 GDP 增速虽然起伏巨大，但是不存在（或较少程度存在）基数效应的扰动，表观同比增速数据的变化趋势真实地代表着经济走势的边际变化。

问题主要出现在 2021 年，从一季度开始就遭遇了巨大的基数效应扰动。2021 年一季度我国 GDP 同比增速高达 18.3%，如果单纯从增速高低来理解，这已经是严重过热的局面，很显然它不是，它只是 2020 年一季度基数畸低的一种数据幻觉，资本市场也是聪明的，并没有为这一畸高的同比数据而进行过热定价，很快，二季度 GDP 同比增速就回落到了 7.9%。

现在的问题有两个：①与 2020 年四季度相比，2021 年一季度的经济变化方向是怎样的？②与 2021 年一季度相比，2021 年二季度的经济变化方向是如何的？

这种逐季（度）之间的经济方向边际比较确实令人头疼。其中较为容易的是第 2 个问题，当时无论是国家统计局还是市场分析者，多采用了两年复合增长率的概念来处理 2021 年四个季度的 GDP 增速，例如，计算 2021 年第一季度的两年复合增长率，其表达形式如下：

$$Y_{2021Q1\text{两年复合}} = \sqrt{(Y_{2020Q1}+1)(Y_{2021Q1}+1)} - 1$$

其本质含义就是避开 2020 年当期的基数剧烈波动，将 2021 年四个季度的比较基期切换到了 2019 年同期四个季度，由于 2019 年四个季度的 GDP 不存在激烈波动，因此基数影响偏弱，较易比较出 2021 年二季度与一季度的边际变化。

但是难点在于如何解决第一个问题，即 2021 年一季度与 2020 年四季度的经济强弱比较。

对此，不少研究人士提出各种解决方式试图解决这一问题，例如，采用环比比较的方式。客观而言，笔者认为不仅同比会遭遇基数效应的影响，环比也同样会遭遇这种影响，而且从影响频率来看，更加密集，高环比后大概率会紧随一个低环比，但是很难认为低环比就代表着经济动能在弱化。

在疫情期间，美国也曾遭遇这个基数波动性的扰动，令其表观同比数据或环比数据衡量经济动量失灵，其直接解决办法是利用季调后 GDP 绝对值与趋势线的缺口大小来进行比较。当实际 GDP（季调后）绝对值自下而上逐季靠近趋势线时，表示经济动能在不断好转，当实际 GDP（季调后）绝对值自上而下逐季靠近趋势线时，表示经济动能有所弱化。

这里需要注意的是趋势线是疫情前 GDP 绝对值变化的大致延长线，以直线形态表达，内涵代表疫情前经济增长潜在水平，事实上在应用中是否代表潜在水平并不重要，只是以直线延伸的方式确定一个比较基准，更重要的是考察实际 GDP 绝对值与之的缺口变化，借此来衡量逐季经济的变化动量。

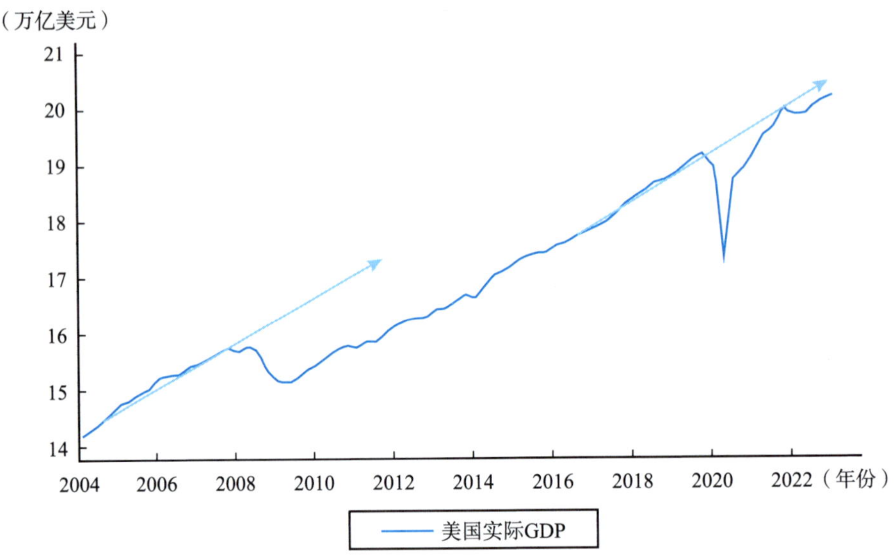

图 2－7－5　美国 GDP（季调）绝对值与趋势直线之间的比较

资料来源：万得资讯（Wind）。

可以借鉴参考美国这种衡量方式，利用中国逐季发布的季调后 GDP 环比增速来确定中国逐季的 GDP（季调后）定基指数，并沿着 2019 年四个季度的走向大致画一条直线趋势线，然后比较后面若干个季度与之的偏离情况。

其实肉眼可见的可以观察经济逐季动能的变化情况。2021 年一季度相比于 2020 年四季度，定基指数下行靠近趋势直线，意味着 2021 年一季度经济动能相比上一季度有所放缓；2021 年二季度相比于一季度没有很明显的变化，均贴近趋势直线，说明二季度经济动能没有放缓；2021 年三季度相比于二季度，定基指数下行远离趋势直线，说明三季度经济相比于二季度有所放缓；2021 年四季度相比于三季度定基指数再度上行靠近趋势线，说明四季度经济动能比三季度有所改善。

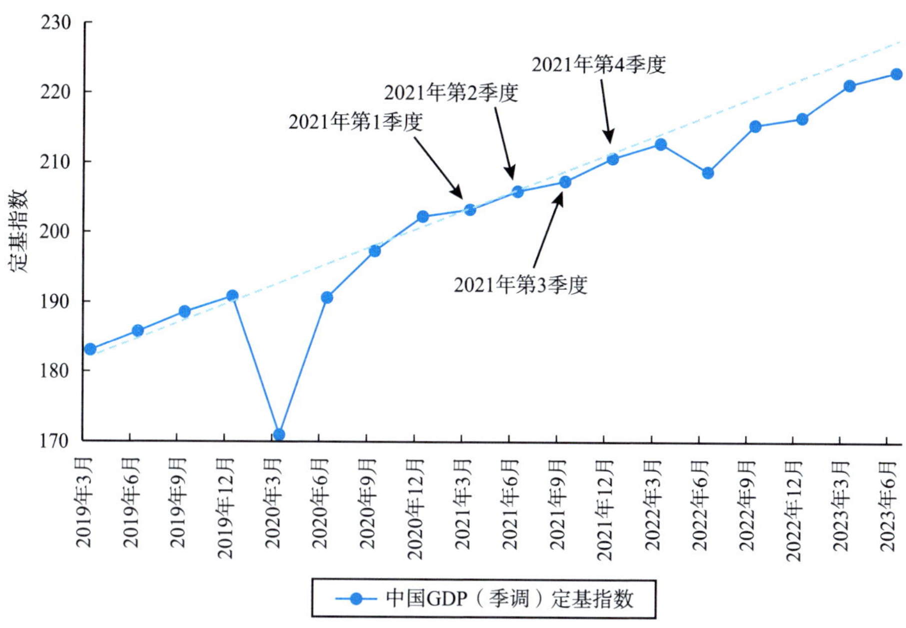

图 2－7－6　中国 GDP（季调）定基指数与趋势直线之间的比较

资料来源：万得资讯（Wind）。

总体来看，2021 年四个季度的经济动能可以归结为：相比于上一季，一、三季度的经济动能有所放缓、回落，二、四季度的经济动能有所改善、提升。

因此通过定基指数（季调后）与直线趋势线的缺口比较方式，不仅可以解决基数切换期的前、后阶段经济动能的比较问题（跨期比较），还可以直观观察出后期的动能强弱变化（延续比较），基本可以解决上述两个难点。

上述描述了三种试图解决强基数扰动背景下经济动能的比较方式，分别是以两年复合增速衡量、利用环比（季调）方式衡量以及采取定基绝对值指数与直线趋势缺口的方式来进行比较。笔者将三种方式的优劣得失归结如表 2－7－1 所示。

表 2－7－1　　解决基数扰动下经济动能比较的三种方式

方式	方法	评价
1	采用两年复合增速	可以尽量剔除基数效应的扰动，但是在衔接时期无法比较前后两个时期的强弱变化
2	采用环比比较方式	同样会受到基数扰动，逐季比较略显失真，且波动巨大
3	采取定基绝对值与直线趋势缺口比较的方式	通过直观观察的方式可以比较逐季强弱变化，且亦能处理衔接前后时期的强弱比较，缺点是无法定量描述数据变化

从上述三种衡量方式来看，无论是针对 GDP 季度数据，还是各类经济增长类指标的单月比较来看，笔者较为推荐方法 3（采用定基绝对值与直线趋势值之间的缺口进行比较的方式）和方法 1（采用两年复合增速的方式）来判断经济在强基数干扰下的边际动能变化。其中方法 3 较为直观，也可以跨基期前后进行衔接比较，唯一的缺点在于该方式无法给出具体数据层面上的表达。方法 1 可以尽量剔除基期波动影响，给出明确的数据表达，唯一的缺点在于对于采用两年复合增速前后时期（跨基期）无法给出强弱比较（如 2021 年一季度与 2020 年四季度的边际变化）。对于方法 2（采用环比比较方式）则相对谨慎，主要原因在于其无法规避（环比）基数效应影响，波动性更大，趋势方向性更差。

上述分析是从逻辑性角度来阐述面对基数剧烈波动时，衡量观察经济变化的方式与方法，资本市场是否认同则另当别论。

事实上，2021 年的资本市场对于强基数下经济边际变化的认知是较为混乱的，市场也寻找各类方法去进行衡量，主要集中于两年复合增速（统计局也常用该方式方法）或环比（季调）增速，绝对值与趋势直线的方法并无使用。由于上述方式方法存在各类缺陷，导致了市场对于比较方式的选择无法形成共识，因此全年市场中充斥了“观察表观同比”“观察两年复合增速”“观察环比（季调）增速”等种种分析模式，令经济强弱的边际变化难成共识。

在方法论无法共识的条件下，投资者则更多去关注所谓的“预期差”，以每月或每季分析师的预测作为比较基准，衡量实际经济数据和该预测的差异性，从而定论经济在走强还是在变弱。

从笔者的感受来看，这种所谓“预期差”的衡量模式，最大的问题则出现在预期环节。作为分析师，笔者也深谙预测经济数据之道。预测目标是同比增速，首先要参考上年基数，同时对于当期环比进行估测。

而对当期环比估测的方式无非是两种：一是直接参考历史同期的环比变化，采用历史平均值法处理；二是根据当期的行业高频数据与历史同期或上期的比较，近似估算出当期的宏观经济环比增速。

无论哪种方式估算当期环比都存在着诸多的不确定性。例如，在大波动时期历史环比规律的有效性值得怀疑、高频行业数据的覆盖度不全等问题，由于不确定性频频，因此市场形象地将这种预测称为“拍（脑袋）”。

可想而知，将一个“拍”得的预期值与实际数据进行比较，衡量经济边际变化的效果不宜高估。但是在现实的 2021 年中，这种“预期差”比较方式还较为流行。

从当年的股指走势来看，上半年股指是先抑后扬，与一、二季度的经济边际变化方向保持了一致，背离主要产生在下半年。特别是经历了三季度的经济回落①后，事实上四季度的经济相比三季度是有边际改善的，但是市场预期却较为黯淡，更为主流的认知是四季度经济在三季度的基础上在继续弱化，因此权益市场表现平平，债券市场利率却一枝独秀。

当然用单纯的经济增长变量来解释两大资本市场的变化是存在偏颇的，正如第一篇回顾内容可见，2021年的资本市场波动是在两大宏观变量（实际经济增长和通货膨胀预期）的相互摆动中形成。但是笔者始终觉得2021年四季度市场对于实际经济增长的预期是明显低估了，真实情况并非如此。

除去实体经济增长类数据的识别与分析外，还有一类数据也同样会存在基数的扰动，那就是金融信用类数据，如信贷、广义货币供应量、社会融资总量。

与实体经济增长数据不同，习惯上的金融信贷类数据增速多为历史累计余额增速或存量余额同比增速，基本上不会采用单月（季）增量同比增速的表达方式。

面对2020年新冠疫情的突发冲击，中央银行加大了货币信贷投放的力度，如果按照单月增量与历史同期比较来看，2020年的信贷投放规模巨大。这必然会对2021年的信贷增速产生强烈的基数干扰。这大概率意味着，2021年的信贷余额增速、广义货币供应量同比增速或社会融资规模存量同比增速会出现下行，但这是否就是通常意义上的“紧信用”呢？

显然在这种情况下，不能单纯通过增速升降来机械地定义信用的“宽”与“紧”，需要客观考虑其前期是否存在剧烈的基数变化。2021年面对社会融资规模存量同比增速的持续下行，市场围绕是否是“紧信用”展开过一番争论。

虽然2021年1～12月份中国社会融资规模存量同比一路下行，但是市场更为理性的方式是采用了历史同期定性对比的方式。

例如，衡量2021年3月份社会融资规模的强弱，将其与2019年3月份（正常时期）与2020年3月份（超强时期）进行绝对值比较，如果其强于2019年同期又弱于2020年同期，则视为正常；若其弱于2019年同期则视为偏弱；若其强于2020年同期则视为偏强。

---

① 2021年三季度的经济回落能找到一些基本面事件的解释，主要有四个事件性冲击：（1）7～8月份南京疫情冲击；（2）三季度北方洪涝灾害过重的影响；（3）汽车行业芯片短缺影响了生产；（4）9月份以来各地限电现象严重，导致了生产受损。

这种比较方式可以定性地衡量出社会信用变化的强弱属性，缺陷在于无法加工出准确的同比增速来进行数据表达。需要注意的是由于金融数据是余额同比的形式来进行衡量，因此也无法采用两年复合增速的模式来进行表达。

总体来看，2021年（2020年武汉疫情造成了基数显著波动）、2023年（2022年上海疫情造成了基数显著波动）均不能用简单的“表观”直接同比增速来判定真实的强弱状态，但是可以通过定性化的方式或两年复合增速的方式来进行描述。

在后期进行历史回顾或资产价格基本面变量解释过程中尤其需要注意这种差异性，这是对于历史回顾或基本面解释的一个客观挑战。

除去实体经济增长数据以及金融数据外，是否物价数据也会存在基数扰动而需要重新进行修订呢？现实中，无论是从国家统计局角度还是从市场分析角度，都没有对物价数据进行过调整，原因在于物价数据同比、环比、绝对价格水平较为齐全，因此衡量涨价与否的依据较多，不需要另行加工了。

按照上述分析，采用工业增加值（IP）同比增速（采用两年复合增速方法处理）、CPI、PPI来加工2021年逐月的名义增长率近似值，将其与利率走势进行比较（见图2－7－7）。

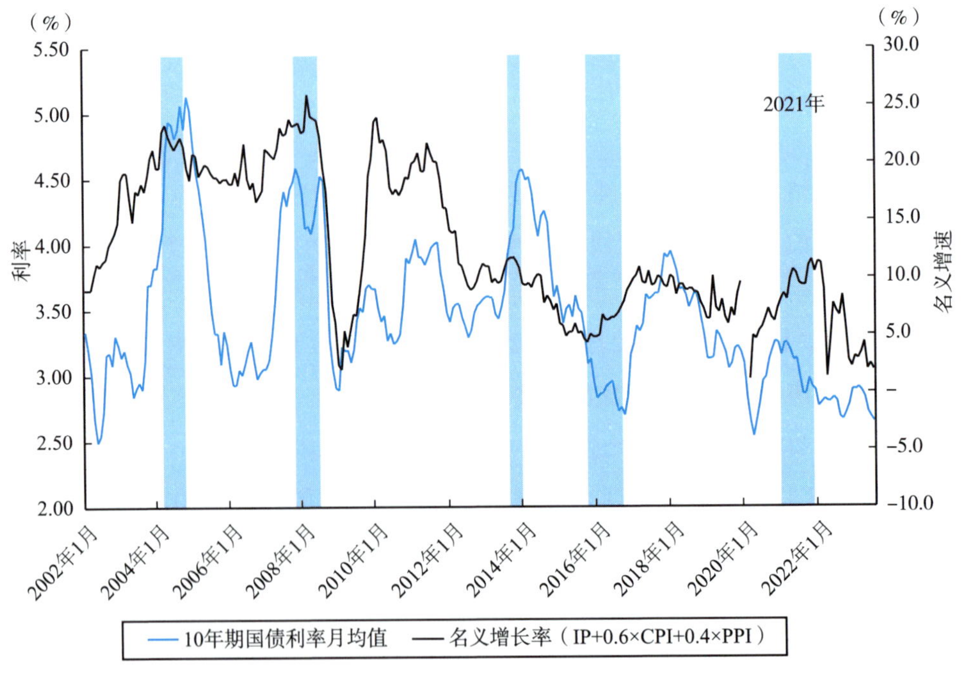

图2－7－7　修正后的名义经济增速与名义利率的关系

资料来源：万得资讯（Wind）。

可以发现，看似用合理逻辑加工而出的名义增长率却与利率走势呈现出截然相反的变化，甚至不如直接用表观同比增速直接加工而出的效果更好①，这是较为可笑的事情。

当然如第一篇市场回顾内容所述，2021 年本质是一个复杂的滞胀年份，而对于滞胀年份中利率的方向选择并非单纯以美林时钟的结论为准，更需要考虑针对通胀问题的政策手段会如何选择。

费力的分析与看似合理的加工取得的策略效果却并不好，但是笔者依然认为真实的经济状况确实应该是需要对表观同比数据进行修正的，市场利率的走势并不能否定真实经济状况的内涵。

---

① 事实上采用工业增加值的表观同比增速、CPI、PPI 直接加工出的名义增速却是一路下行，似乎更符合当年利率运行的方向。

| 第八章 |

2022 年重要事件及逻辑线条反思

三年新冠疫情，其中 2022 年是非常重要且关键的一年。

始自 2021 年的房地产市场调控与收缩持续进入了第二个年头，而新冠疫情又在 2022 年施加持续影响，令经济运行的压力陡增，也形成了后期市场经常提及的“疤痕效应”。

但是从当年的经济变化节奏来看，2022 年又找不到什么过于新颖的逻辑或线条，只是在宏观长期走势中其可能处于一个关键性的时间点位。

之所以认为 2022 年对于宏观或微观经济具有较为重要的影响，主要是其相对于 2020 ~ 2021 年而言的。这一年的经济不仅在宏观层面再度经历波折，且成为中国历史上第一个[①]没有完成 GDP 既定增速目标的年份，而且较长时期的疫情反复冲击导致了微观经营主体（居民与企业）的预期出现了罕见的回落和低迷。

从图 2 - 8 - 1 可以看出，2020 ~ 2021 年疫情冲击影响下，虽然居民的收入和就业满意度并没有延续历史上的持续改善局面，但是也没有出现过明显的回落，而 2022 年伴随上海疫情的再度暴发，两者均跌至了历史谷底，这说明 2022 年对宏观主体与微观主体均出现了较大的冲击和影响。鉴于此，宽松的政策再度加码，成为 2022 年的一大看点。

① 2020 年没有制定当年的 GDP 目标。

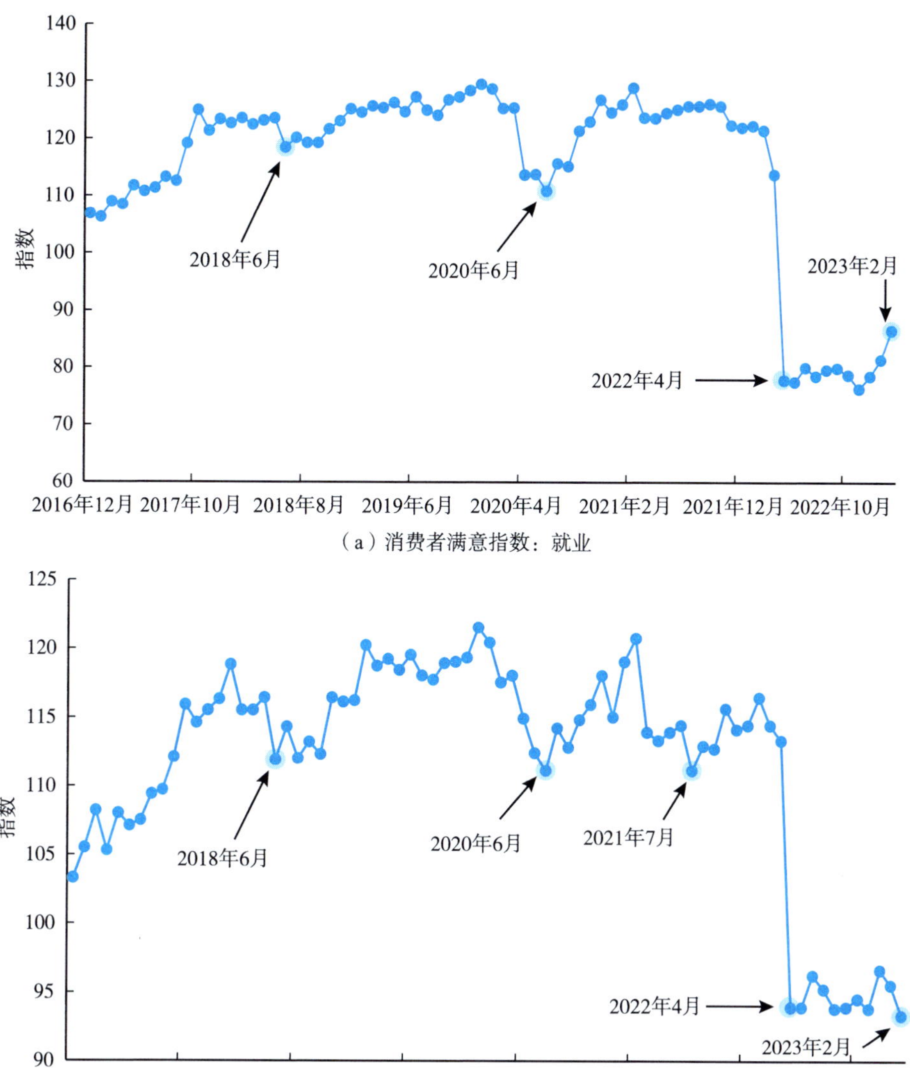

（a）消费者满意指数：就业

（b）消费者满意指数：收入

图2－8－1　疫情冲击下的消费者满意指数（就业与收入）出现了急速下跌

资料来源：中国人民银行。

第一节 货币政策与“一揽子”政策

债券市场的投资者最关注的自然是货币政策，最信奉的自然是中央银行。特别是2018年以来，由于中国的经济多数时期处于压力下行时期，因此货币政策均保持着宽松的主基调。每当经济出现下行压力加大的状况，金融市场中的投资者（自然包括债券投资者）群起而呼唤中央银行出手加码宽松，期待降准、降息，中央银行就会成为其时众目睽睽下的焦点。

那么，为什么在中国金融市场中货币政策以及中央银行会成为聚光灯下的焦点呢?不排除一些投资者确实认为货币政策是最重要的，这可能是长期以来在美联储的影响下自然而然形成的一种固有印象，但是也不排除市场机构对于中央银行货币政策的过于关注其实是一种无奈之举。

政策体系构成中，大致可以划分为三大类别，分别是货币政策、财政政策、产业政策，上述政策对应的主管部门分别为中央银行、财政部、国家发展改革委。对于中国的现实而言，财政政策以及产业政策的重要性都是非常强的，甚至要超越货币政策。

特别是在政策大基调偏于宽松、稳增长为目标的时期，财政政策以及产业政策更多是在创造需求的意愿，货币政策只是提供资金供给的潜在能力，两者结合方为有效的需求。在现实中，需求的意愿更为重要，其创设、产生的难度也更大。

事实上，市场投资者非常希望了解财政政策以及产业政策的进展或动向，但是可惜的是这两类政策由于更具有定向性与结构性特征，主管部门确实也没有义务随时向市场公开进展情况或动向信息。因此投资者对于上述两类政策的信息是处于“可望而不可求”的状态中。

相对比而言，货币政策就较为简洁、透明。由于其事关全局性、总量性，因此必然具有“广天下而告之”的属性，无论升、降准还是加、减息，必然是令投资者一目了然。因此，不是因为重要性大小而成为聚焦点，而是因为透明公开性而成为聚焦点。

现实的中国证券市场分析中，过多的分析者、研究者集中在货币政策这一“赛道”中，非常拥挤。众多的分析也是言必称中央银行如何，货币政策如何，其实笔者更相信不是因为研究员觉得这是唯一重要的内容，而更多是因为这可能是唯一容易获得的信息信号。

对于各类不同的政策，不同市场的投资者认知或期待也并不相同。

对于债券市场投资者而言，其更期待于只有货币政策，而无其他政策。因为货币政策的松动只是意味着“钱袋子”敞开了，但是没有其他政策则意味着很难形成需求意愿，充裕的资金供给能力如果没有需求意愿的配合，最终依然难以转化为有效的需求，即无法形成实体经济流动性，这样债券市场的牛市格局会大概率延续。

对于股票市场的投资者而言，货币政策的宽松自然是好的事情，但是更重要的则在于财政政策、产业政策的同步跟进，这样方可形成实体经济的有效需求，改善企业盈利或运营，方可带来股市的持续上涨。

因此市场中常常会见到这样一些可谓“怪异”的现象：降息了，反而债券市场开始下跌了；降息了，股票市场完全不为所动，依然保持低迷。产生这些现象的根本原因在于市场投资者对于需求意愿是否启动的判断，而财政政策和产业政策恰恰就是需求意愿启动与否的重要触发因素。

2022 年由于房地产市场的调整加剧叠加疫情的反复冲击，整体宏观经济出现了较为明显的下行压力，因此政策加码宽松的局面再度出现，而这种政策宽松并非货币政策的“一枝独秀”，而是“一揽子”政策的综合出台，而货币政策由于其透明性，则充当了“信号弹”的作用。

2022 年，我国的“一揽子”宽松政策集中出台了两轮。之所以如此划分，均是以货币政策的变化作为指引信号。

第一轮政策组合拳起步发端于 2022 年 1 月 17 日。当天中央银行宣布降息，中期借贷便利（MLF）操作和公开市场逆回购操作的中标利率均下降 10 个基点。

这可以作为观察政策组合拳的起点信号。随后也确实观察到了一系列财政或产业政策陆续祭出，构成了“一揽子”政策组合。

例如，2022 年 2 月 8 日，中国人民银行、中国银行保险监督管理委员会发布通知明确，银行业金融机构向持有保障性租赁住房项目认定书的保障性租赁住房项目发放的有关贷款不纳入房地产贷款集中度管理。

2022 年 2 月 10 日，全国性商品房预售资金监管办法出台。预售资金监管额度由市县级城乡建设部门根据工程造价合同等因素确定，当监管账户内资金达到监管额度后，超出额度的资金可由房企提取使用。办法有利于厘清各地商品房预售资金监管责任，增强商品房预售资金使用的灵活性，可对此前部分地方预售资金监管过严的做法起到纠偏效果。

几乎与之同期，中央银行要求商业银行加大对房地产信贷的支持力度。部分城市也相继放松了限购，并将首付比例下调。

应该说 2022 年的第一轮政策组合拳是由货币政策以及产业（针对房地产领域）政策所组合构成。

第二轮政策组合拳起步发端于 2022 年 8 月 15 日。当天中央银行宣布降息，中期借贷便利（MLF）操作和公开市场逆回购操作的中标利率均下降 10 个基点。

这可以作为观察政策组合拳的起点信号。随后也确实观察到了一系列财政或产业政策陆续祭出，构成了“一揽子”政策组合。

例如，2022 年 8 月 18 日，国务院常务会议要求部署推动降低企业融资成本和个人消费信贷成本的措施，加大金融支持实体经济力度。部署加大困难群众基本生活保障力度的举措，兜牢民生底线。确定支持养老托育服务业纾困的措施，帮扶渡过难关、恢复发展。决定延续实施新能源汽车免征车购税等政策，促进大宗消费。

几乎同期，据央视新闻报道，住房和城乡建设部、财政部、人民银行等有关部门出台措施，完善政策工具箱，PSL 通过政策性银行专项借款方式支持已售逾期难交付住宅项目建设交付。

2022 年 8 月 23 日，中央银行召开部分金融机构货币信贷形势分析座谈会，要求进一步加大对房地产的支持。

应该说 2022 年的第二轮政策组合拳同样是由货币政策以及产业（针对房地产领域）政策所组合构成。

事实上，在两轮“一揽子”政策组合拳中，财政政策是否发力依然不得而知，但是笔者更倾向于认为其难以缺位，货币、财政、产业三类政策可能在当期是共同作为，合作发力的。

在货币政策宽松并伴随着“一揽子”政策推出的背景下，债券市场只是经历了短暂（降息后大概 4～5 个交易日）、快速的利率下行，很快就开始触底回升。这就是因为市场投资者不仅仅看到了“钱袋子”敞开，也看到了财政政策或产业政策正在激发需求意愿，因此市场开始相信实体经济中的有效需求将很快成形，在这种预期引导下，债券市场只能走出“利多（降息）出尽”的态势，如图 2－8－2 所示。

总结 2022 年的这两轮以“降息”为信号发端的“一揽子”政策组合，笔者会产生如下感受，供读者参考。

（1）货币政策很重要，但是财政政策和产业政策的重要程度丝毫不逊于货币政策。

（2）货币政策的优势在于透明性、公开性，这是引发市场投资者关注的最主要原因。

（3）借助于本书第八篇《流动性》中的内容与结论，货币政策的宽松是敞开了“钱袋子”，财政政策和产业政策是激发需求意愿的关键，货币条件（能力）和需求意愿相结合方为稳增长的有效方式。

（4）在一目了然地看到货币政策信号后，需要谨慎地观察是否会同步推出其他类型的政策，是否是“一揽子”政策，特别对于债券投资者而言，需要提防单纯的货币政策“崇拜”而形成“降息陷阱”。

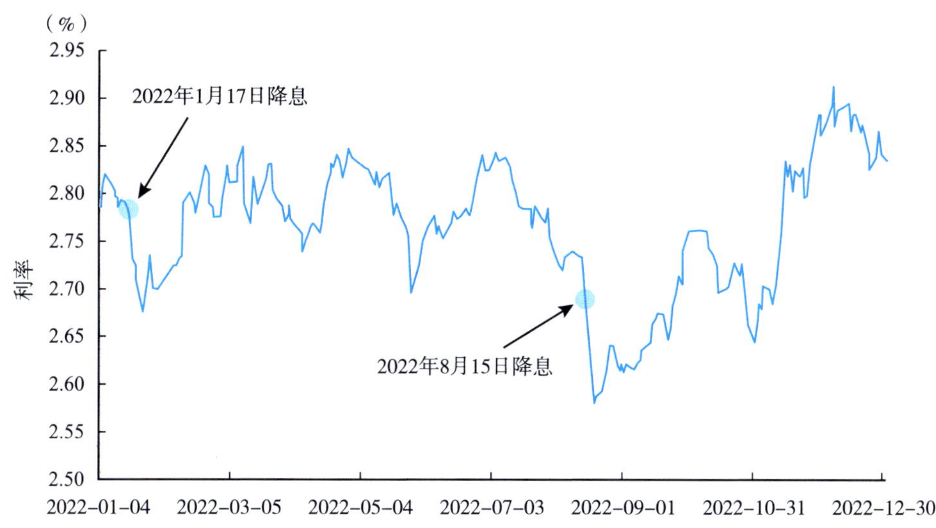

图2-8-2 两轮以降息为起点的“一揽子”刺激政策造成了利率的短暂回落

资料来源：中央国债登记结算有限责任公司（CDC），www.chinabond.com.cn。

（5）当前市场宏观分析中，对于货币政策分析与跟踪的“赛道”过于拥挤，而对于财政政策分析与跟踪的领域又过于空白，这种不平衡性亟须改变。

第二节 “国-金”利差的时代变迁

中国债券市场中有两个典型的基准品种：国债与政策性银行金融债，其中政策性银行金融债券的代表品种是国家开发银行政策性金融债。

之所以称之为基准品种，主要是两者的流动性良好（2008年前国开金融债流动性强于国债，之后伴随国债发行规模扩大，国债流动性迅速改观）、均无信用风险。

但是国债与国开债之间始终存在利差，且利差高低起伏。“国-金”利差的变化主要取决于两类因素，一类是周期性因素，另一类则是制度性因素。

所谓周期性因素主要和债券市场的牛熊环境相关。一般而言，当债券市场处于牛市时期，“国-金”利差会持续缩窄，当债券市场处于熊市时期，“国-金”利差会相应放大。

所谓制度性因素则和债市流动性变迁以及两者之间的税收制度变化相关。如前所述，国债与金融债之间的流动性差别目前已经很小，不再解释“国－金”利差的变化，目前利差的中枢变化主要来源于税收制度的变迁。

国债与金融债的利差主要在反映税收差异。债券投资收益所面临的税种主要有两大类：所得税、增值税及附加。按照收益类型不同，税基也分为两类：利息收益、买卖转让价差收益。其分类如图2－8－3所示。

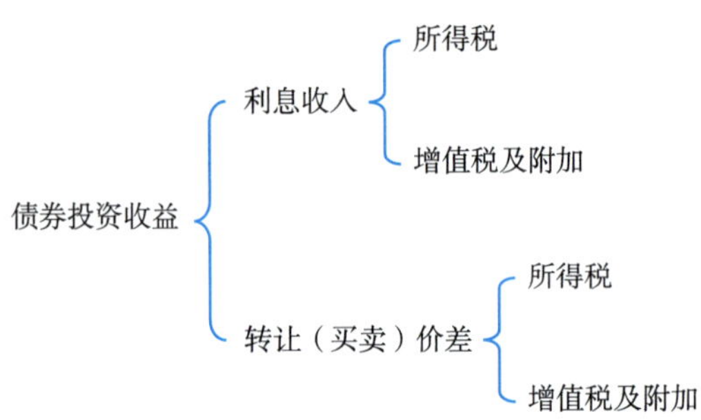

图2－8－3　债券投资收益类型和税收类型

但是不同的投资主体面对上述收益，其适用的税率各不相同。笔者梳理了各项制度规定，按照不同的投资主体所适用的债券投资收益税率进行了划分，如表2－8－1所示。

表2－8－1　不同投资机构债券投资收益的税收类别和税率　单位：%

投资者类型	券种	利息收入税率			转让（买卖交易）价差税率		
		增值税及附加	所得税	合计	增值税及附加	所得税	合计
公募基金	国债＋地方债	0	0	0	0	0	0
	政策金融债＋金融债＋NCD	0	0	0	0	0	0
	铁道债	3.26	0	3.26	0	0	0
	非金融企业债	3.26	0	3.26	0	0	0
其他资管产品（由财政部认定的金融机构管理）	国债＋地方债	0	0	0	3.26	25	27.45
	政策金融债＋金融债＋NCD	0	25	25	3.26	25	27.45
	铁道债	3.26	12.50	15.35	3.26	25	27.45
	非金融企业债	3.26	25.00	27.45	3.26	25	27.45

续表

投资者类型	券种	利息收入税率			转让（买卖交易）价差税率		
		增值税及附加	所得税	合计	增值税及附加	所得税	合计
金融机构自营	国债+地方债	0	0	0	6.34	25	29.75
	政策金融债+金融债+NCD	0	25	25	6.34	25	29.75
	铁道债	6.34	12.50	18.05	6.34	25	29.75
	非金融企业债	6.34	25	29.75	6.34	25	29.75
合格境外投资者（QFII）	国债+地方债	0	0	0	0	25	25
	政策金融债+金融债+NCD	0	0	0	0	25	25
	铁道债	0	0	0	0	25	25
	非金融企业债	0	0	0	0	25	25

资料来源：国家税务总局。

从表2-8-1可见，最高的税率为所得税税率，其比照企业所得税①征收。两类税收的税基各不相同，分别针对利息收入②与买卖价差③。

各类投资主体所适用的税率不同，因此各类主体在债券市场中力量的变化会导致"国-金"利差的变化，为了更好地反映投资主体的力量变化导致的结果，可以将"国-金"利差转化为"国-金"隐含税率指标，这可以更清晰地反映投资主体力量的切换对于利差的影响。隐含税率的表达形式如下：

"国-金"隐含税率=(政策性金融债利率-国债利率)/政策性金融债利率

从方向趋势来看，"国-金"利差与"国-金"隐含税率的变化态势一致，可以相互替代使用。如图2-8-4所示。

选取债券市场中的两类投资主体，观察它们力量的对比关系，这对于理解隐含税率的变迁有指导意义。

其一就是资管机构的典型代表——公募基金。可以发现公募基金在投资国债、政策性金融债的过程中，无论其获取的收益来自利息还是来自资本利得（买卖价差），其均不需要承担税收，即税率均为0。由此可见，如果公募基金在债券市场中的份额占比越

① 2008年起，企业所得税税率从33%降低至25%，沿用至今。

② 这里的利息收入并非完全意义上的票面利率，而是针对投资者买入时的收益率进行逐日分摊计量。

③ 这里的买卖价差是指净价差异，并非全价差异，其中的利息所得并不计入。

来越高，则必然导致“国－金”隐含税率越来越低。

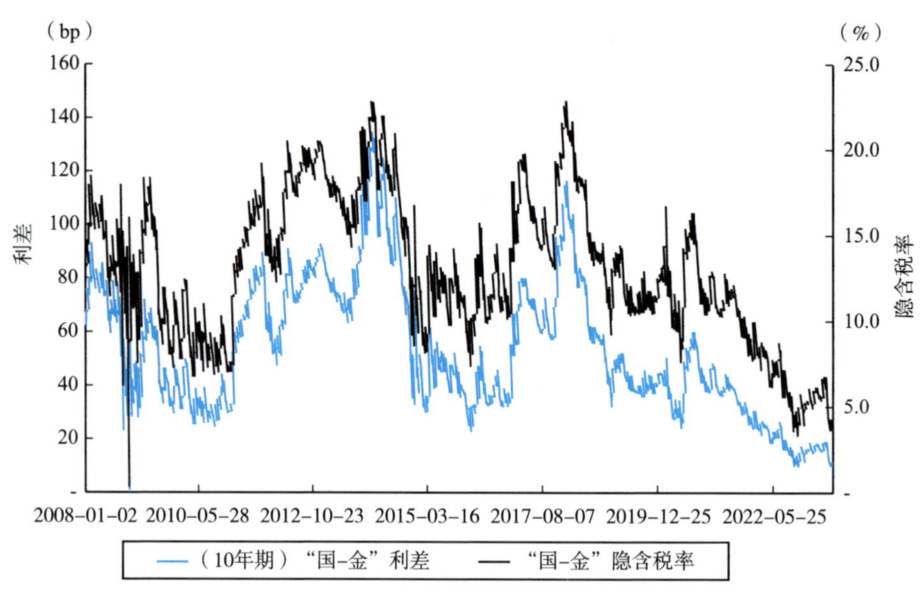

图2－8－4 10年期品种的“国－金”利差和“国－金”隐含税率变化

资料来源：中央国债登记结算有限责任公司（CDC），www.chinabond.com.cn。

其二就是商业银行的自营投资。按照规定，商业银行自营投资国债时，持有到期总收益均为利息收入，免税；若中途交易转让，其净价盈利部分需要缴纳29.75%的税收。商业银行自营投资政策性金融债，持有到期总收益均为利息收入，需缴纳25%的税；若中途交易转让，其净价盈利部分需要缴纳29.75%的税。

对于公募基金而言，无论是投资国债还是金融债，均免税，必然择利高者投之，其对于金融债的偏好更强，这是压低“国－金”隐含税率的重要力量。对于商业银行自营而言，其投资持有政策性金融债需要缴纳较高的税，净收益不及投资国债合算，因此其对于国债的偏好更强，这是拉高“国－金”隐含税率的重要力量。两股力量的此消彼长变化，导致了“国－金”隐含税率的中枢发生了趋势性下移。

2018年资管行业的重要文件《关于规范金融机构资产管理业务的指导意见》（简称“资管新规”）落地实施。2019年开始出现了摊余成本法债券基金的发行，而且发行规模越来越大，该类基金以买入成本列示，按照票面利率或商定利率，并考虑其买入时的溢价与折价，在剩余期限内平均摊销，每日计提收益。

该类基金的持仓品种主体是政策性金融债券，其认购的客户主体是商业银行。这实质上形成了一个投资链条，即商业银行将本用于自营投资的资金通过申购摊余成本基金的方式进行投资，而基金购入政策性金融债券，持有到期总收益免税，这些总收益返还给商业银行，商业银行借助于摊余成本基金这一模式避免了投资政策性金融债券所需缴纳的税收。

这样对于商业银行而言，利弊明显可见。若自营投资政策性金融债券，持有到期必须缴纳 25% 的税收，若通过申购摊余成本基金的方式“绕道”投资政策性金融债券，则避免了税收上缴，增加了自身的净利。

事实上，摊余成本基金规模壮大的过程对应的就是银行自营投资资金向公募基金的转移过程。从现实来看，商业银行持有的摊余成本基金基本都会自然持有到期（等待持仓的金融债券自然到期），较少情况下出现中途赎回现象。一旦出现中途赎回，其溢价部分（剔除利息部分）也要承担部分税收。

以摊余成本法基金（又称“摊余成本法估值的定开债券基金”）为桥梁，实现了银行自营投资资金向公募基金的转移，因此债券市场中的商业银行自营规模与公募基金参与规模出现了形式上的“此消彼长”。这导致了拉高“国－金”隐含税率的力量弱化，压低“国－金”隐含税率的力量增强，所以从 2018 年以来我国的“国－金”隐含税率出现了持续性的下降，即“国－金”利差持续收窄，如图 2－8－5 所示。

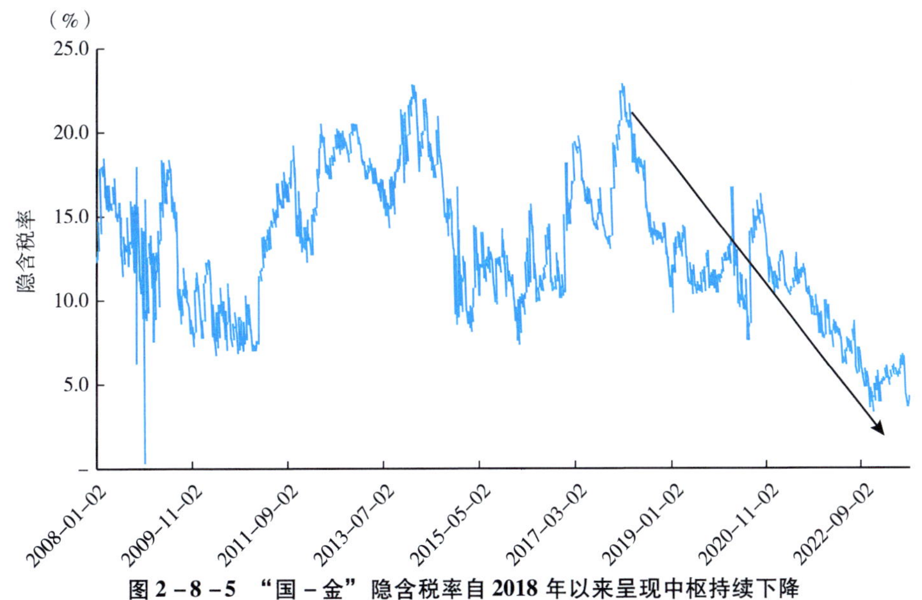

图 2－8－5　“国－金”隐含税率自 2018 年以来呈现中枢持续下降

资料来源：中央国债登记结算有限责任公司（CDC），www.chinabond.com.cn。

截至2023年，“国－金”利差收缩至10bp附近，而“国－金”隐含税率则降至3%～4%的水平，几乎将税收差异抹平。

当然，需要说明的是，这种利差或隐含税率的收缩也并非单纯受税收因素影响，近几年债券市场虽然也有波动调整，但是在大趋势上呈现牛市格局，“牛市收窄”的周期性因素也起到了重要影响，但是2019年以来的这种制度性因素对于利差中枢的压降起到了至关重要的作用。

第三篇 信贷库存周期

近年来，笔者一直致力于各类资本市场逻辑框架的构建和收集工作。

事实上各类资产配置框架的建立均是立足于宏观经济角度分析。其基本思想是采用不同类型的宏观经济指标来刻画经济周期中的四种状态，即复苏、繁荣、衰退与萧条。美林投资时钟分析框架是用 GDP 和 CPI 两个指标来刻画描绘这四种状态，“货币 + 信用风火轮”是用货币政策以及信用量来刻画描绘这四种状态。

除去实体经济增长和通货膨胀数据、货币信用数据外，还有其他类型的经济指标可用来描绘“复苏、繁荣、衰退与萧条”这四种状态，如库存周期。事实上，实体经济库存周期所刻画的四个阶段（被动去库存、主动补库存、被动补库存、主动去库存）就是暗合经济周期波动中的那四种状态。

采用不同的宏观经济指标描绘刻画出经济周期的四种状况，进而对资产价格变化在各周期状况中进行归类统计，则可构建一套所谓的资产配置框架。

从最早接触的美林投资时钟，到 2017 年以来盛行的“货币 + 信用风火轮”，莫不如此。但是总体感觉到各类资产配置模型对于资本市场变化的解释并不是始终有效的。

2010 年前，美林投资时钟对于各类资产价格的解释力很强，盛行一时。2016 年后，“货币 + 信用”体系对于各类资产价格的解释力很好，也盛行一时。

在某一阶段，也许一个模型的解释力度有限，可能并非模型框架有误，更可能是宏观环境发生了一些变化。例如，2012 年后市场投资者普遍反映美林投资时钟失效，主因可能在于 2012 年后以 GDP、CPI 为代表的中国宏观经济变量出现了波动率锐减的局面，这导致很难用 GDP 等数据划分周期波动。在这个背景下，市场投资者才开始关注更具波动性的宏观变量—货币信用，由此引发了后期对于“货币 + 信用”分析框架的关注。

分析框架正确与否并非以当期市场变化作为检验标准，应当以逻辑性是否合理为衡量原则。只要逻辑性正确、合理，哪怕市场走势短期内会与之背离，也不会影响该分析逻辑的生命力。

继美林投资时钟、“货币＋信用风火轮”后，笔者近些年试图从库存周期的角度尝试建立资产分析框架，在本篇进行详细说明。

| 第九章 |

从"实体库存周期"到"信贷库存周期"

库存周期是市场分析中经常提及的一个框架，在现实市场应用中有不同的衡量划分模式，大致可以划分为四类：被动去库存、主动补库存、被动补库存、主动去库存。上述四者的排序反映了经济需求的强弱。如果经济需求由强到弱的次序以1、2、3、4来进行划分，那么可以表示为：被动去库存（1）、主动补库存（2）、被动补库存（3）、主动去库存（4）。

第一节 实体经济库存周期

一般情况下，市场分析会采用实体经济数据来衡量划分库存周期，最为典型的是利用生产与库存数据来划分四类周期，采用工业增加值同比增速和产成品库存同比增速的相对走势来进行分类。

需要注意的是，由于国家统计局公布的产成品库存数据是名义值，需要利用PPI增速来进行价格因素的剔除，以形成实际产成品库存增速，这样即可和工业增加值增速（本不含有价格因素）形成同口径对比。

按照传统的理解，生产增速的上、下与实际库存增速的升、降相互组合形成四类库存周期，以衡量实体经济需求的强弱，如表3-9-1所示。

表3-9-1　实体经济库存周期的不同阶段划分

阶段	内涵	生产端特征	库存端特征	需求强度
被动去库存	需求强劲	生产上行	库存下降	1
主动补库存	未来需求相对看好	生产上升	库存上涨	2

续表

阶段	内涵	生产端特征	库存端特征	需求强度
被动补库存	需求不足，景气度低	生产下行	库存上涨	3
主动去库存	主动降产以去库存	生产下行	库存下行	4

此外，如果将生产增速与实际库存增速进行相减轧差，所形成的同比增速差则可以近似表达销售需求的变化情况，即形成需求强弱的直观衡量指标。

除去采用（工业增加值同比，实际产成品库存同比）这一组合衡量实体经济库存周期外，还存在其他的指标组合模式，例如，采用PMI数据中的生产指数和库存指数组合、采用工业增加值增速和PPI增速组合等，但是无论采用什么组合模式，其揭示的基本逻辑相同。

以2011年至今十余年的情况来看，采用（工业增加值同比，实际产成品库存同比）这一组合，划分库存周期，大致可以划分为14个周期切换，如表3－9－2所示。

表3－9－2　2011年以来所划分的14次实体经济库存周期变化

序号	时期	生产端特征	库存端特征	库存周期属性	需求强度
1	2011年1月～2011年11月	下行	上行	被动补库存	3
2	2011年11月～2012年8月	下行	下行	主动去库存	4
3	2012年8月～2013年8月	上行	下行	被动去库存	1
4	2013年8月～2014年9月	下行	上行	被动补库存	3
5	2014年9月～2016年2月	下行	下行	主动去库存	4
6	2016年2月～2016年11月	上行（平稳）	下行	被动去库存	1
7	2016年11月～2018年2月	上行（平稳）	上行	主动补库存	2
8	2018年2月～2018年12月	下行	上行	被动补库存	3
9	2018年12月～2019年8月	下行	下行	主动去库存	4
10	2019年8月～2019年11月	上行	下行	被动去库存	1
11	2019年11月～2020年3月	下行	上行	被动补库存	3
12	2020年3月～2021年1月	上行	下行	被动去库存	1
13	2021年1月～2021年9月	下行	下行	主动去库存	4
14	2021年9月～2022年3月	上行	上行	主动补库存	2

资料来源：国家统计局。

分析至此，均以宏观经济需求为分析对象，更为关键的是需要把上述基本面内容或结论应用在资本市场走势分析中。

一、实体经济库存周期与利率

将上述划分的14个库存周期与10年期国债利率放置在一起，可以看到如图3-9-1所示。

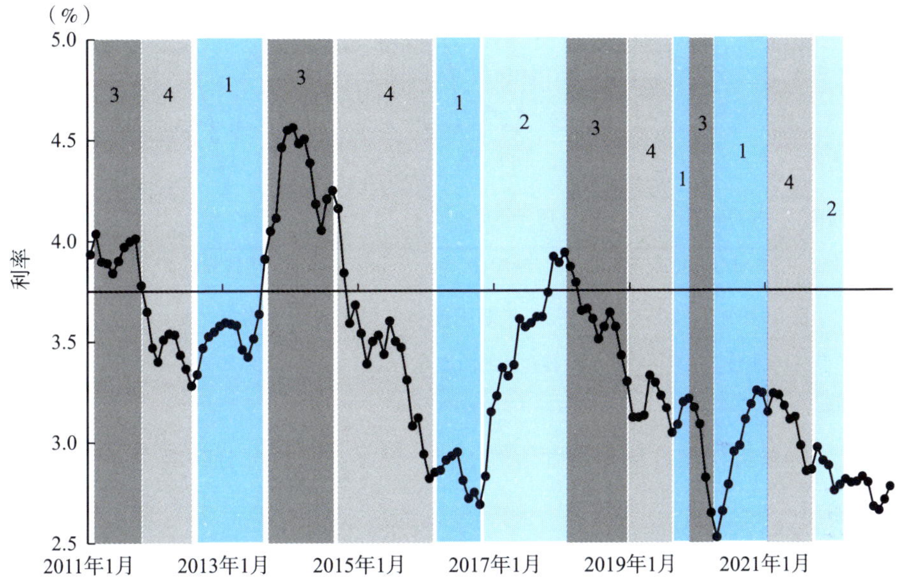

图3-9-1　2011年以来10年期国债利率在不同库存周期阶段中的表现

资料来源：国家统计局、中央国债登记结算有限责任公司。

以颜色深度表征需求强弱（深蓝、浅蓝色表示需求强、相对强；深灰、浅灰色表示需求弱、更弱），可以看到2011年以来，利率的升降与需求强弱的吻合度较高。

当然也存在一些与初始假想不符的时期，如第四个波动周期（2013年8月~2014年9月）、第六个波动周期（2016年2月~2016年11月）。这两个时期利率走势与实体经济需求强弱的背离均有特殊因素存在。

此外，还可以观察销售需求指标（工业增加值增速-实际产成品库存增速）与利率的关系，如图3-9-2所示。

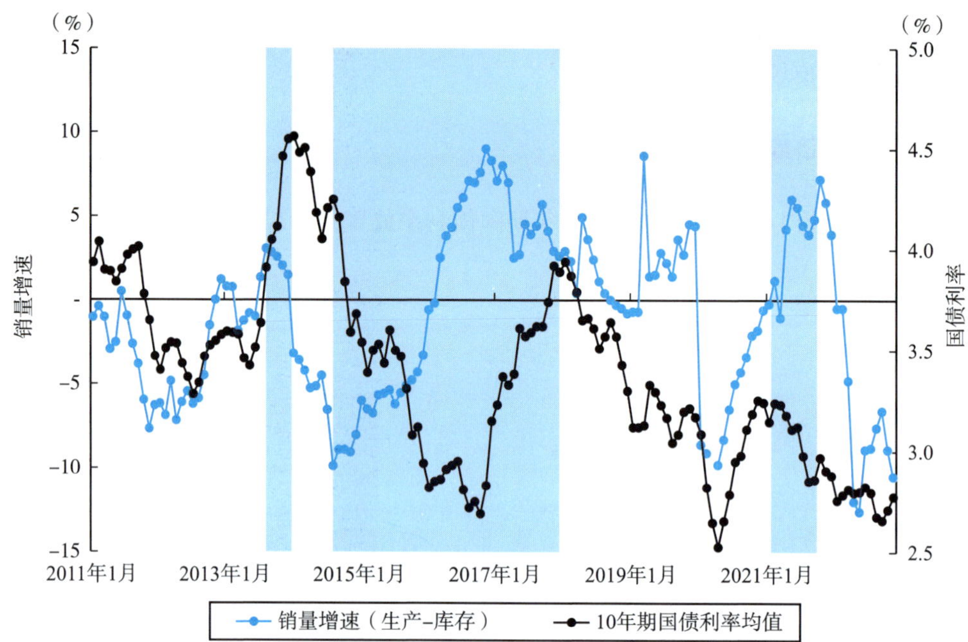

图3－9－2　2011年以来10年期国债利率与销售需求指标之间的关系

资料来源：国家统计局、中央国债登记结算有限责任公司。

可以看出两条折线的方向吻合度依然不错，但是在阴影部分时期，则出现了较为明显的背离。

二、实体经济库存周期与股指

采用同样的处理方式，观察实体经济库存周期分布与沪深300股票指数之间的关系。以颜色深度表征需求强弱（深蓝、浅蓝色表示需求强、相对强；深灰、浅灰色表示需求弱、更弱），可以看到2011年以来，股指的升降与需求强弱的吻合度较高（见图3－9－3）。

与初始假想情况不符的时期也存在，例如，第五个波动周期（2014年9月～2016年2月）、第九个波动周期（2018年12月～2019年8月）、第十四个波动周期（2021年9月～2022年3月）。

此外观察销售需求指标（工业增加值增速－实际产成品库存增速）与沪深300股票指数的关系，如图3－9－4所示，阴影区域时期依然存在不符的情况。

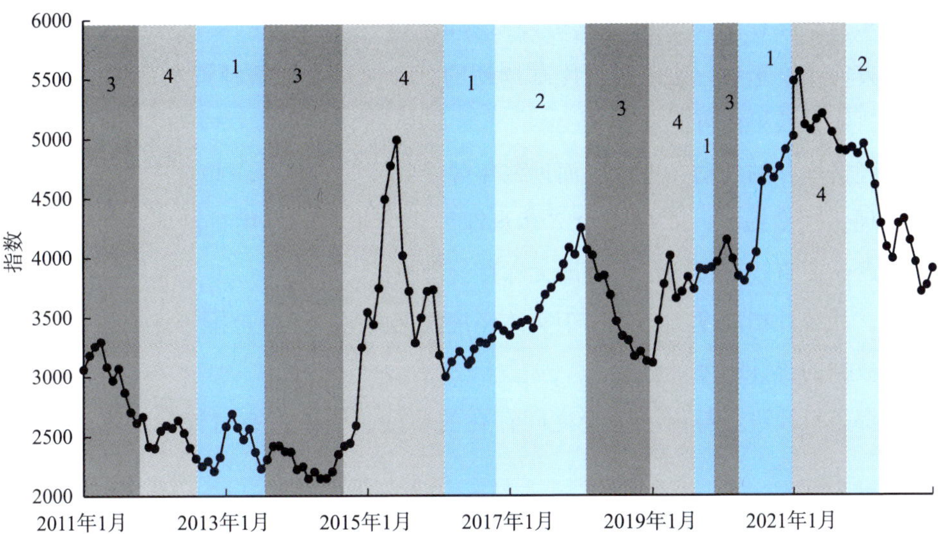

图 3-9-3 2011 年以来沪深 300 股票指数在不同库存周期阶段中的表现

资料来源：国家统计局、万得资讯（Wind）。

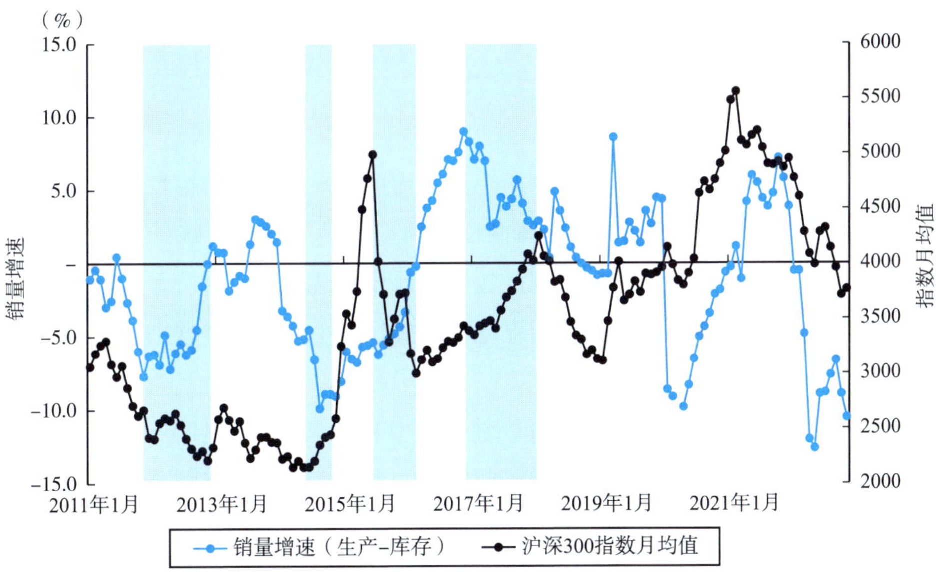

图 3-9-4 2011 年以来沪深 300 股票指数与销售需求指标之间的关系

资料来源：国家统计局、万得资讯（Wind）。

总体来看，库存周期波动（或销售需求指标）与利率的吻合度要强于股指，但是从大趋势方向角度来看，实体经济库存周期的分布大概率能解释资本市场的运行方向。逻辑成立，实证效果尚可。

实体经济库存的波动在理论层面近些年曾受到一些质疑，一些看法认为伴随企业生产信息管理化程度提高，库存作为“蓄水池”调节供需的作用日渐弱化，有些领域甚至出现了产、需直接对接的情形，即无库存管理模式。

此外，从统计精准度考虑，由于实体经济数据的采样统计范围毕竟有限，所以实体经济库存数据的统计精度不够。

上述都是科技进步与传统理论之间存在的质疑，属于具有时代发展属性的摩擦或冲突。

实体经济库存周期的波动及其与资本市场的关系考察是传统的分析框架，并非本篇重点。笔者是希望在这一主导思维框架的启发下，引申出“信贷库存周期”框架的探索。

第二节
信贷库存周期

金融数据与实体数据是一枚硬币的两个面，均可反映出宏观运行特征，正如美林投资时钟与“货币＋信用风火轮”是一体两面的典型代表。但是从统计角度而言，金融数据的覆盖面更广，统计精度更高，因此在资本市场中被广泛关注。

对于中国而言，商业银行主导的间接融资模式作为主体，信贷这一工具是最为主要的融资模式。

众所周知，按照期限划分，信贷可以划分为中长期信贷、短期信贷以及票据贴现。其中从逻辑而言，实际生产需求更依赖于前两者，而票据贴现融资则在很大程度上类似于“蓄水池”，起到平滑信贷供给与需求缺口的作用，其本质属性类似于“库存”。

将“信贷余额增速”类比于“工业增加值增速”概念，“票据贴现余额增速”类比于“库存增速”概念，那么“实体经济库存周期”就可以转化为“信贷库存周期”。

这是从金融角度来刻画库存周期的波动，同样可以按照传统库存周期类型进行四分类：被动去库存、主动补库存、被动补库存、主动去库存。如表3－9－3所示。

表 3－9－3　　信贷库存周期的不同阶段的内涵

信贷库存阶段	内涵	信贷端特征	票据贴现端特征	需求强度
被动去库存	实际信贷需求强劲	增速上行	增速下行	1
主动补库存	实际信贷需求尚可	增速上行	增速上行	2
被动补库存	实际信贷需求一般	增速下行	增速上行	3
主动去库存	实际信贷需求较弱	增速下行	增速下行	4

需要注意的是，中国的信贷管理存在额度控制，即在额度供给层面存在约束，这类似于实体经济角度的生产要素约束。但是无论是否存在这种约束，考虑到信贷类型（中长期信贷、短期信贷、票据贴现）对实际信贷需求的刻画程度，上述组合均可以从金融角度衡量需求的强弱变化。且考虑到信贷数据统计意义上的广度与精度，这一衡量模式理论上要比实体经济库存周期更为精准有效。

比较信贷余额增速与票据贴现余额增速的相对差异，可以刻画出四类信贷库存周期的波动变化。如图 3－9－5 所示。

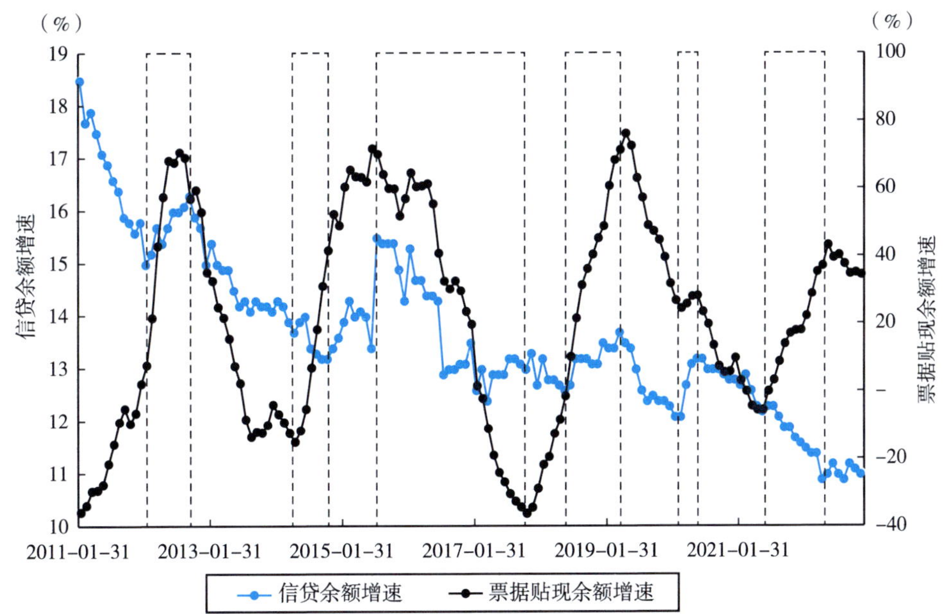

图 3－9－5　2011 年以来信贷余额增速与票据贴现余额增速的不同组合

资料来源：中国人民银行、万得资讯（Wind）。

同样以2011年为起点，按照信贷余额增速方向和票据贴现余额增速方向的不同组合，可以划分为如下阶段性周期变化（见表3－9－4）。

表3－9－4　2011年以来信贷库存周期不同阶段的划分

序号	时期	信贷余额增速	票据贴现余额增速	信贷库存周期属性	实际信贷需求强度
1	2011年1月～2012年1月	下行	上行	被动补库存	3
2	2012年1月～2012年9月	上行	上行	主动补库存	2
3	2012年9月～2014年4月	下行	下行	主动去库存	4
4	2014年4月～2014年10月	下行	上行	被动补库存	3
5	2014年10月～2015年7月	上行	上行	主动补库存	2
6	2015年7月～2017年10月	下行	下行	主动去库存	4
7	2017年10月～2018年6月	下行	上行	被动补库存	3
8	2018年6月～2019年4月	上行	上行	主动补库存	2
9	2019年4月～2020年2月	下行	下行	主动去库存	4
10	2020年2月～2020年6月	上行	上行	主动补库存	2
11	2020年6月～2021年6月	下行	下行	主动去库存	4
12	2021年6月～2022年6月	下行	上行	被动补库存	3
13	2022年6月～2022年12月	上行	下行	被动去库存	1

资料来源：中国人民银行。

同样，参考实体经济库存周期中的销售需求指标“生产增速－实际库存增速”，在金融信贷领域也可以构建出“信贷余额增速－票据贴现余额增速”这样单一的衡量指标，同样直观。

一、信贷库存周期与利率

将上述划分的13个信贷库存周期分布与10年期国债利率放置在一起，试图观察利率在每个不同阶段是否存在共性的表现特征，如图3－9－6所示。

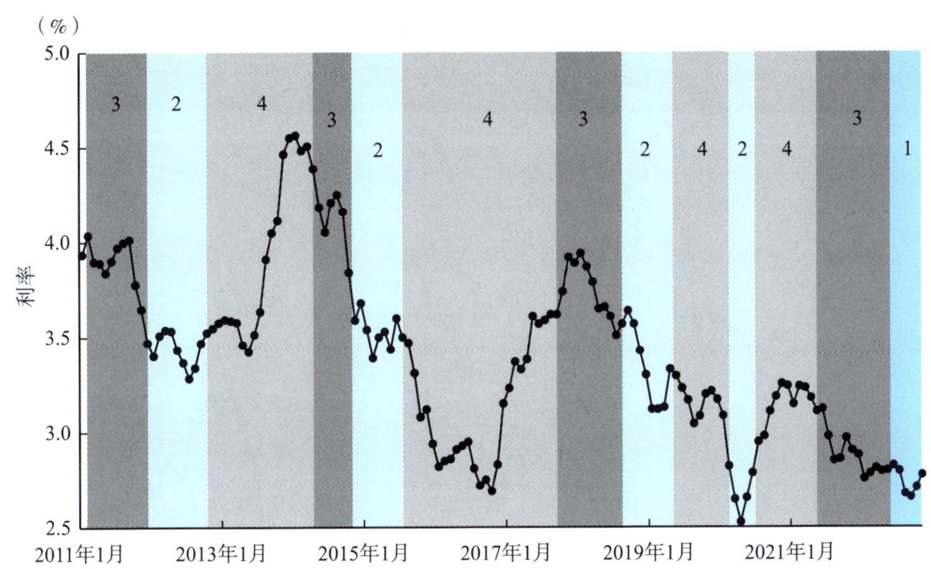

图 3－9－6　2011 年以来 10 年期国债利率在不同信贷库存周期阶段中的表现

资料来源：中国人民银行、中央国债登记结算有限责任公司。

直观观察而言，信贷库存周期的波动与利率的波动方向具有如下一些特点：

（1）四类库存周期与利率方向变化的初始设想对应关系并不良好，并不如实体经济库存周期分布与利率方向的对应关系那样良好。原因可能在于信贷增速变化与票据贴现增速变化更多时期处于同向关系，因此单纯的方向比较很难鉴别出实际的信贷需求变化。

（2）信贷库存周期的依次变化具有循环性。2011 年以来的历次变化轮动更多按照 3—2—4 的顺序演进，即：被动补库存—主动补库存—主动去库存。出现“1：被动去库存”的时期很少（对应实际信贷需求最强的一种情形）。这可能和经济增长趋势下台阶，融资需求趋势性弱化的大背景有关。

（3）自 2020 年新冠疫情发生以来，上述依次循环关系被破坏掉了，说明疫情冲击对于金融信贷需求产生了较为显著的影响。

考虑上述第一个特点，为规避两指标同向性变化的缺陷，不妨采用“信贷余额增速－票据贴现余额增速”这一轧差指标来刻画更为真实的信贷需求状况，这在很大程度上解决了信贷增速与票据增速同向性的弱点，如图 3－9－7 所示。

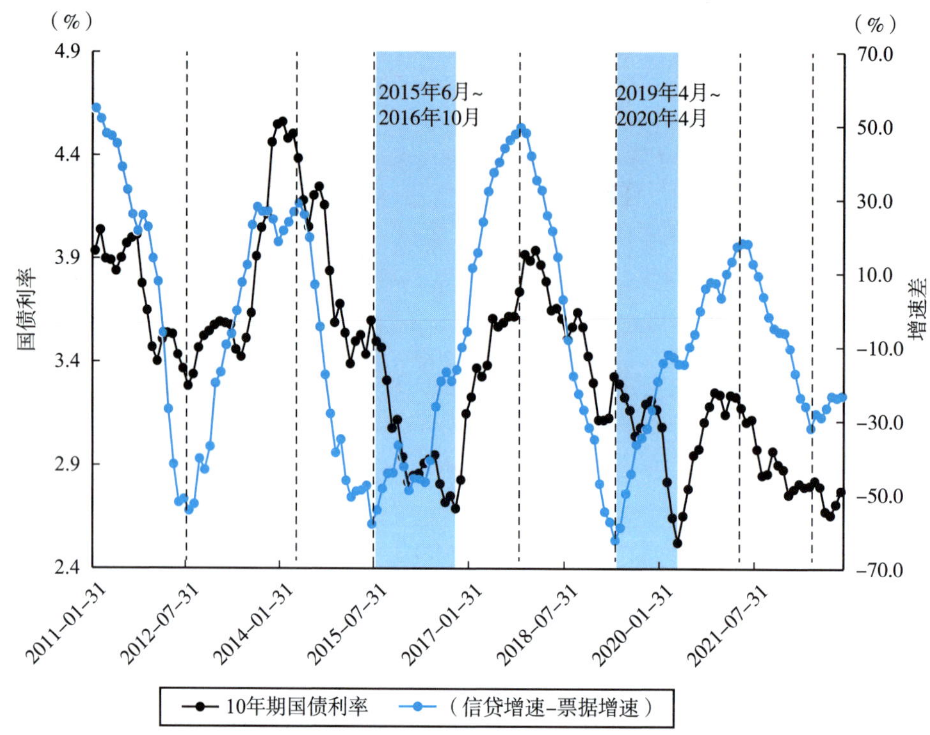

图3－9－7　2011年以来10年期国债利率与“信贷－票据”增速轧差指标之间的关系

资料来源：中国人民银行、中央国债登记结算有限责任公司。

可以发现，通过这种同比增速的轧差处理，其与10年期国债利率方向变得更为相关。2011年以来，只有两个历史时期出现了明显的背离（阴影区域时期），分别为2015年6月～2016年10月、2019年4月～2020年4月。其余时期两条折线从方向相关角度来衡量，均具有较为良好的相关匹配性。

“信贷余额增速－票据贴现余额增速”与利率的方向相关性要强于“工业增加值增速－实际产成品库存增速”与利率的方向相关性。

二、信贷库存周期与股指

采用同样的处理方式，观察信贷库存周期与沪深300股票指数之间的关系。以颜色深度表征需求强弱（深、浅蓝色表示需求强、相对强；深浅灰色表示需求弱、更弱），可以看出2011年以来股指的升降与不同信贷库存周期的吻合度如何，如图3－9－8所示。

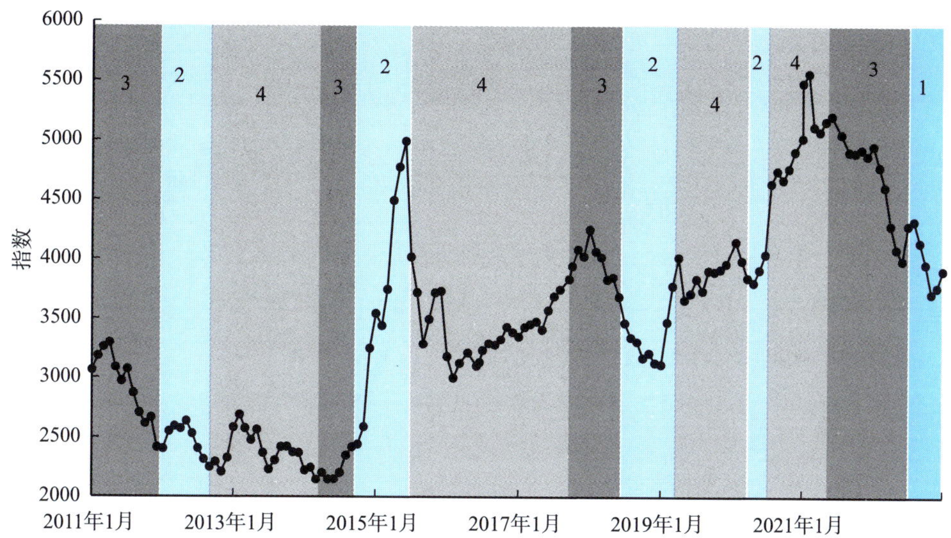

图 3-9-8 2011 年以来沪深 300 股票指数在不同信贷库存周期阶段中的表现

资料来源：中国人民银行、万得资讯（Wind）。

信贷库存周期分布与股指对应关系所显示的特征与上面考察利率关系时所形成的结论相仿。

同样，为了更为准确地刻画真实的信贷需求状况，采用“信贷余额增速－票据贴现余额增速”这一轧差指标来刻画更为真实的信贷需求状况，考察其与沪深300股票指数之间的相关性，如图3-9-9所示。

可以发现，通过这种同比增速的轧差处理后，增速差与股票指数的方向性变得更为相关。2011年以来，只有两个历史时期出现过明显背离（阴影区域时期），分别为2012年7月~2014年4月、2014年7月~2015年9月。其余时期两折线从方向相关角度来衡量，均具有较为良好的匹配性。

“信贷余额增速－票据贴现余额增速”与股指的方向相关性要强于“工业增加值增速－实际产成品库存增速”与股指的方向相关性。

三、信贷库存周期框架的特征总结

从实体经济库存周期概念出发，根据实体与金融一体两面的关联性，引申出信贷库存周期的概念，并分别考察了两大类资产（股指与利率）价格变化与周期变化的相关性，提出了信贷库存周期的初步分析框架。

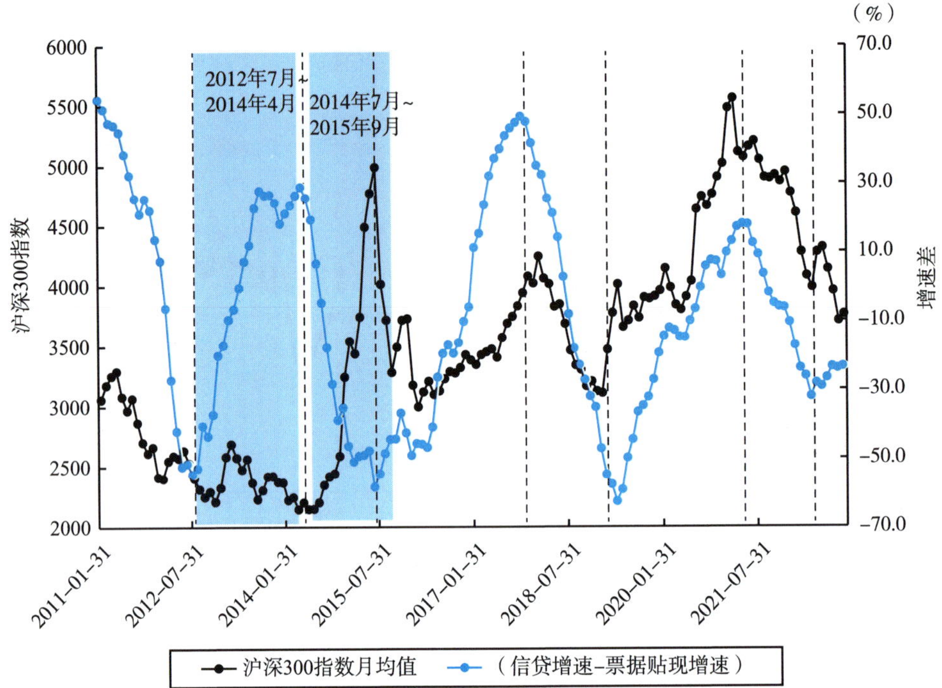

图 3-9-9　2011 年以来沪深 300 股票指数与“信贷－票据”增速轧差指标之间的关系

资料来源：中国人民银行、万得资讯（Wind）。

将库存周期与资产价格进行关联，提出两种分析工具，分别为：

工具 1，四类库存周期分布与资产价格的对应关系。

工具 2，由库存周期引申而出的轧差需求指标与资产价格的对应关系。

从历史数据校验情况来看，实体经济库存分析中的生产指数与库存指数在变化方向上存在较为明显的差异，工具 1 更适宜于应用在实体经济库存周期分析中。

在金融库存周期中，采用轧差相减的处理方式精简出“真实需求指标”，该指标与资产价格的方向相关性更好，因此工具 2 更适合应用在信贷库存周期分析中。

| 第十章 |

信贷库存周期框架中的逻辑概念

以实体经济库存周期作为引子，通过将实体经济指标转换为金融信贷指标，构建了“信贷库存周期”的概念。

为了将其应用于资产价格变化的解释，引申出两种分析工具。

其一，参考“信贷余额增速”与“票据贴现余额增速”的相对变化，可以划分为四类“信贷库存周期”分布，观察资产价格（10 年期国债利率、沪深 300 股票指数）在不同类别库存周期阶段中的变化特征。

其二，采用“信贷余额增速 - 票据贴现余额增速”的差值与资产价格（10 年期国债利率、沪深 300 股票指数）进行方向相关性对比。

从比较结果来看，第二种工具对于资产价格的方向性、趋势性解释更为精准。

至此，初步构建了这样一套框架：参考实体经济库存周期的内涵，引申到金融领域，选取公开性的数据，构建了“信贷库存周期”的概念。利用库存周期中常用的两种分析工具，与资产价格进行校验，发现在信贷库存周期中，第二类工具的有效性和解释力度更强。

这是否构成一种新的资产配置解释框架呢？首先需要进行逻辑上的仔细推敲。逻辑顺畅的框架，哪怕数据印证中会出现阶段性背离或误判，也并不会动摇其价值性。逻辑上不顺畅的框架，哪怕在特定时期确实会呈现出高度相关性，但是必然缺乏持久的生命力。

在此章内容中，笔者试图去解释一些问题或逻辑概念，尽量确保该分析框架在逻辑上的顺畅有效性。

第一节
库存概念可否由实体领域向金融领域推演

市场中早已对实体经济库存周期有着深刻认知。从原理来看，实体经济循环系统由“生产”“库存”“需求”三者构成，其中需求是难以直接观察到的宏观量，其变化方向和变化强度是由可直接观察到的“生产”指标和“库存”指标来间接反映。

这时候，库存就成为连接产、需两端的调节指标，其大小变化的作用与目的就是调节一定时期内产、需之间的不平衡缺口。从这一原理来看，则构成了恒等关系：“生产量＝库存量＋需求量（也被称为销量）”。进一步亦可变形为：“需求量（销量）＝生产量－库存量”。

再考虑“生产量”与“库存量”的方向变化组合，进一步可以划分为四类库存周期类型，即被动去库存、主动补库存、被动补库存、主动去库存。四者的排序反映了经济需求的强弱顺序。

上述内容是资本市场分析中早已存在并业已成型的模式，但是由于这种分类或处理的结果与资产价格的变化关系并不明显相关，即逻辑顺畅，但是实证应用效果一般，因此市场对实体经济库存周期的关注度有限。

实体经济库存周期引申出两类工具，以求解释资产价格变化。工具一“色带图”（四类周期划分，表征需求强弱，以对应利率或股指的方向变化）的解释效果要强于工具二“需求（销量）线”（生产增速减去库存增速，以对应利率或股指的变化）的解释效果。

借鉴实体经济库存周期的逻辑思考模式，笔者引申到信贷库存概念中。从商业银行角度来考虑，信贷资产可以划分为三类，分别为票据贴现、短期贷款（流动资金贷款）和中长期贷款（项目贷款）。银行最喜欢或最合意配置的信贷资产是短期贷款及中长期贷款，这两部分可以称为“银行合意投放信贷资产”。

由于商业银行的信贷总投放受到额度管控，额度可以类比于实体经济库存周期中的生产量指标。当“合意信贷资产”规模不足时，商业银行需要通过票据贴现这样一种工具来调节“额度”与“合意信贷资产”之间的余缺，因此从这个角度来看，票据贴现资产充当了与实体经济库存相类似的角色。

这样，实体经济分析中的“生产”、“库存”与“需求（销量）”就可以对应于信贷分析中的“额度”、“票据贴现”与“合意信贷资产”。

额度最终转化为信贷余额增速概念，票据贴现工具最终用票据贴现余额增速来衡量，类比对应于实体经济库存分析中“工业增加值同比增速”和“实际产成品库存增速”。

上述类比与推演，是站在商业银行（信贷资产供给方）角度来进行，虚设了“合意信贷资产”的概念。也可以从客户（信贷资产需求方）角度来分析，将所谓的“合意信贷资产”概念切换为“真实信贷需求”（即认为只有短期贷款和中长期贷款才是经济活动中最真实的需求）。但是笔者认为这种分析角度容易混淆银行方和客户方的立场，相互交织，反而不如“合意信贷资产”的概念更为明晰。

从上述阐述来看，从实体经济库存周期概念推广到信贷库存周期概念是可行的。

第二节
“色带图”与“增速差”对于资产价格的解释效果

为什么信贷库存周期中的“色带图”工具对资产价格的解释效果不如“信贷余额增速－票据贴现余额增速”差值对资产价格的解释效果？背离时期又如何理解？

从实体经济库存周期来看，所谓的色带图工具（即库存周期四分类，表征需求强弱）对利率与股票的解释效果要强于“需求（销量）”指标。

但是在信贷库存周期中却截然相反，“合意信贷资产＝信贷余额增速－票据贴现余额增速”对于利率和股价的解释效果更好。

以“信贷余额增速－票据贴现余额增速”和“10年期国债利率”的对照关系来看，几乎趋势、拐点都吻合。2011年以来出现过差异背离的时期，一次发生在2015年6月份至2016年10月份，另一次发生在2019年12月份至2020年4月份（见图3－10－1）。

第一次背离实质上体现了当时经济基本面与政策面之间的背离，同时也造成了当时债券市场的非理性表现。

2015年下半年，特别是进入四季度以来，实体经济已经出现了企稳改善迹象，但是在2015年股票市场大幅度异常波动的影响下，货币政策行为谨慎，面对基本面的持续改善，却选择了持续加码宽松的做法，这是促使当时债券市场牛市延续的最重要因素，当时的利率变化并没有客观理性地反映出经济基本面的变化。

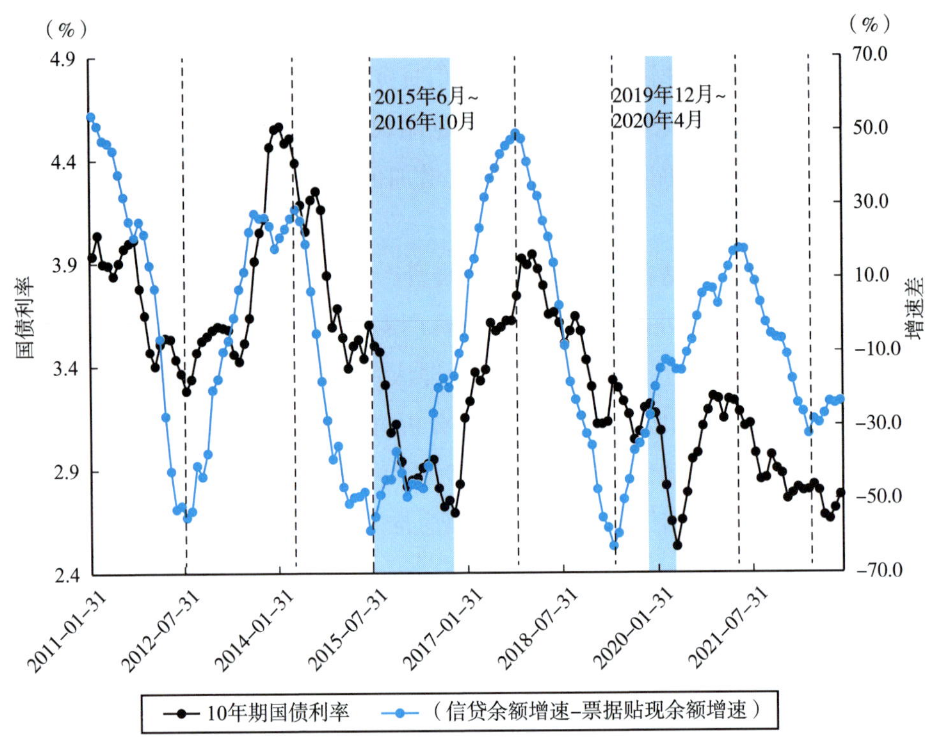

图3－10－1　10年期国债利率与“信贷－票据”增速轧差指标之间出现过两次背离

资料来源：中国人民银行、中央国债登记结算有限责任公司。

第二次背离主要发生在武汉疫情时期。2020年一季度遭遇新冠疫情的突然冲击，实体经济数据显著跌落，利率水平脱离了2019年四季度以来的盘整态势，迅速走低。但是，同期的金融信用环境却依然保持健康，并没有像实体经济数据表现得那么糟糕。在经过一季度的利率速降后，后期的利率迅速回升起来。

两次背离现象，从微观因素来分析，各有当时的特殊因素或背景影响，除此之外增速差与利率的方向相关性较为良好。

增速差与沪深300股票指数之间的方向相关性也同样良好，唯一的背离时期就是发生在2015年那个“巨型”牛市期间（见图3－10－2）。

事实上，无论是采用“美林投资时钟”还是“货币＋信用”框架，都很难以解释2015年那个巨大的股票牛市。笔者始终认为，2015年股票市场的巨幅波动已经很难用传统的分析框架来理解，信贷库存周期自然也很难对其进行精准刻画。除此之外，在其他时期里增速差与股指的方向相关性总体良好。

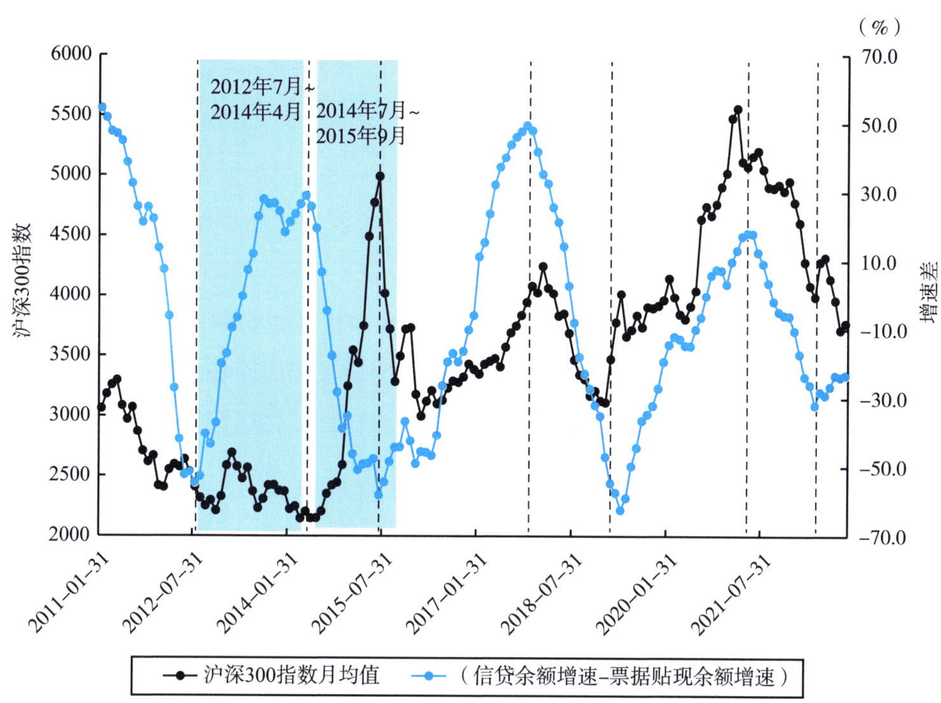

图 3-10-2 沪深 300 股票指数与“信贷-票据”增速轧差指标之间出现过背离

资料来源：中国人民银行、万得资讯（Wind）。

那么为什么“信贷余额增速”与“票据贴现余额增速”之间的增速差对于资产价格的解释力度强于四周期“色带图”工具？

观察信贷余额增速和票据贴现余额增速，会发现两者在方向变化上多为同向，当两者同向时，需要更精确地衡量“合意信贷资产”的规模是增加了还是降低了。

例如，当信贷余额增速与票据贴现余额增速均上行时，这应该归属于“主动补库存”阶段，表征需求尚可。但是假如票据贴现余额增速上行幅度远超信贷余额增速，事实上意味着银行的“合意信贷资产”是降低的（也可理解为社会中的真实信贷需求是降低的），其并不意味着需求尚可。

所以，为了更精确地衡量“合意信贷资产”的变化，增速差的模式会更好、更有效。

第三节
“增速差”与长、短期贷款余额增速的关系

“信贷余额增速－票据贴现余额增速”反映的是否就是“短期贷款＋长期贷款”的合计余额增速呢?

信贷分为票据贴现、短期贷款和长期贷款，如果单纯从逻辑推演，上述构建的“信贷余额增速－票据贴现余额增速”应该就是反映短期贷款和长期贷款的合计量变化。

但是事实上，如果将短期贷款与长期贷款的余额累加，并计算合计余额的同比增速，该数据变化就如图3－10－3所示。

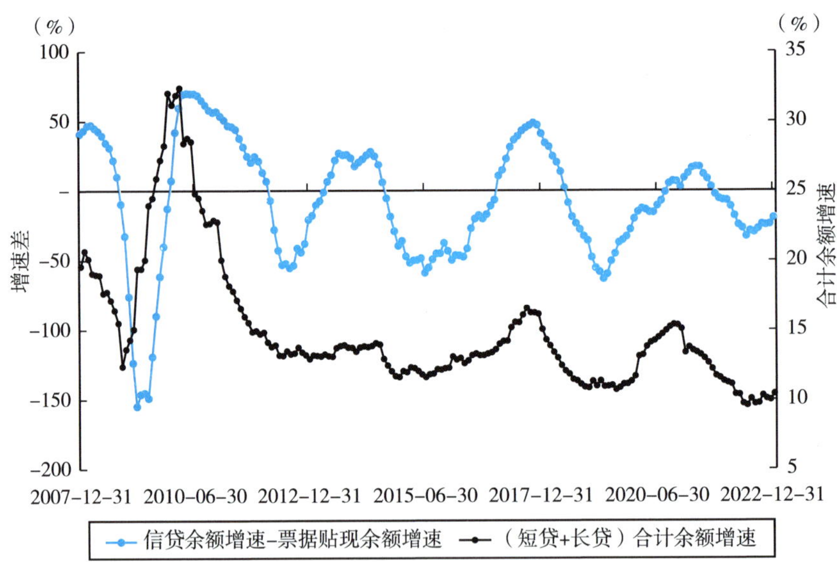

图3－10－3　增速之差与短长贷款合计额增速之间的差异

资料来源：中国人民银行、万得资讯（Wind）。

虽然其与“信贷余额增速－票据贴现余额增速”趋势相似，但是可以明显发现，合计额增速曲线变化得更为平缓。这种平缓的特征反而导致其在拐点处的方向指示效果远不及增速差曲线更为领先、明确。

之所以内涵相似，但是现实数据处理会出现差异，究其原因是在于票据贴现资产在

整体信贷资产中的权重占比仅为 10% ~15%。当采用增速差的方式来加工处理时，事实上相当于淡化了信贷总量与票据贴现规模之间 10∶1 的权重关系，提高了票据贴现规模的权重比例，这样会放大其影响性，从而令曲线的敏感度得以提升。

此外，在现实市场分析中，投资者很少去关注金融数据绝对值的变化，更习惯于采用增速概念来处理，所以选取最“耳熟能详”的信贷余额增速和票据贴现余额增速更符合市场分析的习惯。

此外，市场分析中还比较喜欢关注中长期贷款余额增速，认为其更为准确地反映市场需求状况，是更为真实的信贷类型。但是单纯依赖中长期信贷余额增速可能会产生两个问题。

（1）不能简单地将短期贷款归类为非真实需求，很多真实的信贷需求就是通过短期贷款形式来实现。如果将短贷剔除，会遗漏很大一部分真实信贷需求（见图 3 –10 –4）。

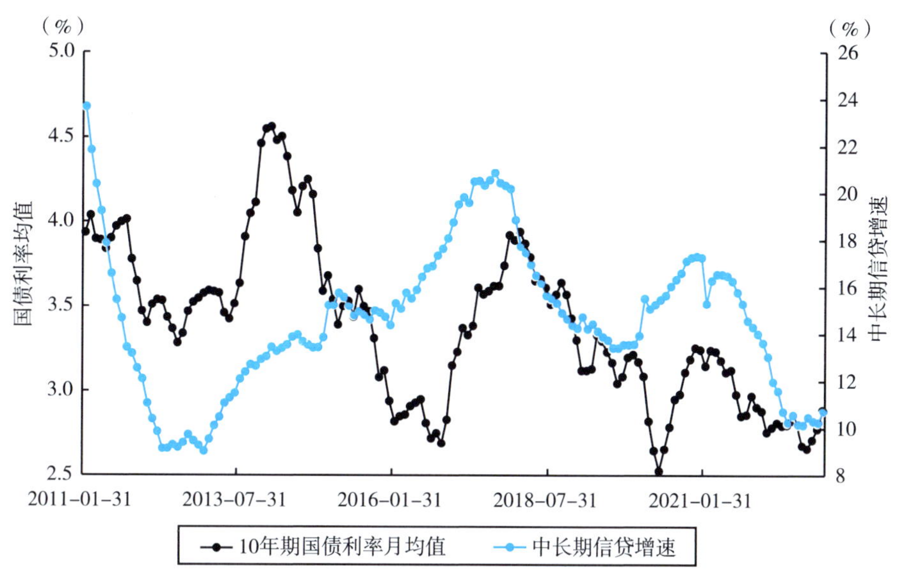

图 3 –10 –4　中长期信贷余额增速与 10 年期国债利率之间的关系

资料来源：中国人民银行、万得资讯（Wind）。

（2）从数据处理来看，中长期信贷余额增速的变化过于平缓，其对于股、债资产价格的方向指示意义有限，如图 3 –10 –5 所示。

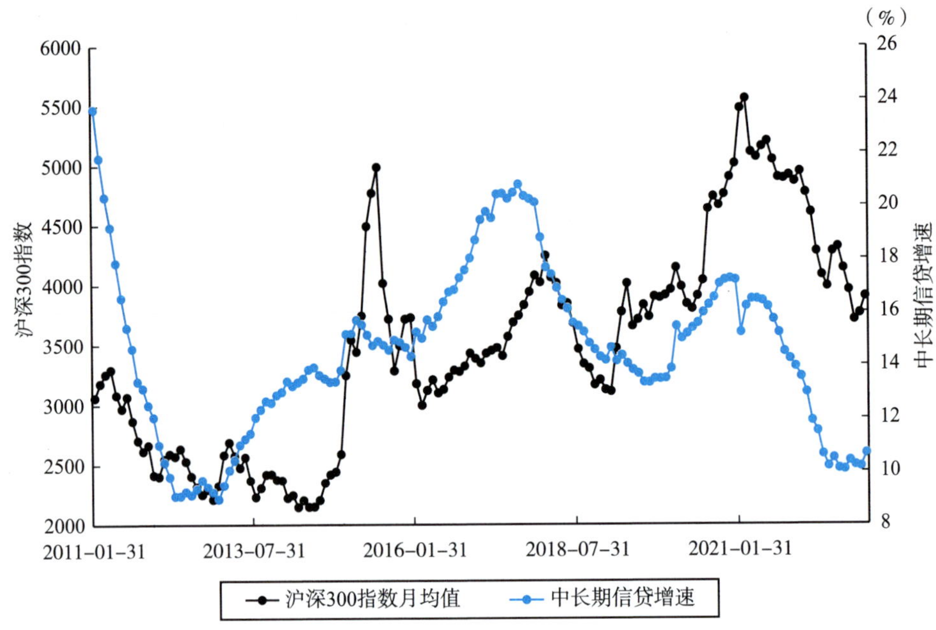

图 3－10－5　中长期信贷余额增速与沪深 300 股票指数之间的关系

资料来源：中国人民银行、万得资讯（Wind）。

第四节 信贷结构中不同组合指标与资产价格的相关性统计

信贷总量、票据贴现、短期贷款、中长期贷款这四类指标可以自由组合，形成不同的增速表达形式，其与大类资产价格（10 年期国债利率、沪深 300 股票指数）之间的相关性统计如表 3－10－1 所示。

表 3－10－1　2011 年以来各类金融指标（组合）与资产价格的相关系数

相关系数	10 年期国债利率（月均值）	沪深 300 指数（月均值）
信贷余额增速	0.47	－0.59
信贷余额增速－票据贴现余额增速	0.53	－0.03
信贷余额增速－票据贴现以及短期贷款合计余额增速	0.15	0.44
中长期信贷余额增速	0.08	0.34

需要注意的是，相关系数不仅反映的是方向相关性，同时也反映变化幅度的相关。

从相关系数以及图形比对情况来看，笔者认为从衡量方向相关性角度来看，“信贷余额增速 - 票据贴现余额增速”是一个不错的选择。特别是股指与之关系，如果剔除掉2015年前后的主要背离时期，从2016年统计至今，股指与其相关系数会显著提升至0.40附近。

对于各类资产分析框架或模型而言，最重要的是方向相关性的解释，至今笔者尚没有发现某个资产分析模型可以刻画出幅度变化上的线性相关性。

第五节
信贷库存周期的迁移变化规律

按照最终反映的需求强弱排序，信贷库存周期可以依次排列为：被动去库存、主动补库存、被动补库存、主动去库存，如表3-10-2所示。

表3-10-2　2011年以来信贷库存周期的各阶段划分

序号	时期	信贷余额增速	票据贴现余额增速	信贷库存周期属性	实际信贷需求强度	时间长度（月）
1	2011年1月~2012年1月	下行	上行	被动补库存	3	12
2	2012年1月~2012年9月	上行	上行	主动补库存	2	9
3	2012年9月~2014年4月	下行	下行	主动去库存	4	18
4	2014年4月~2014年10月	下行	上行	被动补库存	3	6
5	2014年10月~2015年7月	上行	上行	主动补库存	2	9
6	2015年7月~2017年10月	下行	下行	主动去库存	4	27
7	2017年10月~2018年6月	下行	上行	被动补库存	3	8
8	2018年6月~2019年4月	上行	上行	主动补库存	2	9
9	2019年4月~2020年2月	下行	下行	主动去库存	4	9
10	2020年2月~2020年6月	上行	上行	主动补库存	2	4
11	2020年6月~2021年6月	下行	下行	主动去库存	4	12
12	2021年6月~2022年7月	下行	上行	被动补库存	3	11
13	2022年7月~2022年12月	上行	下行	被动去库存	1	5

资料来源：中国人民银行。

那么四类周期是在现实中如何进行切换变化的呢？可以在象限图中进行刻画描述，如图3-10-6所示。

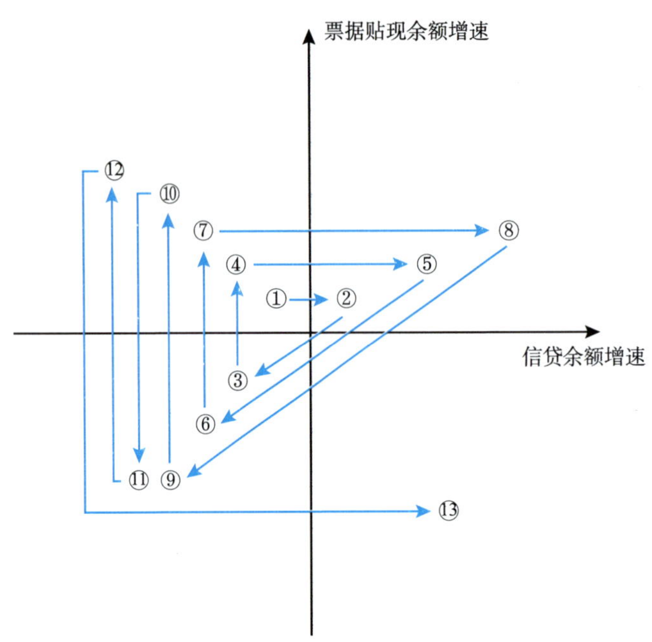

图3-10-6　四类信贷库存周期的轮动变化示意

2011年以来，伴随经济增速不断下行，银行合意信贷资产（真实信贷需求）供给有限，信贷库存周期极少进入第四象限（即被动去库存阶段，表征需求最强的时期），基本沿着“2—1—3”象限在顺时针切换，即处于“被动补库存”—“主动补库存”—“主动去库存”这样一个运行循环中。

只有进入2020年后，可能是由于新冠疫情对经济的冲击影响，造成了阶段性的往返变化，没有呈现之前若干年份中的循环规律。

第六节
信贷库存周期中的大类资产价格走向示意图

在信贷库存周期分析框架下，认为“信贷余额同比增速-票据贴现余额同比增速”能够比较好地与资产价格走势相吻合，同时从“合意信贷资产（或真实信贷需求）”角度出发，也能够在逻辑上解释资产价格的变化。

股、债两大类资产价格的走势差异，可以表达在如下的“信贷－票据”象限图示中，见图3－10－7。

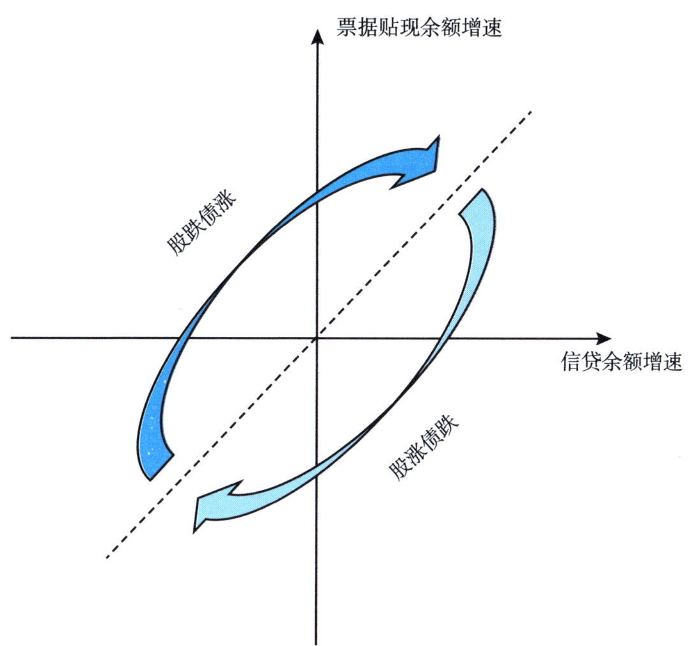

图3－10－7 股债资产在象限图中的表现与迁移示意

虚线与横轴构成45度分界线，虚线上方部分表现为“股跌债涨”的格局，虚线下方部分则展现为“股涨债跌”的格局。

更进一步，如果将实体经济库存周期、信贷库存周期与资产价格（10年期国债利率、沪深300指数）的逻辑与实证关系进行总结，大致是如图3－10－8所示的内容。

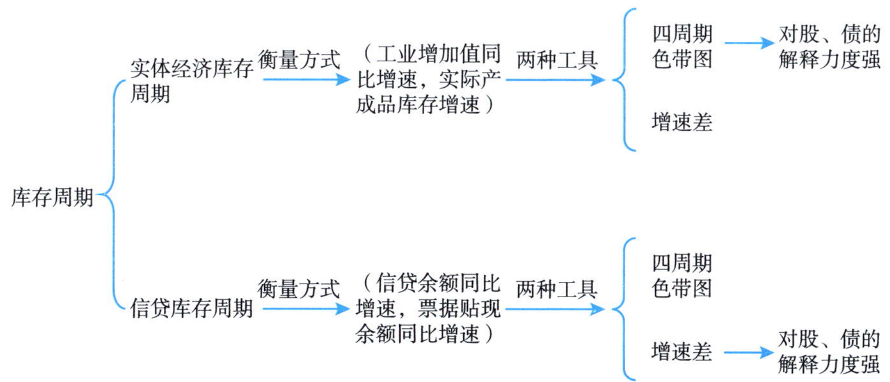

图3－10－8 实体经济库存周期、信贷库存周期与资产价格的关系

第十一章

信贷库存周期对资产结构变化的指引意义

在上述内容中，借助于实体经济库存周期概念，引申出信贷库存周期概念，并从逻辑、数据角度进行印证，整理了信贷库存周期的线索，将其映射到资本市场走势中，在数据检验层面取得了尚可的相关性效果。

在本章内容中，试图进行两个问题的探讨。

（1）以月度时长为观察频率的信贷库存周期变化，是否存在更为高频的跟踪信号？

（2）四类信贷库存周期中，股票市场的结构特征是什么？在数据印证和逻辑支撑方面是否顺畅？

第一节 寻找更为高频的校验信号

一个成熟的分析框架，首先要可以解释历史，在此基础上，还需要对于未来进行预测和应用，对于实际操作具有借鉴和帮助意义。

从目前市场熟知的美林投资时钟（增长 + 通胀）、“货币 + 信用风火轮”等分析框架来看，多以月度频率来刻画勾勒周期的波动，并印证资产价格的变化。同时在实践运用中，多采用周度或旬度的高频指标来近似刻画或模拟宏观指标的未来短期走向。

例如，观察周度或旬度的高频物价指标、工业开工率数据等来近似推演未来时期的增长因素和通胀因素。观察了解中央银行的公开市场操作、商业银行的信贷投放节奏等来近似推演未来时期的货币政策因素和信用扩张因素。

成熟的逻辑框架叠加高频的跟踪信号，可以更好地捕捉周期波动的拐点变化，从而对资产配置进行调整优化。

由“信贷 + 票据”所构成的信贷库存周期分析框架也需要进行高频指标的追踪。

虽然借用市场中较为通行的“了解商业银行信贷投放节奏”，甚至更细致化地了解

“商业银行票据贴现规模变化”等模式，可以对其进行高频信号校验跟踪，但不可否认的是，这种基于非公开渠道的数据收集与调研本身是具有不确定性的，这对于每个投资者而言都是不可长期依赖的手段与方法。最为妥善的模式应该是基于对公开信息的收集和整理，并得出结论。

“信贷+票据”信贷库存周期与资产价格（股、债）连接最为紧密的分析工具是两者增速的轧差值，即“信贷余额同比增速－票据贴现余额同比增速”。这一概念可以大致类比于商业银行的“合意信贷资产投放规模”，是商业银行分配信贷额度中最为重要的组成部分，而票据贴现资产更多是作为“蓄水池”“调节阀”的作用而呈现。

从逻辑内涵上看，票据贴现的价格（票据贴现利率）本身具有双重属性，其一是内含有货币市场的流动性因素，其二是内含有信贷额度的余缺属性。票据贴现利率剔除货币市场流动性因素后，其起伏变化主要反映信贷额度的余缺，被称为是“信贷额度价格”。

当信贷额度总量稀缺时，银行会更多将有限的资源投放到流动资金贷款（短期贷款）和项目贷款（中长期贷款）中，从而导致票据贴现增量规模受限，票据贴现利率中内含的“信贷额度价格”会走高。

当信贷额度总量充裕时，银行不仅可以将额度资源配置到流动资金贷款（短期贷款）和项目贷款（中长期贷款）中，还会有相对充裕的额度分布到票据贴现中，这时票据贴现利率内含的“信贷额度价格”会走低。

因此票据贴现利率中内含的“信贷额度价格”反映了信贷额度的余缺状况，逻辑上其与“信贷余额同比增速－票据贴现余额同比增速”存在正相关性。

如果将SHIBOR利率作为货币市场流动性因素的代表，在票据贴现利率中剔除该部分，剩余部分大致可表达为“信贷额度价格”，即信贷额度价格＝票据贴现利率－SHIBOR。

“信贷余额同比增速－票据贴现余额同比增速”与“信贷额度价格”的相关性示意见图3－11－1。

从图3－11－1可以看出，“信贷额度价格”与“信贷余额增速－票据贴现余额增速”两者间具有较好的正相关性，甚至前者对后者具有一定意义上的领先性，只有在阴影区域（2017年1月～2018年6月）期间，两者出现过一定程度的背离。

需要指出的是，高频校验信号只是一个辅助指引，并不能完全精确地反映最终宏观指标的变化，就类似于利用商务部食品价格周度数据无法精确拟合出CPI数据、利用相关行业的开工率数据无法精确表达出工业增加值一样，其只是具有高频跟踪效果以及参考意义，因此不能完全要求其刻画得精确无误。

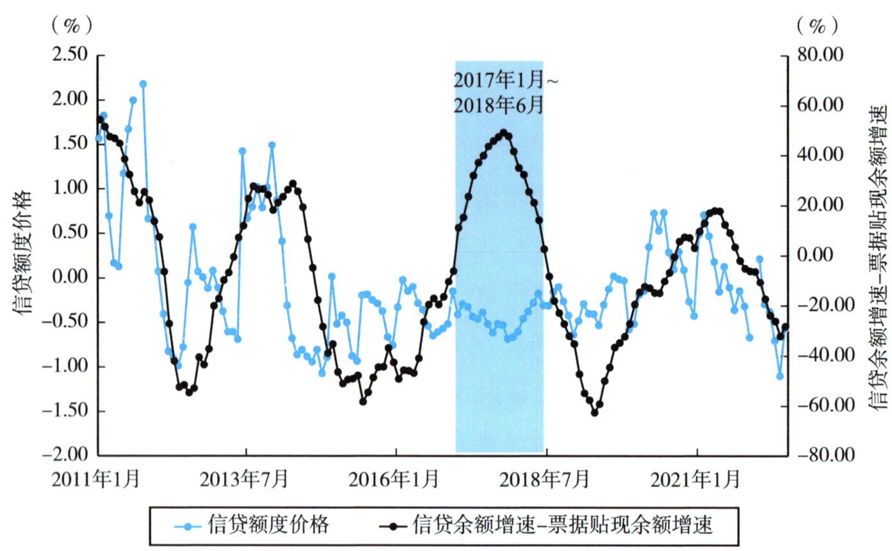

图3－11－1 信贷额度价格与“信－票”增速差具有一定的相关性

资料来源：中国人民银行、万得资讯（Wind）。

进一步将“信贷额度价格”放置在四类信贷库存周期的划分中，如图3－11－2所示。

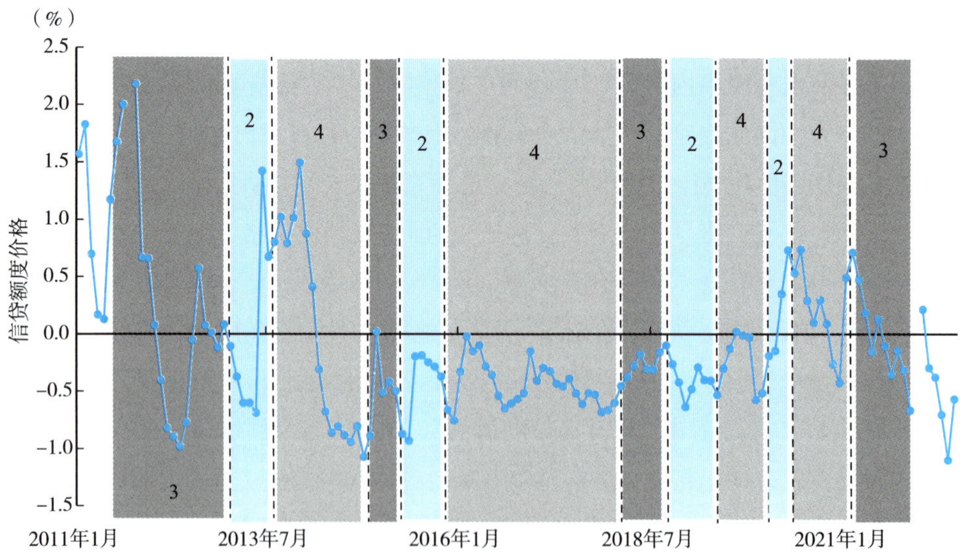

图3－11－2 信贷额度价格在四类信贷库存周期阶段中的变化

资料来源：中国人民银行、万得资讯（Wind）。

单纯观察“信贷额度价格”在信贷库存周期四分类中的变化，似乎观察不到什么共性特征，说明“信贷额度价格”更多是在反映“信贷余额同比增速 - 票据贴现余额同比增速”的升降，对于信贷库存周期细分结构的指示意义不强。

从道理上看，票据贴现利率内含有货币流动性成分和信贷额度价格成分，但是现实考察中也发现其内含的流动性成分是较为有限的。如果单纯考察“信贷额度价格”指标和“票据贴现利率”指标，会发现两者的相关性依然很强，如图 3 - 11 - 3 所示。

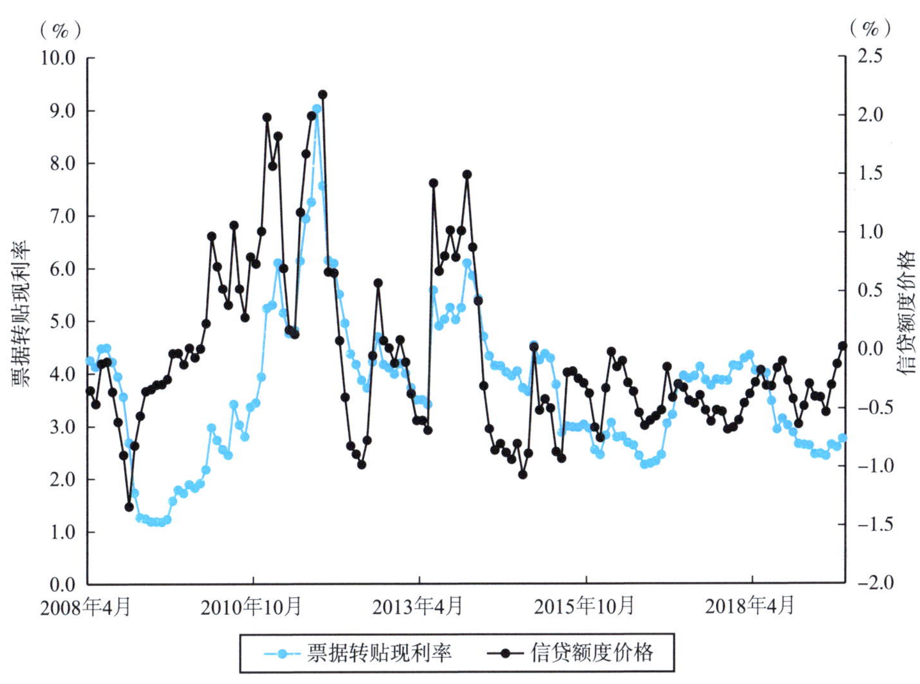

图 3 - 11 - 3　信贷额度价格与票据转贴利率的走势高度相关

资料来源：中国人民银行、万得资讯（Wind）。

即如果从简单化角度来处理，完全可以直接根据票据贴现利率来近似跟踪判断“信贷余额增速 - 票据贴现余额增速”的升降，如图 3 - 11 - 4 所示。

那么，为什么票据贴现利率的走势与信贷额度价格走势相仿，内含的货币市场流动性成分不多呢？原因可能有如下几个。

（1）以 3 个月或 6 个月 SHIBOR 利率代表的货币市场流动性只是一个报价属性的利率，其与实际交易层面的超短期货币市场利率不同，虽然走向稳定，但是敏感度不高。

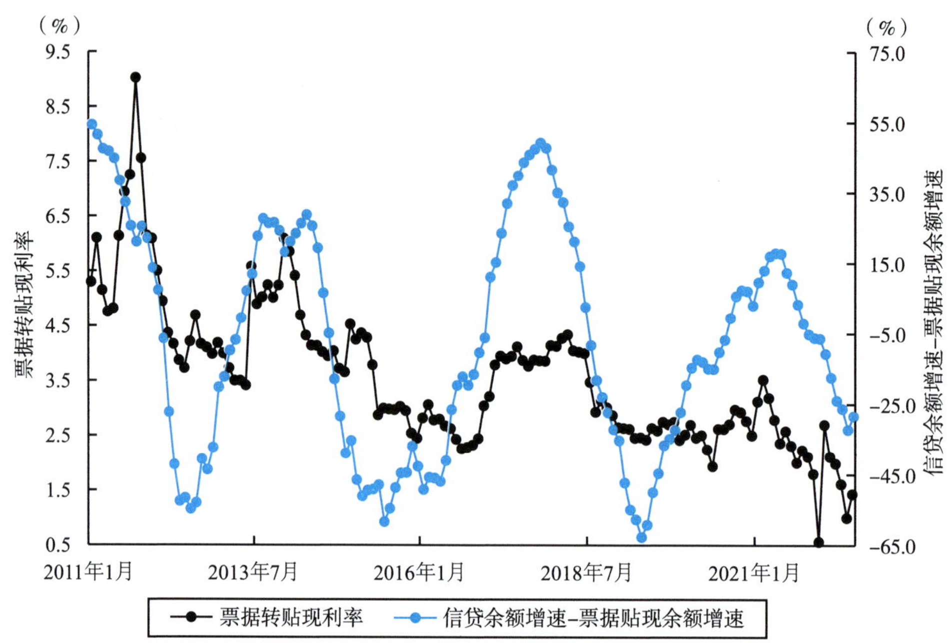

图3-11-4 票据转贴现利率与“信-票”增速差存在正相关性

资料来源：中国人民银行、万得资讯（Wind）。

（2）SHIBOR利率报价之初（2006年开始），短期限品种更多参考市场回购或拆借利率，长期限品种更多参考票据市场利率，因此长期限SHIBOR利率在建立之初就更多内含着票据资产价格的成分，并没有内含过多的货币市场流动性成分。近些年这种局面是否有所改观，尚无清晰认定。

（3）由于商业银行主业经营信贷类资产，因此票据贴现利率的本质更多地在反映信贷额度的余缺性，对于货币市场的流动性因素反映程度有限。

综合来看，逻辑上采用“信贷额度价格”指标作为高频跟踪信号更为合理，但是从实际应用层面来看，简单化地直接采用“票据贴现利率”也尚可。

在上述分析的基础上，将“高频信号跟踪”“逻辑映射”“大类资产价格反馈”三个环节连接起来，就形成一个实用框架，如图3-11-5所示。

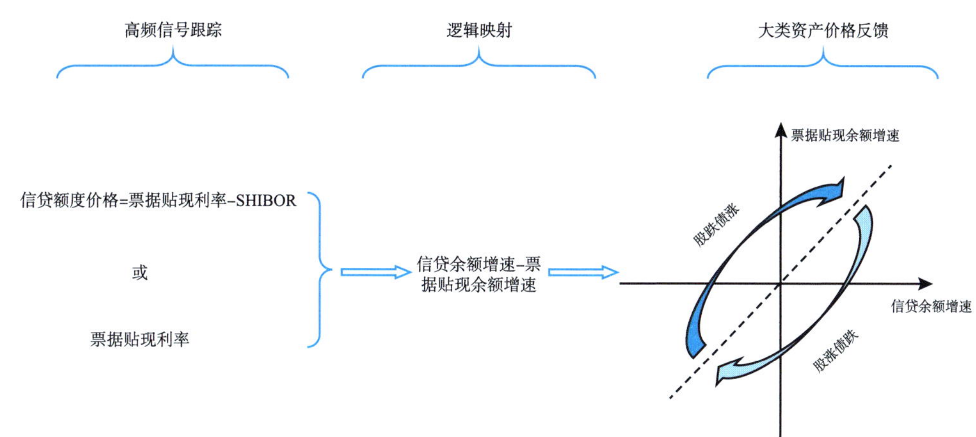

图 3-11-5 “高频信号+逻辑映射+价格反馈”组合的分析框架

第二节
信贷库存周期对于股市结构的指引与解释

在前述内容中，利用信贷库存周期对大类资产（股、债）价格进行了历史验证与解释。在本节内容中，笔者希望从信贷库存周期划分角度，对于股票市场的结构进行考察和分析。

2011 年以来，按照信贷余额增速与票据贴现余额增速的升降关系，大致划分了 13 次周期波动。将信贷余额增速作为坐标横轴，票据贴现余额增速作为坐标纵轴，可划分为四大象限。其中属于Ⅰ、Ⅱ、Ⅲ象限的历史时期分别有四次，属于Ⅳ象限的统计样本只有一次。具体统计情况如表 3-11-1 所示。

表 3-11-1　　2011 年以来信贷库存周期各阶段的划分

序号	时期	信贷余额增速	票据贴现余额增速	信贷库存周期属性	所处象限	时间长度（月）
1	2011 年 1 月 ~2012 年 1 月	下行	上行	被动补库存	Ⅱ	12
2	2012 年 1 月 ~2012 年 9 月	上行	上行	主动补库存	Ⅰ	9
3	2012 年 9 月 ~2014 年 4 月	下行	下行	主动去库存	Ⅲ	18
4	2014 年 4 月 ~2014 年 10 月	下行	上行	被动补库存	Ⅱ	6
5	2014 年 10 月 ~2015 年 7 月	上行	上行	主动补库存	Ⅰ	9
6	2015 年 7 月 ~2017 年 10 月	下行	下行	主动去库存	Ⅲ	27

续表

序号	时期	信贷余额增速	票据贴现余额增速	信贷库存周期属性	所处象限	时间长度（月）
7	2017年10月～2018年6月	下行	上行	被动补库存	Ⅱ	8
8	2018年6月～2019年4月	上行	上行	主动补库存	Ⅰ	9
9	2019年4月～2020年2月	下行	下行	主动去库存	Ⅲ	9
10	2020年2月～2020年6月	上行	上行	主动补库存	Ⅱ	4
11	2020年6月～2021年6月	下行	下行	主动去库存	Ⅲ	12
12	2021年6月～2022年7月	下行	上行	被动补库存	Ⅰ	11
13	2022年7月～2022年12月	上行	下行	被动去库存	Ⅳ	5

资料来源：中国人民银行。

进一步按照四类周期属性不同，进行重新整合归纳，可以得出更为清晰的结果，如表3－11－2所示。

表3－11－2　2011年以来信贷库存周期各阶段的再归类

象限	信贷余额增速	票据贴现余额增速	历史时期
Ⅰ	上行	上行	2012年1月～2012年9月
			2014年10月～2015年7月
			2018年6月～2019年4月
			2020年2月～2020年6月
Ⅱ	下行	上行	2011年1月～2012年1月
			2014年4月～2014年10月
			2017年10月～2018年6月
			2021年6月～2022年6月
Ⅲ	下行	下行	2012年9月～2014年4月
			2015年7月～2017年10月
			2019年4月～2020年2月
			2020年6月～2021年6月
Ⅳ	上行	下行	2022年6月～2022年12月

资料来源：中国人民银行。

针对每个象限中不同历史时期的股票结构风格进行梳理统计，希望寻求到一些共性规律。主要选择三类结构指数进行统计归纳，分别是大小盘风格指数、中信行业风格指数以及万得一级行业指数，统计寻找各类指数在不同象限中有无共性表现特征，各类指数的内涵意义见表3-11-3。

表3-11-3　各类股票指数内涵一览

中信行业风格指数	万得一级行业	大小盘风格指数
成长/金融/稳定/消费/周期	可选消费/日常消费/能源/医疗保健/信息技术/金融/材料/公用事业/工业	大盘成长/大盘价值/小盘成长/小盘价值

资料来源：万得资讯（Wind）。

一、大小盘风格指数在不同象限中的表现

从大类资产价格比较中可知，主要宽基指数（上证指数、万得全A等）在Ⅰ象限和Ⅲ象限涨跌参半，在Ⅱ象限多数时期下跌。

大小盘风格指数在不同的组合象限中是否存在一些共性变化规律呢？为此考察，选择巨潮风格指数系列作为统计标的，其中巨潮风格指数的具体内涵如表3-11-4所示。

表3-11-4　国证风格指数基本信息

指数代码	指数名称	总市值（亿元）	总市值占A股总市值比例（%）	成分股数量（只）	平均市值（亿元）	代表成分股
399372. SZ	大盘成长	118623. 57	12. 51	66	1797. 327	宁德时代、隆基绿能、东方财富、中国中免、万华化学、迈瑞医疗
399373. SZ	大盘价值	193833. 23	20. 45	66	2936. 867	招商银行、中国平安、兴业银行、长江电力、格力电器、美的集团、京东方A
399376. SZ	小盘成长	33190. 12	3. 50	166	199. 9405	赤峰黄金、星源材质、顺络电子、和邦生物、奕瑞科技、金博股份

续表

指数代码	指数名称	总市值（亿元）	总市值占A股总市值比例（%）	成分股数量（只）	平均市值（亿元）	代表成分股
399377.SZ	小盘价值	33903.18	3.58	166	204.2361	苏州银行、王府井、金发科技、吉比特、远兴能源、梅花生物
881001.WI	万得全A	947968.40（全部A股总市值）	100.00	5086	186.3878	

资料来源：万得资讯（Wind）。

按照前述13次信贷库存周期的划分，对于大小盘风格（价值、成长）指数的表现进行归类统计，形成如表3－11－5所示的统计结果。

表3－11－5　不同风格指数在不同信贷库存周期中的表现

象限	历史时期	大盘成长	大盘价值	小盘成长	小盘价值
Ⅰ	2012年1月～2012年9月	0.28	－5.34	3.93	－2.86
	2014年10月～2015年7月	59.51	77.56	56.95	46.90
	2018年6月～2019年4月	4.53	7.87	－3.20	5.71
	2020年2月～2020年6月	7.69	－6.80	－1.68	2.83
Ⅱ	2011年1月～2012年1月	－22.34	－10.62	－35.68	－31.92
	2014年4月～2014年10月	1.13	5.02	22.47	23.46
	2017年10月～2018年6月	－11.41	1.00	－20.79	－12.58
	2021年6月～2022年6月	－21.99	－12.34	－10.46	2.17
Ⅲ	2012年9月～2014年4月	－3.37	8.79	25.12	14.76
	2015年7月～2017年10月	－13.79	－11.97	－21.41	－14.57
	2019年4月～2020年2月	6.49	－5.55	1.39	－17.90
	2020年6月～2021年6月	53.61	15.26	27.44	23.57
Ⅳ	2022年6月～2022年12月	－10.98	1.78	－11.69	－2.31

资料来源：国家统计局、万得资讯（Wind）。

为了更为客观理性地判断不同风格指数在不同象限组合中的优劣，做如下标准制定。

按照指数在某一象限内获得正回报的次数判断该象限内占优的大小盘风格类型。例如，大盘成长指数在Ⅰ象限4次累计得到正回报，次数多于其他指数表现，则大盘成长为Ⅰ象限的占优风格指数。若多个指数获得同样次数的正回报，则将平均涨幅领先的指数记为占优风格。

按照此规则，在Ⅰ、Ⅱ、Ⅲ象限占优的大小盘风格指数分别是大盘成长、大盘价值、小盘成长风格。需要注意的是，第四象限中的历史参照样本非常稀少，很难从数据显示中得出明确结论，更适合从逻辑推演角度来对该象限的表现进行演绎归纳。

此外，如果细致考虑月度宏观数据（发布时点）对于股票市场的影响过程，还不妨设定股票指数统计起点和终点的规则：以每月15日前最后一个交易日为起止日期，如Ⅰ象限的2012年1～9月统计的是2012年1月13日～9月14日期间指数的表现情况。

在上述一系列规则设定下，根据统计可以获得如下结果：

第Ⅰ象限：大盘成长 > 小盘价值 > 大盘价值 > 小盘成长；

第Ⅱ象限：大盘价值 > 小盘价值 > 小盘成长 > 大盘成长；

第Ⅲ象限：小盘成长 > 大盘成长 > 大盘价值 > 小盘价值；

第Ⅳ象限：大盘价值 > 小盘价值 > 大盘成长 > 小盘成长[①]。

上述四个象限中，最优指数类型的表现如图3－11－6、图3－11－7所示。

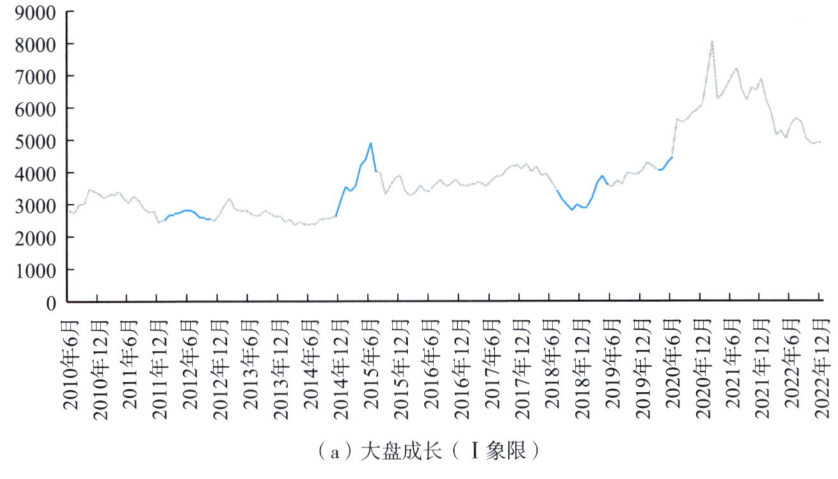

（a）大盘成长（Ⅰ象限）

① 仅一个样本点。

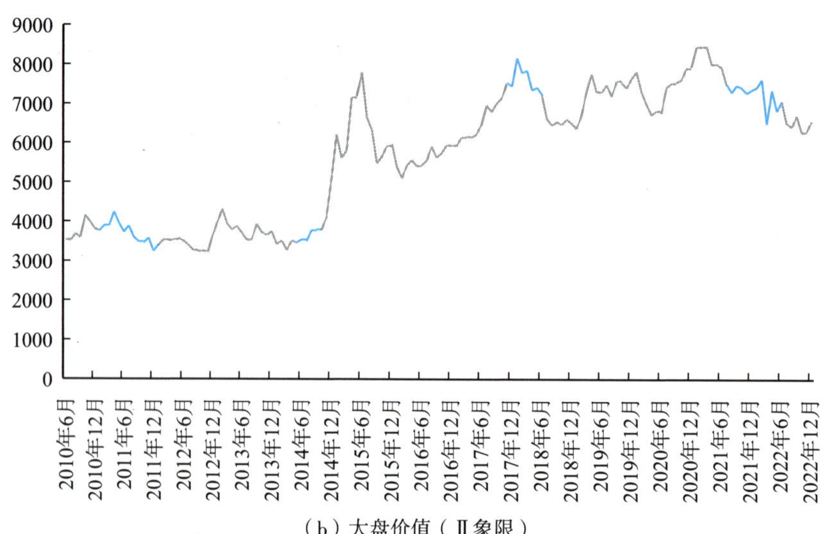

（b）大盘价值（Ⅱ象限）

图3－11－6　大盘成长指数与大盘价值指数在Ⅰ、Ⅱ象限中的表现

资料来源：万得资讯（Wind）。

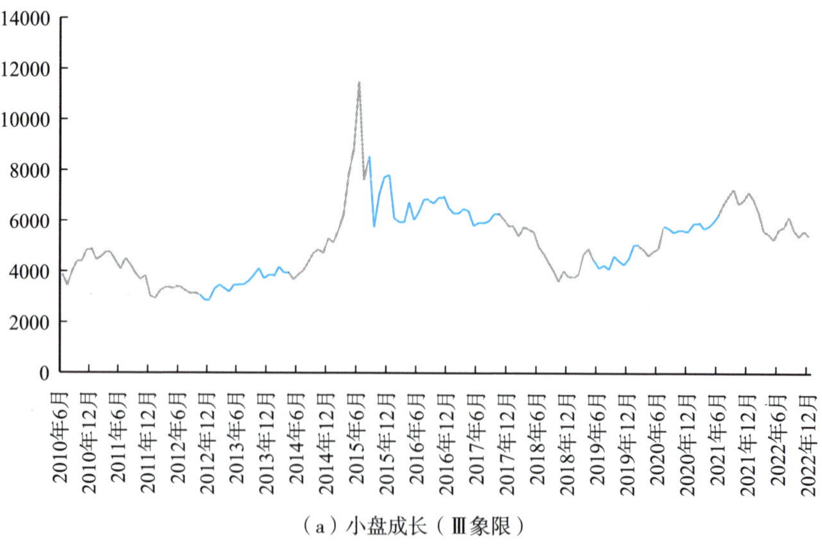

（a）小盘成长（Ⅲ象限）

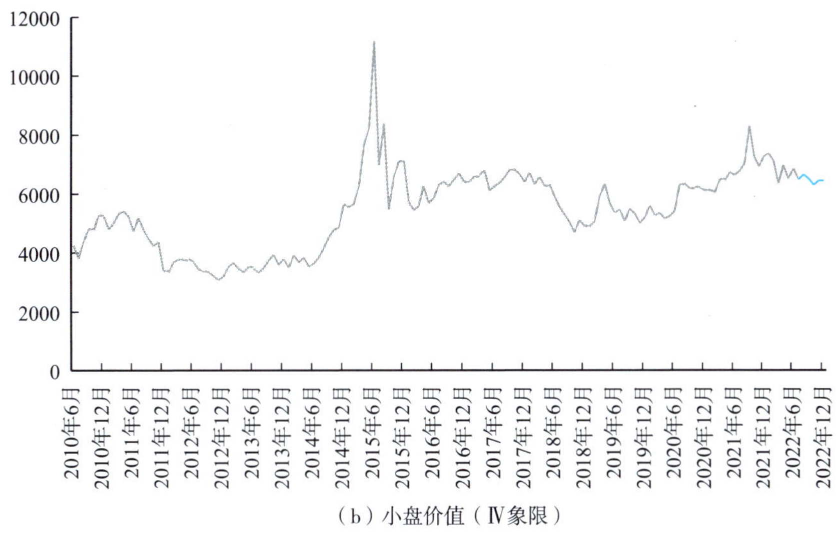

（b）小盘价值（Ⅳ象限）

图 3-11-7　小盘成长指数与小盘价值指数在Ⅲ、Ⅳ象限中的表现

资料来源：万得资讯（Wind）。

大盘成长风格在第Ⅰ象限中占优，即当信贷余额增速与票据贴现余额增速双双上行时，大盘成长风格指数的表现要优于其他类型风格指数。

大盘价值风格在第Ⅱ象限中占优，即当信贷余额增速下行，而同期票据贴现余额增速上行的过程中，大盘价值风格指数的表现要优于其他类型风格指数。

小盘成长风格在第Ⅲ象限中占优，即当信贷余额增速与票据贴现余额增速双双下行的过程中，小盘成长风格指数的表现要优于其他类型风格指数。

小盘价值风格可能在第Ⅳ象限中占优，即当信贷余额增速上行，而同期票据贴现余额增速下行的过程中，小盘价值风格指数的表现可能要优于其他类型风格指数。需要注意的是，这种组合情况在考察的历史周期中只出现过一次。

为什么在不同的象限中，不同的大小盘风格指数会存在优劣差异之分呢?

针对大、小市值以及成长、价值风格的差异，在传统认知中存在着“熊市买价值，牛市追成长；钱多攻大盘，钱少聚小盘”的看法。

即在股市上涨过程中，成长风格股票会更为引发投资者关注，而当股票市场处于熊市过程中，价值风格股票的避险防御属性就更为明显。此外，当流动性宽松阶段，大盘股可以获得充裕的资金关注，而当流动性整体趋于匮乏状态时，有限的资金将聚焦于小盘股中。

首先，流动性因素可以结合票据贴现余额增速来进行理解。票据贴现余额增速上行时，大概率象征着流入实体经济运行的流动性有限，流入资本市场的流动性则相对充裕；反之，当票据贴现余额增速下行时，大概率象征着流入资本市场的流动性相对匮乏。这基本对应了在Ⅰ、Ⅱ象限大盘股风格占优，Ⅲ、Ⅳ象限小盘股风格占优的检验结果。

其次，从股、债两大类资产的相对强弱来看，居于股强债弱象限中，多为成长股占优，而居于股弱债强象限中，多为价值股优先。

利用信贷余额增速、票据贴现余额增速所构成的四象限划分大致对应着股市的牛熊分布和资本市场流动性的松紧分类，因此可以佐证上述统计结论的合理性。

需要说明的是，第Ⅳ象限由于样本数量过少，其结论具有不确定性，但是从上述逻辑推演，在四象限中占优的风格品种应该为小盘价值。

在上述历史数据统计以及相关逻辑推演的背景下，可以整理出如下结论：

第Ⅰ象限：大盘成长＞小盘价值＞大盘价值＞小盘成长；

第Ⅱ象限：大盘价值＞小盘价值＞小盘成长＞大盘成长；

第Ⅲ象限：小盘成长＞大盘成长＞大盘价值＞小盘价值；

第Ⅳ象限：小盘价值＞大盘价值＞大盘成长＞小盘成长。

二、行业指数在不同象限中的表现

按照万得全A一级行业在不同组合象限历史时期的统计比较，会形成如下的统计结果①：

第Ⅰ象限：日常消费（4涨）＞医疗保健（3涨1跌）≈信息技术（3涨1跌）≈工业（3涨1跌）……＞材料（1涨3跌）。

第Ⅱ象限：能源（2涨2跌）＞……＞可选消费（1涨3跌）＞信息技术（1涨3跌）。

第Ⅲ象限：医疗保健（3涨1跌）≈信息技术（3涨1跌）＞……＞材料（1涨3跌）＞能源（1涨3跌）。

第Ⅳ象限中似乎并没有相对共性的结果。

三、大类风格指数在不同象限中的表现

采用同样的方式方法，考察大类风格指数在不同象限中的表现，会形成如下的统计

① 省略号之前为表现较好的行业，之后为数次中表现均较差的行业，表现无统一性规律的则省略。

结果：

第Ⅰ象限：消费 > 成长 > 金融 > 周期 > 稳定；

第Ⅱ象限：稳定 > 周期 > 消费 > 金融 > 成长；

第Ⅲ象限：成长 > 消费 > 周期 > 金融 > 稳定；

第Ⅳ象限：金融 > 消费 > 稳定 > 周期 > 成长（样本较少）。

通过对大小盘风格指数、行业指数以及大类风格指数在不同象限的考察后，笔者认为最值得关注的是信贷库存周期对于大小盘风格指数的指引意义。

在进行股债大类资产以及对上述诸多结构性特征考察后，可以在象限图中进行全方位的总结归纳，形成如图 3 - 11 - 8 所示。

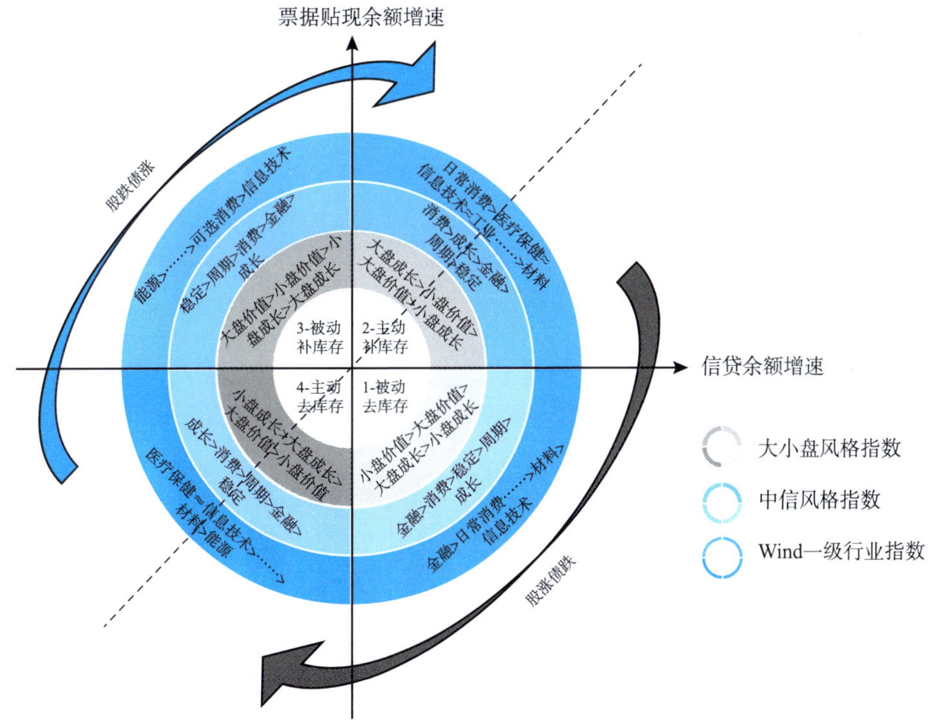

图 3 - 11 - 8 信贷库存周期与资产轮动切换的关系

第四篇 各类资产配置分析框架的扩散合成

多年以来，资本市场流行过若干种资产配置框架，这些资产配置框架的本质更多归属于择时意义。一个相对良好的资产配置框架必须要对于资产价格的历史走势具有相当的解释效果，但是不可期待其有更多的预测效果。凡是预测，必须要外部输入主观变量和假设条件，这一变量的正确与否将在很大意义上决定后续预测的准确性。

因此笔者在介绍各类资产配置框架时，更多会侧重于其对历史的解释效果，提炼出影响资产价格的逻辑主线，确定简洁的跟踪指标。

这些年来，笔者在本系列丛书中着重介绍过的从基本面角度出发的资产配置框架有三个，分别是以“增长+通胀”为核心构成的美林投资时钟、以“货币+信用”为核心构成的“风火轮”以及以“信贷+票据”为核心构成的信贷库存周期。

当然除上述三者外，还有笔者较为关注的股债性价比模型（见后续篇章内容），但是其内涵更具技术分析色彩。

“投资钟”“风火轮”以及“信贷库存周期”对于近二十几年各类资产价格，特别是债券利率的解释效果各有差异，没有任何一个框架可以持续准确地解释全部时期资产价格的波动，总是“各领风骚三五年”。

从逻辑角度来看，笔者认为上述三个框架都是正确的，即便其可能存在解释不了某一时期市场的现象，但是依然是具有持久生命力的。之所以逻辑框架和资产价格运行会出现阶段性背离，只能归因于影响资产价格运行的因素更多、更复杂，不可能被基本面因素完全涵盖。

在利用资产配置框架解释市场过程中，都会面临两大难点。其一，是单一任何一个框架均无法解释全部时期的资产价格波动；其二，是在实践过程中，投资者也很难预判出哪种资产配置框架更适合解释当前阶段的市场变化。

基于“单一模型解释的非全面性”以及“吻合当前市场特征的模型选择的艰难性”这两大难题，在本篇内容中，笔者试图将上述三大资产配置模型采取扩散指数的处理方式来进行合成，以求更好提高对资产价格波动的解释度。

| 第十二章 |

各类资产配置框架的核心主线

选择三大资产配置框架来进行加工处理，分别为“增长 + 通胀”美林投资时钟、“货币 + 信用风火轮”以及信贷库存周期。

第一节
名义增长率是美林投资时钟的核心主线

“增长 + 通胀”双因素所构成的美林投资时钟在 2010 年前风行市场，该框架单纯从实体宏观经济的两大核心变量（实际经济增长、通货膨胀）出发，其中并没有涉及任何政策变量。

美林投资时钟是利用增长因子和通胀因子划分为四类组合状态，每种组合状态都对应于若干历史时期，而后统计了这些同状态下历史时期的资产价格变化，归纳整理出共性规律，形成了关于各类资产在不同象限组合中的统计结论。

实际经济增长因素与通货膨胀因子可以合成名义经济增长率因子，应该说名义经济增长率是资产价格变化的主线，也是美林投资时钟的核心主线。

特别是在利率变化方向的解释方面，名义增长率占据相当重要的地位。在《投资交易笔记》《投资交易笔记（续）》中笔者曾对衍生自美林时钟的名义增长率因子进行过详尽分析。

以月度频率建立了中国经济名义增长率曲线，其中实际增长因子采用了工业增加值同比增速来进行替代衡量，通货膨胀因子采用了 CPI 与 PPI 加权合成的方式来进行替代衡量，其权重是利用 CPI、PPI 以及 GDP 平减指数三者的历史拟合权重系数来进行确认，从而形成“名义经济增长率 = 工业增加值同比增速 + 通货膨胀综合指数”。

采用上述方式确定的月度名义增长率会存在如下一些问题或疑虑。

（1）利用工业增加值概念来替代表达整体经济增长情况，会存在覆盖度不足的问题。从近十几年的经济结构变化来看，工业增加值占据整体 GDP 的比重在不断降低，其对整体经济增长状况的代表性在弱化。虽然也有看法认为采用月度 GDP 模式衡量经济增长更具有全面性，但是从处理数据的难度以及揭示经济增长变化方向效果来看，工业增加值依然具有重要参考意义。

（2）在以往历史周期中，CPI 与 PPI 往往呈现同向变化规律，但是 2016 年以来伴随供给侧结构性改革的展开，CPI 与 PPI 多呈现异向变化特征，因此在衡量中国综合通胀水平时就需要全面考虑，因此采用了加权处理的方式来合成综合通胀指数。但是在权重系数确定方面是需要进行技术性处理的，采用不同时间长度的历史周期所拟合出的权重系数必然存在差异。

（3）对于特殊时期需要特殊处理。例如，2021 年时期的工业增加值同比增速大幅度波动，更多是受到基数效应的影响，因此在衡量经济真实的边际变化过程中，需要考虑滤除显著性的基数效应影响，不妨采用两年复合增速的方式来进行处理。

（4）常规来看，实际经济增速与通货膨胀具有同向变化特征，但是不排除在某些时期出现滞胀格局。在面对滞胀格局时，政策选择成为一个重要的因素，单纯利用名义增长率可能无法很好解释利率变化的方向性。

虽然存在种种疑虑，但是从简洁性和趋势效果来看，采用工业增加值同比增速、CPI 同比增速以及 PPI 同比增速来进行加权合成，依然是较为理想的一种模式。

名义增长率与 10 年期国债利率在方向上存在明显的正相关性，但是在变化幅度上两者并非线性相关。以 2008 ~ 2022 年的名义经济增速（2021 年的工业增加值数据采用了两年复合增速衡量，CPI 与 PPI 的系数设定分比为 0.6 与 0.4）和 10 年期国债利率月均值的变化比较来看，两者之间的相关系数为 0.47（见图 4 – 12 – 1）。

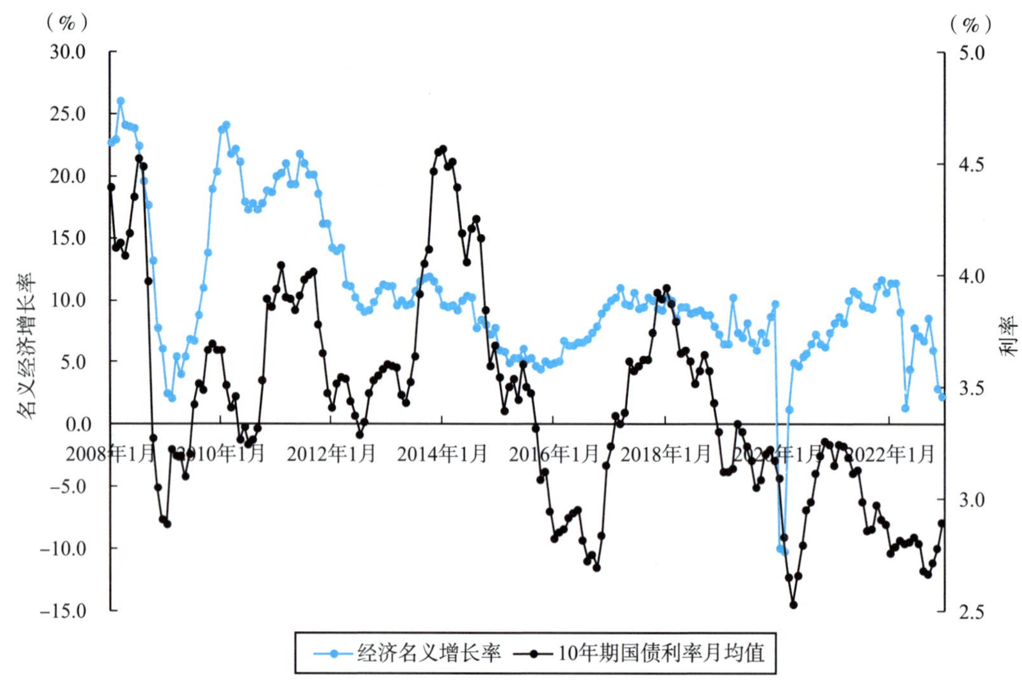

图4－12－1 名义经济增长率与利率的关系

资料来源：国家统计局、万得资讯（Wind）。

第二节
社会融资规模存量同比增速是“货币＋信用风火轮”的核心主线

“货币＋信用”双因素所构成的“风火轮”框架在2016年以来较为盛行。针对一段时期以来（主要是2016～2018年时期）实际经济增长变量弹性明显趋弱的特点，很难再采用美林时钟的方式来划分象限波动。因此根据实体与金融“一体两面”的特征，采用金融变量来替代衡量宏观实体经济变化。

从本质意义上看，“货币＋信用风火轮”中的信用变量是名义经济增速的另一种宏观表达方式，但是其中的货币因子事实上引入了外生政策因素，在一定程度上与美林投资时钟产生了差异。对比来看，美林投资时钟完全从内生因素来构建模型，而“货币＋信用风火轮”则是综合了内生因素和外生因素来合成构建模型。

在“货币＋信用风火轮”框架中，笔者采用三大货币政策工具的方向变动作为货币因子的划分标准，事实上这里的货币因子是货币政策取向因素，同时采用信贷、广义货币供应量或社会融资总量等指标来刻画信用因子的变化，从而形成了“宽货币政策取

向 + 宽信用现实”“宽货币政策取向 + 紧信用现实”“紧货币政策取向 + 宽信用现实”“紧货币政策取向 + 紧信用现实”的四类组合（对应四大象限）。

近二十年来，每种组合在历史中都出现过若干次，将每类组合出现的时期进行归纳整理，得出资产价格变化的共性规律，从而形成了“货币 + 信用风火轮”框架。该框架风行始自 2016 年后，特别对于 2017 ~ 2019 年的市场变化解释力度很强。

在若干年以来的实践中，市场也对“货币 + 信用风火轮”存在一些质疑和分歧，主要为以下两点。

（1）对于信用变量的衡量指标是哪个。衡量信用因子的变量有很多，最为全面的当属社会融资总量，但是由于近些年以来，中央银行不断地扩张调整社会融资总量的构成口径，因此可能会存在不同时期的数值难以进行同口径比较，其中较为典型的是发生在 2016 ~ 2017 年时期。此外，对于社会融资总量中是否应该包含国债、地方债因素，研究认知中是存在分歧的。

（2）对于货币因子的衡量是分歧最大的。在投资交易笔记丛书中，笔者是将货币因子作为外生政策变量而引入的，因此通过三大货币政策工具（公开市场操作利率、法定存款准备金率以及存贷款基准利率）的方向变化来区分“宽货币政策取向”和“紧货币政策取向”。但是在现实市场操作中，也有采用观察 SHIBOR 利率升降来确认“宽货币”或“紧货币”的。对于后者的模式笔者提示两点注意事项：其一，从货币因子的稳定性角度考虑，前者方法强于后者，因为市场利率的波动性更大，远超政策方向的波动性；其二，采用“货币 + 信用”框架的初衷就是为了解释市场利率，若货币因子本身就是市场利率（SHIBOR），这在逻辑上存在循环论证的嫌疑。

虽然存在上述诸多分歧认识，但是笔者依然认为“货币 + 信用”分析框架是具有逻辑生命力的，此外对于该框架而言，核心主线当为信用增速，采用社会融资规模存量同比增速来进行衡量。

虽然社会融资总量在口径变化以及扩充的成分构成方面存在诸多的市场争议，但是“模糊的正确依然远胜于精确的错误”，不妨直接采用。社会融资总量余额同比增速与 10 年期国债利率月均值在方向相关性上依然较好。2008 ~ 2022 年数据拟合显示，两者的相关系数为 0.40。

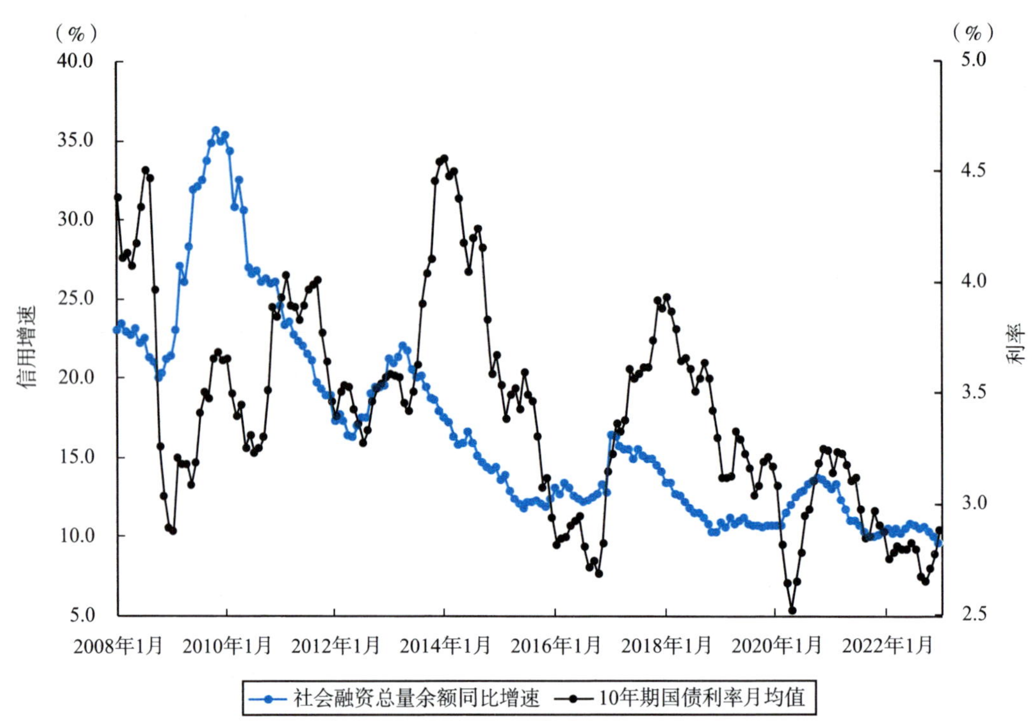

图4－12－2　信用增速与利率的关系

资料来源：中国人民银行、万得资讯（Wind）。

第三节
"信贷－票据"增速差是信贷库存周期的核心主线

在上一篇内容中，笔者详尽介绍了信贷库存周期的分析框架。信贷库存周期是从实体经济库存周期概念中引申而出的一个概念。借鉴于实体经济库存周期分析中关于"生产—库存—需求"三环节的联动性，创设了"信贷—票据贴现—合意信贷供给"的链条。

将"信贷余额增速"类比于"工业增加值增速"概念，"票据贴现余额增速"类比于"库存增速"概念，那么"实体经济库存周期"就可以转化为"信贷库存周期"。

从实体经济库存周期概念出发，根据实体与金融一体两面的关联性，引申出信贷库存周期的概念，并分别考察了两大类资产（股指与利率）价格变化与周期变化的相关性，提出了信贷库存周期的分析框架。

将库存周期与资产价格进行关联，提出两种分析工具，分别为：

工具 1，四类库存周期分布与资产价格的对应关系；

工具 2，由库存周期引申而出的轧差需求指标与资产价格的对应关系。

从历史数据校验情况来看，实体经济库存周期分析中的生产指数与库存指数在变化方向上存在较为明显的差异，因此工具 1 更适宜于应用在实体经济库存周期分析中。

在信贷库存周期中，采用轧差相减的处理方式精简出“真实需求指标”，该指标与资产价格方向的相关性更好，因此工具 2 更适合应用在信贷库存周期分析中。

从信贷库存周期的本质逻辑来看，是按照信贷余额同比增速、票据贴现余额同比增速的相对变化方向进行组合划分，可以划分为主动去库存、主动补库存、被动去库存、被动补库存四大类型，对应于四大象限。每种组合在历史周期中都出现过若干次，从而归纳梳理出每种组合的共性规律，形成信贷库存周期不同组合对于资产价格的指示效果。

其中的“信贷余额同比增速 - 票据贴现余额同比增速”所构成的增速差曲线是对资产价格变化波动的主要解释工具，也是信贷库存周期的核心主线。

当然，针对信贷库存周期这一分析框架市场也存在不同的认知和分歧，表现在如下几点：

（1）信贷库存周期这一概念还处于早期认知阶段。2023 年这一概念才刚试探推出，需要更长的时间来被市场了解和检验。

（2）社会融资模式多元化后，信贷在整体社会融资规模中的占比可能出现降低，单纯以信贷来衡量金融资源可能覆盖度有限。虽然长期以来中国融资结构鼓励向直接融资模式转型，但是至今为止间接融资依然是中国金融体系中的主体构成部分，信贷依然在中国社会融资体系中占据举足轻重的地位，况且信贷数据的质量精度和覆盖度都远胜于实体经济中的采样统计数据，因此对信贷的分析模式在未来相当长的时期内都不会过时。

（3）票据贴现融资在信贷构成中的比率相对偏低，其余额规模占据信贷余额总规模的比重为 10% ~15%，其决定意义是否很强？其实，即便在实体经济运行中，实物库存占总产值的比重也是有限的，通常在 20% ~30% 区间，当然并不绝对。相比于实体经济中库存占据总产值的比重，票据贴现余额占据信贷总余额的比率略显偏低，但是不影响其类比于实物库存的逻辑，而且从增速差的处理方式来看，利用两增速直接相减的方式，事实上是将票据贴现的权重占比明显放大，这样有助于增强增速差曲线的敏锐度。

总体而言，笔者认同信贷库存周期的逻辑内涵，且对其历史数据的检验结果也相对满意。

在2008～2022年的历史时期中，“信贷余额同比增速－票据贴现余额同比增速”所构成的增速差曲线和10年期国债利率月均值具有较好的正相关效果，两者的相关系数为0.45（见图4－12－3）。

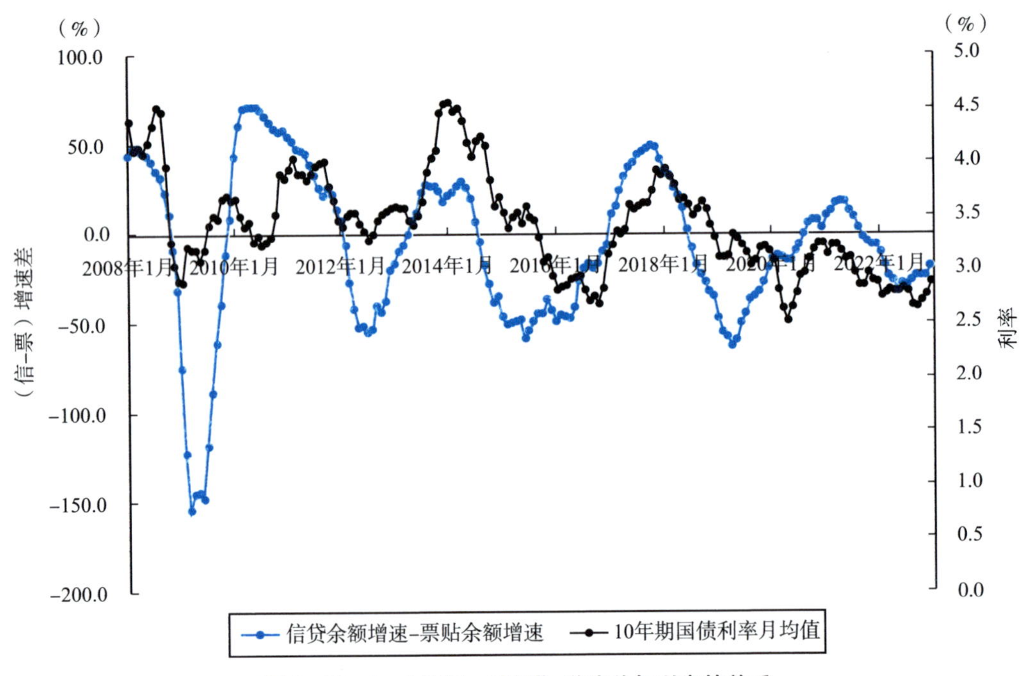

图4－12－3 “信贷－票据”增速差与利率的关系

资料来源：中国人民银行、万得资讯（Wind）。

第十三章

三个核心主线的扩散加工

在上一章中，笔者简要梳理了三大资产配置框架，介绍了市场实践对于三类分析框架的评价与疑虑。总体而言，笔者认同三个分析框架的逻辑内涵，虽然其无法精准全面地解释历史周期波动，但是依然具有生命力。

此外，笔者梳理归纳出了三类分析框架各自的核心主线，分别为：

（1）“增长 + 通胀”美林投资时钟主线是名义经济增速；

（2）“货币 + 信用风火轮”主线是社会融资总量余额同比增速；

（3）信贷库存周期主线是“信贷余额增速 - 票据贴现余额增速”之差。

面对三类分析框架，在现实的市场解释和应用过程中会出现两大难点。其一，是对于资产价格的全周期样本数据，单一的分析框架均无法有效解释，均存在某些时期失灵的情况；其二，站在当前阶段，很难预判出哪个框架更适合于当前市场运行的分析。

针对上述两大难题，不妨考虑采用综合合成的方式来尽量规避误差。鉴于三条核心主线的波动率各自不同，而且在解释资产价格变化过程中，主要以方向相关解释为主，并不需要过多考虑幅度相关性，所以笔者倾向于采取等权重扩散合成的方式来进行。

依次对名义经济增长率、社会融资规模存量同比增速以及增速差（即“信贷余额同比增速 - 票据贴现余额增速”之差）进行扩散指数的处理，合成的指数简称为“三核扩散指数”。

以名义经济增长率数据为例。如果 N 期的名义经济增速比（$N-1$）期要大，则 N 期记为“+1”；如果 N 期的名义经济增速比（$N-1$）期要小，则 N 期记为“-1”；如果 N 期的名义经济增速等同于（$N-1$）期，则 N 期记为“0”。对于社会融资规模存量同比增速和“信贷余额同比增速 - 票据贴现余额同比增速”均如此处理。

将初期定基为100，则后面若干期累计相加，则构成了“三核扩散指数”。取样周期设定为2008～2022年，则呈现图4-13-1的显示结果。

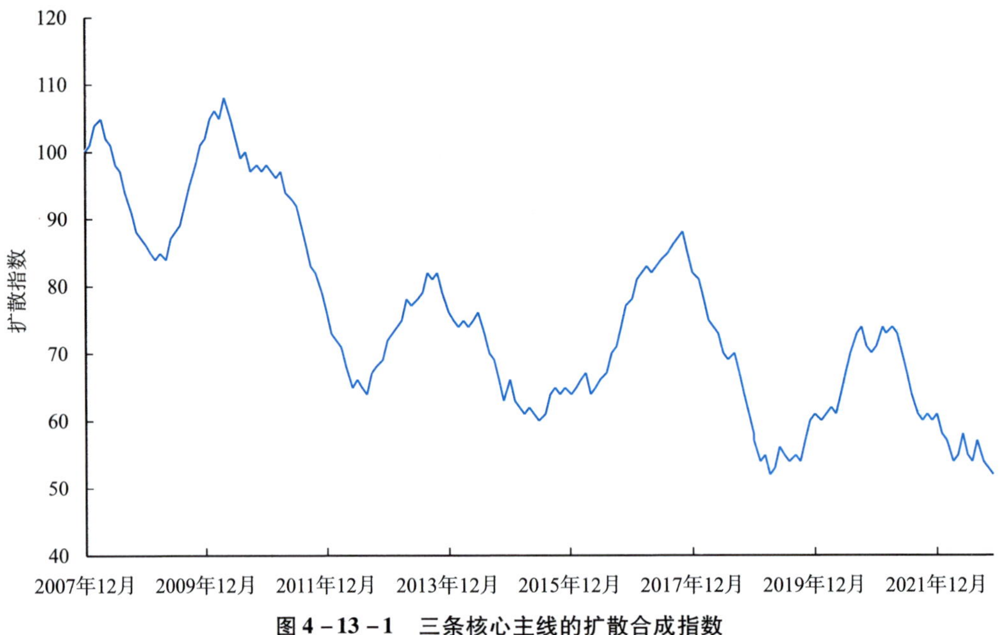

图 4-13-1　三条核心主线的扩散合成指数

资料来源：国家统计局、中国人民银行、万得资讯（Wind）。

直观来看，上述扩散指数存在明显的周期波动，在每一段波动趋势中的方向稳定性良好，且 2010 年以来整体中枢下移，基本符合中国经济增速的中枢变迁趋势。

第十四章

三核扩散指数对于资产价格的解释

利用三大分析框架主线而扩散合成的“三核扩散指数”是否可以更好地解释资产价格的变化，可以进一步考察。

考察的历史时期为2008～2022年，选取10年期国债利率月均值和沪深300股票指数月均值作为对标序列。

一、扩散指数与10年期国债利率的关系

将上述加工而成的扩散指数与同时期10年期国债利率月度均值进行比较，如图4－14－1所示。

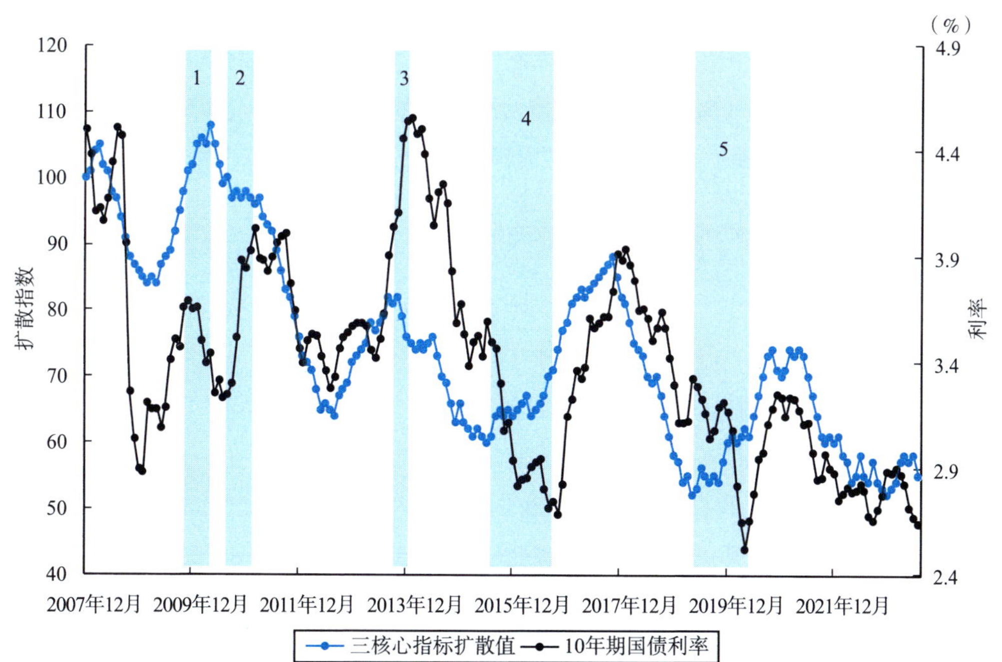

图4－14－1　三条核心主线的扩散合成指数与利率的关系

资料来源：国家统计局、中国人民银行、万得资讯（Wind）。

从图形相关比较来看，2008～2022年合计15年共计180个月份，两曲线的吻合度良好，其中有如下五个时期出现过变化方向的背离。

（1）2009年12月～2010年4月：该时期跨度4个月，在此期间扩散指数处于稳定上行状态，而10年期国债利率出现回落。

（2）2010年8月～2011年2月：该时期跨度6个月，在此期间扩散指数处于下行状态，而同期10年期国债利率呈现上行态势。

（3）2013年11月～2014年1月：该时期跨度2个月，在此期间扩散指数下行，但是10年期国债利率冲高。

（4）2015年7月～2016年10月：该时期跨度近15个月，在此期间扩散指数上行，但是10年期国债利率持续回落。

（5）2019年5月～2020年4月：该时期跨度近10个月，在此期间扩散指数上行，但是10年期国债利率趋势回落。

细致回顾上述5个时期的微观驱动因素。2010年的市场走势更多是受国际风险事件的影响，2015～2016年的市场走势更多是受极端市场波动所导致的过度宽松政策所影响，2019～2020年时期的背离更多是新冠疫情冲击所主导。这些特殊的带有“黑天鹅”色彩的影响因素本身也并非内部基本面因素所可涵盖刻画。

总体来看，在180个历史样本点的验证过程中，上述五个时期合计37个月份存在背离差异，时长占比为20%。如果从相关性测算来看，扩散指数与10年期国债利率月均值的相关系数为0.54。

二、扩散指数与沪深300股票指数的关系

将上述加工而成的扩散指数与同时期沪深300股票指数月度均值进行比较，如图4－14－2所示。

从图形相关比较来看，2008～2022年合计15年共计180个月份，总体而言，两曲线的吻合度不错，其中有三个时期出现过变化方向上的背离。

（1）2010年8月～2011年4月：该时期跨度约8个月，在此期间扩散指数小幅回落，但是股票指数却出现一轮上行，两者变化方向相异。

（2）2013年3～7月：该时期跨度约4个月，在此期间扩散指数明显上行，但是股票指数却有所下行，两者变化方向相异。这一时期股票市场更多是受到“620钱荒”事件的影响，出现了逆经济基本面变化的反向下跌。

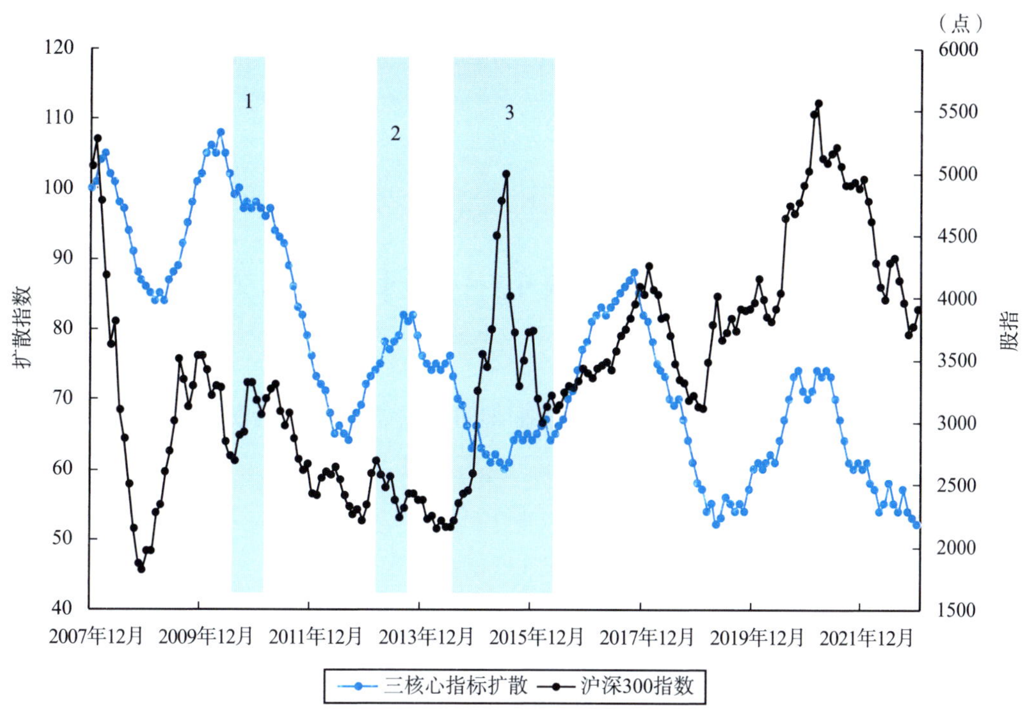

图4-14-2　三条核心主线的扩散合成指数与股票指数的关系

资料来源：国家统计局、中国人民银行、万得资讯（Wind）。

（3）2014年7月~2016年2月：该时期跨度约20个月，正好覆盖了2015年股票市场的大起大落阶段。在此期间，扩散指数先抑后扬，最低点出现在2015年7月，但是同期股票指数却先扬后抑，整个时期两者变化截然相反。

2015年的股市大幅波动，无论哪个分析模型或框架中都很难进行解释。笔者曾分别单独考察了"增长+通胀"美林投资时钟、"货币+信用风火轮"以及信贷库存周期在此轮股市大起大落行情中的表现，均无法解释2015年前后的股票市场，因此利用各类投资框架合成的扩散指数也自然会解释乏力。

从上述三个时期来看，其背离均各有微观原因，但是多数历史时期的吻合度均较好。在180个历史样本点的验证过程中，上述三个时期合计32个月份存在方向背离差异，时长占比为17%~18%。

总体来看，笔者对于扩散指数与股、债资产价格之间的吻合度持肯定态度，其变化方向对于股价、利率变化方向的解释程度较高。

| 第十五章 |

三核扩散指数与单核心主线指数的效果对比

之所以要将已经相对成型的资产分析框架进行合成，加工出所谓的三核扩散指数（三条核心主线合成扩散），主要是基于如下两条原因。

（1）资产分析框架中的核心主线对于资产价格方向的解读更为重要，而非对变化幅度的解释，这一特征最为适合采取扩散加成的方式来进行处理。

（2）单一资产分析框架运用中最可能存在的风险是并不确定当前市场是否适合采用该框架，因此多框架的组合运用可能会降低单一框架失效的风险。

在本章内容中，试图考察加成而来的扩散指数与单一分析框架的核心主线之间是否存在差异，哪一个对于债券市场利率的解释意义最强。

一、扩散指数与名义经济增长率主线之间的比较

在合成扩散指数过程中，选取的第一个资产分析框架就是“增长+通胀”美林投资时钟，而美林投资时钟的核心主线就是名义经济增长率。比较扩散指数与名义经济增长率之间的方向变化关系，如图4-15-1所示。

从大趋势变化来看，两者基本亦步亦趋，但是细分下来，也存在一些时期两条曲线呈现短期的背离，合计有五次。分别发生在2010年7月~2011年4月、2013年1~6月、2015年7~10月、2017年3~10月，以及2020年第一季度。

以10年期国债利率月均值为标的，名义经济增长率与其相关系数为0.47，而扩散指数与其相关系数高达0.53。

二、扩散指数与社会融资总量主线之间的比较

其次，选择的比较框架是“货币+信用风火轮”，该资产分析框架的核心主线是社会融资总量。比较扩散指数与社会融资规模存量同比增速之间的方向变化关系，如图4-15-2所示。

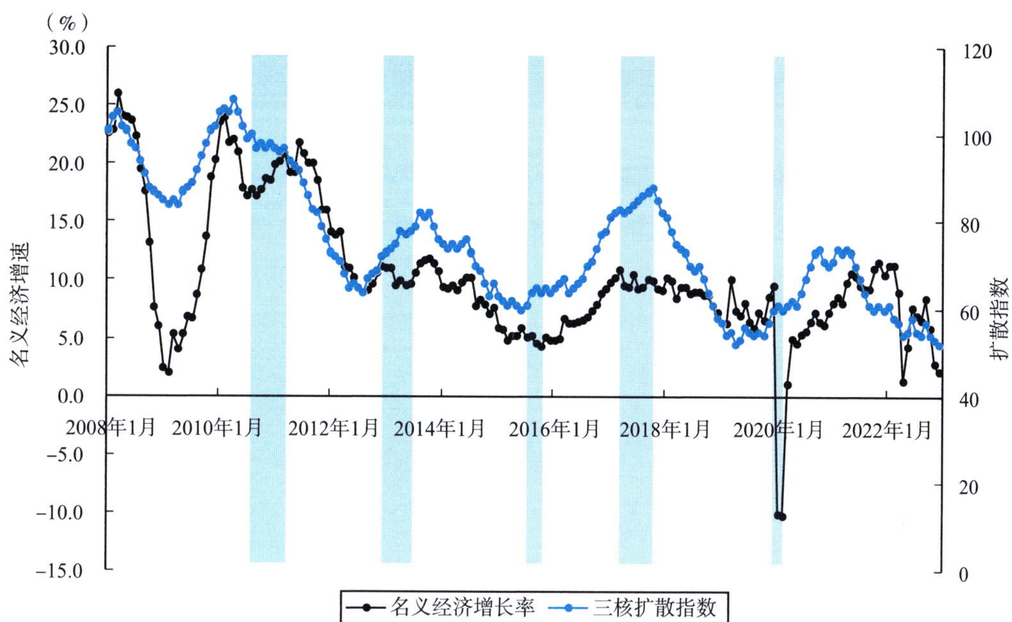

图 4-15-1 三条核心主线的扩散合成指数与名义经济增长率的对比

资料来源：国家统计局、中国人民银行、万得资讯（Wind）。

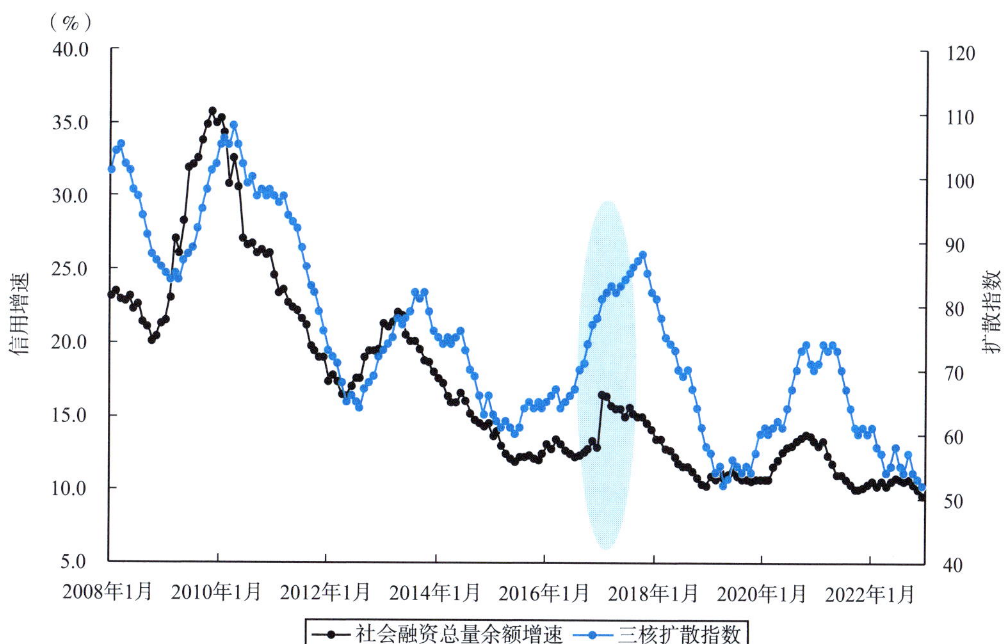

图 4-15-2 三条核心主线的扩散合成指数与社会融资规模存量同比增速的对比

资料来源：国家统计局、中国人民银行、万得资讯（Wind）。

从两曲线的形式变化来看，扩散指数与社会融资总量余额同比增速之间的吻合度不如名义经济增长率，甚至社会融资总量余额同比增速的拐点变化还往往领先于扩散指数。

其中需要特别说明的是图中阴影部分，这是2017年初时期。图4－15－2中社融增速出现了显著的提升，但是这主要是由于社融统计口径的调整，并不意味在当时其增速出现了显著提升。

以10年期国债利率月均值为标的，社会融资规模存量同比增速与其相关系数为0.40，而扩散指数与其相关系数高达0.53。

三、扩散指数与“信－票”增速差主线之间的比较

第三个选择的资产分析框架是信贷库存周期。客观而言，这一分析模式是笔者在2023年初所初步构建，虽然从逻辑推导和历史检验来看，效果尚可，但是市场关注度有限。

信贷库存周期分析框架的核心主线是“信贷余额增速－票据贴现余额增速”之差，可简称为“信－票”增速差。比较扩散指数与“信－票”增速差之间的方向变化关系，如图4－15－3所示。

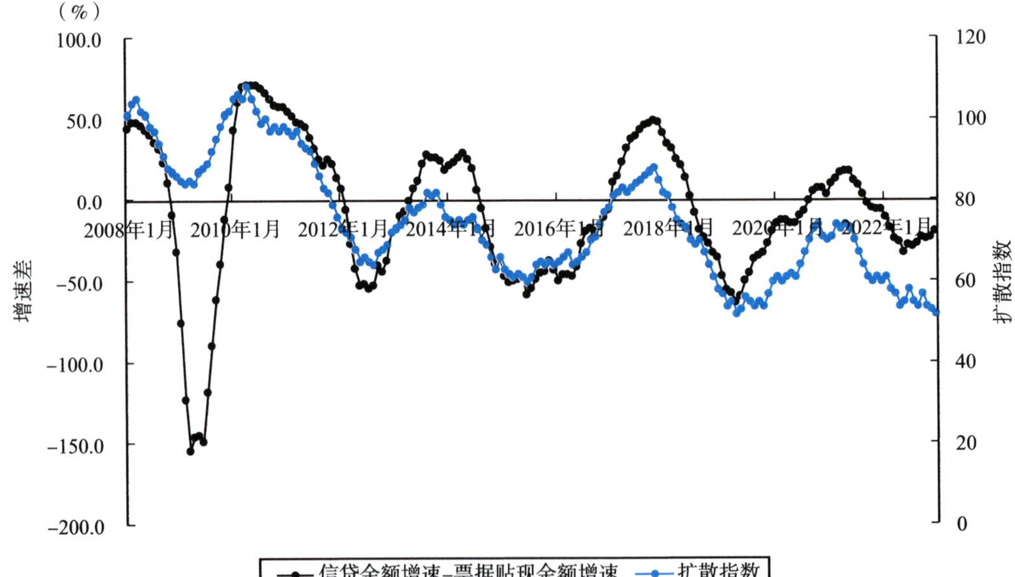

图4－15－3　三条核心主线的扩散合成指数与“信－票”增速差之间的对比

资料来源：国家统计局、中国人民银行、万得资讯（Wind）。

直观而言，两者之间的方向匹配吻合度是最高的。2008～2022 年，两条曲线出现背离的情形少之又少，两条曲线的稳定程度都较高，而且在拐点位置扩散指数的稳定性、指示方向性更好。

以 10 年期国债利率月均值为标的，"信－票"增速差与其相关系数为 0.45，而扩散指数与其相关系数高达 0.53。

总体来看，扩散指数与三条核心主线的趋势变化都具有较为明显的相关性，而且对于 10 年期国债利率的解释度更高一些。以 10 年期国债利率月均值为解释标的，扩散指数与三条核心主线与之相关系数如表 4－15－1 所示。

表 4－15－1　　各条主线与 10 年期国债利率的相关系数一览

相关系数	10 年期国债利率月均值
名义经济增长率	0.47
社会融资总量	0.40
"信－票"增速差	0.45
三核扩散指数	0.53

资料来源：国家统计局、中国人民银行、万得资讯（Wind）。

四、借助于技术分析手段来捕捉扩散指数的变化

本篇内容以美林投资时钟、"货币＋信用风火轮"以及信贷库存周期为基础分析框架，通过扩散加成的方式进行处理，加工出扩散指数。

该扩散指数与资产价格（股、债）的走向具有较强的相关性，但是这更多归属为解释意义，在解释的基础上更希望挖掘其预测跟踪的效果。

从原理而言，资产价格和基本面是一种亦步亦趋的关系，两者之间几乎是同步性，现实中很难发现基本面线条对于资产价格具有领先性，因此在利用已有的基本面指标对资产价格进行预测时，无非是对于现存的基本面指标进行"线性外推"或"均值回复"，笔者称这一做法为"披着基本面外衣的技术分析"。

如何利用同步性的基本面指标进行合理的预测外推，尽量早一些发现未来的拐点，是每个投资者需要面对的挑战。

根据扩散指数的合成特征（等权扩散加成方式），可以在技术上观察其环比扩散值的波动，以求更前瞻地预测扩散指数的拐点。

例如，当三个基础模型发出的方向都一致时，扩散指数的环比增量即为+3或-3，这意味着三个逻辑框架发出方向信号是相同的，对于资产价格变化方向的解释力度理论上是最大的。而当三个基础模型所各自发出的信号方向相悖时，扩散指数的环比增量就开始降低，例如，降低到+2、+1或-2、-1，这个过程中，虽然扩散指数依然在向上或向下，但是驱动力度已经开始降低，即意味着扩散指数对于资产价格变化方向的解释力度开始有所弱化，因此扩散指数的环比增量大小是衡量解释力度大小的重要参考。

当扩散指数的环比增量开始降低，就意味着有不同的分析模型已经发出了相悖的信号，这个时候即便面对扩散指数方向未改，也应该开始提高警惕性了。

因此将扩散指数与其环比增量放置在一起，再引入对于环比增量的移动平均线（如3期移动平均），这一组合可以更快捷地捕捉到扩散定基指数的方向性拐点。如图4-15-4所示。

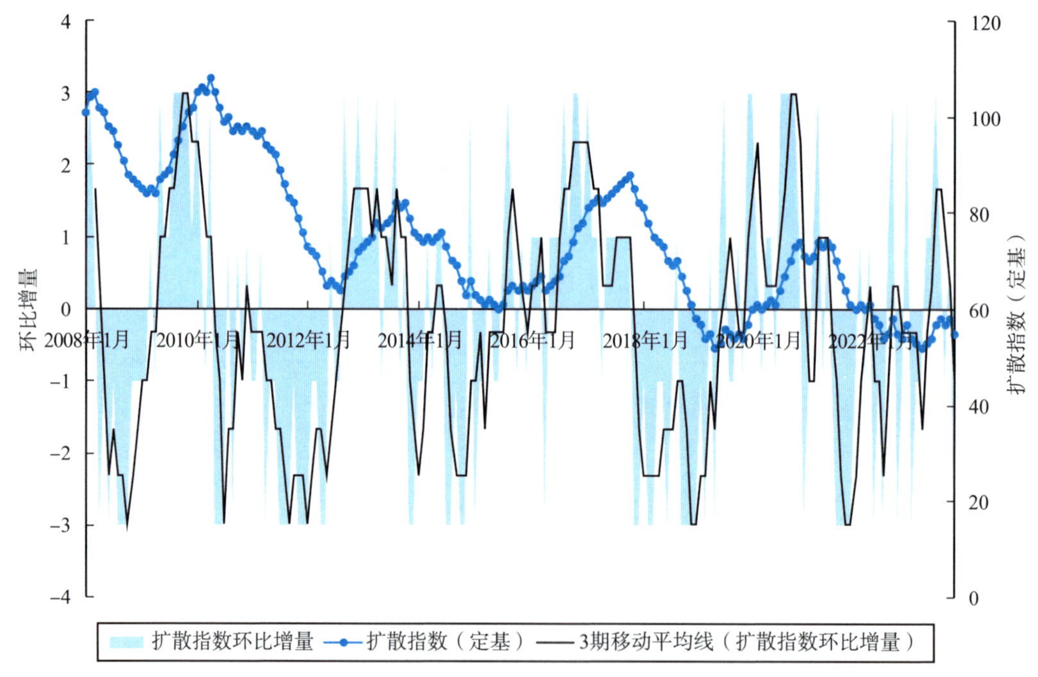

图4-15-4 扩散定基指数与环比增量的关系

资料来源：国家统计局、中国人民银行、万得资讯（Wind）。

如图4-15-4所示，当扩散指数环比增量（浅蓝色区域）始终处于+3或-3水平时，暂不需担忧扩散定基指数发生方向性转折。而当环比增量开始回落，浅蓝色区域面积收缩，也必然对应着环比增速的3期移动平均线（黑色细线）开始向零轴靠近。这一时期中，定基扩散指数依然保持原有方向，但是投资者需要关注其方向反转的可能性，因为这时候开始出现某些基础资产分析框架发出了异向信号。

扩散指数变化平稳，趋势方向性较强，波动性较低，这是其优势所在。如果再借助于扩散指数的环比增量、环比增量的移动平均线等指标，可以更为快捷地观察到其转向信号，这对于资产配置结构的调整是非常重要的事情。

当然在观察到环比增量发生变化时，投资者会更细致地观察是哪类基础模型发出了异向信号，进而对该类经济基本面内容进行更细致的分析，可能会更好地发现基本面体系波动的蛛丝马迹。

第十六章

三核扩散指数与四核扩散指数的比较

之所以将扩散指数称为三核扩散指数，是因为其是依据三个基础资产配置分析框架而成，分别选取了三个基础框架的核心主线，采用扩散加成的方式来构建。

在信贷库存周期篇章中，笔者其实还介绍了实体经济库存周期的概念，实体经济库存周期的分析历史悠久，但是直接运用在资产价格解释中并不多见，主要是由于其实证解释效果一般。

在实体经济库存周期的分析应用中，笔者构建了两种分析模式。

其一是采用色带图的模式。利用“工业增加值同比增速”和“实际产成品库存同比增速”变化方向的不同组合，划分成四种类型，分别代表了“主动去库存”“主动补库存”“被动去库存”以及“被动补库存”。

从库存周期的内涵来看，四种库存周期所代表的经济需求强弱排序依次为“被动去库存”>“主动补库存”>“被动补库存”>“主动去库存”。前两者代表经济需求偏强，后两者代表经济需求偏弱。依据四类库存周期代表需求强弱的顺序。依次以深红（深蓝）、浅红（浅蓝）、深绿（深灰）、绿（浅灰）四种色彩表示[①]，形成了历史周期中的色带图。从理论而言，深红（深蓝）、浅红（浅蓝）色历史时期中的风险资产价格表现强势，利率上行；反之，深绿（深灰）、绿（浅灰）色历史时期中的风险资产价格表现弱势，利率下行。从实际考察来看，这一模式对于股、债资产价格的解释度尚可。

其二是采用增速差的模式。利用“工业增加值同比增速－实际产成品库存同比增速”近似表达“需求或销量”的内涵，增速差的上行或下行代表了销售量的强弱变化，与股、债等资产价格走势进行比较。这种表达方式更加直观，但是从考察效果来看，对于资产价格走势的解释度一般，反而不如色带图的模式更好。

在实体经济库存周期分析中，虽然色带图效果要强于增速差，但是色带图的方式很

① 因色彩表现有限，本书以深蓝代替深红、以浅蓝代替浅红、以深灰代替深绿、以浅灰代替浅绿。——编者注

难梳理出一条简洁的核心主线，因此实体经济库存周期对于资产价格进行解释的核心逻辑主线依然还是增速差，即“工业增加值同比增速－实际产成品库存同比增速”。

如此，可以将三个资产配置框架扩展到四个资产配置框架，由三核扩散指数扩展到四核扩散指数，其具体的加工方式如前所述，并无改变。

那么扩散指数的构成由三核扩展到四核，基本囊括了各类基础性的资产配置模型，其对资产价格的效果会否发生变化？将三核扩散指数与四核扩散指数比对，如图4－16－1所示。

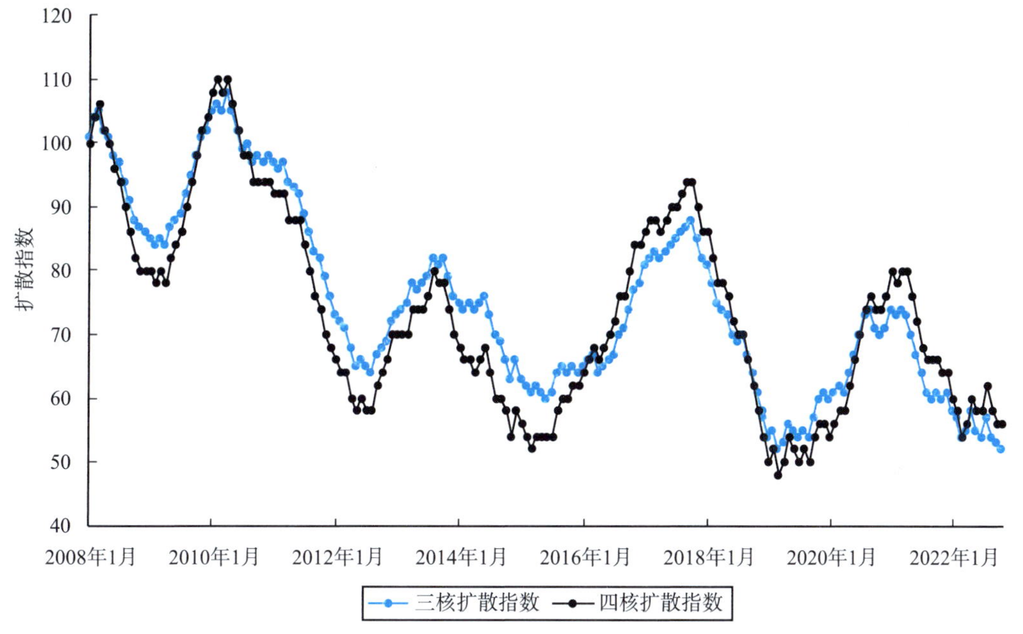

图4－16－1　不同主线合成的扩散指数对比效果

资料来源：国家统计局、中国人民银行、万得资讯（Wind）。

可以看出，三核扩散指数和四核扩散指数在走势上高度相关，即便加入了实体经济库存周期的考量，最终呈现的指数变化并没有比之前更优、更领先。

此外，也可以考察不同基础模型的各类组合对于10年期国债利率的解释度。

考察如下组合而成的扩散指数对于利率的相关系数，分别为（名义经济增速，社会融资总量）、（名义经济增速，“信－票”增速差）、（社会融资总量，“信－票”增速差）、（名义经济增速，社会融资总量，“信－票”增速差），上述组合所构建的不同扩散指数如图4－16－2所示。

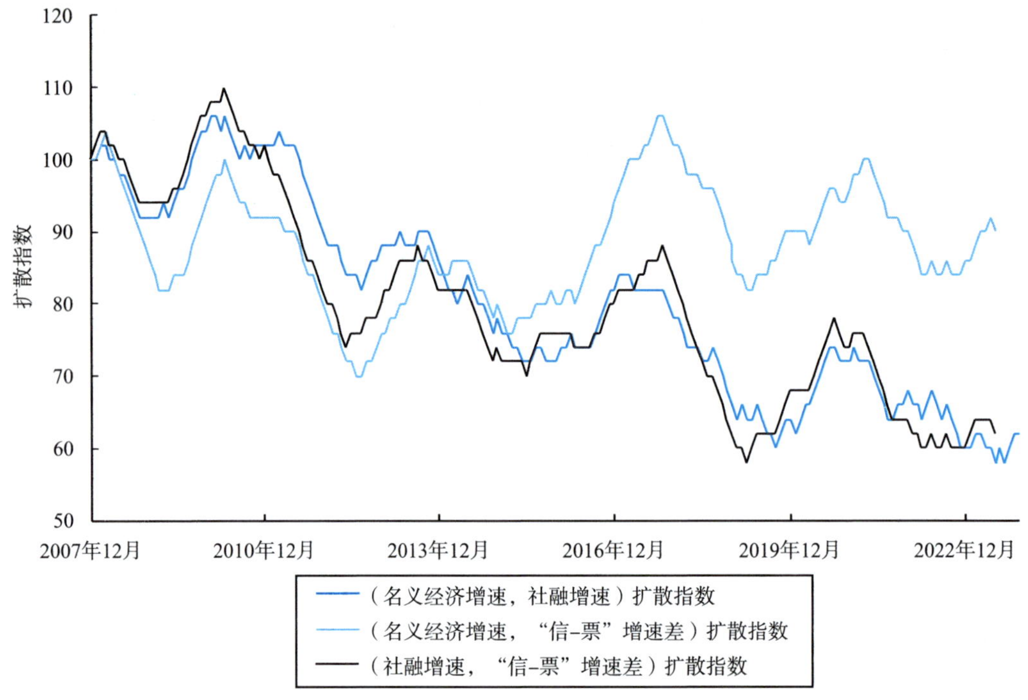

图 4－16－2　不同主线合成的各类扩散指数对比效果

资料来源：国家统计局、中国人民银行、万得资讯（Wind）。

以 2008～2022 年为采样统计时期，上述各类不同基础模型的组合所构建的扩散指数与 10 年期国债利率月均值之间的相关系数如表 4－16－1 所示。

表 4－16－1　各类基础模型组合的扩散指数与 10 年期国债利率的相关系数

基础模型主线（扩散指数）与利率的相关系数	10 年期国债利率月均值
名义经济增长率	0.47
社会融资总量	0.40
“信－票”增速差	0.45
（名义经济增长率，社会融资总量）	0.56
（名义经济增长率，“信－票”增速差）	0.15
（社会融资总量，“信－票”增速差）	0.51
（名义经济增长率，社会融资总量，“信－票”增速差）	0.53

资料来源：国家统计局、中国人民银行、万得资讯（Wind）。

从上述相关系数比较来看，和笔者初始设想基本相仿。在理解上述统计过程中，稍微介绍一下相关系数的内涵。

相关系数是最早由统计学家卡尔·皮尔逊设计的统计指标，是研究变量之间线性相关程度的量，一般用字母 r 表示。相关表和相关图可反映两个变量之间的相互关系及其相关方向，但无法确切地表明两个变量之间相关的程度，而相关系数的推出则弥补了上述的不足。

在社会科学中，如果两组数据相关系数能保持在 0.4 ~ 0.6 范围已经属于具有较强的相关性，而相关系数在 0.7 以上的序列组合在社会科学研究中则是非常罕见的。

在上述统计过程中，多数单变量（或扩散指数）与利率的相关系数都居于 0.4 ~ 0.6 区间，均属于强相关性。

从逻辑推演来看，笔者认为底层逻辑越以不同的框架进行组合，取得的效果越好。美林投资时钟框架单纯从实体经济角度出发，而“货币 + 信用风火轮”框架单纯从金融角度出发，虽然属于“一体两面”，但是底层逻辑出发点一者为实体，一者为金融，存在显著差异，因此两类框架的核心主线而成的扩散指数与利率相关系数最高（0.56）。

从底层逻辑来看，“货币 + 信用风火轮”框架与信贷库存周期框架有相似之处，都属于从金融信用角度出发来衡量经济变化，所以其叠加而成的扩散指数对于利率的解释度虽尚可，但是总存在逻辑单一的隐忧。

从上述统计结果来看，对于利率的解释度相关较高的扩散指数组合分别为（名义经济增长率，社会融资总量）、（名义经济增长率，社会融资总量，“信 - 票”增速差），分别对应着所谓的“两核扩散指数”和“三核扩散指数”。

对于资产配置基础模型的选择，笔者的看法并非越多越好。从实用性角度出发，首先要考虑其底层逻辑的互补性，互补性越强的模型叠加，其准确度越高；其次在应用层面需要考虑其简易操作性。

采用两核或三核而成的扩散指数对于未来走势进行预测，主要依据于宏观分析者对于各个核心主线的方向判断。例如，判断未来时期社会融资规模存量同比增速、名义经济增速以及“信 - 票”增速差三者在方向上的变化，根本无须关注其变化的幅度，这样足以模拟出未来一段时期内的扩散指数走势，以求对未来资产价格变化方向进行指引与参考。

总结来看，资产配置的基础框架模型是最重要的，但是其在解释资产价格的变化中存在一大风险点。即由于逻辑线条单一，可能难以覆盖引发资产价格波动的众多要素，因此就会形成阶段性失灵的问题。此外众多的资产配置框架更多的是在解释方向相关性，而基本没有解释变化幅度的相关性，即对于资产价格变化而言，方向解释比变化幅度解释更为重要。

针对这一风险点，本篇采用了扩散指数合成的方式来处理。其一，多模型的合成可能会有效规避逻辑单一性所造成的阶段性失灵风险或偏差；其二，扩散指数只求表达方向，而不纠结于幅度变化，可以更好地刻画资产价格变化的方向。

在运用过程中，笔者提示几点关注。第一，无论采用什么样的核心主线指标来进行合成扩散，寻求底层逻辑上的差异性是最关键的，底层逻辑的差异性可以有效地规避自相关问题，同时也会扩大影响资产价格变化因素的覆盖度。第二，在跟踪扩散指数的边际变化、寻求其拐点的过程中，可以着重关注扩散指数的环比增量，并采用移动平均线的方式来更快地警觉扩散指数的动量，以求更早地预判其拐点的出现。这是一种类似于技术分析的处理方式。第三，对扩散指数的未来进行外推时，无法避免地要采取基本面数据的预判，但是这种预判并非要求幅度准确，只是要求方向准确，这无形中降低了宏观分析者的预测难度，但是不影响扩散指数的合成与应用。

总体来看，经过扩散加工方式而成的指数在趋势稳定性上值得肯定，这也是规避其他单一指标波动性过大的干扰。

第五篇 股债收益差

资本市场中的两大基础资产分别为股票和债券，它们是投资机构参与的主要品种。从历史表现来看，短期（如一个月时期内）内两者存在同牛或同熊的可能性，且同熊的概率要大于同牛；中期（如3～6个月时期内）内多表现为“跷跷板”效应；长期（以年度以上时间维度划分）内两者又可能表现为同牛或同熊的可能性。

如果立足于中期角度来看待两类资产，确实在持仓中彼此被相互替代的可能性更大一些，因此“跷跷板”效应更为显著。

通常选择两类资产进行配置，多依据基本面方式进行，即首先进行宏观经济领域的分析判断，进而利用资产配置模型的结论进行选择配置。除此之外，还存在一些类似于技术分析式的分析模式，也值得投资者关注。

在本篇内容中，笔者着重介绍通过比较股债收益差的方式来进行两类资产之间的优劣划分。

第十七章

股债收益差：利率与股息率之差

利用股息率和国债利率来建立股债收益比较是较为直观且常用的一种做法，这时已经不再需要预期股票价格未来的变化趋势，将股票作为一种类固定收益产品对待。股票每年也存在分红派息的现象，其股息率类似于该类资产每年的固定收益率，而同时长期债券也存在年度利息收入，股息率与债券利率相互比较，则可以看出两者之间的优劣比价关系。

其中股息率的统计计算方式是：

$$股息率 = \sum 近12个月现金股利^{①}（税前）/指定日^{②}股票市值 \times 100\%$$

$$股债收益差 = 10年期国债利率 - 股息率$$

如果采用沪深 300 指数中的成分股构成，计算其股息率，并与 10 年期国债利率进行差值比较，呈现如图 5-17-1 所示。

上述股债收益差是 10 年期国债利率减去沪深 300 指数成分股的股息率。该收益差越走高，说明债券的利息回报相比于股息回报越好，意味着配置的天平不断向债券倾斜；越走低，表示债券的利息回报相比于股息回报越弱，意味着配置的天平不断向股票倾斜。

为了表达收益差处于什么样的统计含义区间，可以选择设置三类统计辅助线进行比较观察。其一是均值水平线，图 5-17-1 中是采用股债收益差数据 1000 个交易日中的移动平均；其二是 1 倍标准差曲线[③]（以千日移动平均值为平均数）；其三是 2 倍标准

---

① 例如，对于沪深 300 指数成分股现金股利的统计，是以统计当天为界，向前追溯 12 个月，其获得的现金分红派息合计值。

② 统计当日成分股的总市值。

③ 1 倍标准差表示，假如股债收益差符合正态分布，在平均数左右 1 倍标准差范围内股债收益差出现的概率为 68.28%，换言之，股债收益差突破平均数左右 1 倍标准差范围的概率是 31.72%。

差曲线①（以千日移动平均值为平均数）。

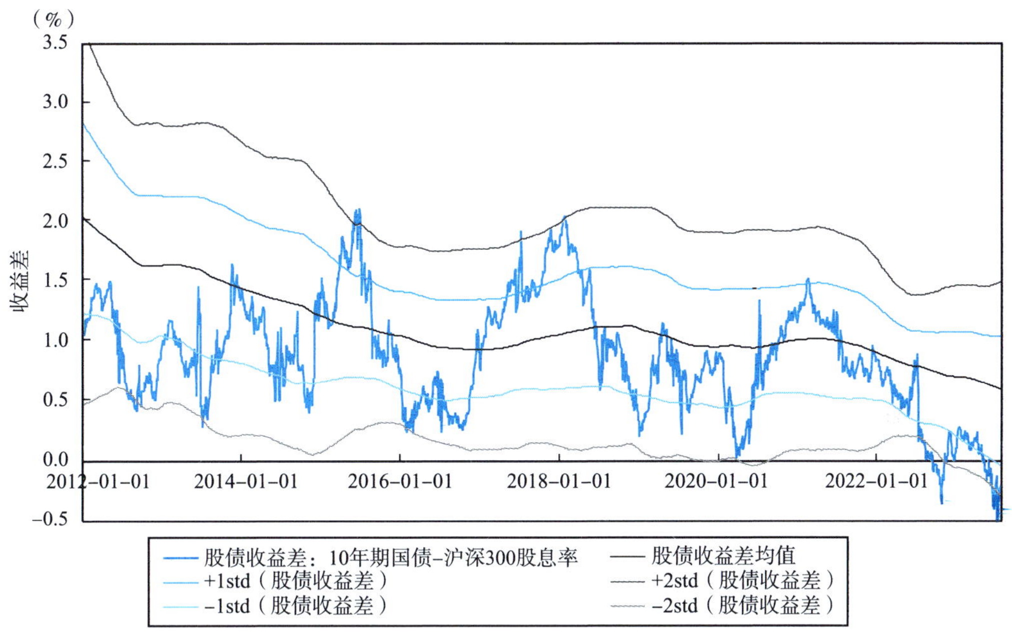

图 5-17-1　2012 年以来的股债收益差走势

资料来源：万得资讯（Wind）。

应该说从历史统计数据显示来看，股债收益差突破正负一倍标准差的概率只有31.72%，突破正负两倍标准差的概率只有4.5%，特别是后者，这种持续突破当属小概率事件。

遵循这种历史样本的统计，股债收益差的波动可以认为是“分久必合，合久必分”的周期波动。

当股债收益差下行跌破2倍标准差时，可以认为其后持续跌破的概率小之又小，将拐头向上，而这种拐头向上则意味着股票将是未来更好的资产选择，而遵循“股债跷跷板”的规律，应当抛弃债券类资产。

---

① 2倍标准差表示，假如股债收益差符合正态分布，在平均数左右2倍标准差范围内股债收益差出现的概率为95.5%，换言之，股债收益差突破平均数左右2倍标准差范围的概率只有4.5%。

当股债收益差上行突破 2 倍标准差时，可以认为其后持续突破的概率小之又小，可以赌注其拐头下行，而这种拐头下行则意味着债券将是未来更好的资产选择，而遵循“股债跷跷板”效应，当舍弃股票类资产，加仓债券类资产。

可以选择观察 2012～2022 年这十年时期中股债收益差的变化，其上行或下行突破 2 倍标准差的时期只有 8 次，是否这 8 次都对应着债券利率的顶或底？

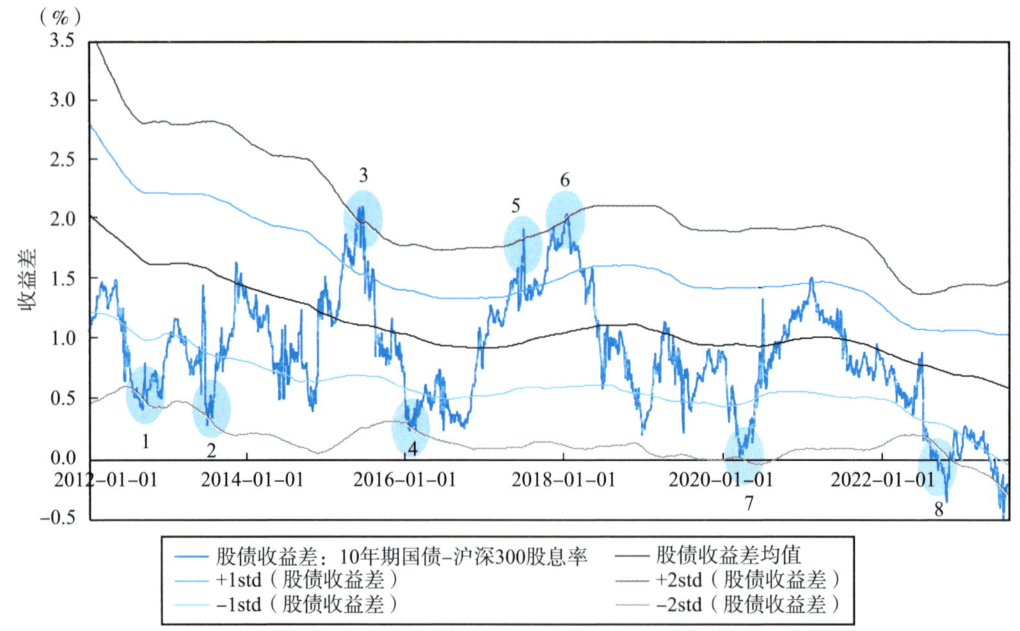

图 5－17－2　2012 年以来的股债收益差突破 2 倍标准差曲线的 8 个时期

资料来源：万得资讯（Wind）。

第一次是股债收益差下行突破 2 倍标准差曲线，突破持续的时期是 2012 年 7 月 20 日～9 月 5 日，持续了约 30 个交易日，随后股债收益差拐头回升。事实上，在当年 7～8 月份股债收益差跌破 2 倍标准差的时期，也正对应着长期利率的底部区域。

回顾 2012 年第三季度以来的利率回升，市场曾一度不知为何，传统影响债券市场的宏观变量，例如，通胀率、经济增速均没有发出对债券市场不利的信号。利率回升持续了好久时期，市场才开始关注信用量的异常变化，如 M2 的走高、非标资产的膨胀等。也正是从此时期开始，市场分析框架从“增长＋通胀”的双轮驱动逐渐过渡到“增长＋通胀＋宏观债务杠杆率（信用）”的三因素模式。而股债收益差的判断方式则淡化了这些基本面的线索逻辑，在同期发出了拐点信号。

第二次同样是股债收益差下行突破 2 倍标准差曲线，这次突破持续的时间非常短暂，仅仅发生在 2013 年 7 月 8 日、9 日两个交易日中，随后股债收益差迅速回升。按照前期假设，也应该对应着利率走高回升。但是不可否认的是，2012 年 7 ~ 8 月份利率筑底回升以来，始终处于上行过程，其间在 2013 年 6 月份还经历了著名的“620 钱荒”事件，以求治理当时非标资产的无序扩张，在当时基本面给出的信号也是较为明确的，这与 2012 年 7 ~ 8 月份时期基本面线条模糊的局面截然不同。

当然从后续的利率走势来看，7 月份后则出现了一波令人咋舌的利率上冲，并一直持续到了年底。如此来看，如果在 7 月 8 日、9 日股债收益差再度跌破 2 倍标准差曲线之时，果断抛弃债券资产是一个非常明智的选择，因此这个股债收益率的下行突破也具有重要的指示意义。

第三次则表现为股债收益差上行突破了 2 倍标准差曲线，这次上行突破发生的时期是 2015 年 6 月 8 日 ~7 月 2 日，合计 17 个交易日，随后股债收益差曲线跌破 2 倍标准差曲线，拐头下行。

这个时期恰好完美地覆盖了 2015 年股指的最高水平区间。在这时期里，上证综合指数从最高近 5200 点已经跌至 7 月 2 日的近 4000 点附近。而在上半年股指快速走高过程中，中国 10 年期国债利率始终处于涨跌两难的尴尬境地。利率升，找不到经济基本面的推动（2015 年上半年经济基本面处于收缩中），利率降，则受制于股指大幅上行带来的压力。整个半年时间中 10 年期国债利率围绕在 3. 50% 一线犹疑盘整，从 7 月份后期开始，长期利率才出现了实质性的下行突破，呈现出“摧枯拉朽”的债牛走势。从这个角度来看，6 月 8 日 ~7 月 2 日这时期股债收益差上行突破所揭示出来的债券配置机会是具有重要指示意义的。

第四次则再度表现为股债收益差下行触及 2 倍标准差曲线，这次股债收益差在 2016 年 2 月 1 日 ~2 月 29 日期间（合计 17 个交易日）反复触及 2 倍标准差曲线，进入 3 月份以来方转向上行。

在回顾 2016 年的债券市场变化中，10 年期国债利率的第一次低点发生在年初，也对应着 2016 年第一季度的经济出现了改善回升，但是 4 月份之后，经济出现一些反复波折，同时当年的货币政策却保持着极度宽松的局面，因此 4 ~9 月份时期，10 年期国债利率再创了一个年内的新低水平。

但是站在历史后视角的角度来审视当初的债券市场变化，笔者认为 2016 年是债券市场的泡沫化时期，经济基本面在 2015 年第三季度触及底部，缓慢回升，中途虽然偶有波折，但是回升趋势稳定。债券市场本不该保持如此强势，但是在宽松货币政策的影响下，债券市场的牛市延续了三个季度。从这个角度来看，股债收益差在2016年初触及2倍标准差意味着减仓债券配置是没有问题的，也是战略上正确的选择，虽然可能需要经历后面三个季度时间的煎熬。

第五次表现为股债收益差上行突破2倍标准差曲线，但是这次上行突破的时间非常短暂，只有一个交易日，即2017年7月10日，随后就快速回落，远离了2倍标准差曲线。

从事后回顾来看，这次信号所预示的加仓债券策略是失败的，因为债券利率并没有在后期走出下行态势，反而出现了加速上行，并创出了年内新高。

第六次则再度表现为股债收益差上行触及2倍标准差曲线，这次触及有两个时期（点）。其一是发生在2017年11月22日，只有一个交易日，与第五次类似。其二是发生在2018年1月18～26日期间，合计有6个交易日。这两次信号的发出均是加仓债券的策略。

从事后评价来看，基本面角度而言2017年第四季度是基本面与市场变化的背离期，经济增长状况以及信用扩张状况均从第四季度开始出现回落迹象，但是货币政策的强势紧缩依然存在，导致了2017年第四季度债券利率出现了大幅度的“非理性”上扬，最终迎来了2018年的债券大牛市。从这个角度来看，无论是根据2017年11月22日单日信号还是根据2018年1月份6个交易日产生的信号去进行债券加仓布局都是一个战略正确的选择。

第七次表现为股债收益差下行触及2倍标准差曲线，严格意义上说，这次并不算有效的触及或突破标准差曲线。2020年3月23日当天股债收益差为0.0265，而同期2倍标准差下限为0.0197，两者无限接近，但是并没有有效突破。

回顾当初，2020年3月份是新冠疫情首次冲击中国的时期，当时中国经济基本面状况受到了较为严重的冲击，而利率处于快速下行过程中。从后视镜角度来看，利率在4月中旬方触及到最低点，随后展开了持续回升。如果严格遵照股债收益差与2倍标准差的关系去进行减仓债券的操作，从战略而言是没有问题的，也是正确的。

第八次依然表现为股债收益差跌破2倍标准差曲线，而且这次跌破无论从幅度还是从持续时间来看，都超过了历史以往的经验认知。从2022年8月8日～11月11日，股债收益差跌破2倍标准差曲线，并持续在标准差曲线下方运行长达65个交易日。

众所周知，这个时期正好跨越了我国防疫政策优化的时期。在8月8日至11月上旬期间，10年期国债利率始终在低位徘徊，并于8月22日跌破2.60%，创出了这一时期的新低水平。但是从11月份开始，长期利率在诸多因素的影响下展开了凌厉回升的走势。如果遵循股债收益差与标准差曲线的关系，在当期做出减仓债券的策略操作在战略上是没有错误的，但是由于这段跌破时期过长（65 个交易日），会导致投资者的交易感受欠佳。

笔者依次整理回顾了 2012～2022 年这十年时期中股债收益差曲线与 2 倍标准差曲线之间的关系，并回溯了其发出的债券策略正确程度。总体来看，8 次信号所揭示出来的策略结论大概率是正确的，对应于上述 8 次信号时期，图 5－17－3 也标注了同期债券市场的利率走势，供读者参考。

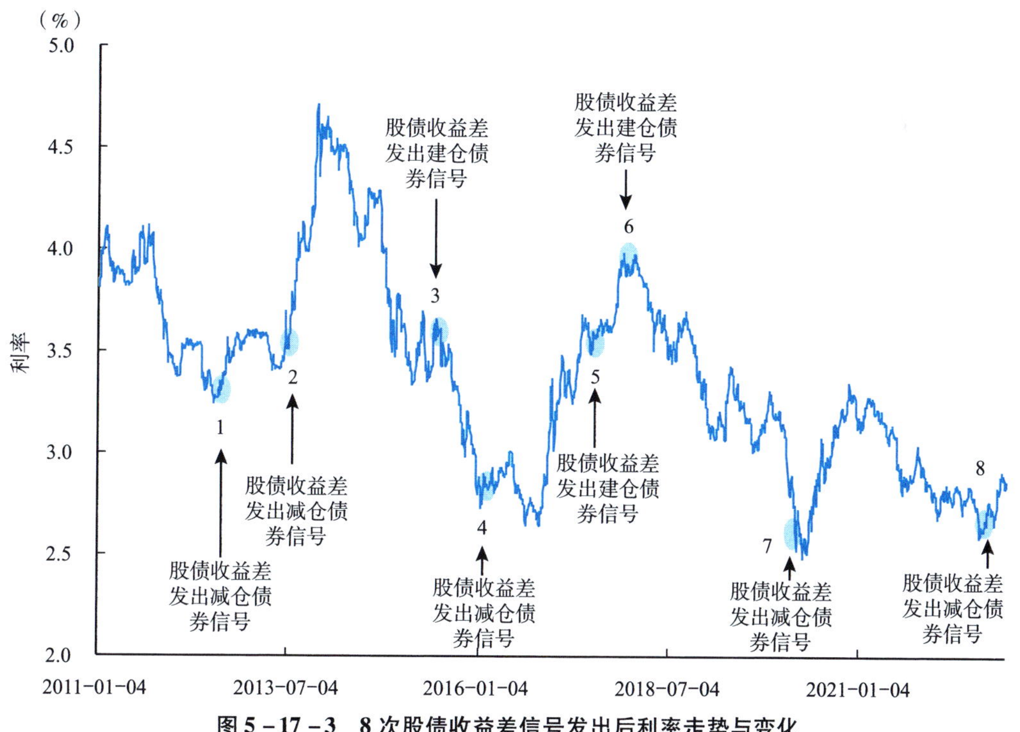

图 5－17－3　8 次股债收益差信号发出后利率走势与变化

资料来源：万得资讯（Wind）。

此外，笔者还梳理出 8 次信号出现时期的一些基本特征，形成表 5－17－1，供读者参考。

表5－17－1　　　　8个信号时期的基本面与市场背景特征

序号	时期	持续时间（交易日）	信号特征	信号代表意义	当时基本面状况	后续评判
1	2012年7月20日～9月5日	30	股债收益差下行突破2倍标准差	减仓债券	增长与通胀均无信号意义，信用扩张是主线（但是当时未被市场共识）	利率于7月中旬达到最低点，后期持续回升
2	2013年7月8～9日	2	股债收益差下行突破2倍标准差	减仓债券	控制信用无序扩张的逻辑主线清晰，“620”钱荒后，利率处于短暂的平台整理时期	8～12月份利率再度大幅度攀升
3	2015年6月8日～7月2日	17	股债收益差上行突破2倍标准差	建仓债券	经济基本面依然弱，股市已经开始出现千点下跌	7月份开始，利率出现大幅度下行
4	2016年2月1～29日	17	股债收益差下行突破2倍标准差	减仓债券	经济基本面已经出现改善，但尚不稳定，货币政策非常宽松	后续利率先上后下，两次低点分别为2.80%和2.60%附近
5	2017年7月10日	1	股债收益差上行突破2倍标准差	建仓债券	经济预期良好，且通胀预期强，货币政策处于紧缩期	利率依然大幅上行（失败）
6	2017年11月22日；2018年1月18～26日	1；6	股债收益差上行突破2倍标准差	建仓债券	经济回落与信用收缩开始出现，但是货币政策环境未见宽松	2018年2月份开始利率大幅持续下行
7	2020年3月23日	1	股债收益差下行几乎触及2倍标准差	减仓债券	疫情冲击过程中	利率在4月中旬触及最低点，随后显著上行
8	2022年8月8日～11月11日	65	股债收益差下行突破2倍标准差	减仓债券	疫情冲击过程中，经济依然疲弱，防疫政策优化前期	利率在8月22日触及新低，随后震荡，11月份后大幅攀升

资料来源：万得资讯（Wind）。

对于2012～2022年间股债收益差所做的分析，笔者有如下一些结论，供读者参考。

（1）从本质来看，利用股债收益差对于资产配置进行拐点分析是基于历史表现的一种统计结果。虽然从内涵而言，具有基本面的成分，如比较两类资产的回报高低，但是更多具有技术分析的意义在其中。

（2）从股债收益差的基本定义来看，能够快速产生变化的因子只有两个。其一是国债利率，其二是股价，而股息则属于慢变量，在短期内可视为稳定因子。当股债收益差下行跌破2倍标准差时，则进入了小概率时期，向上修复的概率显著增加。要么是由利率回升来进行这种修复，要么是由股价回升来进行这种修复。当股债收益差上行冲破2倍标准差时，也进入了小概率时期，下行修复的概率显著增加。要么由利率下行来进行这种修复，要么是由股价下跌来进行这种修复。这一道理对应了资产切换的基本结论。

（3）股债收益差的方式并不能揭示出每一次拐点变化。利率变化的拐点有很多，并非每次拐点都能带来股债收益差的信号，但是一旦出现股债收益差信号，则需要高度重视。

从历次统计的8个样本期效果来看，除去第5次失败外，其他若干次的策略效果均较为良好。但是寄希望于一旦跌破，迅速扭转则并不现实，这需要耐心等待。此外无论上行突破还是下行跌破，最好是以有效信号为依据，这需要观察到数据的实质性突破或突破的时期相对较长，依赖于“基本触及”或“瞬间突破”来进行定义，则存在一定的风险。

（4）股债收益差可作为一种辅助判断工具，如果能结合对于当期经济基本面的情况综合考量，会相应提高投资胜率。

从历史检验来看，股债收益差对于债券利率的指引效果尚可，那么其对于股票指数的指引效果如何呢？

以沪深300指数为衡量标准，对于前述8个时期的指数位置进行标注描绘，如图5－17－4所示。

股债收益差对于债券机会或风险的提示效果略强于股票。在上述8次样本统计中，第1次信号效果较为一般，第5次信号提示效果失败（这与同期对债券的提示效果一样），其他6次信号的提示效果从最终股指走势表现来看，均较为合适与精准。

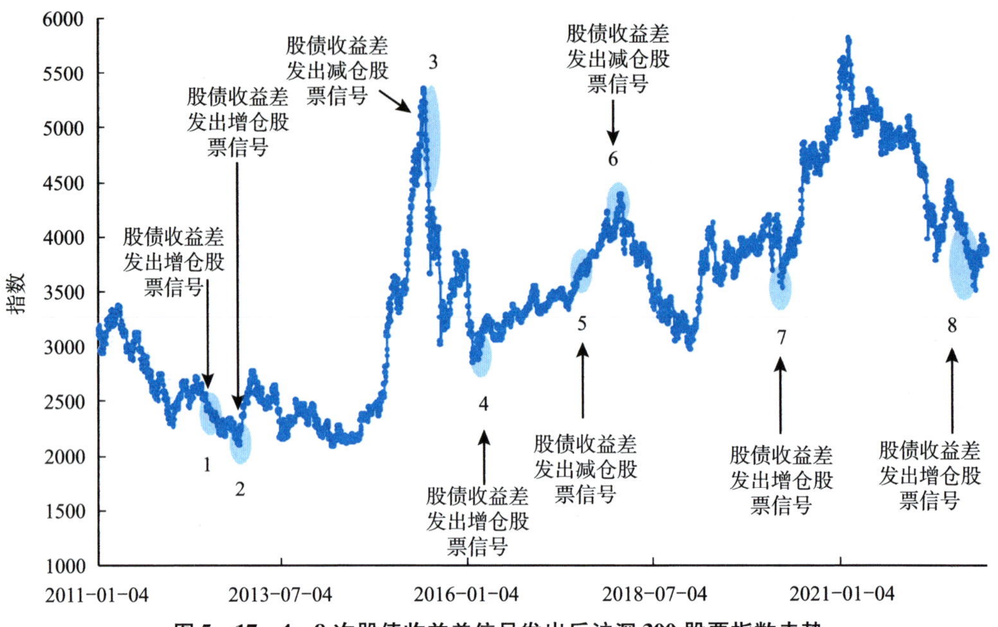

图5－17－4　8次股债收益差信号发出后沪深300股票指数走势

资料来源：万得资讯（Wind）。

第十八章

股债收益差：利率与市盈率倒数之差

除去采用“真金白银”的分红派息所构成的股息率来衡量股票的收益外，还可以借助市盈率概念来衡量股票的收益。

市盈率（price earnings ratio，简称 P/E 或 PER），也称“本益比”“股价收益比率”或“市价盈利比率（简称市盈率）”。市盈率是指股票价格除以每股收益（每股收益，EPS）的比率。

与股息率相比，市盈率中的收益内涵更广，但是同样归属于股东投资者。对于市盈率中的企业盈利部分，有不同的计量方式，例如：

静态市盈率：采用上年的 4 个季度的盈利数据。

TTM（trailing twelve months，滚动 12 个月）：截至目前已公告的前 4 个季度，如 2023 年 8 月 16 日已公告最新的是 2023 年 1 季报，则选取的是 2022 年第二季度～2023 年第一季度四个季度的盈利数据。

动态－当年一致预期：这种方式在个股层面用得较多，只有有盈利预测（即有券商研究覆盖）的标的才能选择提取。

与上一章的股息率模式相吻合，选取 TTM 市盈率计算方式，同样以沪深 300 股票指数为分析对象，采用同样的分析处理方式来构建股债收益差。

市盈率（PE）采取 TTM 方式构建，其逻辑内涵与上一章中的股息率一致，则如下所示：

$$股债收益差 = 10\ 年期国债利率 - \frac{1}{市盈率（PE）}$$

同样选用 2012～2022 年的数据，形成的股债收益差如图 5－18－1 所示。

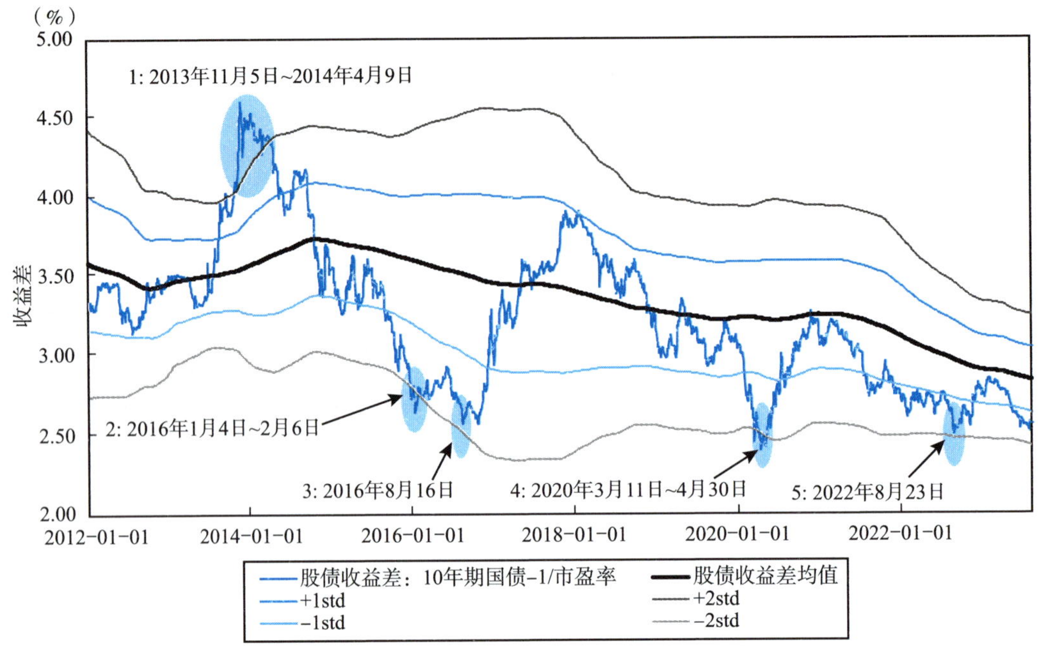

图5－18－1　市盈率法股债收益差走势

资料来源：万得资讯（Wind）。

上述股债收益差是10年期国债利率减去沪深300指数成分股的市盈率倒数。该收益差越走高，说明债券的利息回报相比于股票盈利回报越好，意味着配置的天平不断向债券倾斜；越走低，表示债券的利息回报相比于股票盈利回报越弱，意味着配置的天平不断向股票倾斜。

为了表达收益差处于什么样的统计含义区间，同样可以选择设置三类统计辅助线进行比较观察。其一是均值水平线，图5－18－1中是采用股债收益差数据（前溯）1000个交易日的移动平均；其二是1倍标准差曲线（以千日移动平均值为平均数）；其三是2倍标准差曲线（以千日移动平均值为平均数）。

同样以股债收益差与2倍标准差曲线相比，这类股债收益差发出的拐点信号比前述方式（股息率法）要少，超越（或非常逼近）2倍标准差的时期合计有5次。分别如图5－18－1所示。

与股息率形成的股债收益差相比，市盈率形成的股债收益差提示的拐点信号第2、4、5次均重合显示，其他的第1、3次信号在股息率股债收益差中没有显示。

单独考察市盈率股债收益差信号对应10年期利率走势的校验效果，如图5－18－2所示。

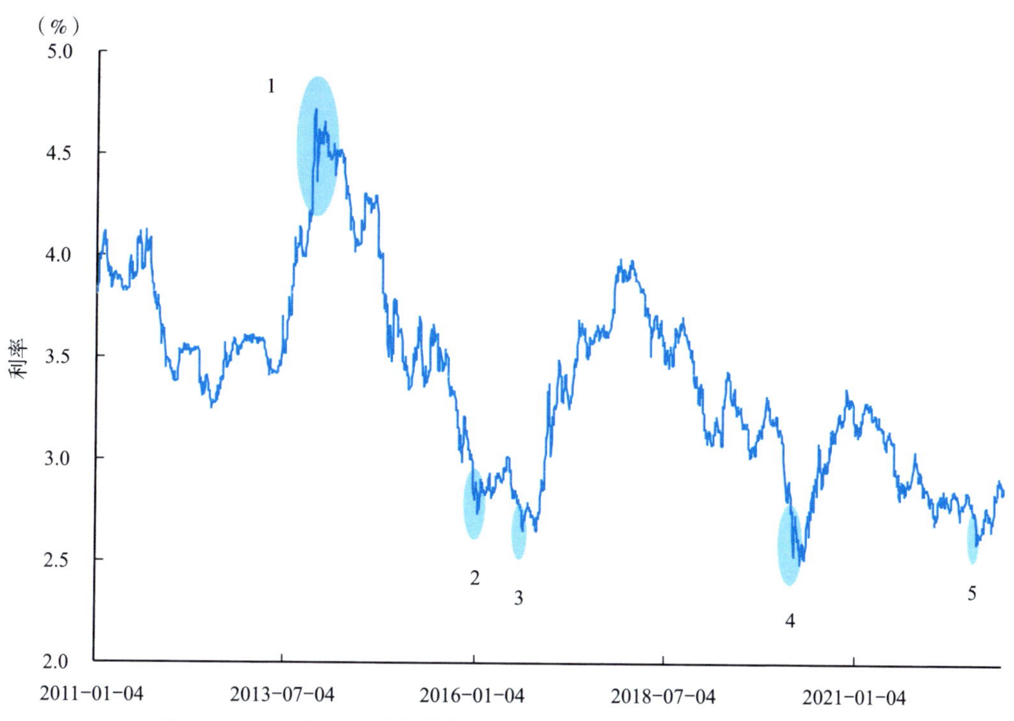

图5－18－2 市盈率法股债收益差信号发出后10年期国债利率走势

资料来源：万得资讯（Wind）。

从事后验证来看，市盈率法构建的股债收益差信号对于5次利率拐点的揭示较为准确，切实如假设一样，在第1次发出了债券建仓信号，在第2、3、4、5次发出了债券减仓信号，从事后利率走势来看也较为匹配。

同理，单独考察市盈率股债收益差信号对应沪深300股票指数走势的校验效果，如图5－18－3所示。

相比于市盈率法股债收益差对利率拐点的指示效果，其对于股票指数的指示效果欠佳。其中第1次信号发出的减仓股票策略从事后验证来看，是完全错误的，其错过了2014～2015年这一轮大型股票牛市，第2、3、4次信号所发出的加仓股票策略观点是正确的，但是第5次信号发出的加仓股票策略效果平平，在后面一段时期股票价格出现了明显的下行。

总体来看，比较股息率法股债收益差和市盈率法股债收益差，可得如下一些直观结论。

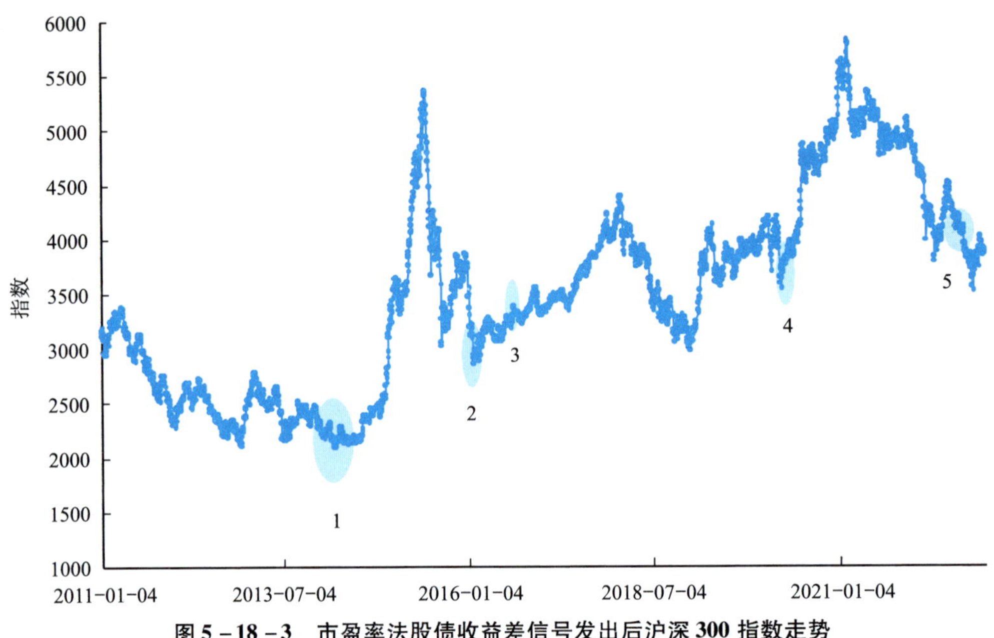

图 5-18-3 市盈率法股债收益差信号发出后沪深 300 指数走势

资料来源：万得资讯（Wind）。

（1）股息率法股债收益差提示的信号更多一些，意味着该方式方法的敏感度更强一些。

（2）对于债券利率走势而言，股息率法股债收益差所揭示的信号成功率为 7/8，出现过一次错误。市盈率法股债收益差所揭示的信号成功率为 5/5，没有出现过明显的趋势性错误。

（3）对于股票市场走势而言，股息率法股债收益差所揭示的信号成功率为 6/8（其中一次出现明显失误，另一次提示信号过早，感受度一般）。市盈率法股债收益差所揭示的信号成功率为 3/5（其中一次出现明显失误，另一次同样提示信号过早，感受度一般）。

两类方式方法建立的股债收益差均可参考，但是笔者感受股息率法似乎更好一些，两类方式方法相互印证、检验，可能会提高准确率。

市盈率法股债收益差除去采用差值的方式构建外，还可以采用比值的方式进行构建，这就是所谓的“格雷厄姆指数”。其表达式为：

$$格雷厄姆指数=\frac{股票盈利收益率（即市盈率倒数）}{无风险利率（即10年期国债收益率）}$$

格雷厄姆指数起源于美国市场，其主要涵盖纽约证券交易所和纳斯达克上市公司股票，并参考市场流动性与规模因素，排除了市值太小的公司。

指数采用等权重复合法计算，对于每个股票的最高价格，取其历史高峰过去10年的平均值，其目的在于防止某些股票对整个指数的影响过于显著。

格雷厄姆指数可以用来衡量市场整体热度。比值数字越大，说明股票相对于无风险收益的性价比越高，越值得参与。比值数字越小，说明股票相对于无风险收益的性价比越低，越要警惕风险。

假设指数为1，即股票的收益率等于10年期国债收益率，那么是没有必要去投资股票的，因为投资国债没有风险，可以获得固定的收益，而股票则反而要承担高风险。

根据以往年度的历史经验，当格雷厄姆指数大于2时，说明股票比较便宜，市场出现了比较好的投资机会。因为如果假设市场按50%的平均分红率，意味着在这个位置的买入，至少能获得不低于国债的收益率（防守逻辑），而且获得了长期上涨期权（进攻逻辑）。此时时间价值在投资者手中，长期持股风险较低，预期获得收益的概率较大。当指数小于1时，说明市场太火爆，股票太贵了，应该卖出股票买入国债。

无论采用什么样的方式方法构建所谓的股债收益差指数，其基本原理都是一致的，其本质是一种估值研究方法。从属性而言，笔者认为其更接近于技术分析，但是从实践效果来看，也是不错的。

其实，无论偏于基本面分析还是偏于技术性分析，本无优劣高低之分，其目的都是取得一个尽量合理有效的投资策略。但是需要提示的是，股债收益差并不能揭示出每一个拐点信号，但是当出现疑似拐点的信号时，则需要高度关注。

| 第十九章 |

股债收益差在美、日市场应用中的效果与表现

2012～2022 年中国资本市场的回溯表明股债收益差，特别是以股息收益率模式的股债收益差对于资产折点变化具有较好的提示效果，那么这种方式方法是否在其他国家的金融市场中同样也有效呢？可以考察其在美国以及日本金融市场应用中的表现效果。

在对其他国家金融市场考察中，完全以统计概率方式进行比对检验，忽略其内在的经济基本面解释。

一、股债收益差在美国金融市场中的指示效果

选取美国标准普尔指数作为股息率构建的基准，对其 500 家成分股的股息率进行统计加工，确定股息率数据，构建美国金融市场中的股债收益差，表示为：

股债收益差 = 美国 10 年期国债利率 - 美国标普 500 指数股息率

统计时间段也选择为 2012～2022 年时期，如图 5-19-1 所示。

其中尤其关注股债收益差突破（上行突破或下行跌破）2 倍标准差曲线的时期。从图 5-19-1 可见，2012～2022 年这种突破发生过 6 次。其中 3 次表现为下行跌破（意味着后续应该为减仓债券、增仓股票策略），分别发生在 2016 年 2 月 16 日、2016 年 7 月 18 日、2020 年 3 月 10 日～8 月 17 日。另外 3 次表现为上行突破（意味着后续应该为建仓债券、减仓股票策略），分别发生在 2018 年 2 月 8 日～11 月 14 日、2022 年 6 月中旬、2022 年 9 月 27 日～12 月 7 日。

从后视镜角度来看，在这些时期的策略选择是否是正确的呢？首先关注 6 次信号发出时期后美国股票市场的表现，如图 5-19-2 所示。

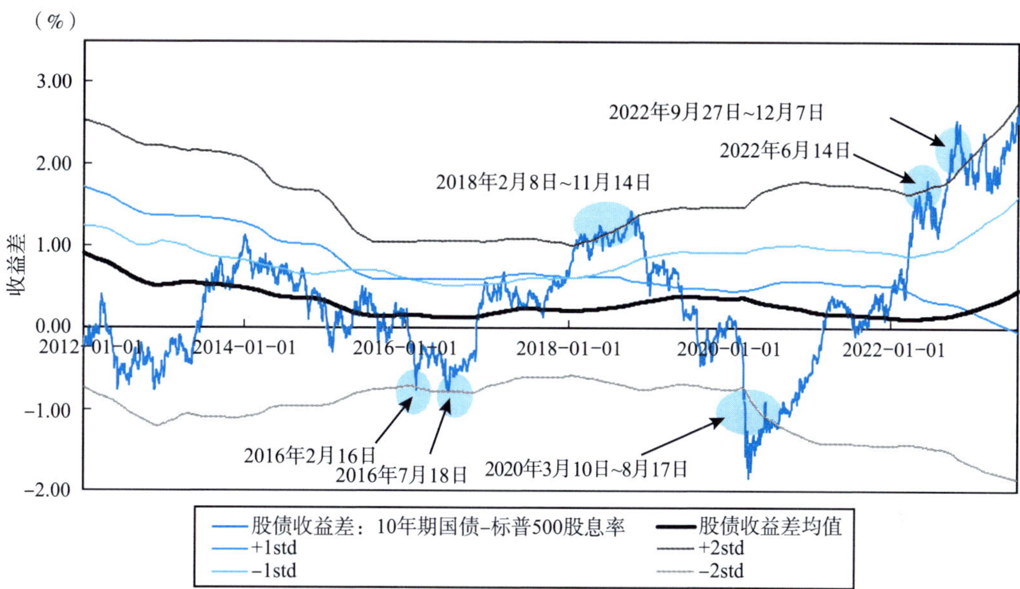

图 5-19-1　美国市场中的股债收益差走势

资料来源：万得资讯（Wind）。

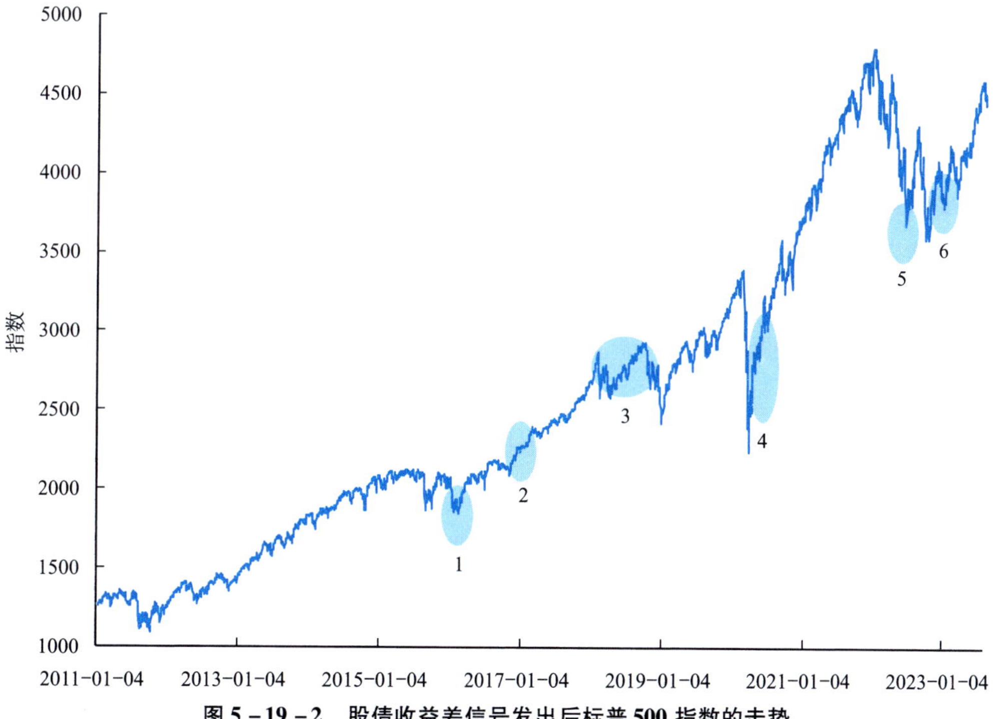

图 5-19-2　股债收益差信号发出后标普 500 指数的走势

资料来源：万得资讯（Wind）。

如果按照股债收益差的信号意义，图5－19－2中的第1、2、4次时期均应采取增仓股票的策略。从后续股指走势来看，在当期采取增仓股票策略确实会取得不错的回报，特别是第1、4次时期，均是美股指数的阶段性调整低位。

而图5－19－2中的第3、5、6次时期均应该采取减持股票的策略。从后续股指走势来看，在第3次时期中减持股票，效果相应不错，可以规避2018年第四季度标普500指数近20%的下跌。但是第5、6次时期所发出的减持股票策略从事后股指走势来看，效果寥寥，甚至相反，事实上在2023年上半年时期，美国股指再度出现了明显上涨，如果按照第6次信号做出减持股票的策略，则会出现明显的投资失误。

总体来看，股债收益差信号对于美股的指示意义相对一般，而且存在方向偏差的特征，即指示信号提示的增仓股票策略会相对效果良好，信号提示的减仓股票策略效果则一般。

这种信号指示的策略偏差可能和美股自身运行的长期趋势特征有关。长期以来，美股在绝大多数时期中均呈现单边上涨的态势，即便曾由于重大事件而出现深幅下跌，但是很快又会回归到其上升趋势中，这种单边上行的趋势是非常罕见的。因此在历史走势中，任何时候的增仓股票行为事后来看，都是相对正确的，任何时候的减仓股票行为在事后来看，都是有所偏差的。

同理，关注6次信号发出时期后美国债券市场的表现，如图5－19－3所示。

从股债收益差信号含义来看，第1、2、4次时期股债收益差跌破2倍标准差曲线，对应于减持债券的策略，第3、5、6次时期股债收益差上行突破2倍标准差曲线，对应于增仓债券的策略。

以美国10年期国债利率在2012～2022年时期的走势来看，第1次信号时期若做出减持债券的策略，效果平平，其后近3个月时间中（2016年3～7月），美债收益率再创新低。第2、4次信号时期若做出减持债券的策略选择，则效果非常良好，美债市场在2次信号时期后都步入了显著的大熊市格局，10年期利率其后的上行幅度达到令人咋舌的200～300个基点。

同样，第3次信号时期做出的增仓债券的策略效果较为理想，其后时期（贯穿整个2019年时期）美国10年期国债利率的降幅超过200个基点。但是第5、6次信号提示的增仓债券策略效果表现平平，其中第5次信号发出于2022年6月14日，其后1个月美债利率确实出现了一轮速降，但是持续性不强，进入8月份开始美债利率再度攀升，并创出新高。第6次信号发出持续的时间集中于2022年10～11月，观察12月份以来的美债利率走势，只是在此位置波动盘整（贯穿于2022年12月～2023年3月），进入

2023 年 5 月份开始，美债利率再度上行走高。

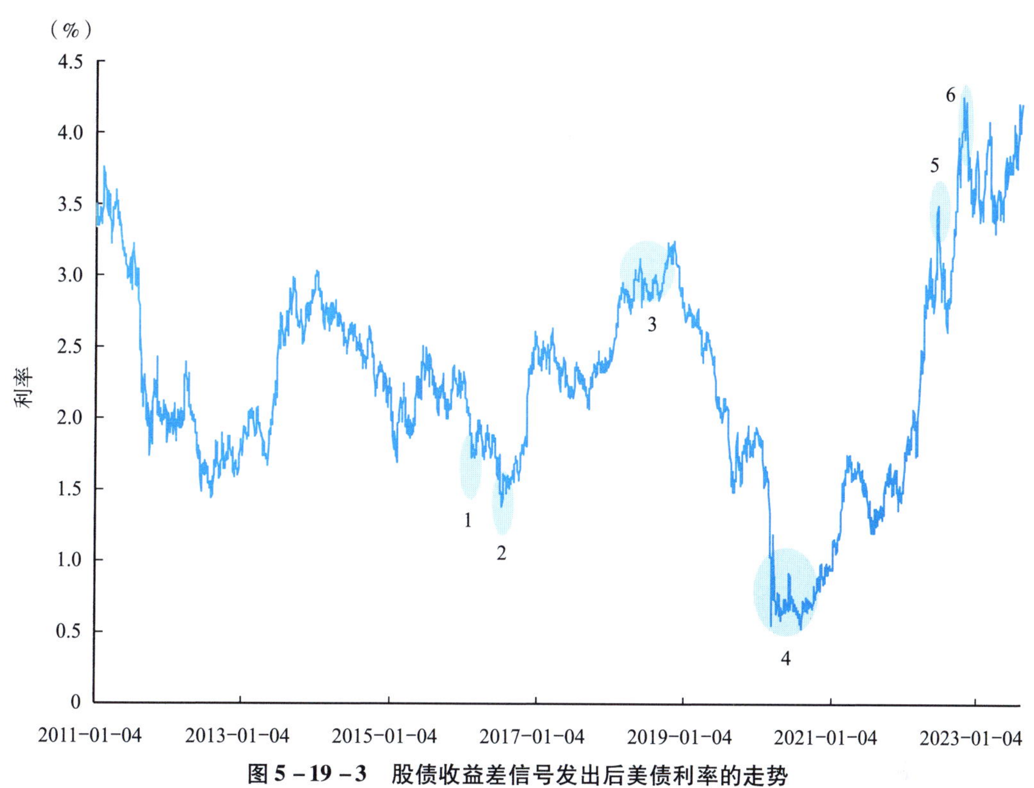

图 5－19－3 股债收益差信号发出后美债利率的走势

资料来源：万得资讯（Wind）。

总体来看，股债收益差对于美债策略的指示效果强于美股，但是综合而言股债收益差信号在美国金融市场中的胜率低于中国市场。

将 2012～2022 年美国金融市场中股债收益差所发出的 6 次信号时期、策略以及效果比对情况整理归纳，如表 5－19－1 所示。

表 5－19－1 股债收益差信号发出后美国金融市场表现与评价

序号	时期	信号特征	信号代表意义	策略效果评判
1	2016 年 2 月 16 日	股债收益差下行突破 2 倍标准差	减仓债券/增持股票	债券策略效果一般/股票策略良好

续表

序号	时期	信号特征	信号代表意义	策略效果评判
2	2016年7月18日	股债收益差下行突破2倍标准差	减仓债券/增持股票	债券策略效果良好/股票策略尚可
3	2018年2月8日～11月14日	股债收益差上行突破2倍标准差	增持债券/减仓股票	债券策略效果良好/股票策略尚可
4	2020年3月10日～8月17日	股债收益差下行突破2倍标准差	减仓债券/增持股票	债券策略效果良好/股票策略良好
5	2022年6月14日	股债收益差上行突破2倍标准差	增持债券/减仓股票	债券策略效果一般/股票策略一般
6	2022年9月27日～12月7日	股债收益差上行突破2倍标准差	增持债券/减仓股票	债券策略效果一般/股票策略不好

资料来源：万得资讯（Wind）。

二、股债收益差在日本金融市场中的指示效果

选取日经225指数作为股息率构建的基准，对其225家成分股的股息率进行统计加工，确定股息率数据，构建日本金融市场中的股债收益差，表示为：

股债收益差＝日本10年期国债利率－日经225指数股息率

统计时间段也选择为2012～2022年时期，如图5－19－4所示。

关注日本金融市场股债收益差突破（上行突破或下行跌破）其2倍标准差曲线的时期。从图5－19－4可见，2012～2022年时期这种突破发生过7次。

其中6次表现为下行跌破（意味着后续应该为减仓债券、增仓股票策略）。分别发生在2012年7月30日、2015年9月29日、2016年1月14日～8月17日、2019年1月7日、2019年8月9～24日、2020年3月12～30日。

只有一次表现为上行突破（意味着后续应该为建仓债券、减仓股票策略），发生在2021年2月22日～4月20日。

从后视镜角度来看，在这些时期的策略选择是否正确呢？首先关注7次信号发出时期后，日本股票市场的表现，如图5－19－5所示。

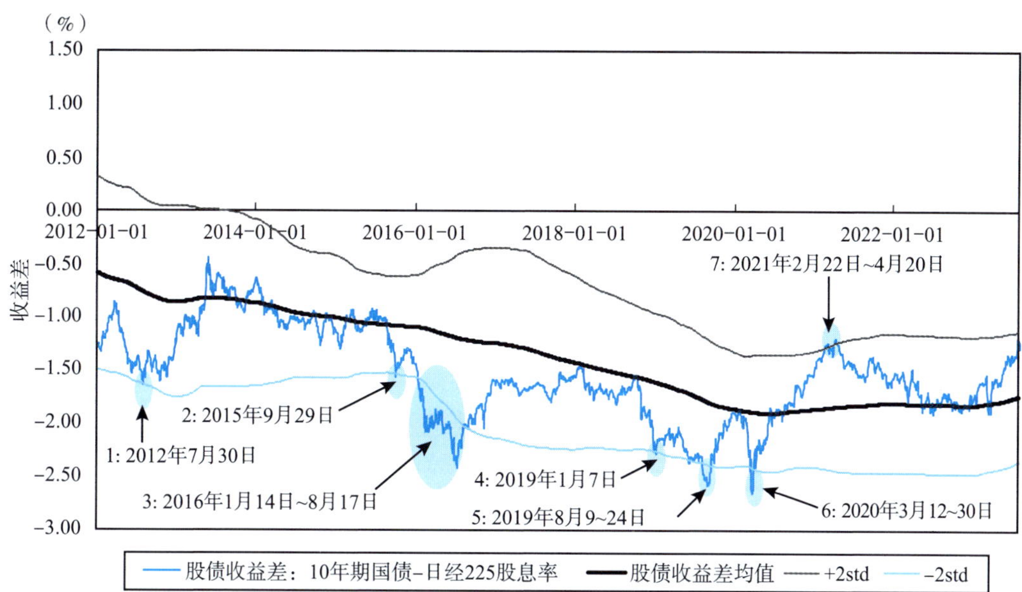

图 5-19-4　日本市场中的股债收益差走势

资料来源：万得资讯（Wind）。

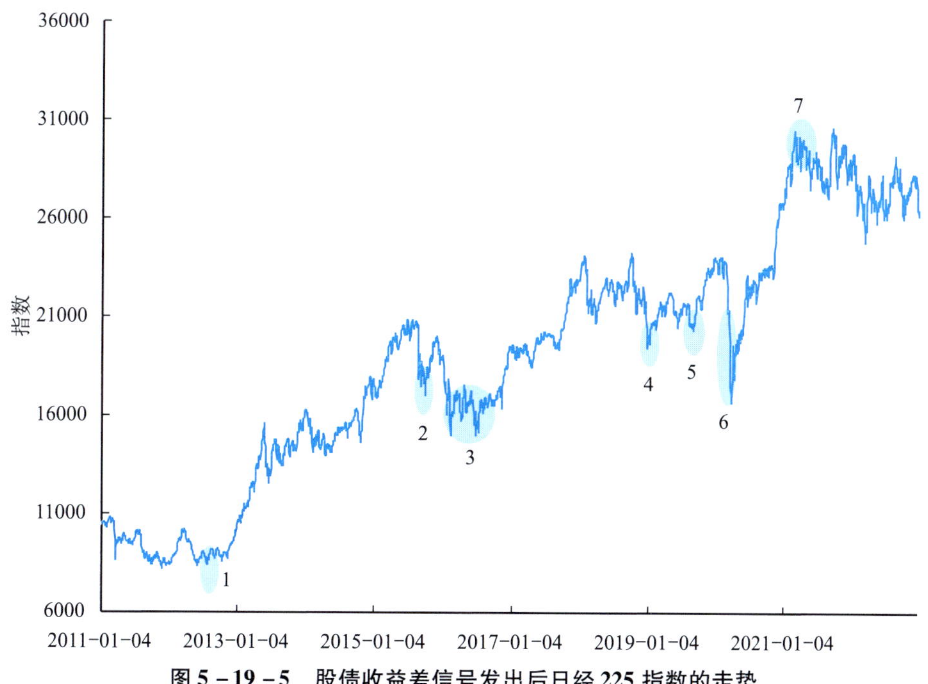

图 5-19-5　股债收益差信号发出后日经 225 指数的走势

资料来源：万得资讯（Wind）。

根据股债收益差信号，前 6 次均表现为下行跌破 2 倍标准差，意味着在此时期做“减仓债券/增持股票”的策略较为合理，最后一次表现为上行突破 2 倍标准差曲线（见图 5－19－4），意味着在此时期做“增仓债券/减持股票”的策略较为合理。

从上述日经 225 股指的变化来看，若前 6 次在阴影区域时期内进行增持股票的策略，从事后验证角度来看，均会获得不错的回报，而且基本不存在漫长的等待成本。而在最后一次阴影区域时期内进行减持股票的策略，从事后角度来看，也会相应规避后期市场调整的风险，信号效果也较为不错。

用同样的方式方法观察日本 10 年期国债利率的变化，如图 5－19－6 所示。

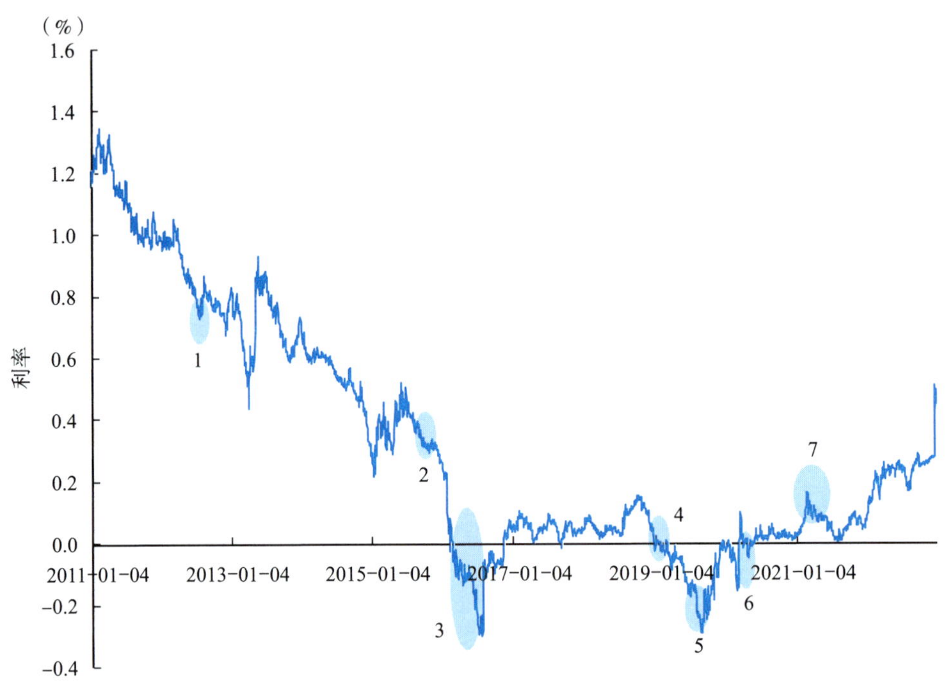

图 5－19－6　股债收益差信号发出后日本 10 年期国债利率走势

资料来源：万得资讯（Wind）。

按照股债收益差信号显示，前 6 次均提示策略为“减持债券”。从 10 年期国债利率运行的后期走势来看，其中第 1、2、4 次效果平平，有的甚至截然相反（如第 2、4 次）。效果较为良好的是第 3、5、6 次，在阴影区域时期后利率均出现了明显的回升，显示前期的减持策略是正确的选择。而对于第 7 次提示的增持债券的效果也较为良好，在其后一段时间内10年期日债收益率出现了明显的回落。

与美国市场的经验相反，股债收益差对于日本股票市场指示效果强于美股市场，对于债券市场的指示效果则与美国市场相似。

将2012~2022年日本金融市场中股债收益差所发出的7次信号时期、策略以及效果比对情况整理归纳，如表5-19-2所示。

表5-19-2　股债收益差信号发出后日本金融市场表现与评价

序号	时期	信号特征	信号代表意义	策略效果评判
1	2012年7月30日	股债收益差下行突破2倍标准差	减仓债券/增持股票	债券策略效果一般/股票策略良好
2	2015年9月29日	股债收益差下行突破2倍标准差	减仓债券/增持股票	债券策略效果不好/股票策略良好
3	2016年1月14日~8月17日	股债收益差下行突破2倍标准差	减仓债券/增持股票	债券策略效果良好/股票策略良好
4	2019年1月7日	股债收益差下行突破2倍标准差	减仓债券/增持股票	债券策略效果不好/股票策略良好
5	2019年8月9~24日	股债收益差下行突破2倍标准差	减仓债券/增持股票	债券策略效果良好/股票策略良好
6	2020年3月12~30日	股债收益差下行突破2倍标准差	减仓债券/增持股票	债券策略效果良好/股票策略良好
7	2021年2月22日~4月20日	股债收益差上行突破2倍标准差	增持债券/减仓股票	债券策略效果良好/股票策略良好

资料来源：万得资讯（Wind）。

对比美、日两国金融市场中对于股债收益差的应用情况，可以发现如下一些基本结论。

（1）股债收益差在美股市场中的应用效果一般。6次信号应用在股市中，效果良好的只有2次，其余4次对于股票的指引效果均较为一般，有的甚至为反向。而且会发现指引效果良好的多为“增持股票”策略，效果较差的多为“减持股票”策略。

（2）股债收益差在美债市场中的应用效果强于美股。6次信号应用在债市中，效果良好的有3次，其余3次对于债券市场的指引效果较为一般。

（3）股债收益差在日股市场中的应用效果较为理想，7次信号发出的股票策略从后期表现来看，均获得了良好的回报。

（4）股债收益差在日债市场中的应用效果表现不如日股，7次信号发出的债券策略在后期表现来看，有4次获得了良好的回报表现，其余3次存在失误。

为什么股债收益差工具在美股和日债中的表现效果要相对较差呢？

一个合理的推测是，股债收益差与标准差曲线的比较更多是建立在样本正态分布的假设前提下，而对于趋势性过于强烈、明显的样本而言，理论上是存在问题的。

长期以来，美股、日债的方向趋势性较为强烈（相比较而言，美债利率和日股的长期方向趋势性并不强烈），因此用其股债收益差与标准差曲线进行概率分布比较，可能存在一定的误差，这是造成同样的工具在不同的金融市场环境中应用存在效果差异的根本原因。

第六篇 资本市场风险偏好扩散指数

2008 年前的债券市场较为封闭、单纯，与其他资产之间的逻辑主线也有所不同，专注于通货膨胀。2009 年以来，股债之间的互通性明显增强，两者关注的逻辑主线也渐渐趋同。2012 年后，人民币汇率波动展开，市场决定属性显著增强，汇率也渐渐成为市场关注的焦点。2013 年伴随国债期货的上市，不少以往专注于商品期货的投资者也日渐关注这一品种。自此国内“股债商汇”四大类资产投资者群体开始融会贯通，多资产切换操作渐渐成为不少投资者的选择。

虽然从本质而言，多资产的驱动根基均为宏观经济，但是鉴于宏观预测的难度较大，结论并不明晰，因此市场投资者也非常关注多资产之间的信号变化，以便于相互印证。

鉴于多资产的观察，不少投资者也会提出这样的问题：哪一类资产更为敏感，更为领先？

事实上，这是一个非常难以回答的问题。由于四类资产的投资者群体不一，所接触的信息会有差异，必然存在某一时期某类资产的价格变化出现了领先，但是这种所谓的领先性的确认在实际操作过程中存在着一个巨大的挑战，即拐点有效性的确认。因为很多的拐点（顶或底）都是事后确认的，在拐点发生之初是很难定性的。

举一例，2023 年上半年伴随经济的冲高回落，四类资产（股债商汇）价格先后出现了拐点，从事后（站在 2023 年中期）角度来回顾，才能清晰地看出当时各类资产拐点出现的先后顺序为：创业板股指 = 汇率→利率→商品→上证综指。

事后回顾发现，创业板股指和汇率在 2 月上旬即产生了拐点，利率其后，拐点出现在 2 月中下旬，两者时间间隔不足 10 个交易日。那么站在当时，问题就在于：当创业板指数或人民币汇率出现拐折初期，是否能定论这就是一个大的趋势拐点呢？因为在当时来看，这有可能只是一个小的波动。

因此确认趋势拐点，要么通过时间的积累来确认（变化的时间要足够长），但是这无疑存在“事后诸葛亮”的嫌疑，要么通过幅度的积累来确认（变化的幅度要足够大）。

在《投资交易笔记（三）》中，笔者曾考察过债券、股指、商品三类资产在 2002～2018 年时期历次趋势拐点的领先性。为了规避上述疑问，特设置了“拐折幅度”和“拐折领先周期”两个指标来确认各类资产价格所谓的领先性含义。当时考察的结论是：①股票与利率相比较，股票拐点的领先性更强一些；②商品与利率比较，商品的领先性占优。

而如上所述的 2023 年上半年案例又会有不同的结论，因此应该说每一轮趋势转折过程中，并不确定哪类资产更为敏感、更为领先。应该说，绝大多数时期中四类资产价格的变化节奏是同步性的，如果非要细化到领先几个交易日的结论或判断，这在当期并不具有实际可操作意义，只是具有事后总结观察的意义。

此外，如果不纠结于上述技术性的分析与观察，只是从逻辑推演角度来考虑，也同样会得到“并不存在某一类资产始终具有领先性”的结论。

因为假如有某一类资产始终具有领先性，那么意味着其他资产都属于“附庸”状态。全部金融市场的投资者只需要关注该类资产的变化即可，同时也意味着只要观察到了领先资产的变化，那么对其他资产的操作就一定会“稳赚不赔”，很显然这是有悖常理的。所以从这个角度来看，不存在始终如一的领先性资产，投资者能做的只能是多维度观察与分析，进行不同资产走势之间的相互印证，以求一个更为贴近于真实的结论。

| 第二十章 |

多资产价格合成的风险偏好扩散指数

如果不以单一资产价格的涨跌为衡量标准，将资本市场（含“股债商汇”各类单一资产）视为一体，那么如何定义其方向与状态。不妨借用金融市场中常用的两个英文词汇来进行定义，分别为“risk on”与“risk off”，分别代表了偏好风险与规避风险的状态。

其中，“risk on”是指追逐一切风险类资产（包括股票、商品、垃圾债为代表的高息资产等），规避一切避险类资产（如债券、黄金、美元等），可以笼统地表示一切风险类资产的牛市状态。反之，可以用“risk off”来描述。

虽然上述定义并非官方约定而成，但是基本内涵不会有太大偏差。如果综合中国资本市场中的主体四类资产（股债商汇）的变化情况，也可以大致描述出资本市场的整体状态。

以上证综指描述股票资产价格、10 年期国债利率描述债券市场价格、南华工业品指数①指数描述中国商品市场价格、人民币对美元汇率描述汇率市场价格。

四类资产价格对于中国经济基本面的大致逻辑关系是：股指上行（下行）是“risk on（off)”状态的表现形式之一，利率上行（下行）是“risk on（off)”状态的表现形式之一，南华工业品指数上行（下行）是“risk on（off)”状态的表现形式之一，人民币对美元汇率（数值）的下行（上行）是“risk on（off)”状态的表现形式之一。

根据上述基本逻辑关系，采用扩散指数的方式将四类资产价格进行合成，所形成的曲线理应反映整体资本市场的“risk on（off)”状态。

具体方式方法，举例表示：当本期股价高于上期股价，本期记为“+1”；当本期股价低于上期股价，本期记为“-1”；如持平，则当期记为“0”。

---

① 事实上南华工业品指数中有很多国际定价的商品，如原油，其未必准确反映中国经济基本面，但是从数据公开、可得的角度出发，依然选择南华工业品指数作为中国商品市场的综合代表指数。

每类资产价格按照上述原则进行分别计量，不考虑资产价格的变化幅度，只考虑其变化方向，从而可以合成四类资产价格的扩散指数，可作为衡量资本市场的风险偏好方向指数。

在频率选择方面，既要考虑到时效性，又要避免过短的时间周期可能导致资产价格中包含过多的噪声，可以选择周度频率以及月度频率进行加工，采用当周（月）资产价格的平均值与上周（月）平均值进行比较，从而采用扩散合成的方式形成当期指数。周频的指数变化如图6－20－1所示。

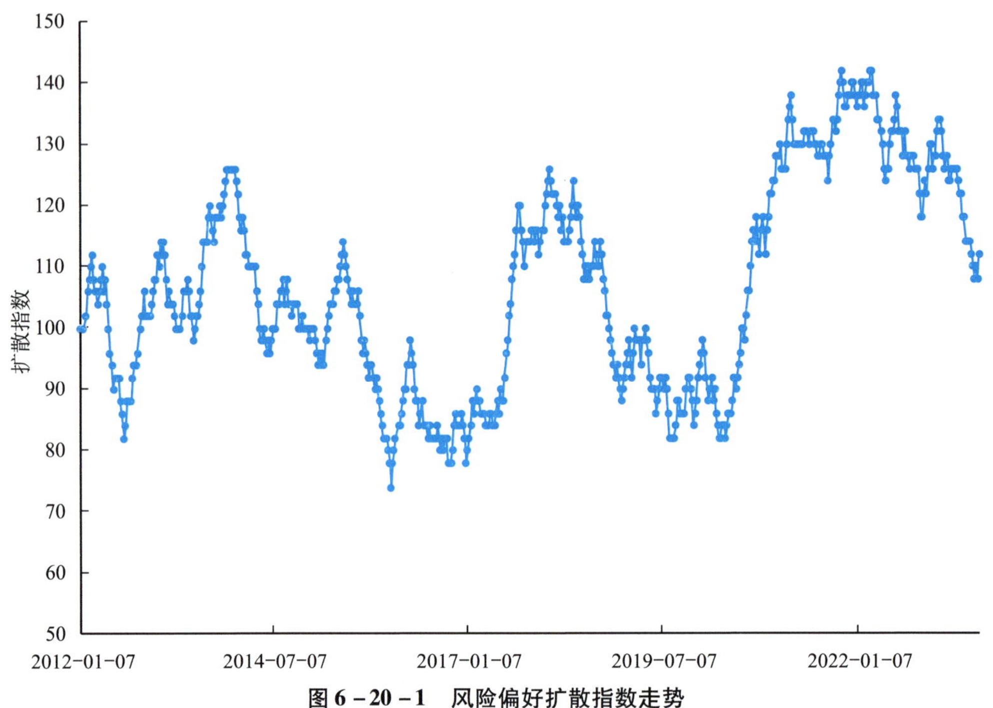

图6－20－1　风险偏好扩散指数走势

资料来源：万得资讯（Wind）。

以2012年首周为期初时点，指数定位为100，其后按照四类资产价格的升降变化进行扩散合成。2012～2023年的变化情况如上所示，称为“风险偏好扩散指数”，指数升表达“on”状态，指数降表达“off”状态。

这一指数的升降并不具体描述某一类资产的变化特征，而是将资本市场视为一个整体，描述其风险偏好的升降。

首先，其规避了单一资产价格可能产生的误判信号，当多资产按照等权重扩散合成方向时，从道理上讲出现群体错误的概率要小一些。其次，其变化具有广谱、全局性特征，可以大致描绘大类资产走向的群体主基调，更方便简洁地描述资本市场的整体方向。

在这一指数基础上，还可以加工出更为敏感的边际变化量，即每周指数的增减数据，类似于指数的环比表达。通过这种环比数据的边际变化会更敏感地发现整体指数可能存在的拐点，发现不同资产价格之间对风险偏好可能产生了差异变化，如图 6－20－2 所示。

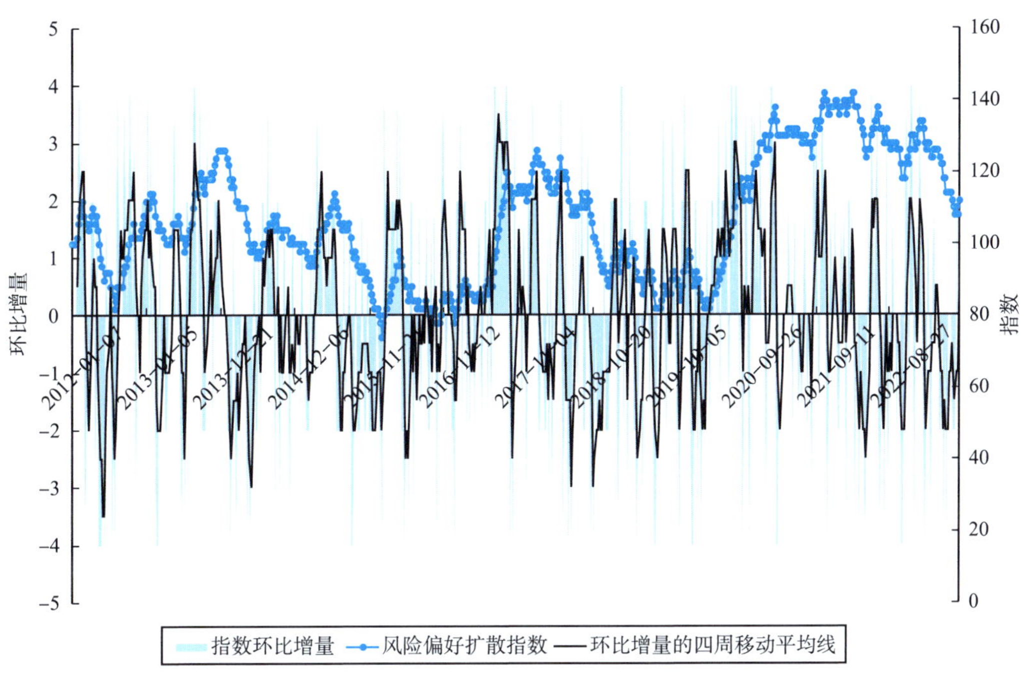

图 6－20－2 风险偏好扩散指数与环比增减量的关系

资料来源：万得资讯（Wind）。

| 第二十一章 |

风险偏好扩散指数与单一资产价格之间的关系

风险偏好扩散指数是一个多资产价格的合成指数，代表了资本市场的总体风险偏好变化，以其为比较基准，可以考察单一资产价格与之关联性，也可以考察一下单一资产是否具有领先性。在此仅考察风险偏好扩散指数与股指、利率以及汇率这几类金融资产价格之间的关系。

一、风险偏好扩散指数与股指的关系

以风险偏好扩散指数为比较基准，考察上证综合指数与之的相关性，考察周期是2012 年以来，其中上证综指采取周度平均值来表示，如图 6 –21 –1 所示。

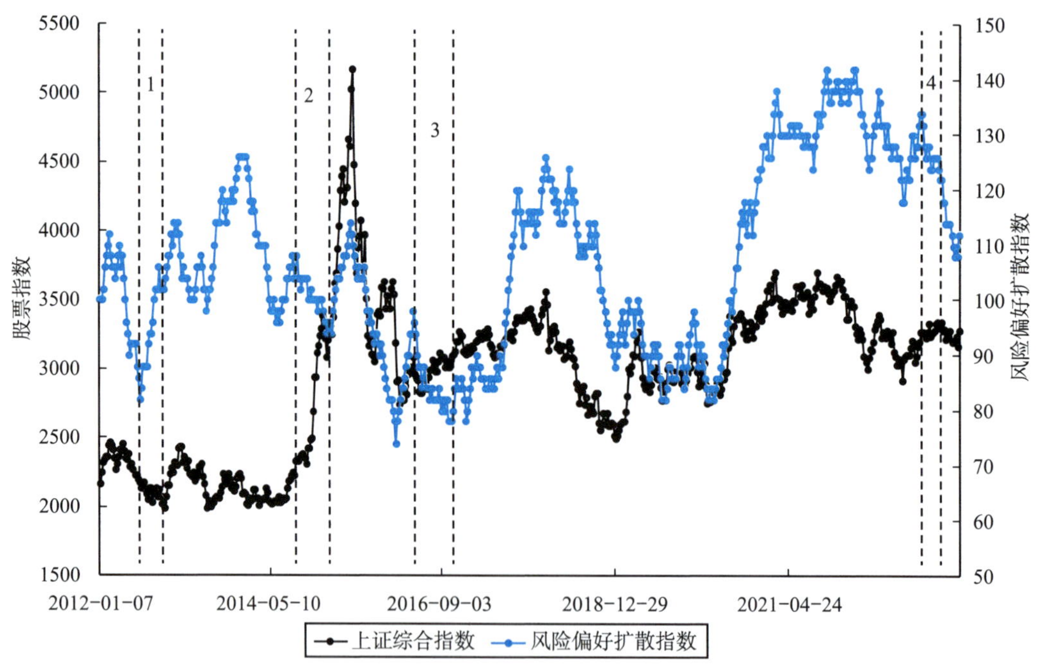

图 6 –21 –1　风险偏好扩散指数与上证综合指数的比较

资料来源：万得资讯（Wind）。

2012 年以来，风险偏好扩散指数与上证综合指数在方向性方面吻合度较高，只出现过 4 个时期，两者在方向上有所背离，分别为：

（1）2012 年 7 月 28 日 ~ 12 月 1 日。该时期风险偏好扩散指数明显走升，显示多类资产价格均显示出风险偏好回升的格局，但是股指却延续下行。最终经过近 4 个月的背离后，股指追随了各类资产发出的信号，转头上行。

（2）2014 年 9 月 13 日 ~ 2015 年 1 月 24 日。该时期风险偏好扩散指数明显走低，显示多数资产价格呈现出风险规避的态势，但是股指却明显冲高。最终经过 4 个月背离后，风险偏好扩散指数与股指同步选择了上行冲顶的格局。

（3）2016 年 5 月 28 日 ~ 10 月 22 日。该时期风险偏好扩散指数持续走低，但是股指已经脱离低点，缓步上行。最终两者合一，同步上行。

（4）2023 年 1 月 28 日 ~ 5 月 6 日。该时期风险偏好扩散指数持续走低，显示多数资产价格呈现出风险规避的态势，但是股指依然缓步走高中。最终两者同步下跌。

4 次背离中，背离时间均保持在 4 个月附近，最终选择方向归一，2 次股指敏感优先，2 次风险偏好扩散指数敏感优先。

二、风险偏好扩散指数与利率的关系

以风险偏好扩散指数为比较基准，考察 10 年期国债利率与之的相关性，考察周期是 2012 年以来，其中 10 年期国债利率采取周度平均值来表示，如图 6 - 21 - 2 所示。

2012 年以来，10 年期国债利率与风险偏好扩散指数的方向吻合度较高，但是依然出现了 6 次方向背离，分别为：

（1）2013 年 2 月 2 日 ~ 3 月 30 日。该时期风险偏好扩散指数已经连续近 2 个月出现了回落，但是利率保持在稳定态势，两者方向背离。最终国债利率出现了回落。

（2）2014 年 1 月 11 日 ~ 3 月 29 日。该时期风险偏好扩散指数明显持续下行，但是利率在高位盘整，两者方向背离。最终国债利率选择了回落，与风险偏好扩散指数的方向呈现一致性。

（3）2016 年 4 月 16 日 ~ 6 月 11 日。该时期风险偏好扩散指数明显回落，但是利率依然惯性冲高，方向背离。最终利率选择了明显下行，追随了风险偏好扩散指数的方向。

（4）2018 年 12 月 29 日 ~ 2019 年 3 月 30 日。该时期风险偏好扩散指数震荡上行，但是利率依然在惯性下行过程中，两者方向背离。最终利率选择了回升，追随了风险偏好扩散指数的方向。

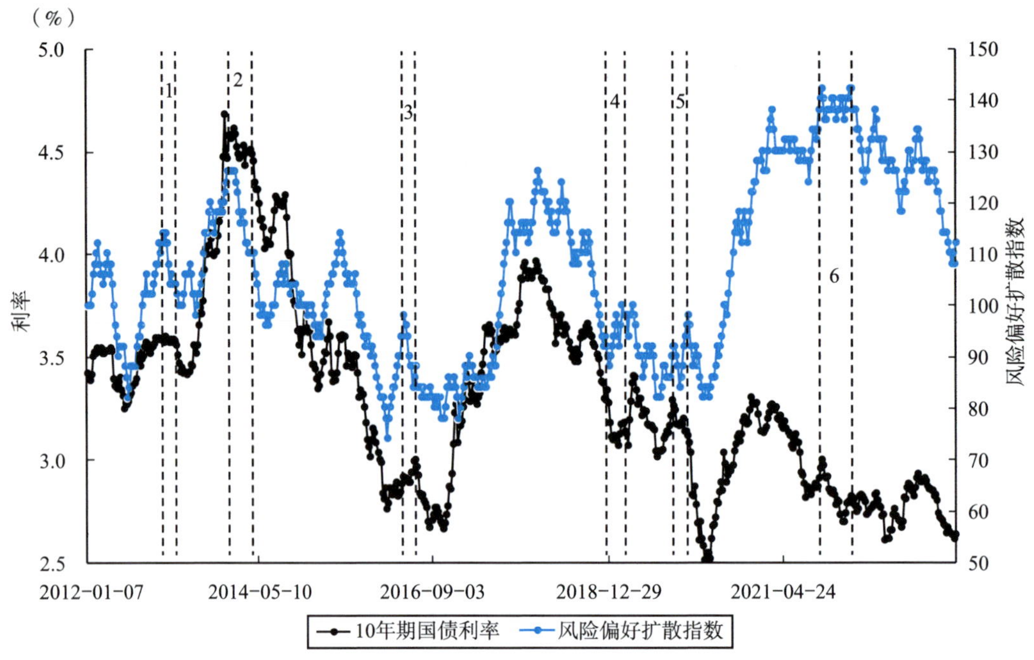

图6－21－2　风险偏好扩散指数与10年期国债利率的比较

资料来源：万得资讯（Wind）。

（5）2019年11月30日～2020年1月11日。该时期风险偏好扩散指数明显回升，但是同期利率却明显回落，两者方向明显背离。最终风险偏好指数明显下跌，追随了10年期国债利率的变化方向。

（6）2021年10月23日～2022年3月12日。该时期风险偏好扩散指数高位盘整，但是利率却一路下行，方向背离。最终风险偏好扩散指数追随了利率的方向，选择了同步下行。

纵观2012年以来风险偏好扩散指数与利率的6次背离，背离时间明显短于股指背离时期，多数背离时期在1～2个月内，最终选择方向归一。这6次背离中，有4次以风险偏好扩散指数敏感优先，有2次是利率敏感优先。

三、风险偏好扩散指数与人民币汇率的关系

以风险偏好扩散指数为比较基准，考察人民币对美元汇率与之的相关性，考察周期是2012年以来，其中人民币对美元汇率采取周度平均值来表示，如图6－21－3所示。

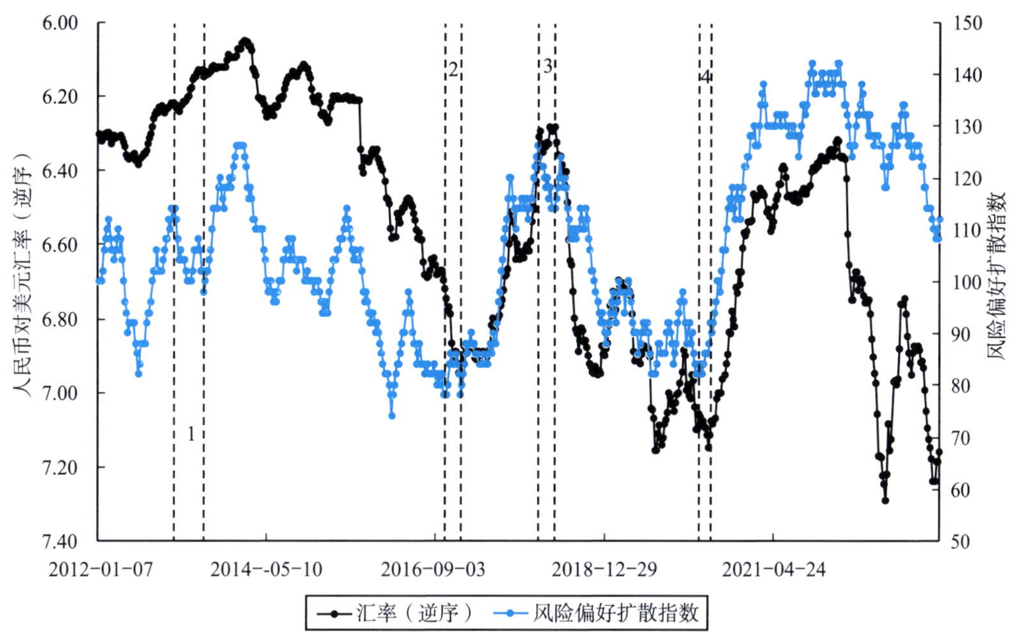

图 6－21－3　风险偏好扩散指数与人民币对美元汇率的比较

资料来源：万得资讯（Wind）。

2012 年以来，人民币对美元汇率与风险偏好扩散指数的方向吻合度较高，仅仅阶段性地出现过 4 次方向背离，分别为：

（1）2013 年 2 月 2 日 ~6 月 29 日。该时期人民币处于升值过程中，但是同期的风险偏好扩散指数处于回落过程中，两者方向相异，从事后结果来看，汇率的方向更为准确。最终风险偏好扩散指数回升，两者方向合一。

（2）2016 年 10 月 22 日 ~12 月 31 日。该时期风险偏好扩散指数已经呈现出筑底回升迹象，但是人民币汇率却始终处于贬值轨道中，两者出现了背离。经过一月有余的背离后，最终人民币汇率进入升值趋势，两者方向归一。

（3）2018 年 2 月 10 日 ~4 月 21 日。该时期人民币汇率已经出现升值乏力迹象，居于顶部盘整，而同期的风险偏好扩散指数则掉头下行，显示整体资本市场的风险偏好情绪有所降温。其后，两者方向归一，人民币汇率进入了贬值过程中，而风险偏好扩散指数则一路下行。

（4）2020 年 4 月 25 日 ~5 月 30 日。该时期风险偏好扩散指数已经开始转头上行，而同期的人民币汇率依然居于贬值过程中，两者方向背离。其后，从 6 月份开始两者方向归一，风险偏好扩散指数加速上行，而人民币汇率也进入到了升值过程中。

综观风险偏好扩散指数与人民币对美元汇率之间的关系，可以发现其相关性强于股指和利率。在历史中仅仅出现过的4次方向背离中，有3次显现出风险偏好扩散指数更为敏感优先，而只有1次体现为人民币汇率敏感优先。

之所以综合比较风险偏好扩散指数与三类金融资产价格之间的关系，笔者主要想表达的内容如下。

（1）风险偏好扩散指数来自多资产价格升降的合成，理论上可以最大程度地表达出驱动各类资产价格的共性因素，而这一共性因素理应为经济基本面。

（2）单一资产价格变化除去受到经济基本面因素驱动外，还必然受到自身市场特色因素的影响。

（3）虽然单一资产价格会阶段性地受到某些特色因素影响，但是不可能长期偏离共性的经济基本面因素，从这个角度来看，风险偏好扩散指数的方向更具有主导性。

（4）从风险偏好扩散指数与各类资产价格比较来看，与其紧密度高低的资产排序依次为：人民币对美元汇率、利率、股指。其中，从多次背离后的走势变化来看，风险偏好指数对汇率的领先性最强，其次是利率，最后是股指。这在一定程度上也反映出驱动股市运行的因素更为复杂。

（5）在关注单一资产价格变化过程中，一定要关注整体资本市场的风险偏好走势，一旦出现背离，要进一步明确是哪些资产价格的变化导致了风险偏好扩散指数的方向变化，了解是否有特殊性因素导致了某一资产的价格变化，进而影响了风险偏好扩散指数的方向变化。

第二十二章

风险偏好扩散指数与经济基本面之间的关系

如果由四大类资产价格合成的风险偏好扩散指数可以表征资本市场的方向，那么最值得研究关注的是其与中国宏观经济基本面之间的关系。

在本章内容中试图从两个维度考察风险偏好扩散指数与经济基本面的关系。

其一，从周度、月度频率角度出发，考察风险偏好扩散指数与国信宏观高频扩散指数之间的关联性。

其二，从月度频率出发，考察风险偏好扩散指数与前文中多模型扩散合成指数之间的关系，选取最为流行的“美林投资时钟”与“货币+信用风火轮”模型合成的两核扩散指数作为对标基准。

一、风险偏好扩散指数与国信宏观高频扩散指数的关系

首先对国信宏观高频扩散指数进行简介。

国信高频宏观扩散指数是笔者于2014~2015年时期编制开发的一个针对宏观经济增长变量的高频跟踪指标，其按照周度频率来进行跟踪描述，基本构成原理如下。

以国民经济增长中的第二产业中的工业部门为主要分析对象，对标于工业增加值指标。工业增加值数据分为三大门类：采矿业，制造业，电力、热力、燃气和水生产和供应业。如果按照规模以上工业企业营业收入来近似替代对应行业的产出，营业收入排名前几名依次为：计算机、通信和其他运输设备制造业，黑色金属冶炼和压延加工业，汽车制造业，化学原料和化学制品制造业，电气机械和器材制造业，电力、热力生产和供应业，有色金属冶炼和压延加工业。上述七大行业营业收入占到整个工业企业共计41个门类营收总额的50%，具备代表性。在上述行业中，计算机、通信和其他运输设备制造，电气机械和器材制造两行业居于下游，常见高频指标较为少见，统一采用上游原材料来替代表达。

遴选汽车全钢胎开工率、全国水泥价格指数、主要钢厂螺纹钢产量、建材综合指

数、焦化企业开工率、国内 PTA 产量、30 大中城市商品房成交面积共七大指标对于上述代表性行业进行高频跟踪，且由于上述指标均为周度公开发布数据，因此该指数可以做到周度呈现。各类高频行业指标的内涵如下：

（1）汽车全钢胎开工率：汽车是社会零售重要的构成部门。轮胎作为汽车行业重要的零部件，是整车领域的上游指标，从生产环节上讲，轮胎生产早于汽车生产，更早于汽车销售环节。汽车轮胎相关有两类指标，包括全钢胎开工率和半钢胎开工率。半钢胎除了新车生产外，也有二手车市场轮胎更换；而全钢胎除了家用汽车外，也包括与基建、制造联系更紧密的卡车。半钢胎和全钢胎开工率趋势和拐点相近，统一用全钢胎代替。

（2）全国水泥价格指数：水泥是基建领域的重要原材料，与基础设施产业链密切相关。采集区域包括长江、东北、华北、华东、中南、西南、西北、中原、京津冀、珠江—西江。其余的基础材料如熟料、混凝土、矿粉、碎石、机制砂、砂浆等价格走势与水泥有一定相似性。由于水泥库存量不大而且存在过剩产能，价格变动主要由需求推动。

（3）主要钢厂螺纹钢产量：钢铁行业作为传统周期行业，在“地产＋基建”链条中贡献了重要力量，近年来供给侧结构性改革、环保限产等也是主要围绕钢铁行业进行。整个黑色金属系链条复杂，螺纹钢与住房有关，板材、线材与造车和家电产业有关，产业链分布虽然广泛，但整个黑色金属系的价格、库存都有近似的变化趋势。钢铁行业中最重要的品种即螺纹钢，全国指标的统计范围包括南方、北方、华东三大区域。

（4）建材综合指数：涵盖除西藏、港澳台地区外 30 个省份核心城市的水泥、玻璃、陶瓷、石材、吊顶、铝型材、塑钢、涂料、木地板、劳务、混凝土、木材行情信息，在区域和覆盖范围具备双重广泛性。

（5）焦化企业开工率：炼焦行业的重要指标。焦化企业生产一方面受到炼焦利润的市场因素影响，另一方面也受到环保政策面扰动。统计按照产能小于 100 万吨、介于 100 万～200 万吨之间、大于 200 万吨的三个层级分别选取 100 家焦化企业，求取算术均值代表全行业的开工情况。

（6）国内 PTA 产量：化工领域比较重要的指标。PTA（精对苯二甲酸）属于化工领域上游的原材料产品，主要用途是生产涤纶、聚酯瓶片和聚酯薄膜，广泛用于与化学纤维、轻工、电子、建筑等国民经济的各个方面，与经济生产活动息息相关。

（7）30 大中城市新建商品房成交面积：房地产市场下游销售的代表性指标。30 大中城市包括北京、上海、广州、深圳、杭州、南京、青岛、苏州、江阴、厦门、大连、武汉、南昌、佛山、无锡、福州、东莞、惠州、包头、长春、扬州、安庆、岳阳、韶关、南宁、成都、长沙、哈尔滨、昆明、石家庄、兰州、天津。其中杭州、南昌、武汉、哈尔滨、昆明、扬州、安庆、南宁、兰州、江阴、佛山 11 个城市为商品房数据，其他城市为商品住宅数据。

其后，针对这 7 项指标进行扩散加工。例如，焦化企业开工率本周水平较上周有所提升，则记作“+1”，持平于上周则记作“0”，较上周下滑记作“-1”。其他 6 项指标参照这类处理方法，将 7 个得分求取均值，得到介于［-1，1］的综合得分，该得分即高频扩散指数，设置初期数值为 100，其后每周叠加扩散综合得分，即可得国信宏观高频扩散指数（定基）。

对于上述定基指数可以进行环比、同比或以月度频率进行加工整理，从而获得一系列的表达形式。

首先从周度频率来看，观察风险偏好扩散指数与国信宏观高频扩散指数之间的关系。

需要注意的是由于国信宏观高频扩散指数存在季节性特征（如每年春节期间，各行业处于生产淡季，指数均呈现下行态势），因此将其做同比化处理，既在一定程度上规避了季节性扰动，同时又较符合资本市场投资者习惯于同比变化比较的偏好。将风险偏好扩散指数与国信宏观高频扩散指数（定基）同比进行比较，并以周度频率展示，如图 6-22-1 所示。

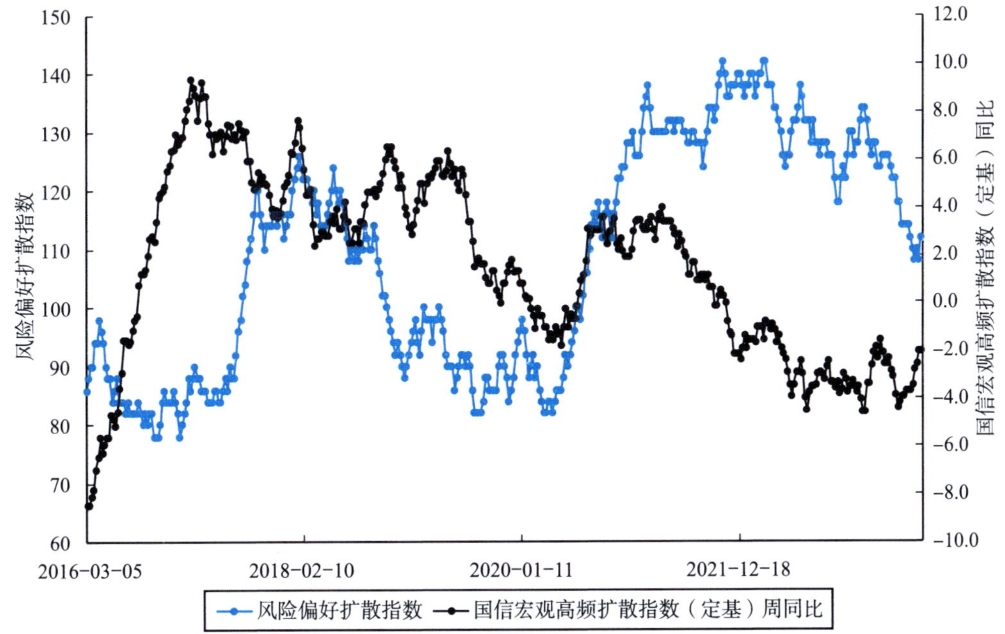

图 6-22-1　风险偏好扩散指数与国信宏观高频扩散指数的比较（周频）

资料来源：万得资讯（Wind）。

可见，两者存在较为明显的方向相关性，且从趋势变化的先后来看，国信宏观高频扩散指数（定基）同比增速领先于风险偏好扩散指数，这是符合基本假设的，即经济基本面的变化领先于资本市场风险偏好程度的变化。

周频率的数据依然会存在诸多的波动，如果以月度频率来观察两者之间的关系，则会更为明晰。将两类指数的周度数据进行月度加工，分别可以得到风险偏好扩散指数（月度）以及国信宏观高频扩散指数（月度定基同比），两者之间关系的示意如图 6－22－2 所示。

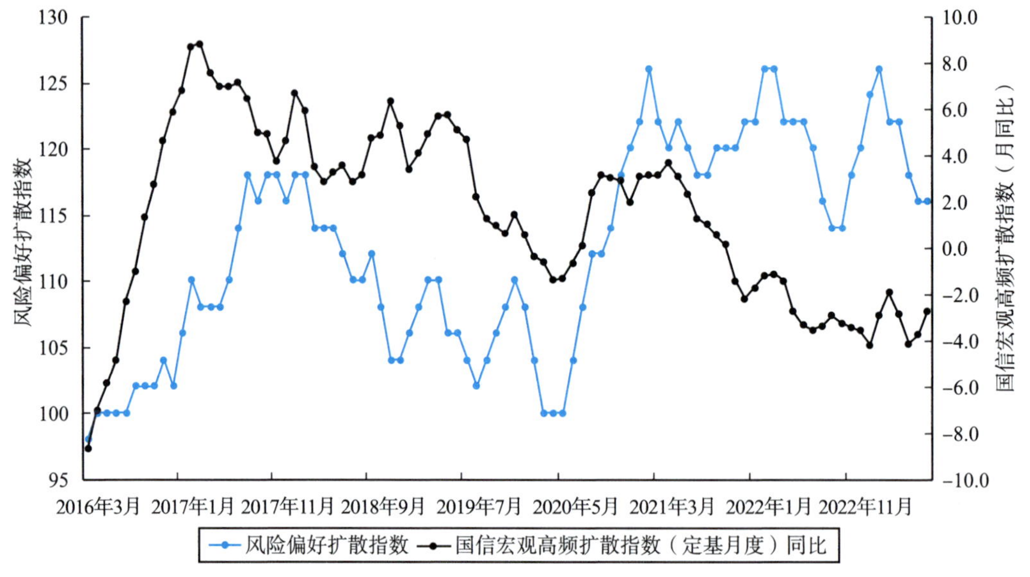

图 6－22－2　风险偏好扩散指数与国信宏观高频扩散指数的比较（月频）

资料来源：万得资讯（Wind）。

从图 6－22－2 观察来看，宏观经济基本面与资产市场风险偏好之间的正向关联性会体现得更为明显，且能够清晰地感受到前者对于后者的领先关系。但是不可否认的是两者的这种所谓的先后变化关系在实践中引用会存在诸多问题，例如，领先周期不稳定、依然存在某阶段背离等现象。

这种问题一方面反映出风险偏好扩散指数未必 100% 地内含着经济基本面因素；另一方面也反映了宏观高频扩散指数的局限性依然存在，仅仅利用 7 个行业高频数据去模拟跟踪整体工业部门生产状况的边际变化，本身就不能期待于万无一失。

二、风险偏好扩散指数与多模型扩散合成指数之间的关系

在前文中，笔者对于多个资产配置模型进行了核心主线的梳理，并针对各模型的核心主线进行了扩散加工，从而形成了一系列的核心主线扩散指数。其中包括有“美林投资时钟”“货币＋信用风火轮”“信贷库存周期”“实体经济库存周期”等模型，从基本内涵来看，上述模型均从经济基本面角度出发，因此彰显的是中国的经济基本面的波动。

在上述四类模型的梳理中，分别确定了各自的核心主线指标，分别为“经济名义增长率”“社会融资规模存量同比增速”“信贷余额增速－票据贴现余额增速”“工业增加值增速－实际库存增速”。在相关性检验中，发现以“美林投资时钟”和“货币＋信用风火轮”构筑的合成扩散指数对于资产价格的解释度最高，相关系数高达0.56。

因此在本章考察中，选取由“经济名义增长率”和“社会融资规模存量同比增速”构成的两核扩散指数，令其与风险偏好扩散指数进行比较，两者之间的相关示意如图6－22－3所示。

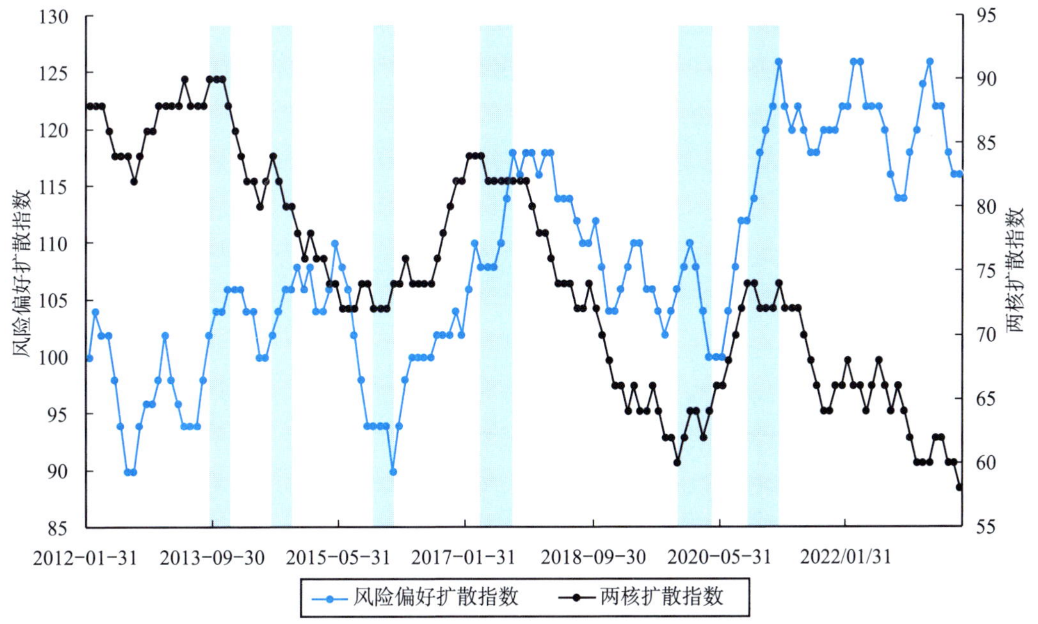

图6－22－3　风险偏好扩散指数与多模型扩散合成指数之间的比较

资料来源：万得资讯（Wind）。

两个指数均为扩散合成方式，更多地表现方向性和持续的时间性特征。从两个指数的变化比较来看，其方向正相关性较为明显，且两核扩散指数（基本面内涵属性）在拐点处明显领先于风险偏好扩散指数（资本市场运行属性），上述阴影区域均表现为前者领先于后者的拐点时期。从领先的时间周期来看，两核扩散指数在拐点意义上领先于资本市场风险偏好指数的时长大概在 2～3 个月时期。

通过比较风险偏好扩散指数与各类经济基本面内涵指数的关系，可以大致得出如下几个基本结论。

（1）无论是周度频率考察风险偏好扩散指数与国信宏观高频扩散指数（定基）同比增速的关系，还是月度频率考察风险偏好扩散指数与国信宏观高频扩散指数（定基）同比、两核扩散指数的关系，均可以发现资本市场的风险偏好运行状态与宏观经济基本面具有明显的正相关性。

（2）从前瞻性而言，可以观察到经济基本面变化在先，其后会出现资本市场风险偏好运行状态的改变，这符合一般性理解，即宏观经济基本面因素是领先于资本市场运行的。

（3）从实用角度而言，更加关注两类指标之间的领先周期。周度频率的数据虽然能体现出领先性，但是缺点在于波动较剧烈，且领先周期不稳定，仅适合于定性观察。月度指标之间的稳定性要强，且从几轮趋势拐点变化来看，两核扩散指数对于风险偏好扩散指数的领先周期大致在 2～3 个月。

第二十三章

风险偏好扩散指数的技术性分析

在前述各章内容中，首先，引入了资本市场风险扩散指数的概念，其是由四类资产价格的变化值经过扩散加工而合成，可以在更广泛意义上衡量整体资本市场的风险偏好运行状态。其次，考察了风险偏好扩散指数与单一金融资产价格之间的关系，其重要意义在于提示投资者在聚焦单一资产价格运行的同时，要更关注整体资本市场的风险运行特征。不排除单一资产与之产生偏离，但是要具体分析拆解这种偏离分歧的原因，从而尽可能避免“一叶障目不见泰山”的可能性。最后，将资本市场风险偏好扩散指数与经济基本面诸多衡量指标进行对比，发现了资本市场与宏观经济运行之间的密切关联性，且能感知到宏观经济状态对于资本市场趋势运行的领先意义。

本章内容则更聚焦于单纯的风险偏好扩散指数分析，且更侧重于从技术分析角度来挖掘风险偏好扩散指数波动方向的可能性。

首先，风险偏好扩散指数是定基指数，每一期相比于前一期都存在环比增减量，这个增减量的叠加构成了风险偏好扩散定基指数。从道理而言，环比增减量是比定基指数更为敏感的运行指标。四类资产价格均上涨，表示为“+4”，三类资产价格上涨表示为“+3”，依次类推，可以通过环比增减量的变化敏感地感受到定基指数上行或下行动力是否强化或弱化。

如果按照上述思路进行加工，同时为了规避环比增减量的波动频繁，不妨将其加工成四周移动平均线，按照周度频率衡量，如图6-23-1所示。

从周度频率的图示来看，定基扩散指数的方向取决于环比增减量，最好的状态是四类资产价格变化方向一致。当越来越多的资产价格出现背离反向时，虽然风险偏好扩散指数依然在上行（或下行）过程中，但是事实上在这一方向上运行的动量已经开始出现衰减，值得关注。

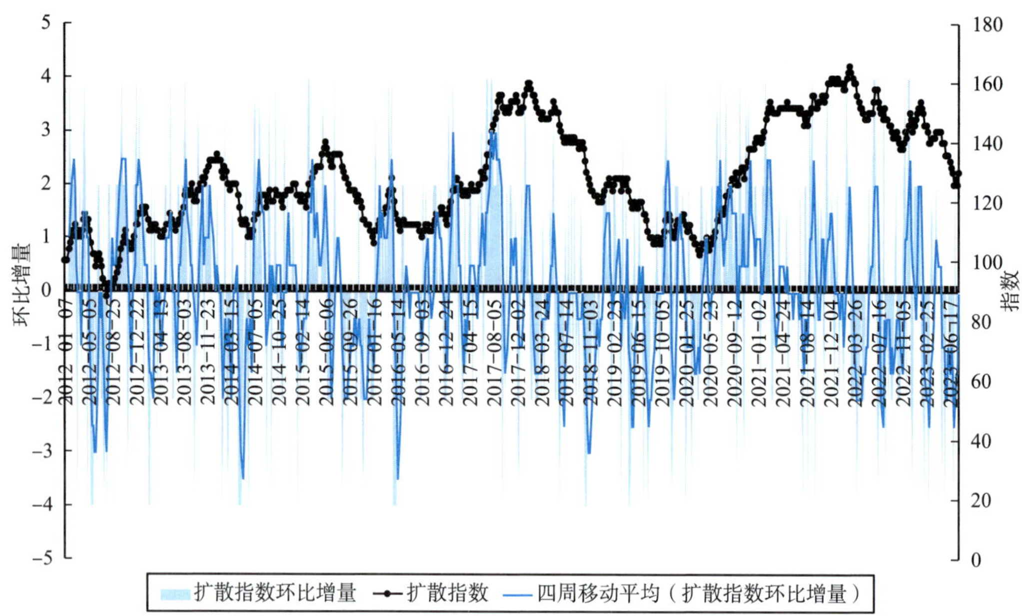

图6－23－1　风险偏好扩散指数与其环比增减量的关系（周频）

资料来源：万得资讯（Wind）。

考虑到单周环比增减量的波动过于频繁，不妨进一步引入对于每周环比增减量的移动平均值进行辅助观察。当定基指数处于上行趋势中，但是环比增减量的移动平均线已经开始回落，其后大概率会产生定基指数的上行顶点。当定基指数处于下行趋势中，但是环比增减量的移动平均值已经开始回升，其后大概率会产生出定基指数的下行底点。所以从技术角度来看，环比增减量以及其构成的移动平均线更为敏感领先于风险偏好扩散定基指数。

如果从月度频率的指数变化来看，这种领先敏感性更为显著。风险偏好扩散指数的月度定基指数、月度环比增减量以及月度环比增减量的3个月移动平均线如图6－23－2所示。

这里明显可以看出环比增量的（3个月）移动平均线明显领先于风险偏好扩散定基指数的拐点变化。从原理上看，环比增量移动平均线向零轴收敛意味着越来越多的资产价格方向选择了与之前相反的状态，当足够多的资产价格选择了另外一个方向，最终会改变整体资本市场风险偏好指数的方向。

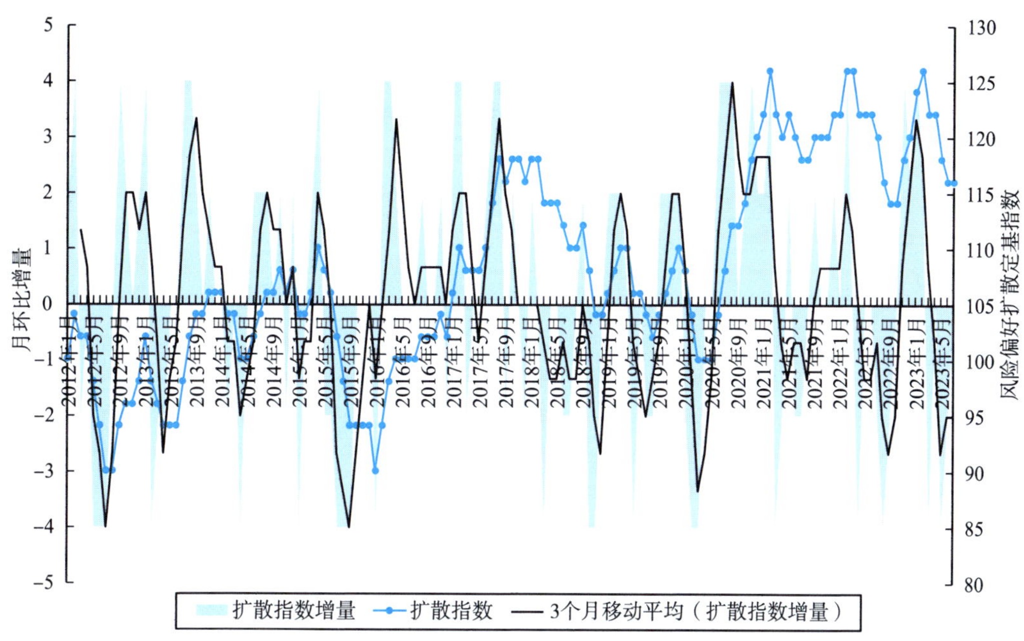

图 6-23-2　风险偏好扩散指数与其环比增减量的关系（月频）

资料来源：万得资讯（Wind）。

将视角聚焦于整体资本市场（而不单纯聚焦于单一资产），采用风险偏好扩散指数来衡量整体资本市场的运行状态，那么如何尽可能地预测或提前捕捉资本市场的运行方向或拐点呢？笔者可提供参考借鉴的方式方法有两类。

其一，采用经济基本面领先资本市场运行的假设，去关注宏观经济基本面指标的变化，例如，上文中所述的国信宏观高频扩散指数、两核扩散指数。后者来源于“美林投资时钟”和“货币+信用风火轮”模型，采用了两类模型的主线指标：名义经济增长率、信用增速，加工扩散合成。

从定性观察角度可以发现宏观经济基本面指数与资本市场风险偏好扩散指数之间具有明显的正相关性，且前者领先后者的周期为 2～3 个月。利用这种正相关性和前瞻领先周期，可以大致去推测未来资本市场风险偏好的运行状态。

其二，采用上述的类似于技术分析的模式，单纯关注风险偏好扩散指数环比增减量的变化（或其移动平均线的变化）。从理论而言，环比增减量的变化会领先于定基扩散指数的变化，环比增减量的变化也代表着四类资产价格的运行方向在发生分歧、波动，而这些是构成定基总指数方向、拐点变化的基础。

第七篇 构建前瞻性基本面指标体系

资本市场中的投资或交易行为常常会被划分为两大“派别”。一者为基本面派别，一者为技术分析派别。在机构投资者为主导的市场中，最为典型的是债券市场，投资者多自诩为基本面分析派别，但是每个人都会“悄悄”地关注技术分析。

所谓的基本面派别，其分析的出发点就是经济基本面的系列数据。通过对这些数据的跟踪或预测，借助于一系列的策略配置框架（如“美林投资时钟”“货币＋信用风火轮”等），实现对于当前或未来资产价格运行情况的解释或推测。

很显然，如果将笔者进行归类，当属于上述派别，热衷于从经济基本面的起点出发，推测基本面因素的未来变化态势，进而去演绎推测资产价格的变化。

第二十四章

披着基本面“外衣”的技术分析

很长时间以来，笔者认为这就是基本面派别的投资分析方法。但是在近些年以来，却越来越对此产生了怀疑和犹豫，开始质疑这种分析预测模式的真正属性。

众所周知，所谓的基本面分析路径是这样的：预测未来时期的经济基本面数据的变化，或高频紧密地跟踪当前经济基本面数据的变化，以此为输入变量，代入各种类型的策略分析框架中，进而得出资产价格未来的变化态势。

在这个路径中会出现三个环节：经济基本面预测、策略框架、资产价格。其中后两个环节出现错误的概率相对较小，整体链条能否成功，主要取决于对第一个环节的把握。

第一个环节主要涉及对于各类宏观经济基本面数据的处理。在现实中，这一环节的处理有两种模式：跟踪和预测。

使用最为广泛的模式是跟踪宏观经济基本面变量。例如，市场中常用的跟踪房地产销售成交数据、跟踪各类工业品的产量数据、了解跟踪银行每周甚至每旬的信贷投放数据等。当了解了这些数据后，会将其作为基本面环节的出发点，并配合以“线性外推”或“均值回复”的预期方式，推测其未来时期的运行态势，将这种预测结果迭代进资产配置策略框架中，最终得出资产价格的变化方向。

客观来说，这种预测模式的本质是对已经发生过的历史数据进行“技术性”外推（或线性外推，或均值回复），从而作为了基本面分析模式的出发点，其本质是一种“技术性分析”。

现实中最为典型的案例可参考每月国家统计局发布月度经济数据时期。例如，8 月中旬（约 8 月 15 日前后）国家统计局发布 7 月份的经济运行数据，那么 7 月份数据的走强或走弱是否应该影响 8 月当期的资产价格变化呢？

从道理而言，资产价格是敏感的。7 月份的经济数据情况会及时地影响 7 月当月的资产价格运行，虽然其在 8 月中旬发布，但是理论上不应该对于 8 月份的资产价格产生明显的趋势性影响。

如果这种影响切实发生了，只能说明投资者在潜移默化地使用着“线性外推”或“均值回复”的思路，将7月份经济数据表现的强或弱递延推演进了8月份，即产生了“7月份强，则8月强；7月弱，则8月弱”的演绎路径（多数情况下会采取线性外推思路，有时候也会采取均值回复的思路）。

因此跟踪经济基本面数据的模式，只是一种滞后的确认。如果假设资产价格高度敏感，跟踪历史数据只能起到解释市场的作用，而无法进行预测。如果依据历史数据叠加“线性外推”或“均值回复”思路进行了未来时期（通常这个未来时期都偏于短期）的演绎，确实可以作为预测的起点，但是其本质依然是技术分析的内涵。

因此笔者将其称为是“披着基本面外衣的技术分析”。

跟踪模式经常在市场投资交易者群体中使用，其适用的时间段均较为短暂，越高频的跟踪指标其可外推演绎的时间周期越短。而对于分析研究者而言，更多会采取单纯性的预测模式。

所谓预测模式，其延展的预测周期会相对更长一些，例如，对于未来数月时期进行基本面预测或资产价格预判。但是不可否认的是，大多数的这种中周期预测分析也是具有浓重的技术分析色彩。

通常情况下，分析师对未来3～6个月经济指标运行情况进行预测，主要是通过确定性的“基数效应”和定性式的“环比估计”这两大因素，共同来确定经济数据的同比增速。其中，基数效应是确定性的，而难度最大的部分则是对未来数期环比的估计。

所谓的中性估计就是对于未来时期的环比采用历史同期环比的均值来进行模拟，悲观估计就是对于未来时期的环比定位低于历史同期环比的均值水平，乐观估计就是对于未来时期的环比定位高于历史同期环比的均值水平。

具体分析师是采取中性、悲观还是乐观假设，则更多是一种模糊的、定性化的感知。例如，对于未来政策支持力度预期悲观，则在数据预测中采取悲观假设，反之，对于未来政策支持力度预期乐观，则在数据预测中采取乐观假设。

从此可以看出，这一预测过程的起点依然是一种定性化、模糊化的感知，这种感知决定了预测数据的高低（与历史同期均值比较）差异，从而导致了各类中期数据的预测差异。

这一预测路径比跟踪模式稍具基本面色彩，因为其过程中毕竟引入了对于未来变化的主观感受成分，并非单一性地对历史数据进行“线性外推”或“均值回复”。即便如此，由于其更多是和历史同期情况进行比较，其本质也同样含有技术分析色彩。

因此，无论是以跟踪模式，采用“线性外推”或“均值回复”的思路进行未来短周期的演绎，还是以单纯预测模式，根据自身的定性感知，采用确定性基数和模拟（与历史同期均值比较）环比的方式来进行中期预测，都内含了太多的技术分析色彩。虽可以自诩为基本面投资分析派别，但本质却是技术分析内涵，因此笔者将这些模式统称为“披着基本面外衣的技术分析”。

会有读者对上述描述进行反驳。如年初完全可以依据财政赤字率、债务规模等定量化政策变量来形成悲观、乐观或中性的假设，这并非一种主观性的感知，而是具有客观性的评判标准。

笔者不否定这种看似合理的推演路径，但是从现实来看，所谓的一些政策性变量（如提及的赤字率、债务规模甚至加减息次数）与经济的环比增速动能之间并非依次对应的关系。由此及彼的这种推演看似合理，但实用起来却会遭遇重重挑战。

在笔者的多年感受中，一直在强调一个观点：从实战性角度出发，逻辑完美并不重要，决定成败的关键因素在于初始的基本面假设。而在这多年的市场观察和研究过程中，笔者由衷地感受着预测基本面变化这一工作的难度之大，因此市场多给基本面数据的预测行为冠名为“拍脑袋”。

多年的经验告诉笔者，不可过于迷信经济基本面变化态势的预测结论，对于起点假设条件的正确性不能给予过高的期待。单纯以宏观经济预测为出发点而形成的资产配置策略在实践中可能蕴含着巨大的不确定性，因为该策略盈利与否都取决于宏观预测的正确性与否，而宏观预测的难度又是如此之大。以一个如此之难的事情（宏观预测）去预测另一个同样困难的事情（资产价格预测），其效果可想而知。

有趣的是，很多所谓的大类资产配置（研究）恰恰就是以上述模式在进行。由宏观分析师提出未来时期的宏观环境判断，债券、股票、商品、汇率等策略分析师就据此而描绘出未来时期各类资产价格的变化。这种所谓的多资产配置效果的成败均系于宏观分析师一人之身。

笔者所推崇的大类资产配置研究更倾向于是一种“自下而上”的模式。独立地由“股债商汇”分析师按照自己本行业的特征或逻辑进行独立的判断，随后将各自的逻辑与结论进行相互比对、印证、参考，以发现各自逻辑与结论的差异点在哪里，从而确定分歧点。这种相互印证的模式可能更有助于分散决策风险。当然又不乏有人认为这一模式同样存在着自相关的矛盾，同样“天方夜谭”。

在此，笔者并非否定宏观预测为起点的基本面分析模式，而是提示投资者在应用过程中要深刻了解其风险点在哪里。

如果对于宏观预测的准确性不寄托高期待，不妨从跟踪模式角度出发去重构基本面分析路径，但是这里所提的“跟踪”并不是对于高频、同步类指标的跟踪，而是希望将观察跟踪的“标的”前移一步，更多地挖掘、观察、跟踪前瞻性指标，构建同步指标的“先锋官”。借助于前瞻性指标的变化以及其与同步性指标的关系，进而领先预测未来时期同步性指标的变化态势，进而推测资产价格的变化。

在本篇内容中，笔者试图针对市场聚焦关注的同步性经济指标，前瞻一步，构建其前瞻性指标体系，并试图挖掘前瞻性指标和同步性指标之间的关系。

第二十五章

区分高频性指标和同步性指标

在这之前需要明确两个问题：第一，区分高频性指标、同步性指标；第二，对于资产价格而言，影响至关重要的同步指标有哪些。

一、高频性指标

市场中时常会混淆高频指标和前瞻性指标，事实上两者截然不同。高频指标本质是一种同步性指标，只是其发布的时间偏早或发布的频率较高。最为典型的例子就是采购经理人指数（PMI）。

时常会看到一些说法，将 PMI 视为前瞻性指标。事实上其只是在当月末或次月初发布而已，其衡量的只是当月的经济状况，本质还是一个同步性指标。

以名义经济增长率（工业增加值增速、CPI、PPI 合成）指标作为同步指标的典型代表，观察其与 PMI 之间的关系。可以看出在多数时期中，并没有表现出两者之间存在“前瞻 - 滞后”的关系，只是在 2007 ~ 2009 年时期中似乎出现了 PMI 对名义增长率指标的领先迹象（见图 7 - 25 - 1）。

事实上，市场中很多所谓“理所当然”的前瞻领先指标都是在那个时期（2007 ~ 2009 年）中观察而得的结论。其中最为“著名”的就是“货币量领先于实体经济变化”的论断。

从形式上看，确实这些指标在 2007 ~ 2009 年这轮大波动周期中呈现出先后变化的态势，但是依此定位两者之间具有稳定的先后顺序则并不切合实际。

事实上，在经济周期剧烈波动的时期，以同比增速衡量的同步指标本身在基数效应的影响下会出现滞后性。此时环比变化量则成为市场聚焦的同步衡量指标，因此会造成一些数据变化的先后，这可能并非前瞻性的含义，而是数据变化中的技术性必然。

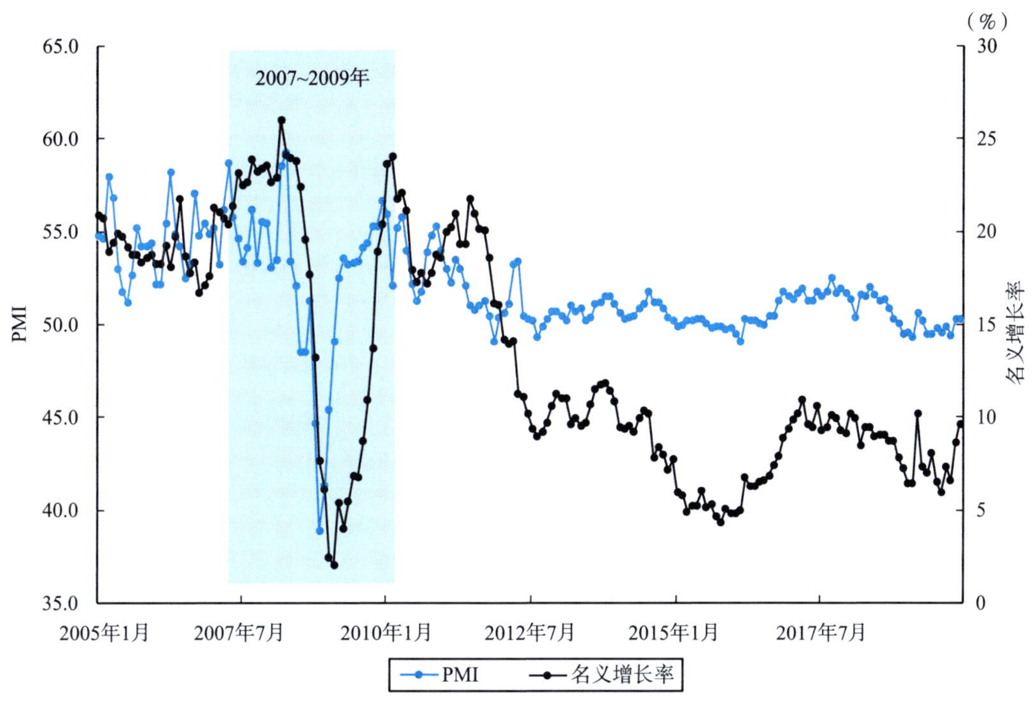

图 7-25-1 PMI 与名义经济增长率几乎同步变化

资料来源：万得资讯（Wind）。

此外，市场中还经常观察跟踪一些高频行业数据，例如，30 个城市商品房成交量（日频）、各类工业品开工率（周频或旬度频率）等。前文中介绍的国信宏观高频扩散指数，本质也是一种同步性指标，只是在衡量当期宏观或行业状况，并不具有前瞻性指引。如果以月度周期为衡量比较基准，这些数据发布只是更为高频而已。

二、同步性指标

相较于高频性指标，同步性指标是更为关键的一类指标，因为其变化几乎与资产价格的变化同步，是市场投资者最为聚焦的基本面数据。也正是因为如此，市场中的多数策略配置框架或分析模式是以同步性经济数据作为出发点，建立同步性指标与资产价格之间的联动模型。

从笔者若干年的经验感受来看，市场投资者最为关注的同步性经济指标如图 7-25-2 所示。

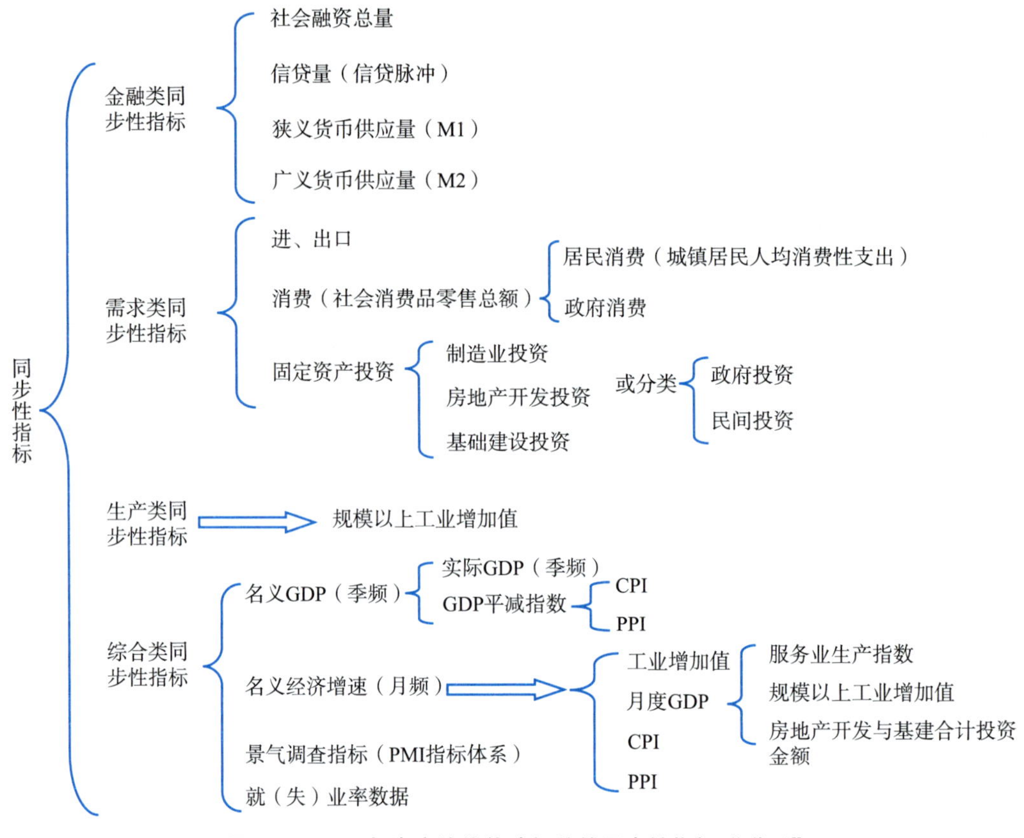

图7－25－2　与资产价格休戚相关的同步性指标“谱系”

图7－25－2中的指标均为反映统计期内经济基本面状态的同步性指标，是市场投资者最关注的内容。多数的策略配置框架也基本是以这些指标为初始起点，研究上述指标与资产价格的关系。

应该说上述同步性经济指标都是投资者耳熟能详的内容，在此只是对某些指标的衡量观察要点做一些简要说明。

金融类同步性指标主要是信用类数据。比较其趋势变化的方式主要是通过存量余额同比增速的模式来进行，很少将金融类数据加工成单月数据来进行序列分析，其中社会融资总量这一指标值得商榷。

社会融资总量这一指标自2013年建立，初始内涵是衡量实体经济部门从金融市场中获取的融资量。实体经济部门指企业部门和居民部门，笔者对于该定义较为认同。但是在随后的发展中，中央银行不断拓宽社会融资总量的内涵，特别是引入了政府部门从金融市场中获取的金融支持，将国债、地方政府债均纳入了社会融资总量的统计范畴。

这种调整变化后，引发了一些问题，如 2016 ~ 2017 年的社会融资规模存量同比增速出现了与“老口径”（即调整前的口径）截然不同的变化。

按照“老口径”计量的社会融资规模存量同比增速在 2016 ~ 2017 年（特别是以跨年时点为分界线①）是平缓的触底回升走势，甚至 2016 年以来的下行放缓是持续到了 2017 年 3 月份方才触底。但是按照口径调整后的官方发布数据来看，2017 年伊始社会融资规模存量同比增速就出现了明显“跳升”，从 12% 附近一举上跳到了 16%。这与当时的实际情况并不相符，只是口径调整而造成的数据波动（见图 7 – 25 – 3）。

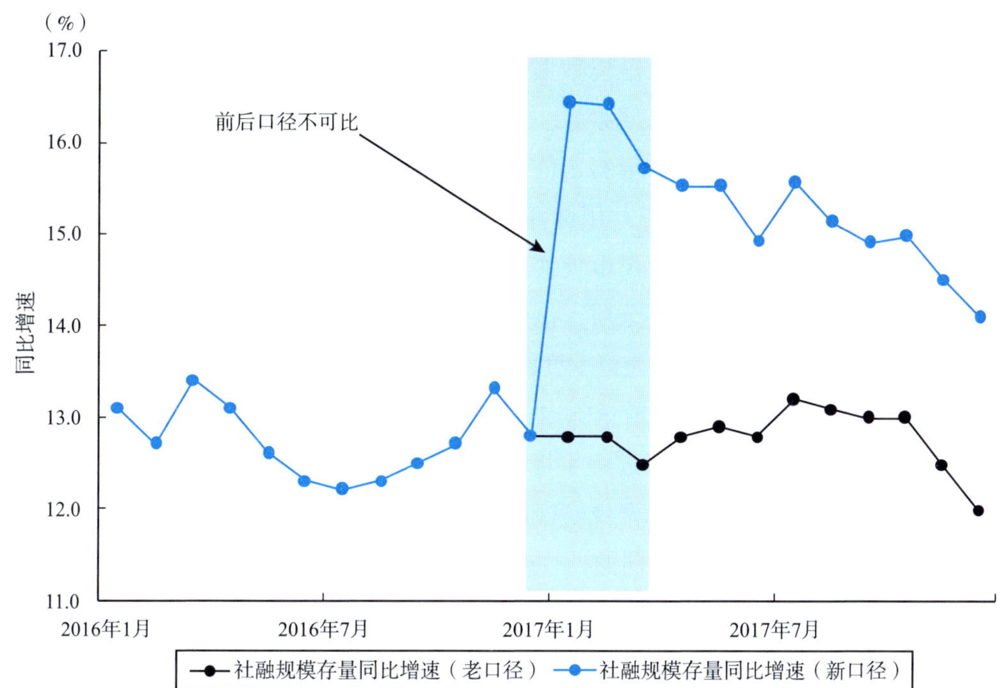

图 7 – 25 – 3　统计口径调整引发了“新”“旧”社融增速产生明显差异

资料来源：中国人民银行。

① 历史上，中央银行对社融统计口径的修正与调整：（1）2018 年 7 月起，人民银行完善社会融资规模统计方法，将“存款类金融机构资产支持证券”和“贷款核销”纳入社会融资规模统计，在“其他融资”项下单独列示。（2）2018 年 9 月起，人民银行将“地方政府专项债券”纳入社会融资规模统计。（3）2019 年 9 月起，人民银行完善“社会融资规模”中的“企业债券”统计，将“交易所企业资产支持证券”纳入“企业债券”指标。（4）2020 年 1 月 16 日，人民银行宣布 2019 年 12 月起，将国债和地方政府一般债券纳入社融统计。

如果不熟悉这一时期的微观变化，则在处理社会融资数据与资产变量关系时会出现混乱。从笔者自身感受来看，依然比较推崇于“老口径”社会融资规模（主要是将国债、地方政府债项目剔除）存量同比增速的概念。引入过多的其他内容，不仅会在短期内改变数据的变化方向，同时也令该指标的敏感度得以降低，对于波动拐点的指示意义变得滞后。

此外，“信贷脉冲”（或“信用脉冲”）这个概念经常被市场提及，同样将其归属在金融类同步性指标序列中。

信（贷）用脉冲主要指信贷的增量占据GDP的百分比，是衡量信贷对于经济增长的支撑作用。彭博金融终端会定期发布每个月的信用脉冲数值，彭博金融终端中描述的计算方式是：①央行公布的社会融资数据中的分项数据进行12个月增量加总，包含分项如贷款、股票融资、地方政府债券等，并使用存量指数计算一年内增量。②除以名义GDP四个季度的滚动值，综合计算得出信用脉冲数据。

在同一原则逻辑下，信（贷）用脉冲具有不同计量方式。例如，笔者习惯的计算模式是，按月计算当月新增的人民币贷款、委托贷款、未贴现票据、企业债券融资、外币贷款、政府债券等社融中的各分项，各分项的单月新增量之和作为分子。分母采用名义GDP总量（由于名义GDP数值以季度频率发布，可以将当季名义GDP总量平均地分摊到当季每个月度中）。社融新增量除以当月名义GDP，可以得出信用脉冲的初步值。由于该数值波动过于剧烈，可以进一步将其进行12个月的滚动平均计算，可得信用脉冲的终值数据，该数据与社会融资规模存量余额同比增速的吻合度很高。

总之在同一指导原则下，不同的计算处理方式得出的信（贷）用脉冲值大多趋势相似，拐点吻合，且其走势与社会融资规模存量同比增速基本一致。因此将“信（贷）用脉冲”视为金融类同步性指标，其意义接近于社会融资规模总量等指标。图7－25－4即为信用脉冲与社会融资规模存量同比增速之间的对比关系。

从图7－25－4两条曲线的对比情况来看，无论从方向趋势，还是从拐点变化来看，信用脉冲与社融规模存量同比增速均具有高度的同步性，因此将其作为金融类同步性指标之一。

另一个值得解释的同步性经济指标是固定资产投资（含其子类分项）。按照官方数据的发布习惯，通常是发布固定资产投资完成额（年度内累计值）和固定资产投资完成额的累计同比增速，市场分析中常自行构建固定资产投资单月同比增速。但是建立单月同比增速的方法并不是用公布的累计完成额（绝对值）简单地进行逐月相减，然后用差值代表单月完成额，进行同比计算。

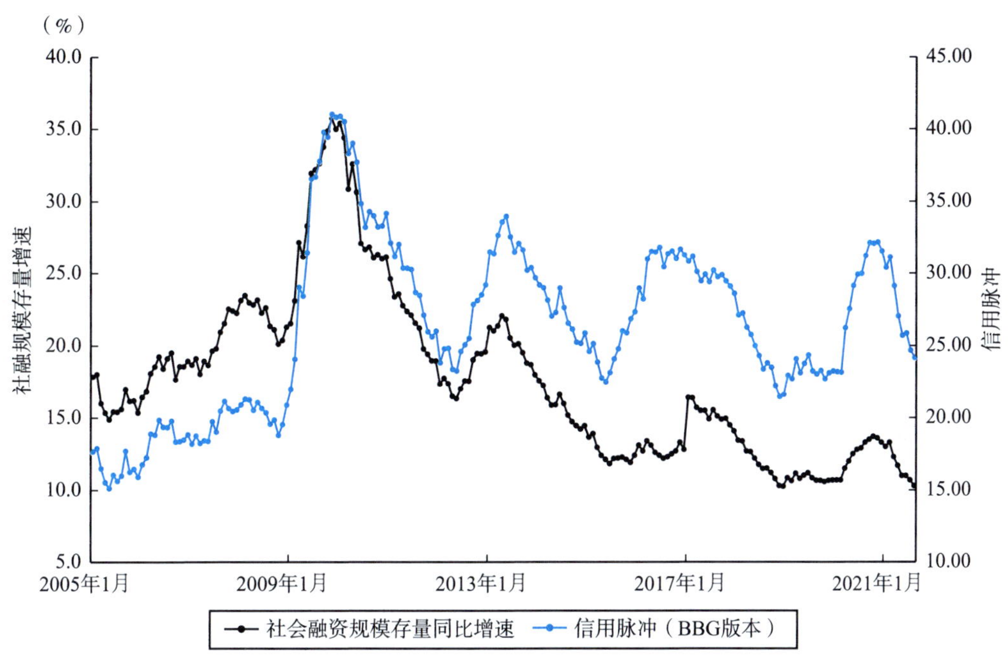

图7-25-4　社融增速与信用脉冲趋势相似

资料来源：中国人民银行。

计算固定资产投资的单月同比增速正确的方式方法是，定基某年的累计绝对额，以发布的累计同比增速为依据，计算后续年度逐月的累计绝对额（这一计算结果与统计局发布的累计绝对额存在不小的差异，这是依据统计门槛调整调查样本的结果），利用新计算而出的绝对额再进行逐月相减，计算出单月的固定资产投资额，进而再计算单月同比增速。

此外，需要进一步对固定资产投资的不同分类进行简要说明。通常市场分析基本按照投资客体进行分类，将固定资产投资划分为三大类：制造业投资、地产开发投资、基础建设投资。这三大类别占据固定资产总投资的比重基本相当，大致为4∶3∶3。

如果按照投资主体进行分类，则会将固定资产总投资划分为：政府投资、民间投资和外商直接投资，这三者占据固定资产总投资的比重大致为6∶3∶1。其中政府投资和民间投资划分的依据是所有制形式不同。民间投资是来自民营经济所涵盖的各类主体的投资，具体包括个体投资（居民个人的生产性投资和住宅投资、城乡个体工商户经营性投资）、私营企业投资、私有资本控股的股份制企业投资以及集体企业投资。政府投资是指国有企业以及国有控股企业所进行的固定资产投资。

上述一系列同步性经济指标都是市场投资者聚焦关注点，且对于资产价格具有非常强烈的影响意义。考虑到资产价格的敏感性，可以认为资产价格与上述系列指标具有强烈的同步相关性。

| 第二十六章 |

寻找同步性指标的前瞻指引

在上一章内容中，按照各类指标的属性不同，划分了四类同步性指标，分别为金融类同步性指标、需求类同步性指标、生产类同步性指标以及综合类同步性指标。在本章需要将观察的视角进一步前移，寻求上述同步性指标的前瞻性指引，即前瞻性指标。

在寻找“前瞻－同步”指标组合的过程中，需要明确几个基本原则或注意事项，分别为：

（1）同步指标体系内不同的分项指标之间也可能存在相互领先性，这不足为奇。

（2）“前瞻－同步”指标组合不仅需要在数据实证中具有先后关系，还需要明晰其内部的先后传导逻辑，既需要实证过关，又需要逻辑合理。

（3）尽可能地观察“前瞻－同步”指标组合的先后时滞周期，这样大致可以判断出传导时期的长短。但是预计这些时滞周期并不稳定，这就是前瞻性指标指引同步性指标在实践应用过程中最大的难点。

笔者相信这一难点无法解决或克服。假想前瞻性指标与同步性指标之间具有稳定的领先时滞周期，那么市场投资者的焦点将会快速转移到前瞻性指标身上，而资产价格也必然会随着前瞻性指标而波动变化，这样一来所谓的前瞻性指标自然演变为同步性指标。

一、金融类同步性指标的前瞻指引

金融类同步指标主要由信用类指标构成。无论是信贷、信（贷）用脉冲、广（狭）义货币供应量还是社会融资规模，依据“资产决定负债”的基本原理，这些指标的本质都是信用。资本市场非常关注社会信用的趋势与波动，可以将上述金融类同步指标归类为一体，统一用社会融资规模存量同比增速来进行描述。

（一）固定资产投资完成额累计同比增速前瞻领先于社融规模存量同比增速

根据后续第八篇中的描述，信用是社会实体经济流动性的表现形式，受到资金供给能力与需求意愿共同决定，但是归根结底还是需求意愿主导。

对信用流动性的需求又是与实体经济运行中的需求息息相关，实体经济需求主要有三类：（进出口）外需、消费需求和固定资产投资需求。三类需求由于属性差异，对于信用扩张的影响程度不一。其中固定资产投资是资本密集型的活动，对于信用量需求度最大，因此可以说固定资产投资活动是社会信用扩张的主导力量。

从正常的固定资产投资活动来看，都是以自有资本金作为"引子"，撬动信贷等社会融资形式，从而形成固定资产投资完成额，所以从逻辑上看，固定资产投资活动领先于社会信用的派生。

从数据分析角度来观察固定资产投资活动是否领先于社会融资规模的扩张，图7－26－1是固定资产投资完成额累计增速与社会融资规模存量同比增速的关系。

图7－26－1 固定资产投资活动与信用派生的先后关系

资料来源：国家统计局、中国人民银行。

剔除数据剧烈波动时期（主要集中于2004年上半年和2020年以来），单纯考察2004～2019年时期固定资产投资完成额累计同比增速与社会融资规模存量同比增速的关系，可以发现大致有11次拐折。

这11次拐折中，均表现为固定资产投资完成额累计同比增速率先出现拐点，其后社会融资规模存量同比增速出现拐点，虽然时滞并不一致，但是多数集中在2～3个月时期，这11次拐点联动以及时滞期均汇总在表7-26-1中，供读者参考。

表7-26-1　　　固定资产投资活动与信用派生先后拐点时期的统计

序号	固定资产投资完成额累计同比增速（顶或底）	社融规模存量同比增速（顶或底）	领先时长（月）	顶或底
1	2005年2月	2005年5月	3	底
2	2006年6月	2006年9月	3	顶
3	2007年2月	2007年3月	1	底
4	2007年11月	2008年2月	3	顶
5	2008年2月	2008年10月	8	底
6	2009年6月	2009年11月	5	顶
7	2012年5月	2012年5月	0	底
8	2013年3月	2013年4月	1	顶
9	2016年7月	2016年8月	1	底
10	2018年9月	2018年12月	3	底
11	2019年3月	2019年6月	3	顶

资料来源：国家统计局、中国人民银行。

11次拐折中，固定资产投资完成额累计同比增速均领先（或同步）于社会融资规模存量同比增速，平均领先2.8个月。

需要特别说明的是图7-26-1中的阴影区域。从形式上显示2017年2月社会融资规模存量同比增速达到最高点，而2017年3月固定资产投资完成额累计同比增速达到最高点，前者领先于后者。但是如前文内容复原的历史细节所述，受到社融统计口径调整的影响，2017年的社融规模存量同比增速出现了“异动”。更为真实的情况是2017年第一季度社融增速继续缓步下行，进入第二季度才触底回升。从这个角度来看，固定资产投资完成额累计同比增速依然是社融规模存量同比增速的前瞻性指标。

从逻辑角度而言，固定资产投资活动是资本密集型活动，对于信用量的影响最大，而从投资活动的进展顺序来看，其对于信用派生确实应该具有领先性。从数据观察角度来看，2004~2019年时期合计梳理了11次拐折。从数据拐点的先后变化来看，确实是固定资产投资完成额累计同比增速领先于社会融资规模存量同比增速，且其领先的周期平均为2.8个月。

（二）货币条件指数前瞻领先于社融规模存量同比增速

利用货币条件指数前瞻的预测信用增速的变化是市场中较为常用的一种方式。对于货币条件指数有不同的构建方式，学术界也作出过持续不断的探讨和改进，如表7－26－2所示。

表7－26－2　关于金融条件指数经典文献和中国版本常用的方法列举

作者	底层指标	频率	测算方法
张明喜（2008）	货币政策利率传导渠道的实际利率、汇率传导渠道的实际有效汇率、信贷传导渠道的贷款增长率	季度	—
王彬（2009）	股票价格缺口、有效汇率缺口、房地产价格缺口、实际货币供给缺口、实际短期利率缺口	月度	VAR模型
戴国强（2009）	通货膨胀率、汇率指数、房产价格指数、利率价格指数、电力价格指数、股票价格指数	月度	VAR模型
李刚（2012）	实际利率、实际有效汇率、实际信贷规模缺口、实际产出与潜在产出之间的缺口	季度	单方程估计、最小二乘法
李亚奇（2014）	实际利率、实际汇率、M2增长率	月度	单方程估计、最小二乘法
徐丹（2017）	实际货币供应量、实际利率、实际有效汇率、实际产出	季度	最小二乘法
程强（2019）	社会融资总额、贷款平均成本、人民币汇率、储备货币、广义货币、广义信贷、金融杠杆、货币市场利率	月度	VECM模型

在此，笔者选择介绍国信证券经济研究所推出的货币条件指数。其本意主要是从价格驱动流动性的角度出发，采取了以中美利差、汇率、互换利率等价格类指标，并采用历史分位数比较叠加扩散加成的方法构建而成。

该指数构建过程中选择的底层数据分别为：一年期FR007互换利率、10年期中美利差、人民币对美元汇率以及剩余流动性指标。其中剩余流动性指标是指“M2同比－工业增加值同比－综合价格指数同比”，借此反映没有在实体经济运行层面的流动性冗余。

对于上述四类指标与货币条件指数之间的关系分别为：“剩余流动性”与国内经济基本面因素息息相关，其与货币条件指数存在正相关性；以“FR007一年期互换利率”为代表的利率指标与国内市场面因素息息相关，其与货币条件指数是负相关性；

“人民币对美元汇率”归属于外生市场面因素，其与货币条件指数存在正相关关系；“10 年期中美国债利率”反映外生基本面因素，其与货币条件指数存在负相关性关系。如表 7－26－3 所示。

表 7－26－3　　各类因素与货币条件指数的关系

因素属性	指标名称	指标释义	指标影响
国内基本面因素	剩余流动性	M2 同比－综合价格同比－工业增加值同比	正向
国内市场因素	利率	FR007 一年期互换利率	逆向
外生市场因素	汇率	人民币对美元汇率	正向
外生基本面因素	中美利差	中、美 10 年期主权债利差	逆向

按照月度频率计算，其具体的计算过程如下：

（1）选择中、美 10 年期国债利差、剩余流动性（M2 扣减掉月度频率的名义经济增速）、FR007 一年期互换利率、人民币对美元汇率共四个基础类指标。

（2）四个指标对于货币条件指数的正/负值属性关系分别为－、＋、－、＋。

（3）以 2010 年为起点，分别计算当月指标数据值处于历史区间（2010 年至计算当月周期内）中的分位数，会得到四个分位数值，分布范围在 0～100% 之间。

（4）四个分位数按照其正/负属性进行加减运算，得到综合的货币条件指数。

由上述方法加工而出的货币条件指数更多属性是在反映市场价格因素。之所以引入历史周期分位数的比较方式，事实上是存在了“以史为鉴”的思维模式。即假定当诸多价格因子足够低或足够高时，其后续会引发社会融资环境的改变，进而对实体经济融资情况产生后续推动作用。

从数据对比角度来观察一下货币条件指数与社会融资规模存量同比增速的关系。考察的时期是 2011～2019 年。需要注意的是笔者并没有考察 2020～2023 年时期，原因在于诸多因素导致了该时期的宏观经济数据呈现出急剧波动性，这应该并非经济周期运行的常态，所以为了剔除数据剧烈波动而造成的干扰，未对上述时期进行回顾归纳。如图 7－26－2 所示。

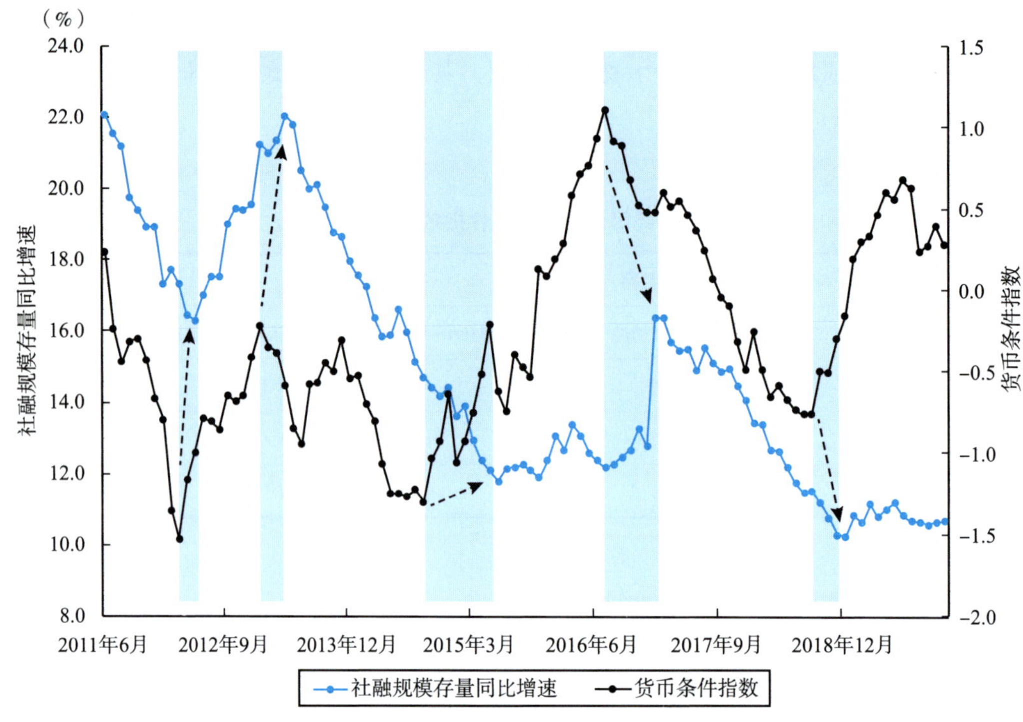

图 7－26－2 社会融资与货币条件指数的关系

资料来源：国家统计局、中国人民银行。

笔者选取了上述 5 次拐折进行观察，可以发现依照上述方法构建的货币条件指数确实对社会融资规模存量同比增速存在领先性。将上述 5 次拐折时期先后变化情况列示如表 7－26－4 所示。

表 7－26－4 货币条件指数与信用派生先后拐点时期的统计

序号	货币条件指数（顶或底）	社融规模存量同比增速（顶或底）	领先时长（月）	顶或底
1	2012 年 3 月	2012 年 5 月	2	底
2	2013 年 1 月	2013 年 4 月	3	顶
3	2014 年 9 月	2015 年 6 月	9	底
4	2016 年 7 月	2017 年 2 月	7	顶
5	2018 年 8 月	2018 年 12 月	4	底

资料来源：国家统计局、中国人民银行。

从上述考察情况来看，货币条件指数的拐点确实领先于社会融资规模存量同比增速拐点，但是领先的周期并不稳定，多数保持在3个月左右，但是2014～2015年时期，领先周期长达9个月时间。

从逻辑归纳角度而言，货币条件指数对社会信用增速的领先前瞻性主要是立足于过低（高）的价格可以推动（抑制）融资需求的变化。其中“高”与“低”的划分主要是参考于历史周期比较，在一定程度上具有技术分析的内涵。从数据观察角度来看，2011～2019年时期合计梳理了5次拐折，从数据拐点的先后变化来看，货币条件指数确实领先于社会融资规模存量同比增速，但是领先的周期长度并不稳定，平均领先周期为3个月。

综上，对于信用这一重要的市场同步指标进行了梳理和分析，寻求到了两个在逻辑解释角度和数据观察角度均可接受的前瞻性指标，分别为固定资产投资完成额累计同比增速和货币条件指数。当发现上述两个前瞻性指标发出拐折时（连续2～3个月的方向变化，大概率可以确认拐点），可以高度期待在随后时期中信用增速产生方向性变化。

二、需求类同步性指标的前瞻指引

需求类指标是市场非常关注的一类指标，市场对其重视程度甚至超越生产类指标，因为主流思路认为需求是基础，其决定了生产。

按照传统的需求类别划分，将国内经济需求指标分为三大部类，分别为外需（进出口）、固定资产投资需求和消费需求。

按照月度频率来看，分别的代表性指标为出口同比增速、固定资产投资完成额累计同比增速以及社会零售品销售总额同比增速。其中出口与社会零售品销售增速习惯于衡量单月同比变化，固定资产投资完成额可以同时关注累计增速变化和自行加工处理的单月增速变化。

（一）寻找出口同比增速变化的前瞻性指标

外需是中国的重要需求之一，一般习惯于用出口同比增速来衡量外需的变化。需要注意的是，由于美国是世界第一经济大国，其经济总量占据全球经济的比重高达25%，因此美国内部需求的变化（特别是其消费需求）对于全球贸易具有重要影响，自然对于中国的出口也具有重要的影响。从这一角度出发，不妨从美国消费需求决定角度寻找中国出口增速的前瞻性指标。

1. 美国标准普尔股指的同比增速前瞻领先于中国出口同比增速

美国居民消费支出的变化在很大程度上取决于美国居民的财富收入。由于美国股票市场在美国居民的财富构成中占据重要地位，其股票市场的波动对于美国居民的财富会产生重要影响。这种财富效应会传递到美国居民的消费支出层面，当消费支出发生变化时，会对于全球贸易需求产生影响，中国作为最大的出口国自然会受到影响。

衡量美国股市所形成的财富效应影响，可以对美国股指进行加工处理，简单易行。由于是按照月度频率衡量对中国出口增速的影响，可以将美国标普 500 股票指数进行月均值化处理，并将股指月均值进行同比化处理，用股指的同比变化水平与出口同比变化进行比较，如图 7－26－3 所示。

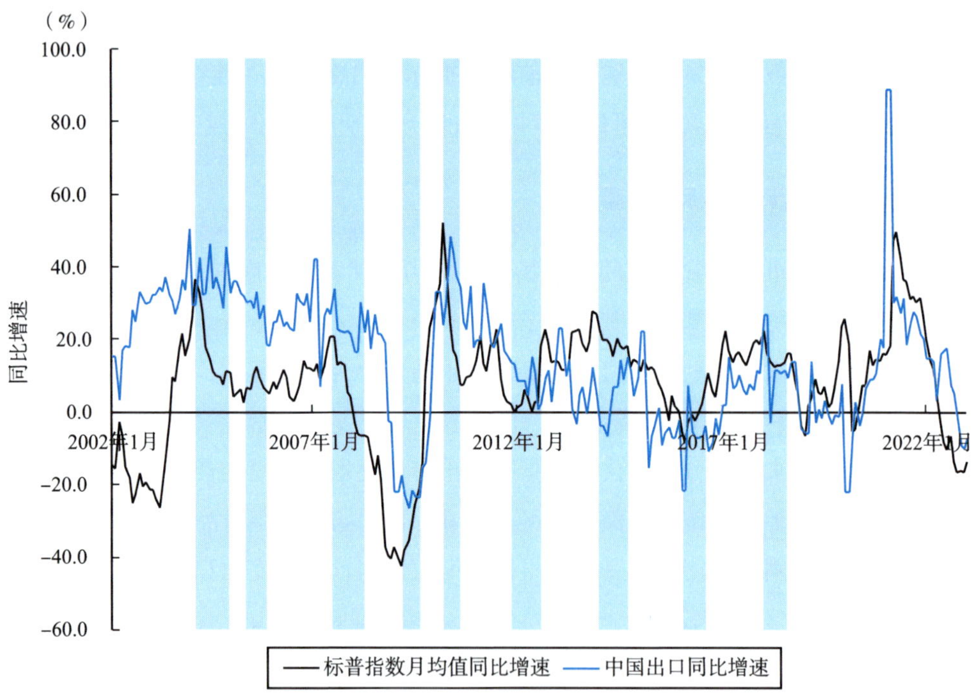

图 7－26－3　标普 500 股指同比增速与中国出口增速的关系

资料来源：海关总署、万得资讯（Wind）。

可以看出从趋势意义上看，美股均值同比增速与中国出口同比增速具有较强的相关性，而且从历次拐点比较来看，股指同比增速略前瞻于中国出口增速。笔者统计了 2002～2022 年近 20 年时期以来发生过的 9 次拐点，汇总如表 7－26－5 供读者参考。

表 7-26-5　　美股同比增速与中国出口增速先后拐点时期的统计

序号	标普 500 指数月均值同比增速（顶或底）	中国出口增速（顶或底）	领先时长（月）	顶或底
1	2004 年 2 月	2004 年 6 月	4	顶
2	2005 年 4 月	2005 年 12 月	8	底
3	2007 年 7 月	2008 年 3 月	8	顶
4	2009 年 3 月	2009 年 5 月	2	底
5	2010 年 3 月	2010 年 5 月	2	顶
6	2012 年 1 月	2012 年 7 月	6	底
7	2013 年 12 月	2014 年 7 月	7	顶
8	2016 年 2 月	2016 年 9 月	7	底
9	2018 年 1 月	2018 年 9 月	8	顶

资料来源：海关总署、万得资讯（Wind）。

在这个数据梳理过程中注意两点。第一，尽量避开数据剧烈波动时期，如 2020 年。第二，尽量避开开年的一二月份，因为春节“错位”现象会令这两个月同比数据失真，不宜将其判断为顶或底。

从 9 次拐折的梳理情况来看，标普指数月同比增速领先于中国出口增速，其领先周期并不稳定，但是多数拐点领先时长集中在 6 个月左右。从 9 次领先时长的平均值来看，前者领先后者约 5.7 个月。

股指对于出口影响的传导效应是财富波动效应，这对于美国居民较为重要，其财富构成中很多是来自资本市场。其基本传导的链条是：美股波动→美国家庭财富波动→个人消费支出名义增速波动→出口国的出口增速波动。

这个传导中重要的一环是个人消费支出的变化，即美国的个人消费支出与出口国出口增速具有密切的关联性，如中国出口增速。长期以来，美国个人消费支出增速与中国对美出口金额同比增速具有明显的关联性，而且基本属于同步变化，如图 7-26-4 所示。

从逻辑推演来看，美国股市的波动引发美国居民财富波动，进而导致个人消费支出产生变化。这中间是存在传导过程的，因此股指波动对于个人消费支出的影响存在前瞻指引性，如图 7-26-5 所示。

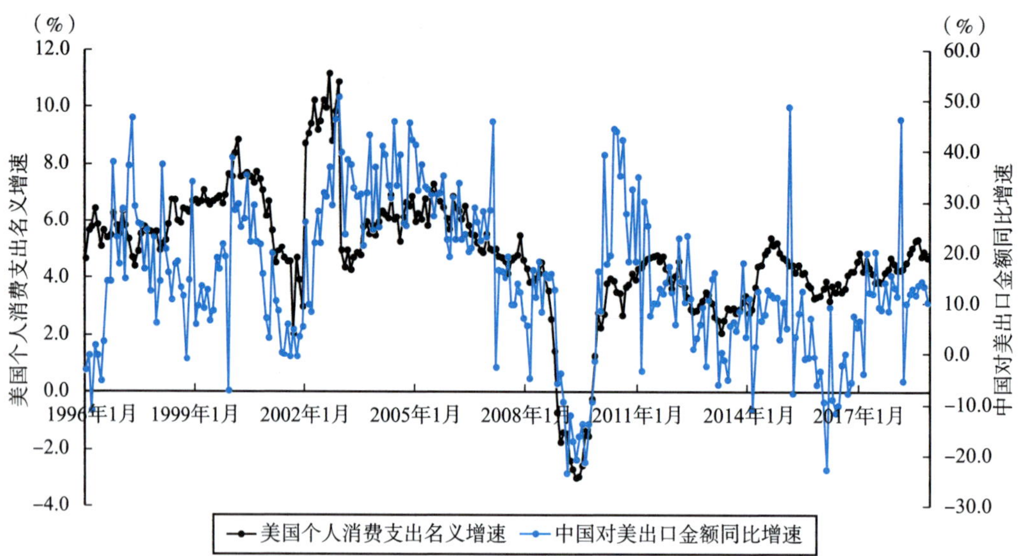

图 7-26-4 美国个人消费支出与中国出口增速呈现同步变化关系

资料来源：海关总署、万得资讯（Wind）。

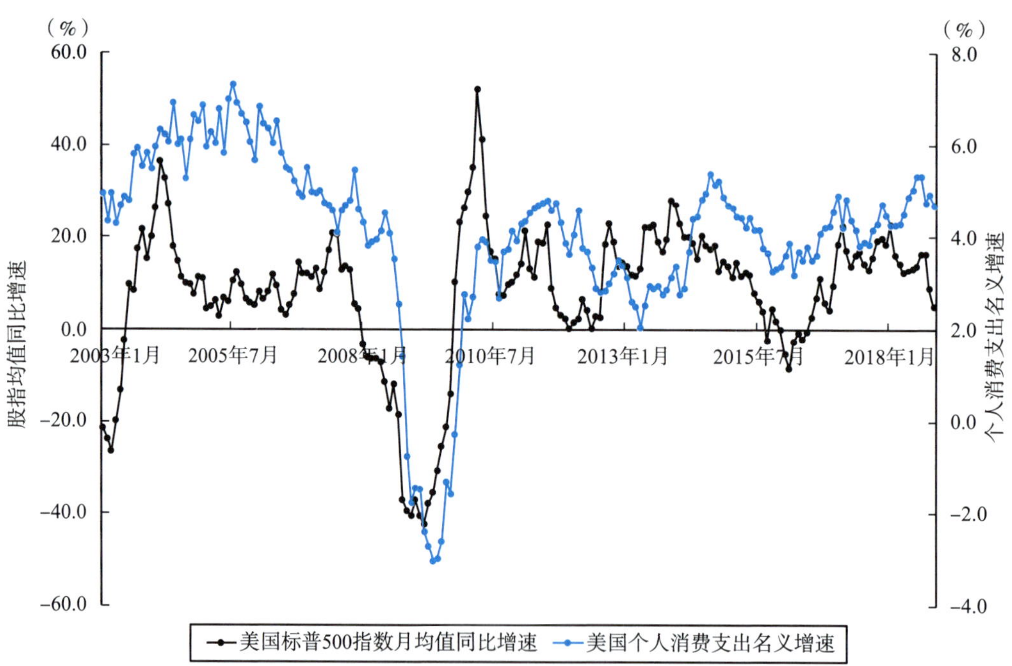

图 7-26-5 美股增速领先变化于美国个人消费支出增速

资料来源：万得资讯（Wind）。

因此无论从逻辑推演角度来看，还是从数据比较角度来看，美国股指的同比增速对于中国出口增速具有一定的前瞻领先性。其领先的周期不稳定，但是多数集中于5～8个月的时长，从历史中统计的9次拐折来看，平均领先时长为5.7个月。

2. PMI新出口订单指数微幅领先于中国出口同比增速

从企业生产的流程管理来看，订单应该是产出的前瞻性指标，这对于出口活动也是适用的。企业接到外部出口订单，组织生产，最终完成出口交货，从而形成出口增长。

上述逻辑是顺畅的，在现实研究过程中，能表达出口订单情况的只有PMI分项——新出口订单指数。可以考察PMI－新出口订单指数与中国出口同比增速之间的关系，如图7－26－6所示。

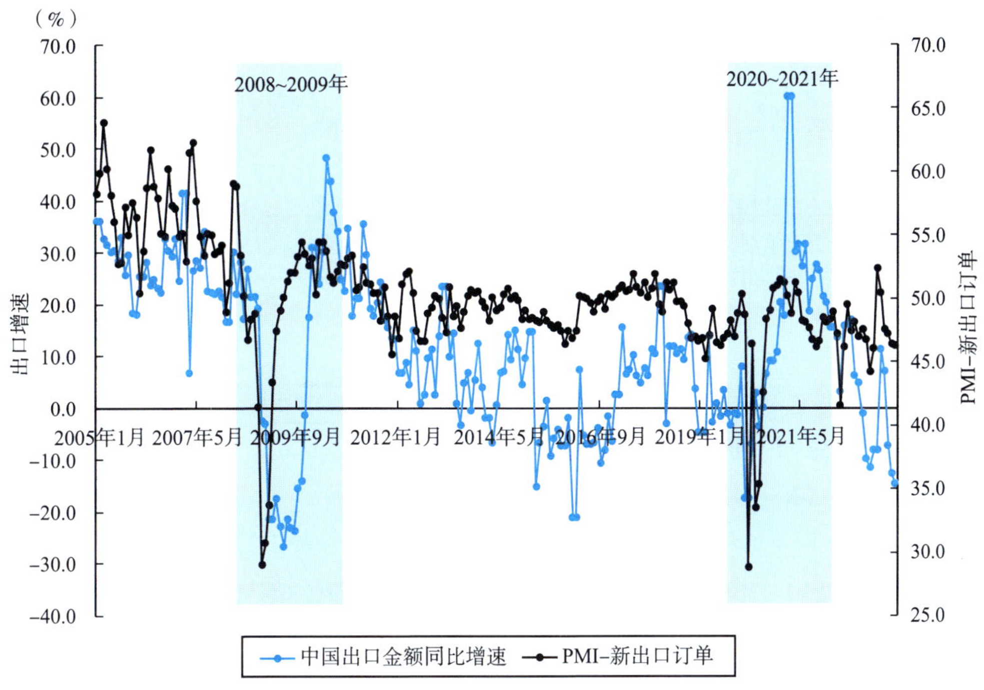

图7－26－6　PMI－新出口订单指数与中国出口增速的关系

资料来源：海关总署、万得资讯（Wind）。

图7－26－6是2005～2022年长周期中出口增速与PMI－新出口订单指数之间的变化关系，从这里很容易得出新出口订单前瞻领先于出口增速的关系。但是之所以会有这种直观感受，可能主要是来自两个大波动周期中的样本感受所致，即2008～2009年以及2020～2021年。

在这两个大波动周期样本中，PMI－新出口订单指数对出口增速展现出很好的前瞻领先性，这容易直观得出两者之间的关系。事实上很多直观而来的前瞻领先性指标间关系，似乎多来自上述这些大波动周期样本。

为了更准确客观地考察领先性关系，依然建议考察平稳周期变化时期指标间的关系。为此可选取 2010～2019 年这十年周期来进一步观察出口增速与 PMI－新出口订单指数之间的关系，如图 7－26－7 所示。

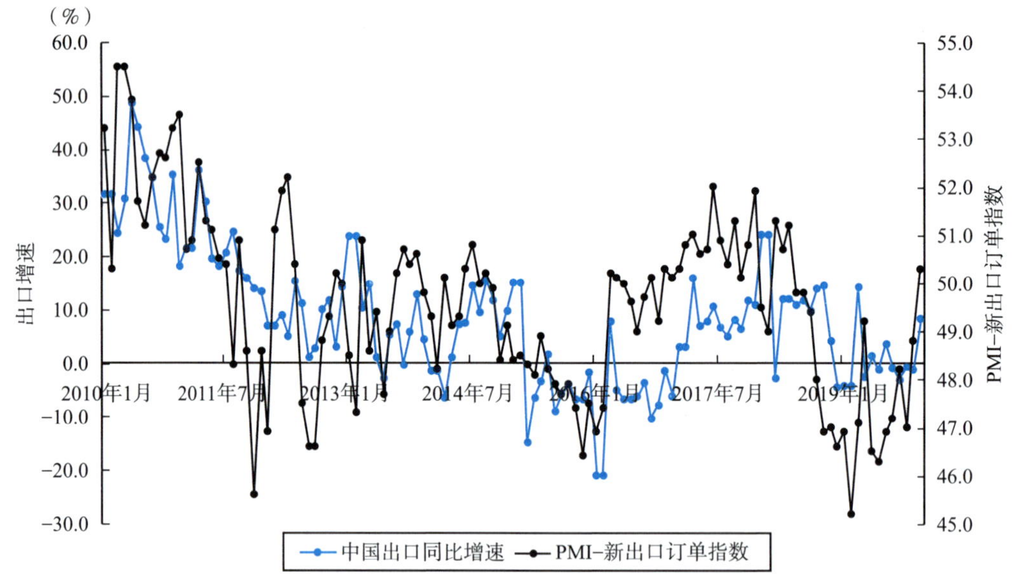

图 7－26－7　2010～2019 年时期 PMI－新出口订单指数与中国出口增速的关系

资料来源：海关总署、万得资讯（Wind）。

仔细梳理 2010～2019 年时期两个指标之间的先后变化，可以发现确实存在一定的前瞻滞后关系，PMI－新出口订单指数领先于出口增速而出现拐点变化，而且领先周期较短。笔者仔细整理了图示中所显现而出的先后关系，如表 7－26－6 所示。

表 7－26－6　PMI－新出口订单指数与中国出口增速先后拐点时期的统计

序号	PMI－新出口订单指数（顶或底）	中国出口增速（顶或底）	领先时长（月）	顶或底
1	2010 年 4 月	2010 年 5 月	1	顶
2	2011 年 11 月	2012 年 2 月	3	底

续表

序号	PMI - 新出口订单指数（顶或底）	中国出口增速（顶或底）	领先时长（月）	顶或底
3	2012 年 4 月	2012 年 5 月	1	顶
4	2012 年 7 月	2012 年 7 月	0	底
5	2013 年 9 月	2013 年 11 月	2	顶
6	2015 年 11 月	2016 年 2 月	3	底
7	2017 年 12 月	2018 年 2 月	2	顶
8	2019 年 2 月	2009 年 2 月	0	底

资料来源：海关总署、万得资讯（Wind）。

在上述梳理出来的 8 个拐点变化中，PMI - 新出口订单指数同步或微幅领先于出口增速，领先周期较为短暂，平均领先时长为 1.5 个月。

需要注意的是，2015 年之前，PMI - 新出口订单指数的波动性较大，不容易呈现趋势性变化。这种波动性在 2015 年后得以改观，趋势性更为明显。

除去 2008 ~ 2009 年、2020 ~ 2021 年这两个急剧波动、周期性非常明显的时期，在其他经济周期平稳波动年份，订单对于出口增速也具有一定的前瞻指引性。虽然每次的领先时长并不一致，且都很短暂，但是平均领先周期保持在 1 ~ 2 个月，这种领先性和时滞长度与市场投资者的直观感受相接近。

因此，无论从逻辑角度来看，还是从数据比较角度来看，PMI 分项 - 新出口订单指数对于中国出口增速具有一定的前瞻领先性。其领先的周期不稳定且均较为短促，以经济平稳波动年份（2010 ~ 2019 年）为考察时期，领先时长在 1 ~ 3 个月之间，平均领先时长为 1.5 个月。

（二）寻找消费变化的前瞻性指标

消费是中国经济内需的重要构成之一，习惯上市场经常用社会消费品零售总额指标来近似衡量。从严格意义来讲，这只是消费组成中“物”的部分，并不含有“服务”的成分，因此并不全面，但是这并不妨碍其对于消费趋势与方向的指引作用。

如果将消费主体进一步划分，还可以划分为“居民消费”和“政府消费”两部分。其中政府消费部分具有外生性特征，与政策息息相关，而居民消费部分则具有内生性特征，更具有自发属性和市场驱动属性。

1. “工业企业营业收入→城镇居民人均可支配收入→城镇居民人均消费性支出”的传导链条

从逻辑分析来看，收入是消费的重要影响指标。暂不考虑收入（或财富）的来源，单纯考虑两者之间的关系，可以比较城镇居民人均可支配收入与城镇居民人均消费性支出的关系①，如图 7－26－8 所示。

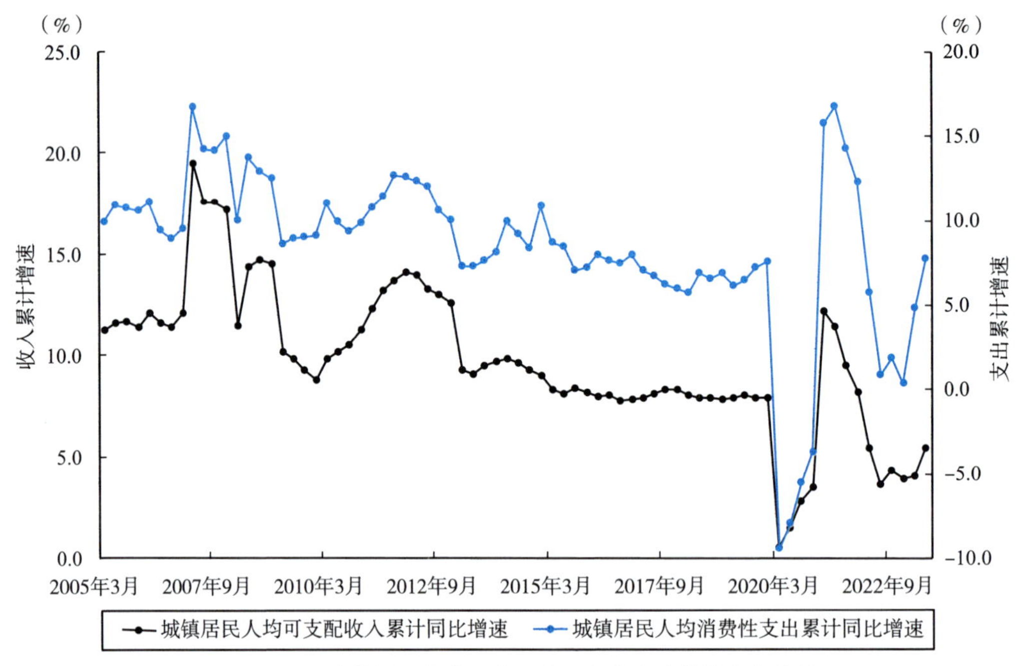

图 7－26－8　城镇居民人均可支配收入与人均消费性支出的关系

资料来源：国家统计局、万得资讯（Wind）。

虽然逻辑感受收入应领先于消费支出，但是从（季度频率）数据实际比较来看，城镇居民人均可支配收入的变化基本同步于城镇居民人均消费性支出的变化，两者之间很难观察到所谓的领先－滞后关系。

将逻辑视角进一步向前移动，探寻城镇居民收入变化的前瞻性指标。从因果推导来看，城镇居民收入主要来自工作所得。当工业企业的营业收入出现增加（或降低）时，会带来就业和工资的提升（或降低），进而带来居民可支配收入的提高（或降低），因此工业企业的营业收入增速变化应该是居民可支配收入增速变化的前瞻性指标。

① “城镇居民人均可支配收入”与“城镇居民人均消费性支出”均为季度频率发布的数据。

考察“工业企业营业收入累计同比增速”与“城镇居民人均可支配收入累计同比增速”两者之间的关系，如图 7－26－9 所示。

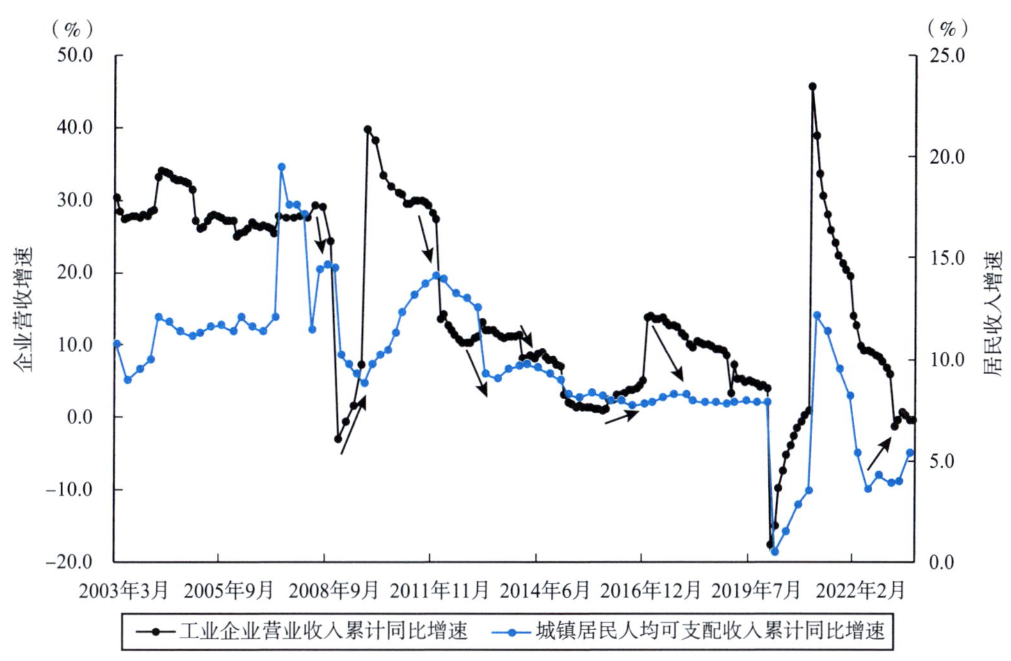

图 7－26－9　企业营收增速与城镇居民人均可支配收入增速之间的关系

资料来源：国家统计局、万得资讯（Wind）。

梳理 2003～2022 年时期两个指标之间的相互变化，大致对应着企业营收领先于居民收入的关系。笔者将梳理而出的 10 次拐折列示于表 7－26－7。

表 7－26－7　　企业营收增速与居民可支配收入先后拐点时期的统计

序号	企业营收累计同比增速（顶或底）	居民人均可支配收入累计增速（顶或底）	领先时长（月）	顶或底
1	2008 年 5 月	2008 年 9 月	4	顶
2	2009 年 2 月	2009 年 12 月	10	底
3	2011 年 8 月	2011 年 11 月	3	顶
4	2012 年 10 月	2013 年 6 月	8	底
5	2013 年 12 月	2014 年 3 月	3	顶

续表

序号	企业营收累计同比增速（顶或底）	居民人均可支配收入累计增速（顶或底）	领先时长（月）	顶或底
6	2016年2月	2016年12月	10	底
7	2017年3月	2017年9月	6	顶
8	2020年2月	2020年3月	1	底
9	2021年2月	2021年3月	1	顶
10	2023年2月	2023年3月	1	底

资料来源：国家统计局、万得资讯（Wind）。

对于上述两个指标的考察需要注意一点，企业营收增速是月频，居民人均可支配收入增速是季频，因此在时滞周期考察方面可能存在一定偏差。

2003～2023年以来的10次拐折考察，大致能反映出领先关系，但是工业企业营业收入增速累计同比增速与居民人均可支配收入累计同比增速之间的时滞稳定性不好，两者时滞长可达10个月，短则基本同步，10次拐点先后的平均时长为5个月。

这样构建的传导链条即为：工业企业营业收入累计同比增速平均领先于城镇居民人均可支配消费支出累计同比增速约5个月时间，而城镇居民人均可支配收入累计同比增速基本同步于城镇居民人均消费性支出累计同比增速。

上述传导链条的逻辑其实类似于美股与美国人均消费支出之间的关系，只不过美股变化引发财富效应变化，进而影响人均消费支出。而在上述链条中，是企业营收变化引发居民收入变化，进而影响人均消费支出。虽然起点不同，但是本质相似，都是聚焦立足于居民收入（或财富）的变化，并以此作为消费变化的重要影响因素。

2. 股价、房价之于消费

寻找消费前瞻性指标的主线逻辑是与居民端的收入（或财富）挂钩。在上部分内容中，主要从收入角度考虑问题，本部分不妨借鉴美国市场中的经验，从财富波动角度寻找消费的前瞻性指标。

众所周知，构成居民财富变化的不仅有工资收入，还有资产性收入。在美国市场中表现最为突出的是其股票市场所形成的财富效应。在中国市场中，除了股票资产外，还必须考虑房地产市场的财富效应。因此从逻辑推演角度来看，股价的波动与房地产价格的波动可能会对居民的财富预期产生波动影响，并对后续消费行为产生影响。

首先考察股价与居民消费之间的关系，居民消费的变化采用社会消费品零售总额同比增速指标来进行衡量，股价的变化采用上证综合指数月均值的同比增速指标来进行表达，上述两类指标的相关性如图 7－26－10 所示。

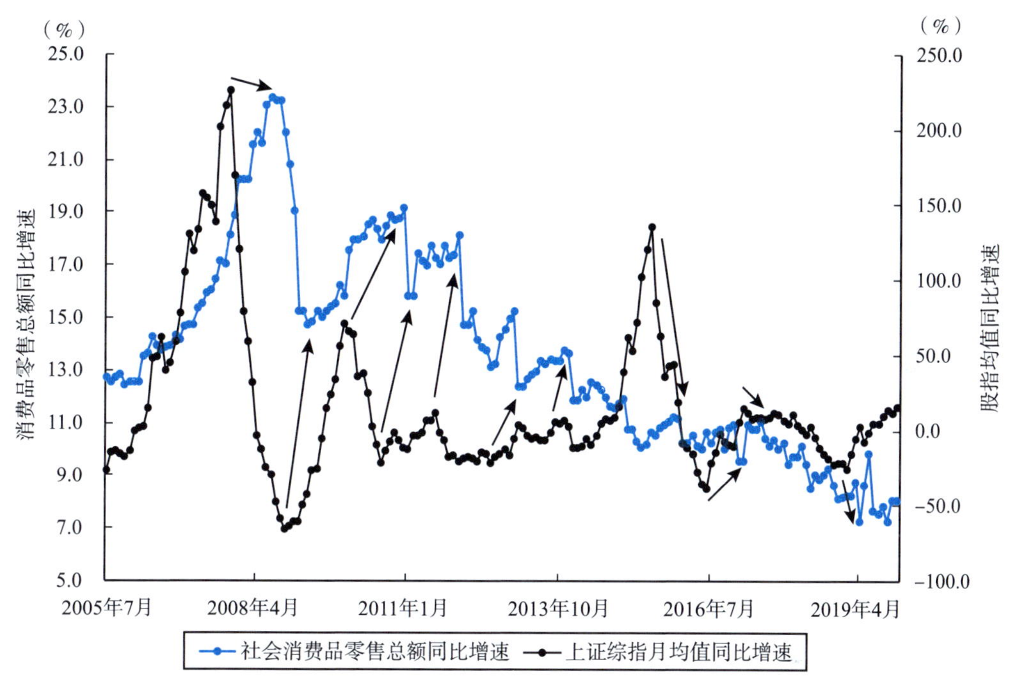

图 7－26－10　股价同比增速与社会消费品零售增速之间的关系

资料来源：国家统计局、万得资讯（Wind）。

需要说明的是，笔者并没有选取 2020 年之后的数据进行对比。原因在于 2020 年以来由于新冠疫情冲击因素影响、基数效应影响等因素，造成各类指标呈现出急剧、大幅度的波动，因此采用了 2005～2019 年以来经济平稳变化时期的数据进行比对。

从这段历史周期的变化来看，大致选取了 11 次拐点变化，确实呈现出股价变化领先于消费增速变化的特征，其拐点呈现及领先时长等要素归结如表 7－26－8 所示。

表 7－26－8　股指均值同比增速与社会消费品零售总额增速先后拐点时期的统计

序号	上证综合指数月均值同比增速（顶或底）	社会消费品零售总额同比增速（顶或底）	领先时长（月）	顶或底
1	2007 年 10 月	2008 年 8 月	10	顶
2	2008 年 10 月	2009 年 3 月	5	底

续表

序号	上证综合指数月均值同比增速（顶或底）	社会消费品零售总额同比增速（顶或底）	领先时长（月）	顶或底
3	2009 年 11 月	2010 年 12 月	13	顶
4	2010 年 7 月	2011 年 1 月	6	底
5	2011 年 7 月	2011 年 12 月	5	顶
6	2012 年 7 月	2013 年 1 月	6	底
7	2013 年 9 月	2013 年 12 月	3	顶
8	2015 年 6 月	2015 年 11 月	5	顶
9	2016 年 6 月	2017 年 1 月	7	底
10	2017 年 2 月	2017 年 7 月	5	顶
11	2019 年 1 月	2019 年 4 月	3	底

资料来源：国家统计局、万得资讯（Wind）。

综合回顾这 11 次或大或小的拐点，股价波动产生的财富效应波动确实对于居民消费端会产生一定的影响，但是影响的领先时长同样不稳定，多数集中在 5～6 个月的领先期。统计 2005～2019 年这时期的 11 次拐点变化情况，上证综合指数月均值同比增速指标领先于社会消费品零售总额（单月）同比增速指标，平均领先的时长为 6 个月。

股票市场是影响部分居民财富波动的一个因素。对于中国现实情况而言，房地产市场可能是更大的一个影响因素，房价的起伏对于居民财富效应的影响应该远大于股票市场，因此从逻辑而言，房价的变化可能对居民消费行为的影响程度更大。

考察房价与居民消费之间的关系。居民消费的变化依然采用社会消费品零售总额同比增速指标来进行衡量，房价的变化采用中国 70 个大中城市二手住宅价格指数当月同比增速指标来进行表达，上述两类指标的相关性如图 7－26－11 所示。

同样，考察的历史周期是 2015～2019 年时期。从这段历史周期的变化来看，大致选取了 7 次拐点变化，确实呈现出房价变化领先于消费增速变化的特征。其拐点呈现及领先时长等要素归结如表 7－26－9 所示。

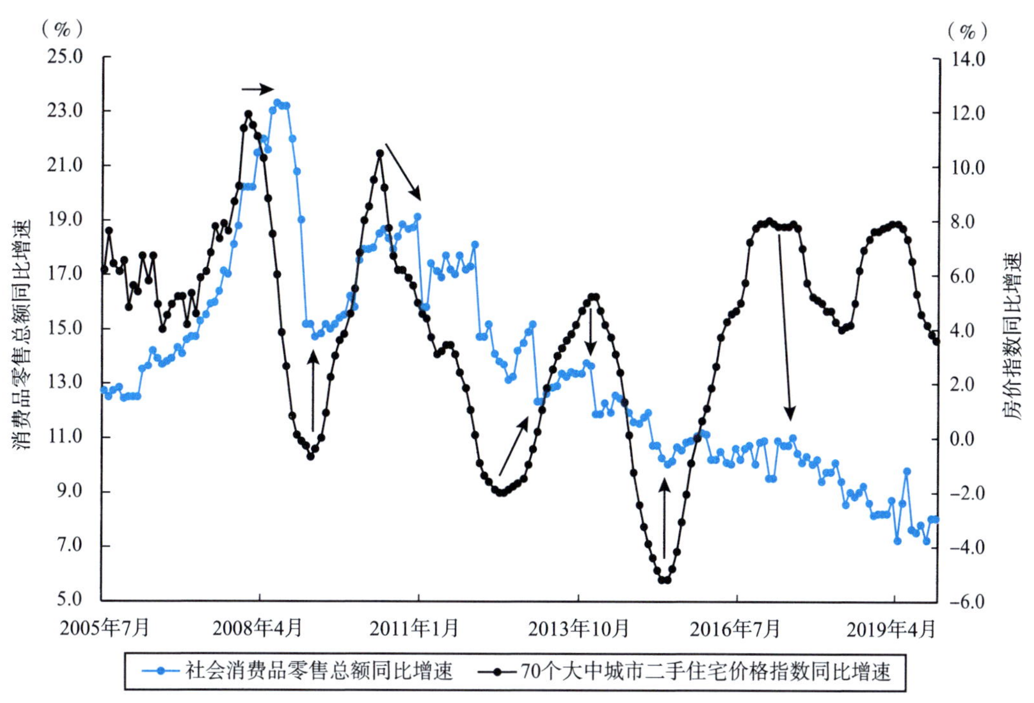

图7-26-11　房价同比增速与社会消费品零售增速之间的关系

资料来源：国家统计局、万得资讯（Wind）。

表7-26-9　　房价同比增速与社会消费品零售总额增速先后拐点时期的统计

序号	70个大中城市二手房价格同比增速（顶或底）	社会消费品零售总额同比增速（顶或底）	领先时长（月）	顶或底
1	2008年1月	2008年7月	6	顶
2	2009年2月	2009年3月	1	底
3	2010年4月	2010年12月	8	顶
4	2012年6月	2013年1月	7	底
5	2013年12月	2013年12月	0	顶
6	2015年3月	2015年5月	2	底
7	2017年2月	2017年6月	4	顶

资料来源：国家统计局、万得资讯（Wind）。

相较于股指同比增速的波动性较强，房价指数的同比增速则趋势性较为良好。从现实考察来看，70个大中城市二手住宅价格指数的月同比增速确实对于社会消费品零售总额（单月）同比增速具有领先性。这中间的传导链条可能是财富效应，当然也有可能是房价与房地产销售增速同向波动，而房地产销售增速的波动又会引发家电、装修材料等一系列消费需求的变化，最终体现为对社会消费品零售总额的影响。

无论是财富效应逻辑还是对于地产下游消费品需求的传递逻辑，都能说明两者之间存在相关性，且房价变化领先于消费变化。从统计的7次拐点时期来看，平均领先时长为4个月，但是从每次拐点时滞来看，却并不稳定，甚至若干次是保持在6个月附近。

（三）寻找固定资产投资变化的前瞻性指标

中国经济之重在于内需，而内需之重则在于投资（固定资产投资），这是笔者的看法。虽然目前对于消费与投资孰轻孰重、孰先孰后的争论不止，但是笔者倒认为居民收入从何而来是一个关键性的决定变量。

从中国长期以来的实践来看，居民的收入多来自产业端，投资开工，进而生产，率先在企业端实现营收，再通过分配转移至居民部门。因此从先后顺序来讲，投资环节创造了收入，收入进而促进了消费，所以起点更可能来自固定资产投资领域。

上述是从经济循环角度而言，如果从涉及债券市场角度，固定资产投资则更是一个重要的领域。因为利率本身对于资本密集型活动最为敏感，相对于消费，固定资产投资对于资本需求的影响最大，因此对于债券市场而言是最重要的影响因素。

固定资产投资活动如果从投资客体角度划分，可以拆解为制造业投资、房地产投资和基础建设投资，如果从投资主体角度划分，可以分为民间投资、政府投资和外商直接投资。

1. 企业家宏观经济热度指数是民间投资活动的前瞻性指标

按照固定资产投资活动的行为主体划分，民间投资无疑是固定资产投资的重中之重。民间投资是指非国有和国有控股企业进行的投资活动，主要包含集体所有制企业、私人企业等部门。其规模在固定资产投资中的占比约为六成，而政府投资只占比三成，剩余不足一成是外商直接投资。

从历史变化来看，民间投资累计同比增速在回升的时期，基本都对应着中国宏观经济感受度良好的时期，例如，2007年、2009年、2012年和2019年。当民间投资增速在回落过程中，即便政府投资发力，但是由于两者在总投资中的占比权重不同，依然无法拖动总投资企稳。总投资的回落又意味着生产环节放缓，必然导致工业企业的营收增速弱化，进而带动居民收入增速回落，影响消费环节，所以会高度关注固定资产投资活动中的“定盘星”——民间投资。

无论是金融投资还是实业投资，本质都是基于对未来预期的判断，而对未来的预判很大程度上取决于对当前状况的感受。因此企业家信心是决定企业经营者进行投资扩张的根本。

有数据记录以来，中国人民银行每季度发布企业家信心指数和企业家宏观经济热度指数。调查对象为全国范围内的5700余户工业企业，调查方法为抽样问卷，调查结果以指数形式呈现。指数取值范围在0%～100%之间，50%以上表示指标向好或扩张，低于50%表示指标变差或收缩，等于50%表示指标与上季持平。

企业家信心指数与企业家宏观经济热度指数走势与变化节奏基本一致，2019年以来不再发布企业家信心指数，但是依然每季度发布企业家宏观经济热度指数。从以往周期的经验来，后者可以作为前者的象征和替代。

企业家宏观经济热度指数是季度频率，因此选取民间投资累计同比增速的季末数据与之对比，如图7－26－12所示。

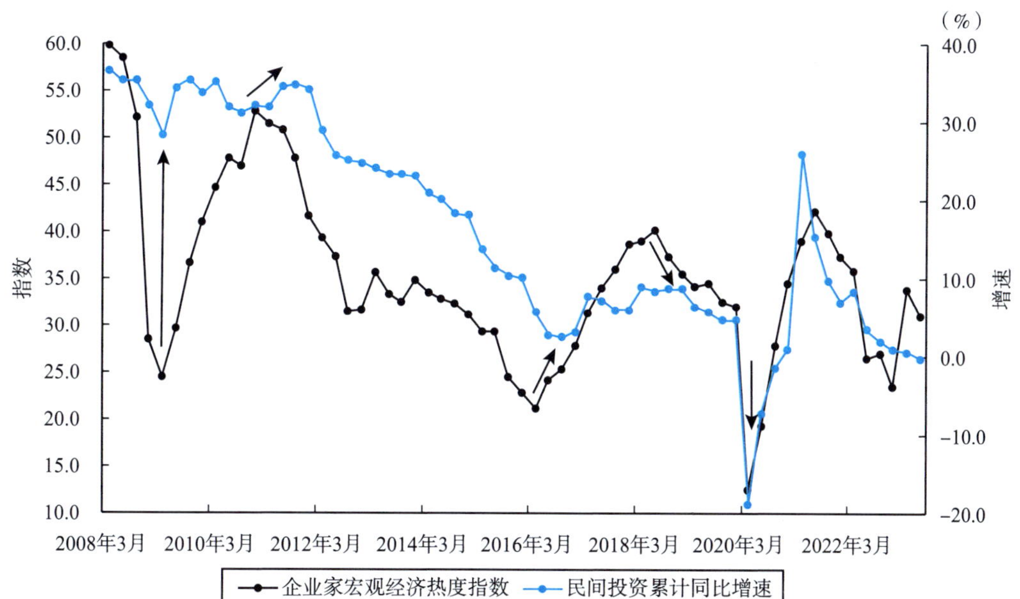

图7－26－12　企业家宏观经济热度指数与民间投资之间的关系

资料来源：国家统计局、万得资讯（Wind）。

2008～2022年期间，企业家宏观经济热度指数与民间投资累计同比增速出现了5次转折点，确实呈现出企业家宏观经济热度指数（近似可代表企业家信心指数）同步或领先于民间投资累计同比增速的关系，而且领先的时长还较为稳定。将历次拐点呈现及领先时长等要素归结如表7－26－10所示。

表7－26－10　企业家宏观经济热度指数与民间投资增速先后拐点时期的统计

序号	企业家宏观经济热度指数（顶或底）	民间投资累计增速（顶或底）	领先时长（月）	顶或底
1	2009年3月	2009年3月	0	底
2	2010年12月	2011年6月	6	顶
3	2016年3月	2016年9月	6	底
4	2018年6月	2018年12月	6	顶
5	2020年3月	2020年3月	0	底

资料来源：国家统计局、万得资讯（Wind）。

从上述梳理结果可见，在周期大波动时期（2009年和2020年）里，企业家宏观经济热度指数与民间投资累计同比增速几乎同步转折变化。此外时期中，企业家宏观经济热度指数均领先于民间投资累计同比增速，而且领先时长较为稳定，均为2个季度。

总体来看，近似代表企业家信心的企业家宏观经济热度指数从逻辑意义上应该对民间投资增速具有领先性。从实证数据考察结果来看，两个指数的前瞻滞后关系确实存在，且企业家宏观经济热度指数领先于民间投资累计同比增速为2个季度。

2. 出口增速是制造业投资活动的前瞻性指标

出口对于制造业投资的影响是市场较为流行的一种认知。逻辑认为中国企业的制造业投资更多是为海外需求而构筑产能，其产品是为了更多地满足外部需求，因此外需的变化将直接影响本国企业的产能投资。从这个意义来看，出口增速的变化将是中国企业制造业投资的前瞻性指标。

比较中国出口同比增速和制造业投资累计同比增速的关系，为了避免2020年以来的大幅度波动干扰观察，统计数据截至2019年底，如图7－26－13所示。

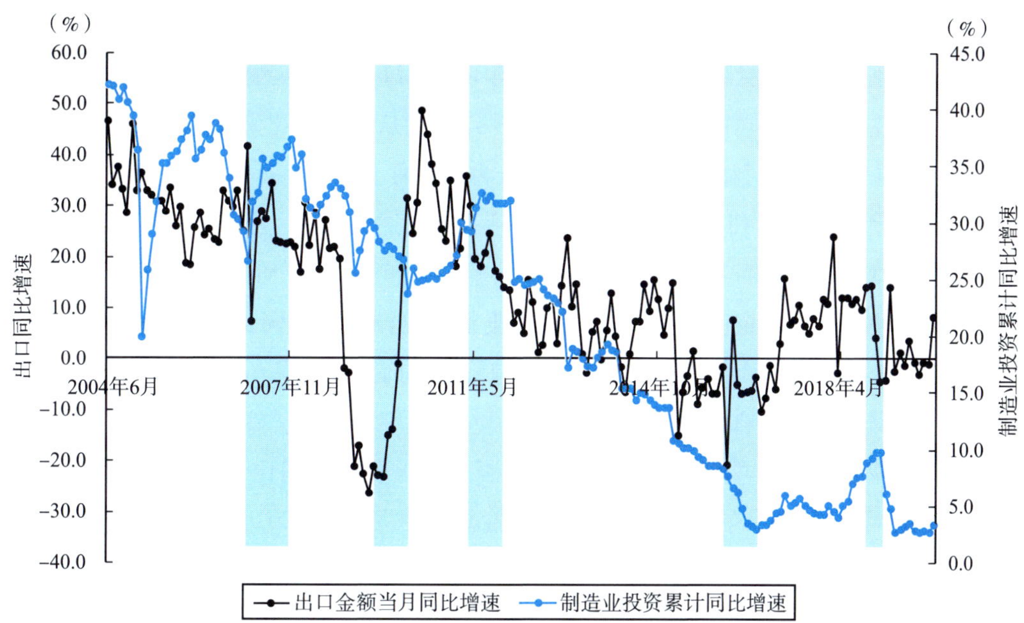

图 7-26-13　出口金额增速与制造业投资增速之间的关系

资料来源：海关总署、国家统计局、万得资讯（Wind）。

2004～2019 年时期，出口金额同比增速与制造业投资累计同比增速依次出现 6 次拐点，其先后达到拐点的时间和相距时长如表 7-26-11 所示。

表 7-26-11　出口金额增速与制造业投资增速先后拐点时期的统计

序号	出口金额同比增速（顶或底）	制造业投资累计同比增速（顶或底）	领先时长（月）	顶或底
1	2007 年 2 月	2007 年 11 月	9	顶
2	2009 年 5 月	2010 年 2 月	9	底
3	2011 年 3 月	2011 年 12 月	9	顶
4	2012 年 7 月	2013 年 7 月	12	底
5	2016 年 2 月	2016 年 8 月	6	底
6	2018 年 2 月	2018 年 12 月	10	顶

资料来源：海关总署、国家统计局、万得资讯（Wind）。

从上述统计结果来看，6 次拐折时期确实对应了出口金额增速折点领先于制造业投资累计同比增速，且领先的周期相对较为稳定，平均领先时长在9个月。

在制造业产能投资受海外需求影响的逻辑下，出口金额同比增速的变化领先于国内企业的制造业投资累计同比增速。2004～2019年时期从数据对比来看，显示出6次拐点时期，6次领先时长相对稳定，平均领先时长为9个月。

3. 企业利润、产能利用率是制造业投资活动的前瞻性指标

从通常意义上讲，当企业盈利增强后，可能会有扩大再生产的需求，即产生了扩大产能投资的冲动，那么企业利润可以作为企业制造业投资累计同比增速的前瞻性指标。虽然笔者认为企业进行产能投资布局并非单纯针对当前盈利状况而决策，但是也确实相信当前的盈利是一个影响因素。

对比工业企业利润总额当月同比增速与制造业投资累计同比增速两者的关系，可以大致看出两者之间存在一定的领先滞后性。选取2012～2019年期间的数据，如图7－26－14所示。

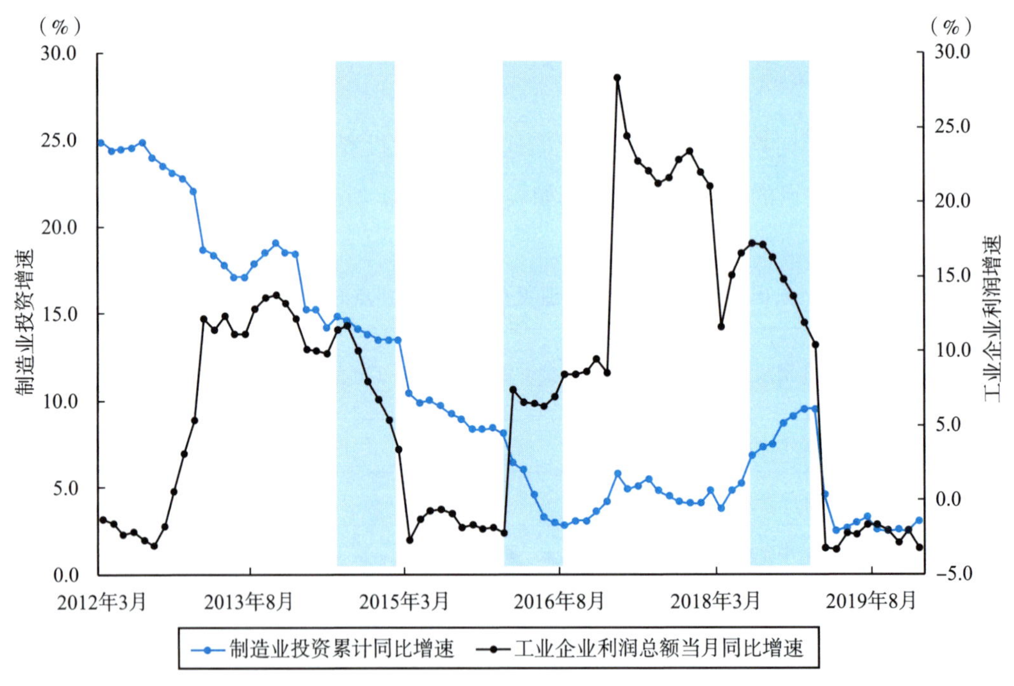

图7－26－14　企业利润与制造业投资增速之间的关系

资料来源：国家统计局、万得资讯（Wind）。

能够从数据观察而出的领先－滞后关系仅有3次，分别发生在2014年7～12月

（相距 5 个月）、2015 年 12 月 ~2016 年 8 月（相距 8 个月）、2018 年 6 月 ~2019 年 3 月（相距 9 个月）。其他时期则很难观察到两者之间存在着明显的领先 – 滞后关系。

应该说，企业盈利水平是影响企业进行产能投资的因素之一，但是可能并非主导性因素。企业家在进行产能投资决策时也很难依赖于单一指标进行布局投资，更可能是一种综合考量下的投资行为。

此外，市场还会探索工业产能利用率指标和制造业投资累计增速的关系。从逻辑而言，始终居于高位的产能利用率确实可能引发产能投资的冲动，两者之间理应存在先后变化的关系。但是遗憾的是从实证数据考察结果来看，中国工业产能利用率与制造业投资累计同比增速之间很难看出有明显的领先关系。只有在三个时期大致存在这种前瞻性，分别为 2009 年第一季度 ~2010 年第一季度、2016 年第一季度 ~ 第三季度、2017 年第四季度 ~2018 年第四季度。如图 7 – 26 – 15 所示。

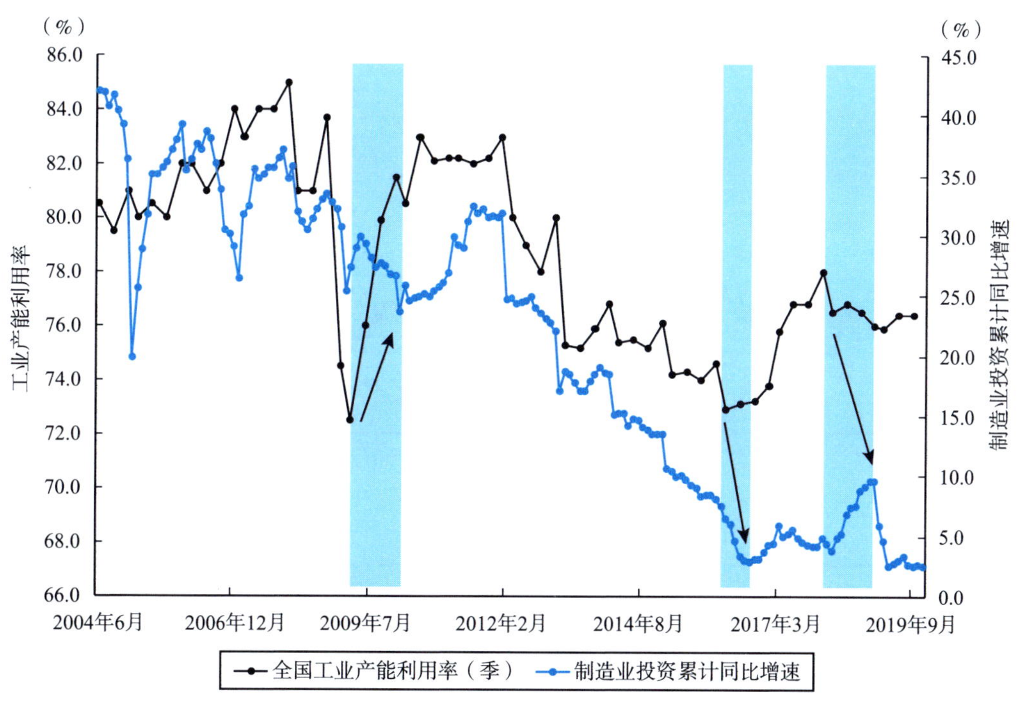

图 7 – 26 – 15　工业产能利用率与制造业投资增速之间的关系

资料来源：国家统计局、万得资讯（Wind）。

4. 房地产销售是房地产投资活动的前瞻性指标

房地产已经是中国经济运行中被市场格外关注的活动。房地产活动基本是需求驱动型，起点为房屋销售，由房地产销售带动了后续链条，完成了“土地购置—开工—竣工—开发投资完成额”的全过程。从这个链条传递来看，房地产销售、土地购置以及新开工活动均可作为房地产开发投资完成额的前瞻性指标，可依次考察。

房地产销售与房地产开发投资之间的关系是市场较为共识的认知，通常地产销售是地产投资的前瞻性指标。两个指标之间的先后变化关系非常明显，地产销售同步或领先于地产开发投资。

2020 年前，房地产销售面积累计同比增速变化尤其敏感，时常表现为房地产开发投资累计同比增速的领先指标。2020 年以来，由于周期大幅波动，导致两者变化同步性节奏更强，如图 7－26－16 所示。

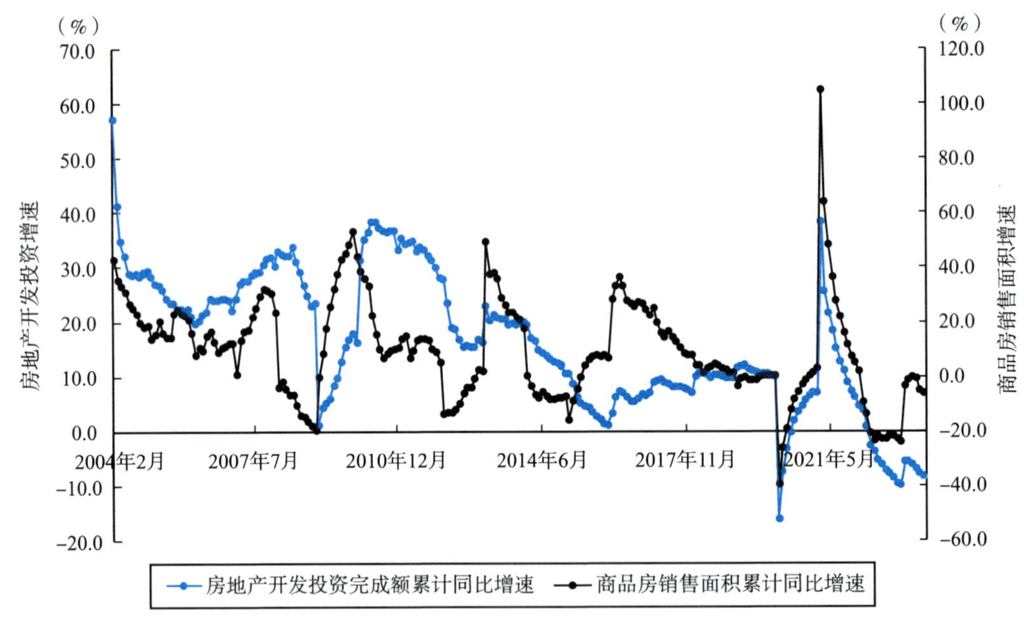

图 7－26－16 商品房销售与房地产开发投资之间的关系

资料来源：国家统计局、万得资讯（Wind）。

笔者整理了 2004～2020 年商品房销售面积累计同比增速与房地产开发投资完成额累计同比增速之间的关系。合计出现了 10 次拐折时期，在此期间销售领先或同步于开发投资（见表 7－26－12）。

表 7-26-12　房地产销售面积增速与房地产开发投资增速先后拐点时期的统计

序号	房地产销售面积累计同比增速（顶或底）	房地产开发投资累计同比增速（顶或底）	领先时长（月）	顶或底
1	2006 年 2 月	2006 年 3 月	1	底
2	2007 年 9 月	2008 年 6 月	9	顶
3	2008 年 12 月	2009 年 2 月	2	底
4	2009 年 11 月	2010 年 6 月	7	顶
5	2012 年 3 月	2012 年 7 月	4	底
6	2013 年 2 月	2013 年 2 月	10	顶
7	2015 年 2 月	2015 年 12 月	10	底
8	2016 年 4 月	2017 年 4 月	12	顶
9	2020 年 2 月	2020 年 2 月	0	底
10	2021 年 2 月	2021 年 2 月	0	顶

资料来源：国家统计局、万得资讯（Wind）。

10 次拐折，房地产销售增速拐点平均领先于房地产开发投资增速拐点 5.5 个月，2014 年前两者的领先关系非常明显，因此房地产销售一度成为同步焦点指标。但是近些年来，两者之间的先后关系出现了时滞延长的迹象。

如前所述，从房地产活动产业链条来看，以房屋销售为驱动，房地产开发活动遵循“土地购置—开工—竣工—开发投资完成额”的步骤与节奏。即在逻辑意义上似乎土地购置情况、新开工情况等环节都应该是房地产开发投资完成额的前瞻性指标。但是从现实数据对比来看，无论是“土地购置费累计同比增速”还是“房屋新开工面积累计同比增速”，都与“房地产开发投资完成额累计同比增速”呈现亦步亦趋的同步变化关系，无法观察出前两者对于后者具有前瞻或领先意义。

此外，还有一些分析研究试探从金融角度入手寻找房地产开发投资完成额的前瞻性指标。例如，研究居民中长期贷款与房地产开发投资活动的关系、研究居民与企业合计的中长期贷款与房地产开发投资活动的关系。前者本身还是以房地产销售为内核，试图递进到房地产开发投资活动中。后者则从房地产开发企业的资金来源端入手，试图递进到房地产开发投资活动中。虽然存在逻辑上的可能性，但是从数据实证比较来看，并不尽如人意，很难观察到指标之间存在彼此领先或滞后的关系。

5. 财政赤字规模增速是基建投资活动的前瞻性指标

基建投资活动是一个较为特殊的活动，其属性更倾向于外生性，具有政策引导效应。正是因为其外生属性，也很难去寻找到其领先前瞻性的指标。

由于外生属性居于主导，导致其政策指示性很强，因此倾向于从财政端入手去寻找基建投资活动的前瞻性指标。

每年3月份全国两会召开，都会发布当年财政赤字率以及财政赤字规模。其中习惯上将“一般公共预算”和“政府性基金预算”合计称为“广义财政预算赤字规模”。该预算规模的同比增速（年度）是否对于以年度计量的基础建设投资增速具有前瞻性指引呢？

笔者梳理了2010年以来每年的广义财政预算规模同比增速（每年3月份出台）、每年的基础建设投资增速，如图7－26－17所示。

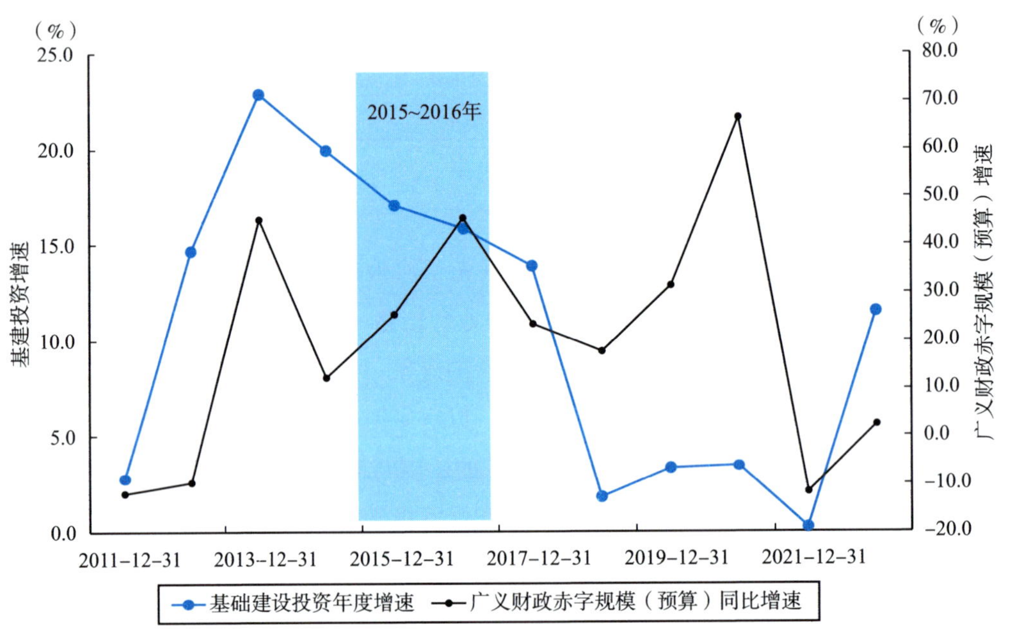

图7－26－17　广义财政赤字规模增速与基建投资增速之间的关系

资料来源：财政部、国家统计局。

从年初广义财政预算规模同比增速与年度基础建设投资增速关系来看，基本符合方向相关性。即预算赤字规模同比增速上行（下行），对应当年度的基础建设投资增速上行（下行），只有两个年度出现了反向异常，即2015年和2016年。这两年里，广义财政赤字规模同比增速连续两年上行，但是基建投资增速却持续回落。

单纯利用财政赤字规模去揣测基建投资活动的强弱并不完美。因为基建投资活动的资金来源并非单纯依赖于财政支持，甚至财政力量的占比很小，更多依赖银行信贷等渠道形成资金支持。

（四）寻找总量类增长指标的前瞻性指标

金融信用类指标和三大需求类指标是资本市场投资者最为关注的同步性经济指标，但是均反映某一个重要角度或方面。市场投资者还非常关注一些具有总量意义的增长类指标，如实际 GDP、名义 GDP、工业增加值，甚至工业生产者价格指数——PPI（特别是其环比增速的变化）①。那么是否存在上述总量增长类指标的前瞻指引呢？

1. 金融信用类指标对于名义 GDP 的前瞻意义并不很强

资本市场直观上认为金融信用类数据是领先于经济增长数据的，所以常常将金融货币类数据视为经济增长（无论是名义增速还是实际增速）的领先指标。

事实上这种领先性的逻辑并不顺畅。本质而言，实体经济和金融信用运行是一个"硬币"的两个"面"，原理上似乎也不应该存在谁先谁后的关系，更可能是一种同步变化。从数据对比来看，除去 2008 ~ 2009 年（经济周期大幅度波动）时期金融信用类数据似乎呈现出领先于经济增速的关系，在多数平稳时期，这种前瞻领先性很难观察出来，更多是一种同步变化的关系，如图 7 - 26 - 18 所示。

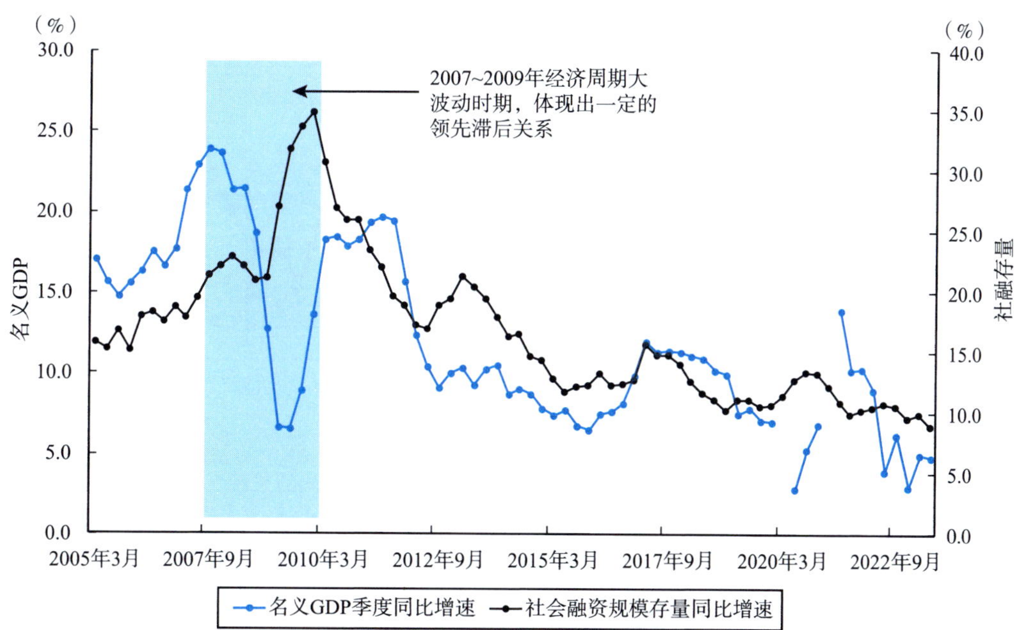

图 7 - 26 - 18　社会融资规模增速与名义 GDP 增速之间的关系

资料来源：中国人民银行、国家统计局。

① 在很大意义上，PPI 本身已经不是一个单纯的物价指数，其内含着经济增长的色彩。

2. 狭义货币供应量 M1 增速大概领先（或同步）于采购经理人指数（PMI）

在货币指标体系中，狭义货币供应量 M1 是活性最强的部分，大致反映企业部门活期存款的变化。从道理上讲，货币流动性的敏感程度要强于从业人员的基本感受，因此狭义货币供应量的变化应该领先于采购经理人指数（PMI）。

在现实的数据对比中，可以在某些阶段观察出 M1 对 PMI 具有领先性，但是也有很多时期两者均表现为同步性关系。总体来看，两者之间的先后关系并不明显，如图 7－26－19 所示。

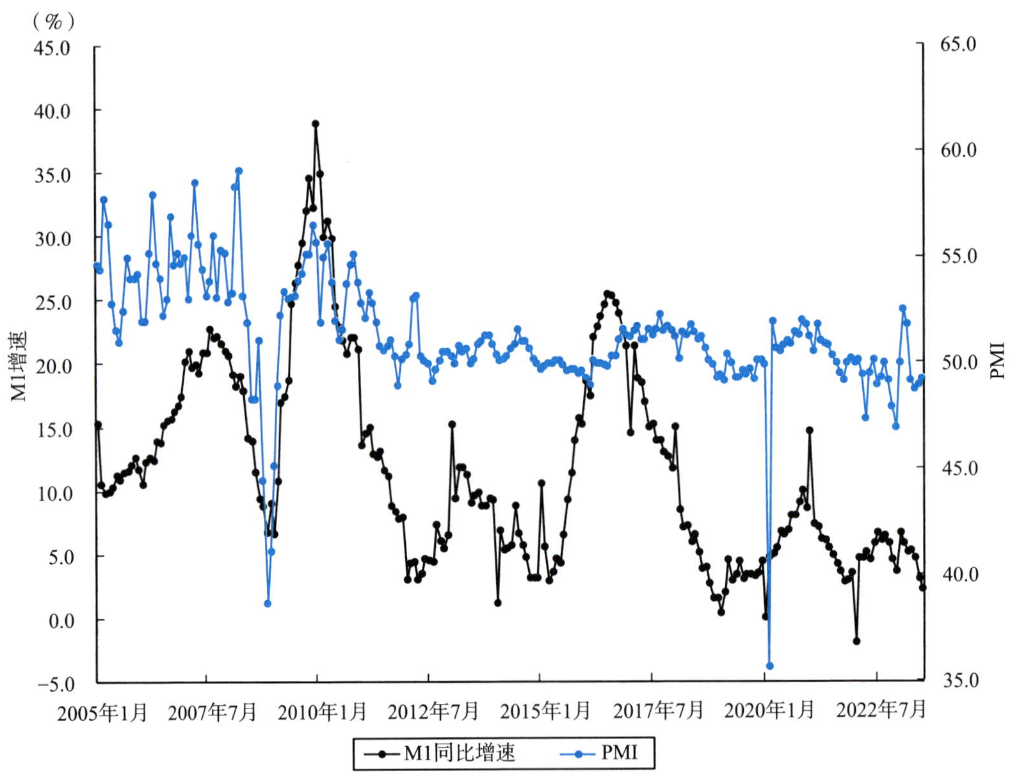

图 7－26－19　狭义货币供应量与 PMI 指数之间的关系

资料来源：中国人民银行、国家统计局。

这样看来，总量意义上的增长类指标似乎很难找到前瞻性指标。主要是由于总量指标是一种综合构成，很难寻找到单一线条去描绘其各组成部分的合成路径，所以对于该类指标的领先信号很难被捕捉。

在本篇内容中，针对资本市场关注的同步性经济指标进行前瞻性探索，试图梳理出其领先性信号。从这些梳理过程中，笔者感受到前瞻性指标对于同步性指标的指引逻辑和实证检验效果确实存在，但是在实践过程中最大的挑战则在于领先时长并不稳定，这种不稳定性会对同步指标的拐点判断形成明显干扰，进而对于资本市场投资形成扰动。

在上述梳理的基础上，笔者整理了前瞻性指标与同步性指标的关系，如表 7－26－13 所示，供读者参考。

表 7－26－13　　前瞻性指标与同步性指标关系示意

<table>
<tr><th>前瞻性指标</th><th>平均领先时长</th><th colspan="2">同步性指标</th></tr>
<tr><td>固定资产投资完成额累计同比增速</td><td>2.8 个月</td><td rowspan="2">社会融资规模存量同比增速</td><td rowspan="2">金融类</td></tr>
<tr><td>货币条件指数</td><td>3 个月</td></tr>
<tr><td>美股指数月均值同比增速</td><td>5.7 个月</td><td rowspan="2">出口金额同比增速</td><td rowspan="13">需求类</td></tr>
<tr><td>PMI－新出口订单</td><td>1.5 个月</td></tr>
<tr><td>工业企业营业收入累计同比增速</td><td>5 个月</td><td>城镇居民人均消费性支出累计同比增速</td></tr>
<tr><td>A 股指数月均值同比增速</td><td>6 个月</td><td rowspan="2">社会消费品零售总额同比增速</td></tr>
<tr><td>房地产价格同比增速</td><td>4 个月</td></tr>
<tr><td>企业家宏观经济热度指数</td><td>2 个季度</td><td>民间投资累计同比增速</td></tr>
<tr><td>出口金额同比增速</td><td>9 个月</td><td rowspan="3">制造业投资累计同比增速</td></tr>
<tr><td>工业企业利润总额当月同比增速</td><td>模糊</td></tr>
<tr><td>全国工业产能利用率</td><td>模糊</td></tr>
<tr><td>商品房销售面积累计同比增速</td><td>5.5 个月</td><td rowspan="3">房地产开发投资累计同比增速</td></tr>
<tr><td>土地购置费累计同比增速</td><td>同步</td></tr>
<tr><td>房屋新开工面积累计同比增速</td><td>同步</td></tr>
<tr><td>年度广义财政赤字规模（预算）同比增速</td><td>同步</td><td>年度基础建设投资同比增速</td></tr>
<tr><td>信用增速</td><td>同步</td><td>名义 GDP 增速</td><td rowspan="2">总量类</td></tr>
<tr><td>狭义货币供应量（M1）</td><td>同步</td><td>PMI</td></tr>
</table>

资料来源：中国人民银行、国家统计局、万得资讯（Wind）。

第八篇 流动性

流动性是一个相当高频的用词。在对资本市场涨跌变化进行解释中，经常会看到流动性驱动、流动性偏紧（松）等说法。

通常意义上，市场习惯于将流动性作为资产价格涨跌的原因去对待，甚至更通俗意义上将流动性当作“钱”的概念来对待，用“钱多（少）”来解释资产价格的涨跌。

需要指出的是，用“钱多（少）”来解释资产价格涨（跌），虽然感受直观，似乎可信，但是更多是一种同义反复。从通俗理解来看，价格涨一定是买盘多（对应于“钱多货少”），价格跌一定是卖盘多（对应于“钱少货多”）。但是所谓的“钱多（少）”与“价涨（跌）”本为一体两面，彼此同步而行。前者从数量角度来衡量，后者从价格角度来刻画，很难构成谁为“因”谁为“果”的区别。

此外，不同的市场对于所谓“流动性”的理解也各不相同，例如，债市中所言的流动性和股市中所提的流动性往往具有很大差异。若不进行具体定义，两者在交流中往往会形成“鸡同鸭讲”的尴尬局面。

在本篇中笔者试图按照不同的市场来对流动性进行划分，希望厘清每个市场中所言的流动性究竟是什么，是什么样的因素在影响着流动性的强与弱。

笔者划分为四大类市场来进行依次考察，分别为货币市场（回购）、债券市场、股票市场和信贷市场。每个市场中所对应的核心资产分别为回购工具、债券、股票以及信贷资产。从最为严谨的定义来看，上述每类资产所对应的流动性概念无非是量和价两种。

例如，股票的流动性如果从量的角度来衡量定义即为成交量，如果从价的角度来衡量即为股价。债券的流动性如果从量的角度来衡量定义即为成交量，从价的角度来衡量定义即为债券价格（债券利率）。回购工具的流动性如果从量的角度来衡量定义即为待购回债券余额，如果从价的角度来衡量定义即为回购利率。信贷资产如果量的角度来衡量定义即为新增贷款规模（贷款余额），如果从价的角度来衡量定义即为贷款利率。

这样看来，量和价是同步变化的，无法如投资者期待的那样，用量来解释价。但是投资者往往会将价格作为目标，希望通过观察或预测量的变化，用所谓的流动性因素作为价格变化的驱动力，以期形成“钱多（少）”或“买（卖）盘多寡”的直观认知。

例如，对于股票而言，投资者希望看到的是有资金可以作为“钱”的供给能力，又有多少可以作为对“股票”这类资产的需求能力。如果对“钱”的供给能力和对“货”的需求能力能相对厘清，那么两者结合即为成交量，就是真正意义上的流动性。所以在考察每个市场各类工具的流动性时，要从供、需两个角度来衡量其潜在水平的变化。

以股票为例，笔者希望考察的是，有多少资金是可以作为购买股票的潜在能力的，有哪些因素影响这个潜在能力的大小；有多少资金是有意愿购买股票的，哪些因素在影响这个意愿的大小。当能力与意愿相结合的时候，就形成有效需求，也就是市场希望看到的流动性。

第二十七章

货币市场的流动性

货币市场是我国金融市场中的一个重要构成部分。通常意义上所提及的货币市场更多局限于银行间市场范畴，这一市场的主要交易标的是回购交易工具，因此分析焦点也是针对该工具。

从定义来看，回购工具的流动性如果用价的概念来衡量是回购利率，如果用量的概念来衡量是待购回债券余额的数量。由于回购交易多采用抵质押债券的模式来进行融资活动，因此质押库中有多少债券就代表着有多少资金被真实融（入）出。

相比而言，回购市场交易量反而是一个相对虚化的概念。例如，比较隔夜融资和7天融资模式。如果某机构按照隔夜融资模式来进行交易（如1亿元资金），则一周5个工作日合计的交易量为5亿元。但是如果其按照7天融资模式来进行交易，则一周5个工作日合计的交易量只有1亿元。这时交易量已经无法准确刻画该机构的融资需求大小，事实上真实的融资体量只有1亿元，也就是时刻留存在质押库中的债券规模。因此待购回债券的余额数量远比交易量更准确地反映回购交易工具的流动性强弱。

此外，对于回购交易工具而言，由于其主要是作为银行间市场的货币工具，因此主要的参与方即为金融机构，其中银行是重要的代表。

如果以商业银行（自营，不含资管）为分析主体，以回购交易工具为分析标的，那么对于这一资产工具的流动性是如何拆分的？可以从潜在供应能力（供给）、潜在需求能力（需求）两个维度来进行分析。

一、回购交易工具的流动性供给

回购作为一种交易工具，主要目的是对接资金的供给方和需求方，从而完成融资交易。

在银行间市场，货币融资交易的主要资金供给方就是商业银行，其他非银行金融机构（基金、保险、证券公司、银行资管公司等）多以资金需求方角色而出现。商业银行作为货币市场的主要资金供给方，其资金供应的潜在能力就是货币市场资金供应的潜在水平。

将商业银行作为一个整体看待，其在货币市场通过回购交易工具可以融出资金多少的能力取决于商业银行的超额准备金水平。超额准备金率越高，代表着货币市场可供应资金的数量越多，即潜在资金供应能力越强。

超额存款准备金率的高低变化一般取决于五类因素，分别为法定存款准备金率的变化、M0（流通中现金）的变化、财政性存款的变化、外汇占款的变化以及中央银行的公开市场操作（或其他数量型操作）。

这五类因素对于商业银行超额准备金数量的影响，有些是属于季节性的，并不构成趋势性影响，如流通中现金（M0）、财政性存款。有些是影响力日渐微弱，如外汇占款因素。近些年对于商业银行超额准备金数量而言，影响最显著的两大因素分别为法定存款准备金的变化以及中央银行的货币工具操作（以公开市场为代表的数量类操作）。

法定存款准备金的调整和中央银行的公开市场操作都是中央银行政策工具，这说明近些年来中央银行对于超额存款准备金数量的调控越发具有主动性。

近年来，我国的货币政策基调始终处于宽松中，因此法定存款准备金率持续处于下调过程中，且以公开市场操作为代表的中央银行数量操作始终处于净投放状态。从主观意义上看，都有助于商业银行的超额存款准备金率维持高位，即货币市场的潜在资金供应能力充足。但是需要注意的是，在客观情形下我国的法定存款准备金制度对于货币市场资金供应能力也存在着自发收缩的现实，这是间接融资为主体融资模式的经济体运行出现的必然结果。

我国的广义货币供应量年均增速依然保持在10%左右，这意味着每年我国的存款与储蓄规模增速在10%左右。按照当前存款与储蓄规模在250万亿元粗略计量，法定存款准备金率在8%左右，那么每年通过法定存款准备金渠道自发冻结的流动性就近2万亿元，这相当于自发性地出现了流动性供给能力的收缩。因此即便不考虑政策宽松取向，中央银行也应该通过各种手段（以法定存款准备金率下调为主要手段）向市场中注入流动性，以弥补这种流动性的自然收缩缺口。

当前一个百分点的法定存款准备金大致对应资金规模为8000亿～10000亿元，而存款规模自然扩张导致流动性缺口规模在2万亿元左右，因此每年至少需要两个百分点的法定存款准备金率下调来进行对冲。

从这个意义来看，法定存款准备金率的下调可能未必意味着强烈的政策宽松意图，更意味着平衡对冲。反之来看，若法定存款准备金率上调，则一定意味着强烈的政策紧缩意图。

此外，存款的自然增长来自贷款的投放（即所谓的贷款创造存款原理），所以流动性收缩现象究其根本是来自贷款的投放。

综上所述，衡量货币市场流动性供给能力的核心指标是超额存款准备金率，其水平高低代表着货币市场流动性供应能力的大和小，而影响超额存款准备金率变化的因素在当前时期合计有两个。其一，是中央银行数量型货币政策工具操作（包括公开市场操作、法定存款准备金率的操作以及其他类数量型操作）。在很长时期，该因素对于超额存款准备金率都起到向上推动的效应。其二，是贷款派生存款，在法定存款准备金制度下所形成的自发收缩效应，即贷款（存款）衍生而出的对于超额存款准备金资金的占用。长期以来该因素对于超额存款准备金率持续起着下行拉动的效应。

简言之，影响货币市场流动性供应能力的因素一为中央银行数量型工具操作（包括法定存款准备金率调整、公开市场操作等形式）。操作方向越宽松，货币市场流动性供给能力越强，反之，则越弱。二为贷款增长情况，贷款的增长必然带来存款的派生，也必然造成超额存款准备金向法定存款准备金的转移和冻结，形成收缩效应。贷款增速越高，其对于超额存款准备金总量规模的收缩力度越大，货币市场流动性的供给能力就越弱，反之，则越强。

二、回购交易工具的流动性需求

若采用超额存款准备金率的高低来衡量货币市场流动性的供给能力，则需求强弱是另一个层面的问题。供给能力与实际需求相匹配才能形成真正意义上的流动性，即待购回债券余额。

相较于供给能力大小衡量，需求强弱的衡量更为困难。很难找到一个类似于超额存款准备金率的指标来统一描述，但是可以从需求的类型来进行阐述。金融机构在货币市场的融资需求类型主要可以描述为如下几类。

（1）因支付清算需要而产生的融资需求。主要是以商业银行为代表的金融机构为满足日常提现或清算划拨等需求而进行的头寸拆借行为。对于金融机构而言这是非常重要的需求，但是由于日常的清算支付需求相对稳定，因此这部分需求的波动弹性不大，相对较为稳定，易于管理与测算。

（2）由监管考核而衍生的融资需求。在中国全面实施《巴塞尔协议Ⅲ》的大背景下，银保监会（现为金融监管总局）和人民银行参考并制定了一系列监管考核指标，这对于货币市场的融资需求和机构行为带来深远影响。其中，比较有代表性的两个考核指标分别为流动性覆盖率（LCR）和净稳定资金比例（NSFR）。

流动性覆盖率旨在确保商业银行具有充足的合格优质流动性资产（HQLA），能够在规定的流动性压力情景下，通过变现这些资产满足未来至少30天的流动性需求。流动性覆盖率的最低监管标准为不低于100%。其计算公式为：

$$\text{流动性覆盖率}=\frac{\text{合格优质流动性资产}}{\text{未来 30 天现金净流出量}}\times 100\%$$

净稳定资金比例旨在确保商业银行具有充足的稳定资金来源，以满足各类资产和表外风险敞口对稳定资金的需求。净稳定资金比例的最低监管标准为不低于100%，其计算公式为：

$$\text{净稳定资金比例}=\frac{\text{可用的稳定资金}}{\text{所需的稳定资金}}\times 100\%$$

由于我国监管考核多为时点考核，为满足监管要求，在考核时点附近一些商业银行需要从货币市场融入资金，而另一些商业银行的融出意愿则出现下降，无形中加大货币市场的资金压力，也是造成资金面波动的重要因素。需要注意的是，监管指标对资金面的影响多为脉冲性，并不具有持续放大或收缩需求的作用，因此这部分融资需求的波动弹性也是有限的。

（3）由杠杆操作而衍生出的融资需求。这里所提及的杠杆操作主要是针对债券标的而进行杠杆套息操作，金融机构以债券为押品不断地融资，用融得的资金再度购买债券，从而形成放大效应。总体来看，这部分融资需求的弹性是最大的。由于投资者对于未来债券市场看好，或对于利差收益满足，从而会加大杠杆操作力度，必然带动融资需求的膨胀。反之，会导致融资需求的收缩。

对比上述三种类型的融资需求，无疑杠杆需求是最具弹性的，是融资需求边际变化的主要影响因素，而出于清算支付和监管考核而衍生的融资需求相对具有稳定性，边际变化有限。

供给层面采用超额存款准备金率的高低来衡量流动性供给能力，需求层面主要聚焦于杠杆需求。前者反映能力，后者反映意愿，两者相结合形成有效需求，即构成了融资交易。

三、回购交易工具的流动性

分析了供给能力和需求意愿，但是依然无法形成流动性，供需结合方为货币市场的流动性，最终体现指标从量上看就是待购回债券余额规模，从价上看就是回购利率。

（一）量的衡量标准——待购回债券余额

中国外汇交易中心会每月公布银行间市场中的待购回债券余额，但是该数据从2021 年开始就不再公开发布了。为了跟踪方便，只有自行根据回购交易的资金期限特征来加工，自行测算待购回债券余额。

其基本原理如下：计算每个交易日中待购回债券余额的增量，计算的依据是利用每天各期限回购交易量进行合理剔除，剔除部分是前期回购交易的规模（对应于当日到期）。

即“每天待购回债券余额增量 = 每天的回购成交量 - 当天的到期量”，其中“当天的到期量”是前期对应时间的交易发生额。例如，第 $N+1$ 日的待购回债券余额增量是第 $N+1$ 日的回购交易总量，剔除第 N 日的隔夜回购交易量、第 $N-7$ 日的 7 天回购交易量……以此类推。每天的增量累计相加，即为待购回债券余额的规模，除了绝对余额外，还可以加工为同比增速，可以更方便地反映流动性变化的趋势，如图 8 - 27 - 1所示。

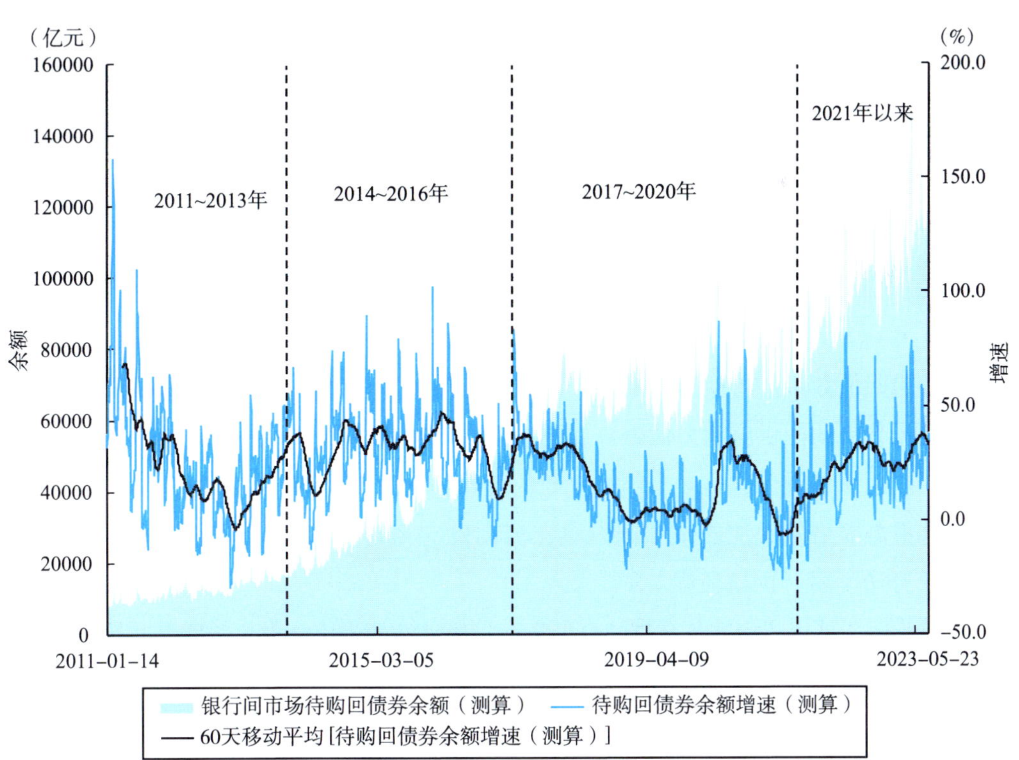

图 8 - 27 - 1　银行间市场待购回债券余额变化

资料来源：中国人民银行。

以待购回债券余额作为货币市场流动性“量”的衡量指标，观察其历史上发生的边际变化，大致可以划分为四次变化，依次如下。

2011 ~ 2013 年。该时期总体表现为货币市场流动性收敛状态，待购回债券余额处于低位，且其同比增速持续下行，一度跌入增速为负区域。在这一时期，货币政策总体基调偏紧（2011 年、2013 年均为典型的政策收缩年份），流动性的供应能力（以超额准备金率衡量）处于收缩状态。但由于债券市场处于熊市状态居多，因此融资需求中的决定因素——杠杆需求也处于收缩状态。总体来看，这是一个供需双收缩的时期，货币市场流动性总体收敛。

2014 ~ 2016 年。该时期总体表现为货币市场流动性扩张状态，待购回债券余额持续高增，且其同比增速一路上行，保持在 50% 高增速水平。这一时期，货币政策基调总体宽松（2014 ~ 2016 年货币政策持续宽松），流动性的供应能力处于扩张阶段。但由于债券市场总体处于牛市状态，因此杠杆融资需求高涨。总体来看，这是一个供需双旺的阶段，货币市场流动性持续扩张。

2017 ~ 2020 年。该时期总体表现为货币市场流动性收敛状态，待购回债券余额高位趋稳，同比增速则持续下行。这一时期货币政策基调屡有波折（2017 年偏紧，2018 年偏于宽松，2019 ~ 2020 年中性波动），流动性供应能力也随之波动，并不稳定。而同时期债券市场虽然总体呈现牛市，但是利率波折反复，并非有利于持续的杠杆融资需求扩张。总体来看，这是一个供需均不稳定的阶段，货币市场流动性总体收敛。

2021 年以来，特别是 2021 年下半年以来。该时期总体表现为货币市场流动性扩张状态，待购回债券余额再度持续增长，同比增速持续上行。这一时期货币政策保持宽松状态，意味着流动性供应能力偏强。而同期债券市场利率持续回落，有利于杠杆融资需求的膨胀。总体来看，这是一个供需双旺的阶段，货币市场流动性保持充裕。

在这里需要格外关注的一个问题是，流动性充裕（紧张）阶段是否就一定对应着其供应能力强（弱）的阶段呢？

如前所述，采用超额准备金率的高低来衡量流动性的供应能力，2011 年以来超额存款准备金率的变化趋势与上述待购回债券余额增速的变化趋势并不相符，如图 8 – 27 – 2 所示。

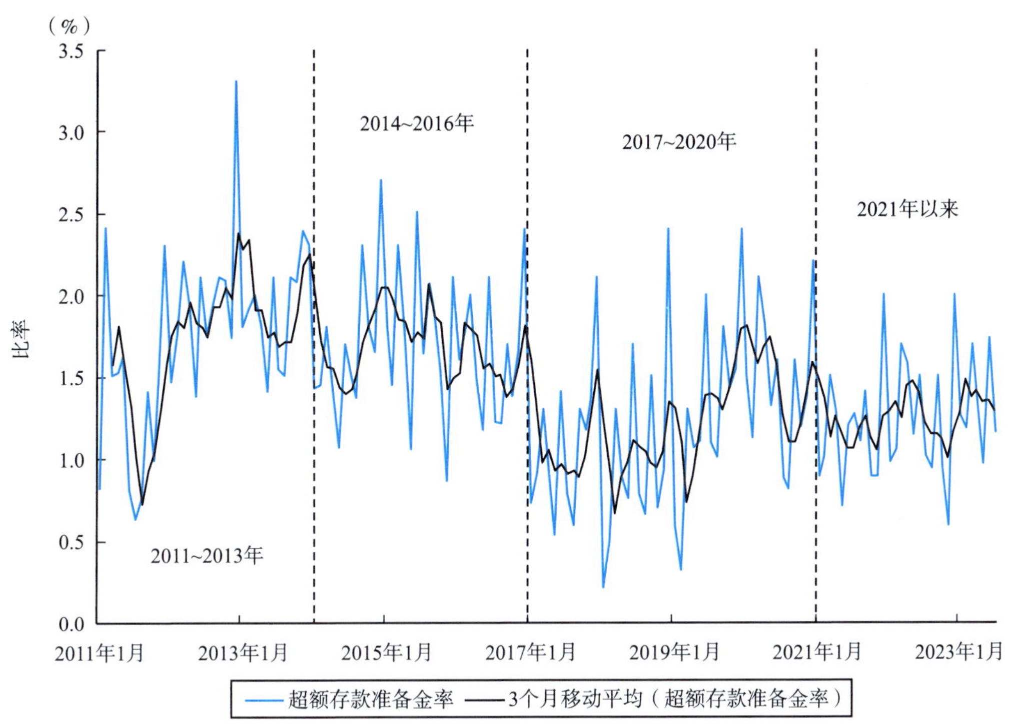

图 8－27－2　超额存款准备金率的变化

资料来源：中国人民银行。

将待购回债券余额变化所划分的流动性松紧状态对应于同时期的超额准备金率变化，可以发现后者并非解释流动性松紧状态的主导因素。即用所谓的供应能力大小来解释流动性的扩张与收敛似乎并非一个好的选择。

（二）价的衡量标准——回购利率

相较于用量的因素来刻画货币市场流动性，价的指标更为简洁清晰。在这里，笔者使用的是货币市场加权平均利率作为货币市场流动性“价”的衡量指标，就是将隔夜、7 天、14 天等一系列期限的回购利率按照当天各自的成交量作为权重来进行加权合成。

当利率处于下行趋势（相对低位区域）中，表明货币市场的流动性状况充裕。反之，当利率处于回升趋势（相对高位区域）中，表明货币市场的流动性状况匮乏。

需要注意的是，我国的货币市场利率以 2019 年前后作为一个重要的“分水岭”。2019 年前，货币市场利率波幅巨大，虽然从大趋势上符合“泰勒规则”，由经济增长和通货膨胀共同决定，但是缺乏一个明确的“定价指引（锚）”。2019 年后，中央银行加速构建中国的短期利率调控体系，形成了“7 天 OMO 逆回购利率—DR007 利率—中长期利率”的传导模式框架。这一模式框架类似于美联储的传统模式框架，即“联邦基金目标利率—隔夜 SOFR 利率—中长期利率”①。从此，中国的货币市场利率具有了明确的政策利率指引中枢。总体来看，货币市场利率将围绕政策利率为中枢波动，而政策利率是由货币当局根据宏观经济基本面变化来调节确定。在经济状况平稳时期，货币市场短期利率的调控机制运行相对良好，但是 2020 年遭遇新冠疫情冲击以来，市场基准利率与政策基准利率也时而出现偏离。

尽管我国当前所构建成型的货币市场短期利率调控框架依然存在一些缺陷，同时在近几年的实践运行中也存在诸多背离，但是笔者依然相信这一模式具有持续发展前景（见图 8－27－3）。

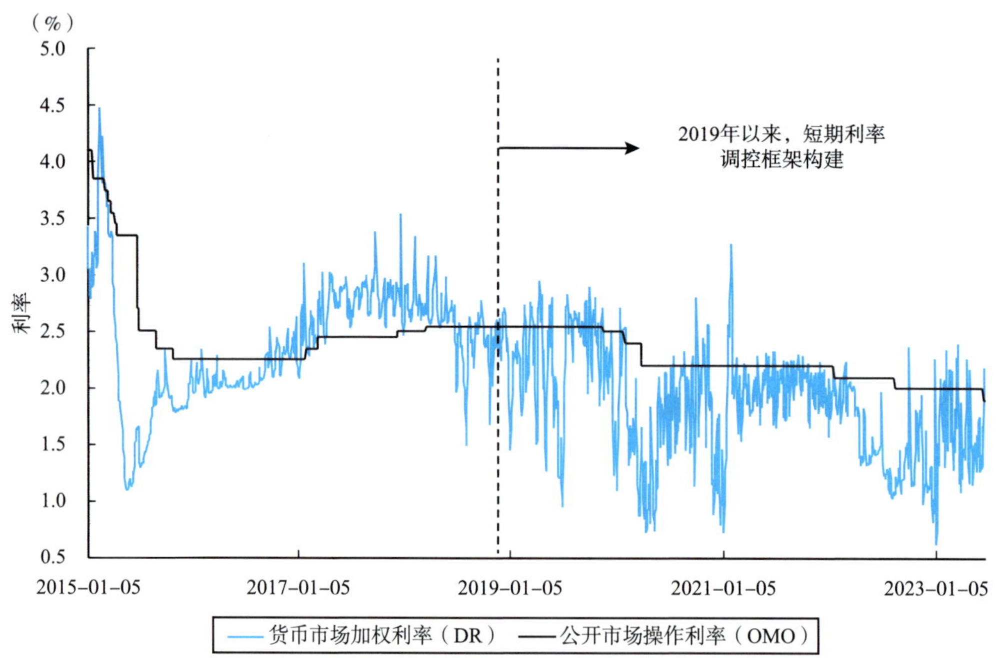

图 8－27－3 货币市场基准利率围绕政策利率中枢波动

资料来源：中国人民银行。

（三）量价组合分析

货币市场流动性“量”的指标是待购回债券余额，“价”的指标是货币市场加权平均利率，这就构成了类似于股票市场中的量价组合。利用量价组合分析，可以大致分析

① 参考本书第二篇第六章《2020 年重要事件及逻辑线条反思》内容。

流动性的供需力量的相对强弱。

由于货币市场中的待购回债券余额是存量概念，可采用同比增速的处理方式来衡量其大致的增量变化，该增速与货币市场加权利率构成量价分析的工具，如图 8 - 27 - 4 所示。

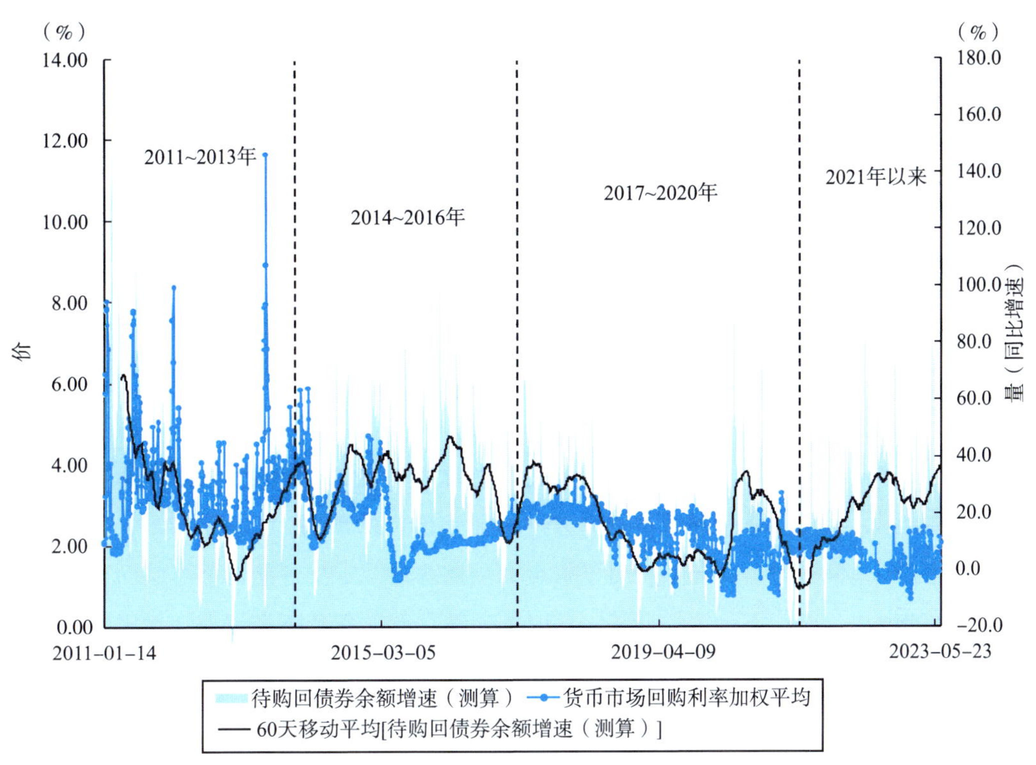

图 8 - 27 - 4　货币市场流动性的量价组合

资料来源：中国人民银行。

首先，从大致变化趋势上看，货币市场中的待购回债券余额增速与货币市场利率总体呈现“跷跷板”效应。即基本符合流动性松紧评判原则：量增与价（利率）减大概率对应流动性充裕局面，量减价（利率）增，大概率对应流动性匮乏局面。

其次，量价的不同组合可以大致衡量出资金供应能力与融资需求意愿之间的强弱。理论上来看，量增价（利率）增代表需求扩张强于供给扩张；量增价（利率）减代表供给扩张强于需求扩张；量减价（利率）增代表供给收缩快于需求收缩；量减价（利率）减代表供给收缩慢于需求收缩。其中“量增价（利率）减”与“量减价（利率）增”是主流形态。

以上述图示划分的四个阶段为例，大致可以描述如下。

（1）2011～2013年，总体表现为量减价（利率）增格局，货币市场流动性环境总体偏紧，且供给收缩快于需求的收缩。

（2）2014～2016年，总体表现为量增价（利率）减格局，货币市场流动性环境总体趋松，且供给扩张快于需求的扩张。

（3）2017～2020年，总体表现为量减价（利率）减格局，货币市场流动性环境波折中性，且需求的收缩要快于供给的收缩。

（4）2021年以来，总体表现为量增价（利率）减格局，货币市场流动性环境总体偏松，且供给扩张快于需求的扩张。

上述结论依然无法有效地解释超额存款准备金率（衡量供给能力）的变化，特别是2011～2013年和2021年以来的情况。总体来看，2011～2013年时期，超额存款准备金率虽然经历过显著波折，但是多数时期居于高位，这和同期货币市场量减价（利率）增的格局并不匹配。2021年以来，超额存款准备金率总体居于相对低位且平稳，这与同期货币市场量增价（利率）减的格局也不匹配。

对此，笔者的看法是，超额存款准备金率绝对水平的变化虽然可以作为衡量资金供应能力的指标，但是需要考虑资金供应方（商业银行）的预期。

当政策环境偏紧时，商业银行对于资金面预期悲观，本身可能在个体层面存在自发提高备付的做法，以作不确定性储备，这时的超额存款准备金率高位未必代表着资金供应能力强。反之，当政策环境偏于宽松时，商业银行对于资金面预期乐观，在个体层面会存在降低备付的做法，资金融出较强，这时的超额存款准备金率低位也未必代表着资金供应能力偏弱。

结合上述对于货币市场流动性的分析，笔者最终给出如下一些思考或结论，供读者参考。

（1）从量的角度和价的角度都可以衡量定义货币市场的流动性，但是从近些年的发展趋势来看，价的角度更直接、透明，其度量效果远超前者。

（2）采用价格型指标分析货币市场流动性的过程中，需要密切关注政策利率作为牵引“锚”的指引作用，从稍长时期来看，货币市场基准利率与政策基准利率依然存在着“分久必合”的关系。

（3）在采用数量型指标分析货币市场流动性的过程中，可以大致拆解为资金供应能力和资金需求意愿两大因素。其中资金供应能力的衡量指标为超额存款准备金率，影响资金供应能力的主导因素是货币政策取向和信贷投放力度，而影响资金需求意愿的主导因素是杠杆需求。

（4）量价组合分析类似于股票市场中的组合分析，可以大致定性描述一段时期内资金供给力量与需求力量的相对强弱。

（5）超额存款准备金率并不是决定货币市场流动性强弱的根本因素，用该指标来衡量资金供应能力还需综合考虑宏观政策环境。

（6）总体来看，货币市场流动性的变化既受供给能力影响，也受需求意愿的影响，因此主导货币市场流动性变化的因素既有供给端的，也有需求端的。

第二十八章

债券市场的流动性

债券市场是资本市场的重要组成部分，也是本书分析的重点。如果将一年以内期限品种归属于货币市场工具，则1年期以上期限的品种均归于债券品种。

通常债券市场的流动性会有两重内涵。其一是用流动性描述买卖双方成交的难易度，如果一定规模数量的债券能在某一价位（或区间）充分成交，则表示这只债券的流动性良好。一般习惯于用买卖价差（spread）的大小来近似表达流动性强弱。其二市场最关注的是购买债券的资金进出的含义，即“钱”的含义。

市场分析中常见到这些词汇：流动性推动的牛市、资金推动型的牛市等，这些词汇的本义均指内涵二。本章内容主要从买卖债券品种的资金方面来探讨债券市场的流动性。

与货币市场流动性的定义相仿，如果从量的角度来定义债券市场的流动性，则为债券市场成交量。如果从价的角度来定义债券市场流动性，则为债券价格（利率）。

债券市场的参与主体比货币市场更为广泛，不仅仅局限于商业银行为主体。其参与主体的类型可以划分为两大类：商业银行与非银行金融机构或个体。非银行金融机构或个体虽然包含了基金、保险、证券或银行资管以及理财子公司等，但是最终的基础主体主要就是（实体类）企业以及个人。因此可以将债券市场的参与主体划分为三类，商业银行（自营部门）、企业与个人。

需要说明的是，在不少分析框架中，会将债券市场的流动性研究转化为供需研究，这无可厚非。但是在研究债券市场供需时却通常会将债券的发行规模作为供给因素来对待，从而形成了“发行规模增加，债市承压；发行规模缩小，债市利好”的看法。笔者对此并不苟同，金融产品本质是不存在供需矛盾的，这与实体资产（如粮食、铁矿石等）不同，对于这个问题的解释笔者曾在2014~2015年地方债扩容时期做过详尽的说明，有兴趣的读者可以参考。

同样以研究供需问题为主，但是本章内容所研究的供需问题主要是针对流动性概念而言。通俗来讲，就是研究参与主体对于债券品种的购买能力（资金的供应）和购买意愿（对债券的需求）。

下面将以主要参与主体为对象，研究探讨他们对于债券品种购买能力（即资金供应）和购买意愿（对债券需求）的影响因素是什么。

第一节 以企业和个人作为投资主体的分析

如上所述，按照采取穿透底层的原则，债券市场的参与主体主要就是三类，分别为企业、个人和商业银行。对于基金公司、银行理财子公司等资管类机构，其最底层参与主体其实也是企业、个人或银行自营部门。而对于保险公司、证券公司的自营部门，虽然其主体性较强，但是行为方式更趋于商业银行自营部门，且在规模与体量上无法与商业银行比较，因此单纯以商业银行作为代表性主体来进行分析。

在很大程度上，企业和个人对于债券品种的投资或交易目的性相似，因此可以归并在一起进行探讨。

企业或个人购买债券品种，并形成实际交易量（流动性），需要考虑其投资主体的资金供应能力和需求意愿。

一、企业或个人投资债券的资金供应能力

企业或个人投资购买债券的资金供应能力可以用企业存款或居民储蓄来进行衡量。金融机构信贷收支表显示，截至2022年底我国住户部门（个人）境内人民币存款规模高达120万亿元，非金融企业部门境内人民币存款规模高达75万亿元，两者合计近200万亿元。

这些资金均可构成企业或个人投资债券的潜在购买力，因此从逻辑来看，企业或个人投资购买债券的资金供应能力近乎无限，不存在“没钱购买”的担忧。

上述是从可用于购债的资金总量角度来进行分析，但是金融市场分析中更重视边际变化的分析。如果将企业存款和居民储蓄作为可用资金，则这些可用资金的余额同比增速变化则代表资金供应能力的边际变化。从逻辑而言，如果同比增速出现回落，则意味着企业或个人可投资债券的资金能力在出现边际衰减，反之，则呈现边际增强。而企业存款与居民储蓄合计近似于广义货币供应量规模，那么这就意味着当M2增速呈现回落时意味着企业或个人部门可用于债券投资的资金供应能力弱化。当M2增速呈现上行趋

势时，意味着两部门对于债券投资的资金供应能力在强化。

这一来自资金供应端的结论似乎与直观感受不符。通常意义上，广义货币供应量M2增速的升与降往往意味着债券市场利率的涨与跌（对应于债券市场价格的跌与涨），这与企业或个人来自资金供应能力的结论并不相符。

产生这种矛盾结论的原因可能有几个：①单纯从资金供应能力考虑市场涨跌并不全面，还需要考虑购买意愿对于市场的影响，能力与意愿相结合方构成债券市场的流动性（成交）。②企业与个人主体在债券市场中的影响力是微乎其微的，而且其主体投资品种也并非债券，因此其可用资金能力的边际变化对于债券市场的影响是可忽略不计的。③存款或储蓄是企业或居民用于各类资产进行投资的潜在资金供应能力，并非单纯针对债券品种的潜在购买力，因此不能高估M2增速升降对于企业与个人购债能力的影响。

将企业或个人部门作为投资主体而言，其对于债券市场投资的潜在资金供应能力并非一个重要的约束条件。

二、企业或个人投资债券的需求意愿

如果认为企业或个人对于债券品种投资的潜在资金供应能力近乎无穷大，或者不构成约束条件，那么两部门对于债券投资的流动性将主要取决于其需求意愿。

企业或个人部门购买债券的需求意愿更多取决于企业或个人对于债券市场涨跌的预期和风险偏好。

早些年间，我国（非金融类）企业部门和个人对于债券市场知之甚少，也很难主动形成对于债券市场的涨跌预期。而风险偏好因素则更多集中在股票市场中，当股票市场不景气时，企业或个人的风险偏好降低，会撤离风险资金，转移到无风险资产。但是事实上的这类无风险资产也基本是以现金、储蓄或存款为主，很难直接归结到具体的债券品种上。

这些年伴随着资管行业的发展，企业与个人越来越多地通过购买理财产品的方式来间接参与了债券投资。企业或居民购买理财产品（固收类理财产品占比大概为6～7成）的规模提供了一个观察两大私人部门购债意愿的替代指标，也可以作为衡量两大主体投资债券市场的流动性衡量指标。

按照银行业理财登记托管中心组织编写的《中国银行业理财市场半年报告（2023年上）》显示，当前我国银行理财产品资金余额约25万亿元。其中投资者占比中，个人投资者数量居于主导，特别是近些年伴随监管机构整顿同业理财之后，预计商业银行理财产品投资者的主要构成均为个人或非金融类企业主体（见表8－28－1）。

表 8-28-1 商业银行理财产品持有者结构 单位：万个

投资者类型	2022 年 6 月末	2022 年末	2023 年 6 月末
全部投资者	9145.40 (100%)	9671.27 (100%)	10371.71 (100%)
个人投资者	9061.68 (99.08%)	9575.32 (99.01%)	10254.38 (98.87%)
机构投资者	83.72 (0.92%)	95.95 (0.99%)	117.33 (1.13%)

资料来源：银行业理财登记托管中心。

商业银行理财产品资金余额的变化可以近似表达个人与企业投资者对于固定收益类产品（债券、银行存款等）的需求变化，也即两大投资主体在债券市场中所表达的流动性概念（见图 8-28-1）。

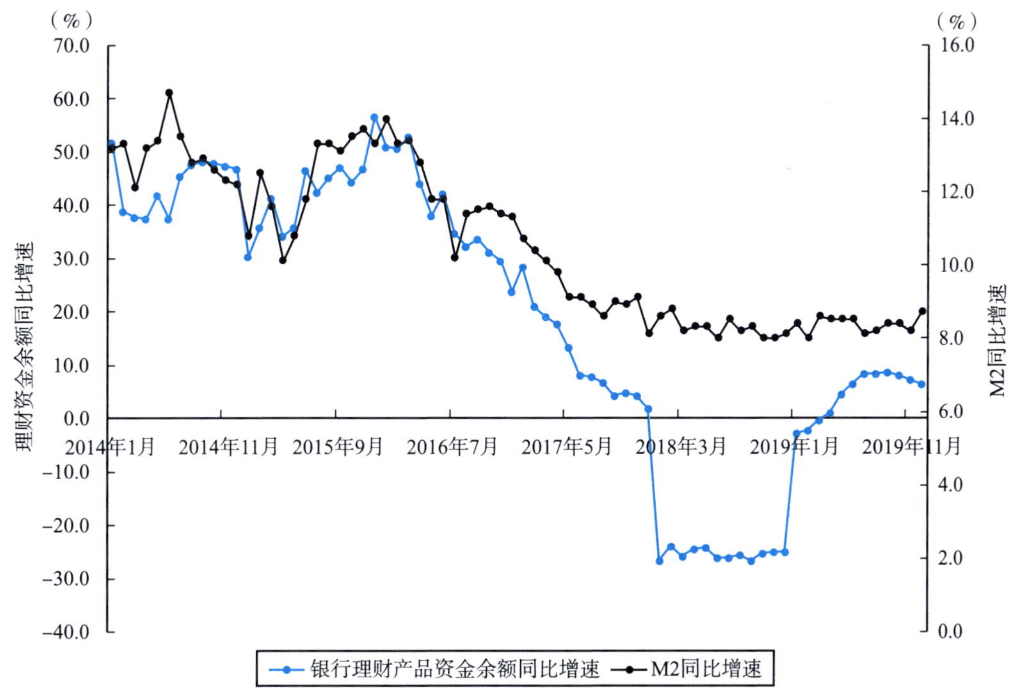

图 8-28-1 个人或企业投资主体对债券品种的供、需指标表达

资料来源：中国人民银行。

这样，企业或个人作为投资主体，在债券市场中的资金供应能力可以近似表达为广义货币供应量。需要说明的是，该指标对于债券市场投资的潜在资金供应能力并非一个重要的约束条件。

由于在资金供应能力方面并不存在强约束性，那么企业与个人投资债券品种的余额变化将主要取决于两者投资债券的需求意愿，最终用商业银行理财产品余额增速的变化来表达流动性概念。

第二节 以商业银行作为投资主体的分析

商业银行是债券市场投资交易的参与主体，是分析债券市场流动性的核心部门。可以从如下几个方面来分析商业银行在债券市场投资过程中所面临的资金供应能力和购买意愿。

一、一级市场投资：商业银行所具备的资金供应能力衡量

商业银行在一级市场所具备的资金供应能力，视投资的品种不同而具有不同的约束。参与信用债券一级市场投资和参与利率债券（国债、政策性金融债券等）一级市场投资，其所面对的资金约束各不相同。

（一）参与一级市场中的信用债券投资

商业银行参与信用债券一级市场投资类似于信贷投放，并不需要“真金白银”的资金注入，更多是一种“记账操作”。商业银行购买信用债的瞬间，其资产负债表左侧多了一笔“债券投资”，右侧等额增加一笔“公司存款（活期）”，从而实现了资产负债表的扩张。虽然从理论上讲，在一级市场购买信用债券或投放贷款会受到派生存款消耗超额存款准备金等约束，但在实际中这种约束是相对有限的（见图8－28－2）。

从这个角度来看，商业银行在一级发行市场投资信用债券的潜在资金供应能力近似“无限大”，即并不存在所谓的“没钱购买”的窘境。

（二）参与一级市场中的利率债券投资

与信用债券不同，商业银行参与利率债券一级市场投资确实需要其拿出“真金白银”，即耗费其超额存款准备金。

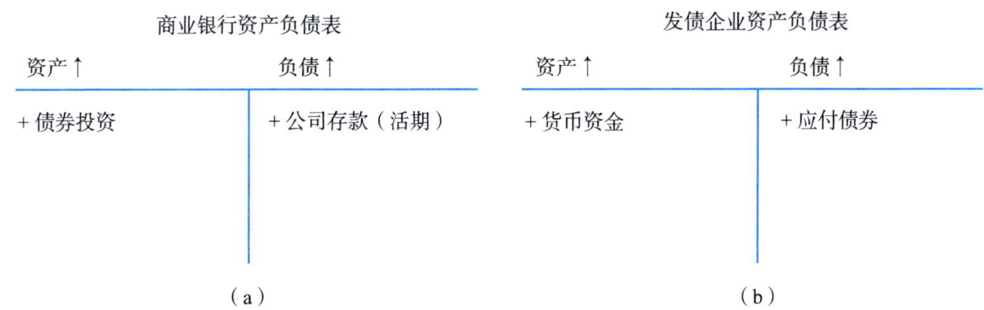

图8-28-2 参与一级市场信用债券投资过程中资产负债表变化

资料来源：中国人民银行。

当商业银行从一级市场中承销/购买国债时，需要将超额准备金划入央行的财政部账户（“政府存款”科目），对应着自身超额准备金水平的等额降低，因此超额存款准备金水平的高低是其在一级市场购买国债的潜在资金供应能力（见图8-28-3）。

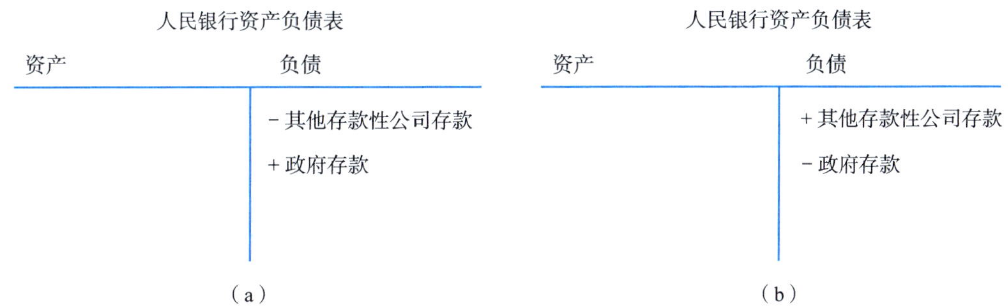

图8-28-3 参与一级市场国债投资过程中资产负债表变化

注：图a表示政府融资时相关账户的变动情况；图b表示反操作，即政府支出时基础货币是如何从国库流向银行。

资料来源：中国人民银行。

当商业银行A从一级市场中购买政策性金融债券时，也需要将自身的超额存款准备金划入政策性银行B的账户。但是需要说明的是，银行体系的超额存款准备金总水平不变，只是会出现不同银行之间超额存款准备金分布的变化。

综述而言，商业银行在一级市场投资购买信用债券几乎不面临资金供应能力方面的约束。但是在投资购买利率债时（特别是国债品种），则面临超额存款准备金水平的约束，其成为商业银行在一级市场投资债券的资金基础。交易落地时，超额存款准备金会即刻划转为央行账户上的财政性存款。如果拉长周期来看，当财政性存款下拨后，随着资金“回流”，这种约束又会明显弱化下来。

二、二级市场投资：商业银行所具备的资金供应能力衡量

把商业银行作为一个整体考虑，其在二级市场中进行债券投资的资金约束类似于其在一级市场中购买信用债券，均表现为银行与非银行部门之间的扩表行为，也不需要“真金白银”的资金注入。

商业银行从非银行金融机构购买一笔债券，只是相当于商业银行资产负债表左边多记一笔“债券投资”，右边多记一笔“公司存款”，从而实现了商业银行资产负债表的扩张（派生了非银行金融机构存款），见图8－28－4。

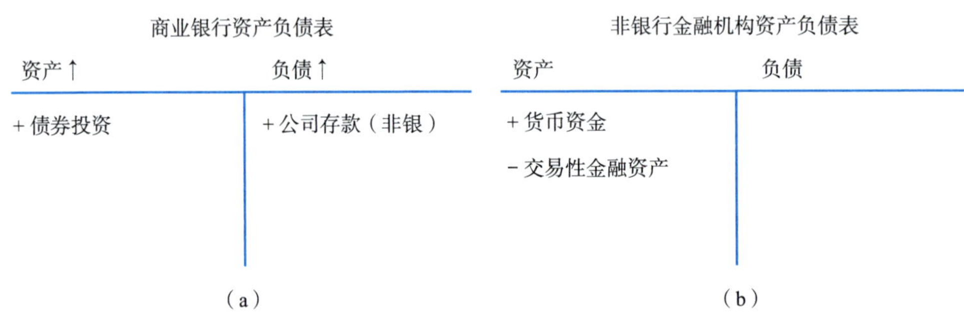

图8－28－4　参与二级市场债券投资过程中资产负债表变化

资料来源：中国人民银行。

从这个角度而言，商业银行在二级市场投资购买任何类型的债券，其潜在资金供应能力可视为“无限大”，也不存在所谓的“没钱购买”的窘境。

如果商业银行A与B之间进行债券交易行为，则对于个体银行存在超额存款准备金大小的约束，但只是形成超额准备金在不同银行之间的划拨，并不影响整体水平。

三、商业银行对于债券品种的购买意愿

从上述分析可见，把商业银行作为一个整体进行考虑时，其进行债券投资的资金供应能力几乎是不受约束的（除了在一级市场购买国债时会短暂地受制于超额存款准备金水平的约束），即“钱”不是问题。那么“购买意愿”则成为决定债券市场流动性的根本。

虽然配置资产的目的通常是盈利性的，但不可否认的是，商业银行在实际经营过程中，主体业务依然是信贷投放，债券投资在一定程度上是全行资产负债管理视角下优化

过剩流动性的一种工具或手段。

从这个角度而言，商业银行的债券投资力度是信贷投放行为的一种结果。当信贷投放乏力时，商业银行进行债券投资的意愿必然增强，而当信贷投放旺盛时，商业银行进行债券投资的意愿必然降低。

所以，信贷投放是影响商业银行债券购买意愿的核心因素，那么净息差的高低是否会影响商业银行购买债券的意愿呢?

从理论上看，商业银行信贷息差过低可能会导致商业银行加大对于债券投资的购买，不少分析报告也测算过信贷利率与国债利率的差异比较。但是从实际情况来看，即便信贷投放利率相对偏低，但是考虑到信贷业务所衍生出来的中间业务以及商业银行与客户之间的合作关系等，信贷投放的综合价值依然会远高于债券投资，因此利差比较可能并非影响商业银行债券购买意愿的关键性因素。

信贷投放是影响制约商业银行购买债券意愿的关键性因素。信贷弱，则商业银行购债意愿强，对应利率下行。反之，则利率上行。这一结论与普遍性认知相同，但是多数的普遍性认知均是从基本面角度来进行理解，即信贷趋弱，意味着经济活动趋弱，利率下行；信贷走强，则意味着经济活动回升，利率上行。

还可以从另一个微观视角来理解债券市场的流动性因素。我国的货币中介机构曾每天定时发送这样一种统计数据，称为“债券分歧指数”。

其将当天参与债券市场交易的机构类型划分为五类，分别为银行、基金、证券公司、保险公司和其他类型机构。在某一时段内可以统计出每类机构买卖债券的数量，如表8－28－2所示。

表8－28－2　　“债券分歧指数”示意

类型	数量
银行	19
基金	－20
证券	－4
保险	－5
其他机构	10

资料来源：上海国际货币经纪有限责任公司。

例如，其表示在当天某一时段内，商业银行买入规模为19，同期基金公司的卖出规模为20，以此类推。

这一时期债券市场的流动性就是29。而且可以发现，各类机构买卖（以正负表达）规模最终合计为零，即有买必有卖，合计基本为零，只有成交量才构成了流动性概念。如果说有买必有卖，合计为零，那么为什么会出现价格的不同方向变化呢？这就涉及每类机构的购买意愿不同，不同的购买意愿会赋予相同的购买数量以不同的“能量”权重。

商业银行机构无论是作为卖方还是买方，其参与意愿都是居于低位的，更适合看成一个“资金蓄水池”或“债券仓库”的角色。由主动买卖意愿更为强烈的基金公司或证券公司来取用其债券或资金“资源”。

所以商业银行、保险公司等类型机构买卖所对应的流动性具有较低的“能量权重”，而基金公司、证券公司等类型机构买卖所对应的流动性具有相对较高的“能量权重”，这样虽然买卖总量轧差为零（成交），但是会产生出不同的价格方向，这一方向一般是由“能量权重”较高的流动性所主导。这事实上就是市场中区分的“主动性买（卖）盘”具有高能量，被动性承接盘具有低能量的一个微观例证。

第二十九章

股票市场的流动性

相较于“流动性推动型的债券牛市”而言，“资金推动型的股票牛市”“水牛”等概念在股票市场中的受众更为广泛。

用“钱多（少）”来解释股票市场的牛、熊似乎更为直观，例如，2015 年的那轮超级股票牛市，事后多被冠名为“水牛”，即意味着“钱多”因素推动了股市的大幅上涨。

因此流动性概念在股票市场分析中是一个“耳熟能详”的词汇，也有必要进一步厘清股票市场中的流动性概念究竟是什么。

如果说债券市场的参与主体主要是商业银行，股票市场的参与主体则与债券市场不同。从基础构成来看，股市的参与主体是企业与个人。虽然基金公司是股票市场中的一个重要参与方，但是其资管属性决定了其只是作为最终购买方（企业与个人）的代表角色而出现，本质上企业与个人才是股市的行为主体。

如果以企业与个人作为研究主体，则需要针对其股票市场投资行为，探讨其本身所具备的资金供应能力和对股票品种的购买意愿。

一、企业与个人在股票市场中的资金供应能力

与债市分析类似，企业与个人主体在股票市场进行投资操作的资金供应能力主要由三个渠道来进行衡量，分别是企业存款、居民储蓄以及融资融券。

（一）企业存款与居民储蓄是股票市场流动性供应的主要源泉

理论而言，70 万亿～80 万亿元的企业存款、120 万亿元的居民储蓄都可以作为股票市场的资金供应，或被市场称为“子弹”。而且从中国私人部门的风险偏好来看，这 200 万亿元资金更具风险偏好性，向股市转移分布的可能性要远大于向债市转移分布的可能性，因此将其视为股市资金的“蓄水池”似乎更为合理。

近 200 万亿元规模的资金体量可视为股市流动性的“蓄水池”，从这个角度来看，

股票市场中绝对不存在“没钱”的状况，在流动性的供给层面（即资金供应能力）几乎“无限大”。

上述是从绝对规模角度衡量，如果从企业存款和居民储蓄的边际增长角度来看，是否企业存款与居民储蓄的余额增速升降意味着资金供应能力的强弱，进而会对股票从资金供应端构成支撑或压力呢?

这可能是过虑了，不妨从两个截然相反的现象来推翻上述假设。引申出一个有趣的话题，即企业存款（特别是活期存款M1）增速、储蓄存款增速与股市之间的关系。

股票市场中一直存在着一个“M1定买卖”说法。当M1增速上行时，一般同步对应着股指上行，反之当M1增速下行时，股指重心同步回落。

从表象来看，似乎可以解释为M1增速上行，意味着企业活期存款增多，意味着企业对于股票市场资金供应能力增强，则可能对于股指具有正面支撑。但是事实上，更合乎逻辑的理解在于，M1增速的走高往往意味着企业经营活动开始加速，大概率对应着企业业绩出现改善，因此股市会做出积极反应。

从上述逻辑可见，M1的变化可以作为股指变化的原因，但是以基本面传导的路径而出现，并不是以流动性供给的路径而出现。

另一个与之截然相反的现象则是居民储蓄增速与股市变化的关系。假设居民储蓄增速的升降代表着对股市资金供应能力的强弱变化，则逻辑上可推演出“居民储蓄增速走高，意味着股市资金供应能力强化，股指上行概率较大”的结论，但事实上居民储蓄余额增速与股指变化的相关性与上述推论截然相反。

每当股市处于低迷时期，往往会呈现出居民储蓄余额增速的走高；反之，当股市处于牛市氛围中，往往会伴随居民储蓄余额增速的回落（见图8－29－1）。

居民储蓄增速与股指的变化截然相反于M1增速与股市的变化，也说明了居民储蓄余额增速并非以股市的流动性供应角色而呈现，其更类似于一个股市运行的结果。当股市走强时，大量的居民储蓄会转化为股市投资资金，变化为金融机构存款属性。反之，当股市走弱时，大量的资金会从股市中撤出，再度转化为居民储蓄。

因此，理论上股市流动性的供应力量就是企业存款和居民储蓄，而从绝对规模来看，其可以视为是股市资金供应近乎“无限大”的蓄水池。此外，不必纠结于储蓄存款余额增速的升降变化，其并非意味着股市资金供应量的强弱变化。在股市市场中不存在“没钱”的窘境，相较于股市资金供应而言，需求意愿才是决定股市流动性的根本。

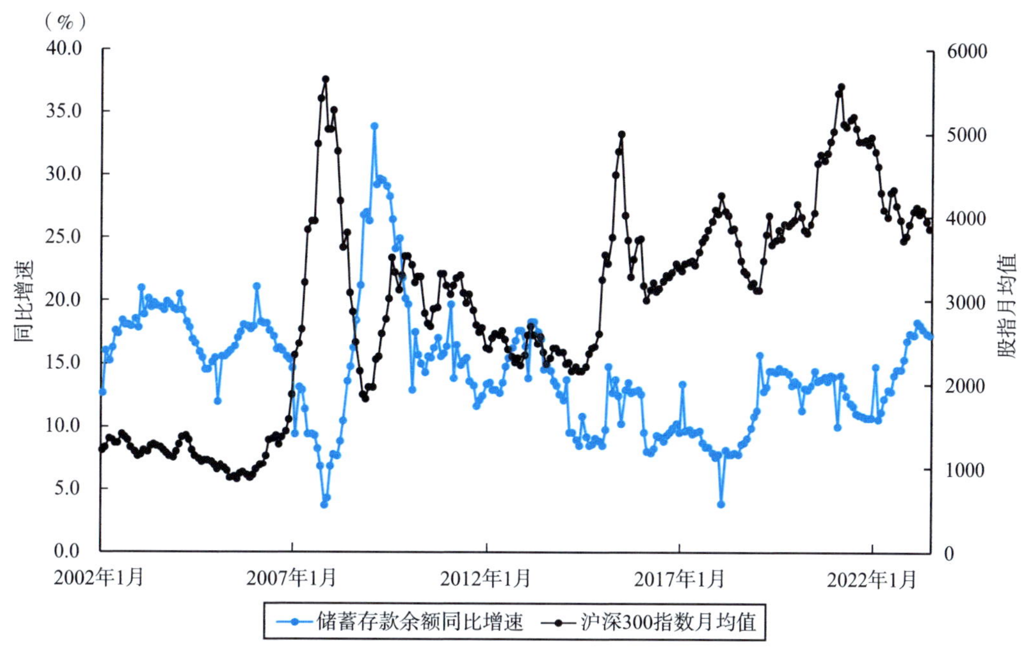

图 8 -29 -1　居民储蓄余额增速与股指变化多呈现反向关系

资料来源：中国人民银行、万得资讯（Wind）。

（二）融资融券——股票市场流动性供应的另一源泉

相较于企业存款与居民储蓄的"真金白银"，股票市场中还存在着一种杠杆流动性的供应力量，即融资融券。

2010 年以来至今，中国融资融券的余额从无到有，最高超越过 2 万亿元资金体量，当前依然保持在 1.5 万亿元左右的体量（见图 8 -29 -2）。

融资融券是股票市场流动性供应的另一股力量，虽然其规模远低于企业存款和居民储蓄，但是依然是不可忽视的资金供应源泉。

二、企业与个人在股票市场中的购买意愿

企业与个人对于股票市场的投资在资金供应能力方面并不存在规模性约束，即不存在"没钱"投资的窘境，那么股票市场的流动性则主要取决于购买意愿。

股票市场流动性的最终衡量指标在"量"的角度就是成交量，成交量的变化并非资金供应端所决定，主要是购买需求意愿所主导。因此在股市最常出现的量价组合就是"量增价涨"或"量缩价跌"。虽然会在某一时间段出现"量缩价涨"或"量增价跌"的现象，但是并非趋势格局，也难以持续。

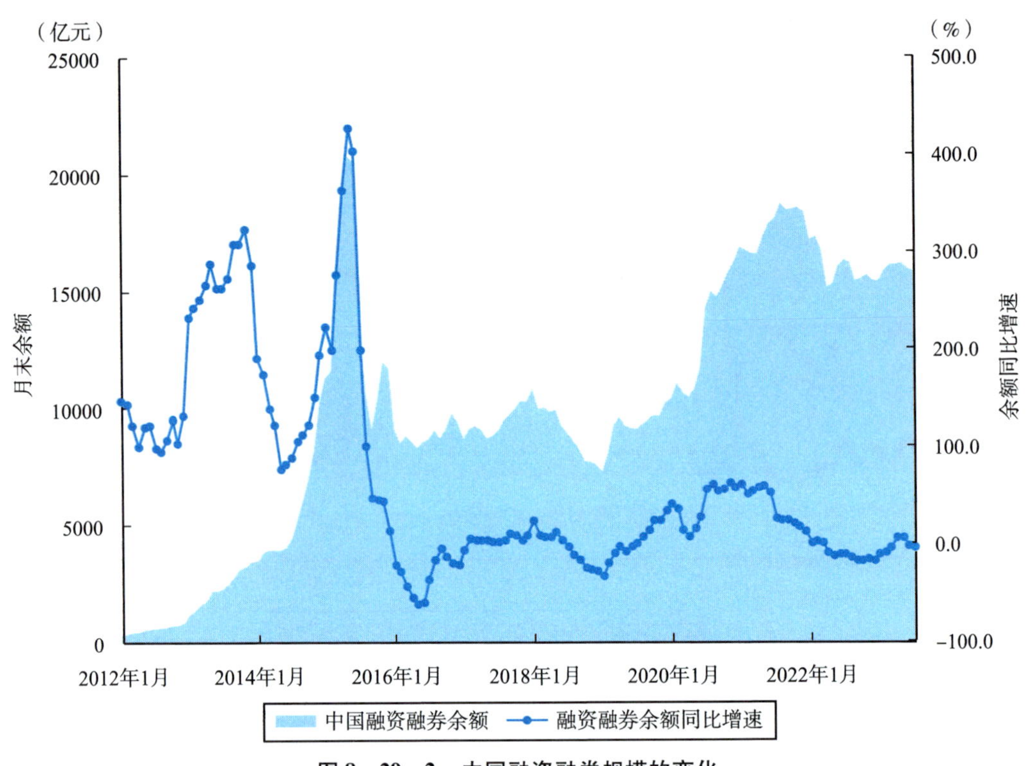

图8-29-2　中国融资融券规模的变化

资料来源：万得资讯（Wind）。

那么是什么因素在影响着企业与个人在股票市场中的购买意愿呢？这就是一个相当复杂的问题了，这很难类似于商业银行投资债券市场一样，寻求到信贷投放这一近似替代指标来进行衡量。

企业或个人在股票市场中的购买意愿取决于投资者对于股票市场的走势预期、取决于投资主体的风险偏好变化，且在一定程度上股价具有自我循环驱动的力量。多数的股票投资主体具有“追涨杀跌”的特征，价格涨跌会对于投资者购买意愿进行自我强化驱动。

笔者无法寻求到好的指标来衡量投资者对于股票的购买意愿，但是明确指出的是股票投资中并不存在“没钱”的资金供应窘境。

股票市场的流动性主要取决于投资者的购买意愿，因此股票市场的成交量作为股市流动性“量”的衡量指标，主要反映的就是投资者的购买意愿。“股指”作为股市流动性“价”角度的衡量指标，基本与成交量走势匹配，即呈现“量价齐增减”的走法（见图8-29-3）。

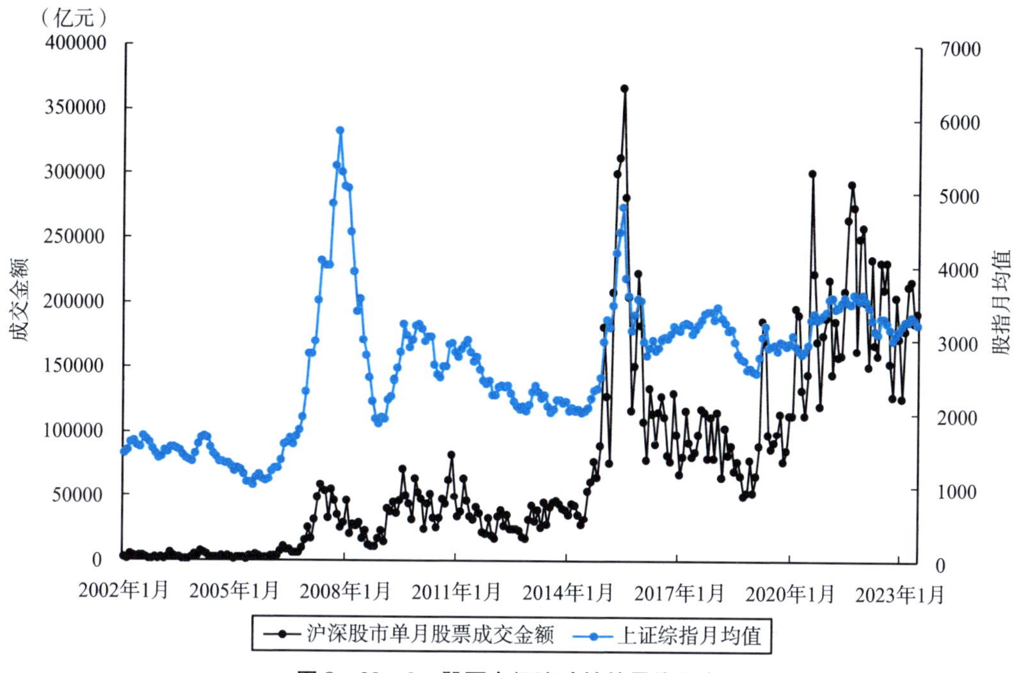

图 8－29－3 股票市场流动性的量价组合

资料来源：万得资讯（Wind）。

| 第三十章 |

实体经济的流动性

上述探讨的均为金融市场（货币市场、资本市场）中的流动性概念，而且主要从“量”的角度加以分拆，研究各个市场中流动性的供给端（资金供应能力）和需求端（购买意愿），两者共同合成流动性。这种分析模式在很大程度上是借鉴了微观经济学，将流动性视为有效需求，其由购买能力和购买意愿共同所决定。

在本章内容中，主要探讨实体经济的流动性。实体经济的参与主体是企业与个人。描述实体经济的流动性从“量”的角度而言，就是信用增量（信贷、广义货币供应量或社会融资总量），从“价”的角度而言，就是融资利率，而对于以间接融资方式为主的中国，贷款利率是主体代表指标。

一、实体经济流动性的供给端约束

中国实体经济所获得流动性的主要来源是信贷。从理论上而言，信贷的供给基本可视为“无限大”，商业银行只是通过记账的方式在扩张资产负债表。唯一对于信贷扩张形成些许制约的只是在于贷款扩张形成了派生存款的增加，而派生存款的增加在稀释超额存款准备金，即超额存款准备金被消耗的程度是信贷供给约束的唯一“天花板”。在现实约束中，这一“天花板”的高度是很难触及的，因此理论上信贷供给端的约束很小。

现实中，中国的信贷管理模式还是存在着额度管控的痕迹，因此信贷额度的管理可能远比超额存款准备金的约束要更强烈一些。

信贷额度管理在现实中如何运作是一个很模糊的话题。中央银行的表述是，保持货币供应量和社会融资规模增速与名义经济增速基本匹配。即经济基本面变化对于社会信用增速（信贷是主体）具有约束性，中央银行是根据实体经济的变化来动态调节信贷供应量。

在现实中，中央银行如何实施信贷额度管控不得而知，更多可能是采用窗口指导的方式对于大型商业银行进行动态调节，其他商业银行比照自身与大型商业银行的信贷占比关系来进行自发调节。

以往年份中，中央银行的年初计划都会预估当年 M2、社会融资总量增速目标，这实质上对于信贷扩张设置了目标。而在具体节奏上，也往往会对四个季度的信贷增量占比进行规划，会产生出“4321”或“3322”的季度投放节奏。前者对应着年初稳增长意愿强烈的诉求，后者则意味着平稳增长的预期与诉求。

2018 年 3 月份两会期间，政府工作报告首次没有提及广义货币供应量（M2）和社会融资规模增长的数量目标，此后均以“保持货币供应量和社会融资规模增速与名义经济增速基本匹配”为基本原则。这在一定程度上淡化了对于信用增长的总量控制，但是在实践中可能依然存在着对于信贷投放总量或投放节奏方面的窗口指导行为。

虽然 2018 年以来追求信用增速与名义经济增速相匹配，但是由于这些年中国经济面临着诸如疫情冲击等不确定性考验，在实际执行过程中，M2 增速、社融增速以及信贷余额增速与名义 GDP 的匹配度并不精准。如表 8 – 30 – 1 所示。

表 8 – 30 – 1　　近些年名义 GDP 与金融信贷数量的对应关系　　单位：%

年份	名义 GDP 增速	M2 增速	社会融资总量增速	信贷余额增速
2018	10.5	8.1	10.3	13.5
2019	7.3	8.7	10.7	12.3
2020	2.7	10.1	13.3	12.8
2021	13.4	9.0	10.3	11.6
2022	5.3	11.8	9.6	11.1

资料来源：中国人民银行、万得资讯（Wind）。

M2、社会融资总量以及信贷增长是实体经济流动性“量”的表达指标。在经济下行压力较大、货币政策取向宽松的年份中，来自信用供给端方面的约束很少，可视为供给能力“无穷大”，这时候实体经济流动性的决定力量在于需求端。在经济上行趋热、货币政策取向趋紧的年份中，来自信用供给端方面的约束则不断增强，实体经济的流动性供给能力则可能面临约束，这时候供给约束和需求扩张共同决定实体经济的流动性状态，但是总体上需求的力量还是要略强于供给的力量。

二、实体经济流动性的需求端

如上所述，来自实体流动性供给端方面的约束效应强于支撑效应，但是总体来看供给对于实体经济流动性的最终影响并不是主导，需求端是更为主要的决定力量，即实体中的融资需求。

实体经济中对于金融流动性的需求主要取决于实体经济活动需求。虽然市场曾形成习惯性认知，金融活动领先于实体经济活动，即货币量指标领先于实际经济增长指标。但是笔者却始终认为实体活动理应领先于金融融资活动而发生。

在实体经济活动中，对于金融融资活动影响最大的当属固定资产投资（其也是对于利率影响最大的需求项目）。从历史数据比较来看，固定资产投资活动的拐点更领先于社会融资总量的拐点。事实上这从理论角度也可能是正确的，企业进行固定资产投资，首先要具备自有资金，这时投资活动即已展开，其后才可能用到杠杆资金（借贷资本）进一步推进投资进度。

第三十一章

各类市场流动性概念的总结

上述对于货币市场、债券市场、股票市场以及实体经济四类市场进行了拆解分析，从资金供应能力以及投资意愿两个角度，以期望厘清每个市场中所谓“流动性”概念的内涵。

一、对于货币市场流动性概念的总结

对于货币市场而言，其流动性指标从“量”的角度来衡量就是待购回债券余额，从“价”的角度来衡量就是回购利率水平。

货币市场中的主要参与主体是商业银行，如果将货币市场流动性视为一个结果，则影响这一结果的因素有两个方面。

其一，从资金供应能力角度而言，影响货币市场流动性供给能力的核心指标就是超额存款准备金水平。如果进一步延伸，则影响银行体系超额存款准备金水平高低的核心因素就是货币政策以及贷款派生存款对超额存款准备金的消耗。

其二，从融资意愿角度来看，影响机构在货币市场融资意愿强弱的因素有支付清算需求、监管考核以及杠杆融资需求，其中杠杆融资需求是波动最为显著的需求。

货币市场中的资金供应能力和融资意愿相结合构成了待购回债券余额，这就是货币市场的流动性。从影响流动性的两因素来看，其资金供应能力和融资意愿都可能会对货币市场流动性产生重要影响，因此货币市场的流动性既可以从资金供给端来影响，也可以从融资需求端来影响。

相较于用量的因素来刻画货币市场流动性，价的指标更为简洁清晰。需要关注2019 年以来中央银行所形成的短期利率调控体系，关注政策利率对于货币市场基准利率的指示意义。

二、对于债券市场流动性概念的总结

对于债券市场而言，其流动性指标从“量”的角度来衡量就是债券市场交易量，从“价”的角度来衡量就是债券价格（利率）。

债券市场的参与主体包含企业、个人以及商业银行，其中商业银行是债券市场参与主体。

对于企业与个人而言，衡量其在债券市场中的资金供应能力指标就是企业存款规模和居民储蓄余额（基本可以用广义货币供应量M2来代表）。鉴于M2规模体量巨大，因此在一定意义上，企业与个人投资债券的资金供应能力是“无限大”。企业与个人在债券市场中的购买意愿则取决于两类主体对于未来债券走势的预期和风险偏好，难以具体到单一指标来进行表达。在资金供应能力近乎“无限大”的背景下，企业与个人的购债意愿则成为决定流动性的关键因素。如果用一个近似的指标来衡量企业与个人在债券市场中的流动性，则银行理财产品资金余额是一个相对合理的替代衡量指标。

商业银行是债券市场中的最重要参与主体，衡量其在债券市场投资中的资金供应能力需要分情形来进行。

在一级市场投资中，商业银行对于信用债投资的资金供应能力近乎“无限大”，并不需要“真金白银”的实际投入，只是通过记账的模式进行资产负债表扩张，唯一的约束性在于超额准备金的水平，但是该约束较为微弱。

在一级市场投资中，商业银行对于利率债，特别是对国债、地方债投资的资金供应能力受制于超额存款准备金高低的约束，是属于“真金白银”的实际投入。

在二级市场投资中，商业银行无论是对利率债还是对信用债，其投资过程中资金供应能力都近乎“无限大”，也是通过记账模式来实现资产负债表的扩张。

从商业银行的主业经营角度来看，商业银行对于债券的购买意愿是衍生性的，其更多是取决于商业银行的信贷投放。信贷投放的强与弱基本对应了商业银行购债意愿的弱与强，因此信贷投放的力度可以作为商业银行债券投资意愿的衡量指标。

从影响资金供应能力和购债意愿的因素来看，除去在个别市场的个别品种上，商业银行的资金供应能力受制于超额存款准备金外，在更广泛意义上并不存在“无钱可用”的窘境。由信贷投放所主导的购买意愿是决定商业银行债券投资流动性的核心要素。

三、对于股票市场流动性概念的总结

对于股票市场而言，其流动性指标从“量”的角度来衡量就是股市交易量，从

“价”的角度来衡量就是股价。

股票市场的主要参与主体是企业与个人。与债券市场相似，70 万～80 万亿元的企业存款、120 万亿元的居民储蓄都可以作为股票市场的资金供应，或被市场称为“子弹”。

从绝对规模来看，股市的资金供应近乎于“无限大”，也不必纠结于储蓄存款余额增速的升降变化，因为其并非意味着股市资金供应量的强弱变化。在股市市场中不存在着“没钱”的窘境。相较于股市资金供应而言，需求意愿才是决定股市流动性的根本。

股票市场的流动性主要取决于投资者的购买意愿，因此股票市场的成交量作为股市流动性“量”的衡量指标，主要反映的就是投资者的购买意愿。“股指”作为股市流动性“价”角度的衡量指标，基本与成交量走势匹配，即呈现“量价齐增减”的走法。

四、对于实体经济流动性概念的总结

对于实体经济而言，其流动性指标从“量”的角度来衡量就是信用量（可以用信贷、广义货币供应量、社会融资总量等指标衡量），从“价”的角度来衡量就是贷款利率水平。

实体经济中的主要参与主体是企业与个人，如果将实体经济的流动性视为一个结果，则影响这一结果的因素有两个方面。

从资金供应端来看，理论上信贷的供给可视为“无限大”。商业银行只是通过记账的方式在扩张资产负债表，如果说唯一对于信贷扩张形成些许制约的只是贷款扩张形成了派生存款的增加，而派生存款的增加在稀释超额存款准备金，即超额存款准备金被消耗的程度是信贷供给约束的唯一“天花板”。在现实约束中，这一“天花板”的高度是很难触及的，因此理论上信贷供给端的约束很小。现实中，中国的信贷管理模式还是存在着额度管控的痕迹。因此信贷额度的管理可能远比超额存款准备金的约束要更强烈一些。

实体经济对于金融流动性的融资需求主要取决于实体经济活动需求。笔者认为资本活动属性较强的固定资产投资需求应该是信贷融资需求的主要影响因素。

综观各类市场的流动性影响因素，很少存在所谓“没钱”的窘境，因此不要试图去从流动性供应角度来寻求答案（除了个别领域），更多的立足点还是放置在需求层面，是购买意愿或融资意愿的不足（充盈）造成了流动性匮乏（泛滥）的局面。

总结上述结论，笔者绘制了如下流动性分类示意图，供读者参考（见图8－31－1）。

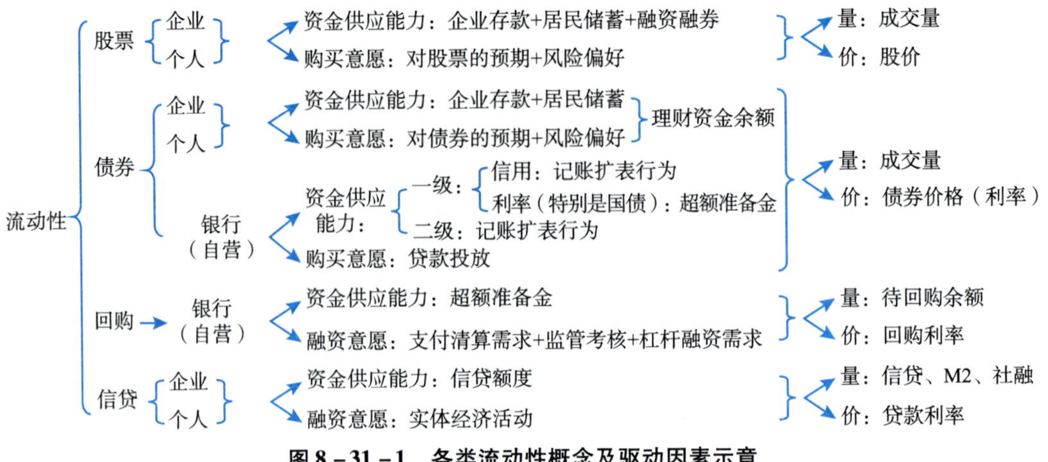

图8－31－1　各类流动性概念及驱动因素示意

利率长周期趋势的决定理论

在本丛书的债券市场分析中，多数篇幅探讨的多为短周期（笔者更倾向于认为是针对未来3~6个月时期内）时间维度的利率走向分析逻辑，如美林投资时钟、货币+信用模型、信贷库存周期等。

在本篇内容中，笔者更倾向于探讨长周期（以数年时期计量）时间维度中的利率走向问题，即市场分析中经常所说的趋势问题。

| 第三十二章 |

利率是否存在趋势?

所谓趋势，并非意味着没有波动，而是意味着中枢在逐级走高或逐级走低。从技术分析来看，趋势上行意味着一个高点比前一个高点要高，一个低点比前一个低点要高。反之，趋势下行则是一个高点低于前期高点，一个低点低于前期低点，从而形成中枢下移或上移。

长期以来，市场形成了一个惯性认知，认为利率是趋势下行的。但是拉长周期来看，无论哪个经济体的利率都很难归结为趋势性的结论。例如，20 世纪 80 年代以来的西方发达国家，利率出现了趋势下行，但是如果将时间周期进一步扩展，则发现并非如此。

以最受市场关注的美债收益率为例。市场惯有认知是其一路下行，但是如果从更长周期维度来看，笔者收集了有数据以来的美债利率（月均值）。从 1791 年至今，美债收益率也没有呈现出持续回落的趋势性，1791 ~ 2023 年美债 10 年期利率平均值为 4.50%。所以，究竟利率的趋势性如何，是仁者见仁，智者见智的事情（见图 9 - 32 - 1）。

反观中国利率是否存在趋势性。2002 年有数据记录以来，中国 10 年期国债利率总体呈现下行态势，但是并没有形成严格意义上的中枢回落态势，表现为高点依次有所降低，但是低点始终维持在 2.50% 附近，即呈现出波幅收窄的态势（见图 9 - 23 - 2）。

曾有不少分析探讨过中国这个 2.50% 底部的问题。为什么每次利率下行到 2.50% 附近就难以突破?

在众多解释中，笔者比较认同如下解释。金融部门的收益（利息率）来自实体企业部门的收益（可以用 ROIC① 来衡量）。利息率的高低伴随着实体企业部门的 ROIC 的变化而波动。

---

① 资本回报率（return on invested capital，ROIC）是指投出和/或使用资金与相关回报（回报通常表现为获取的利息和/或分得利润）之比例，用于衡量投出资金的使用效果。公式上看，ROIC = NOPAT/资本成本，其中 NOPAT 为税后利息、折旧提成前的净营运收入，资本成本可以正向计算等于股东权益 + 有息负债 + 应付未付股利 + 股东无息借款，也可以逆向计算等于总资产 - 过剩现金 - 无息流动负债等。在实际经营中，企业账面上并不是所有的资金、资产都投入到生产经营中，比如货币资金项目中对优秀企业而言，维持正常运转的资金仅占一定比例；无息流动负债中一些企业还可以利用预收账款（经销商打款等）来完成自身部分周转，这些并不是企业自己投入的资本，在 ROIC 核算中予以扣除。

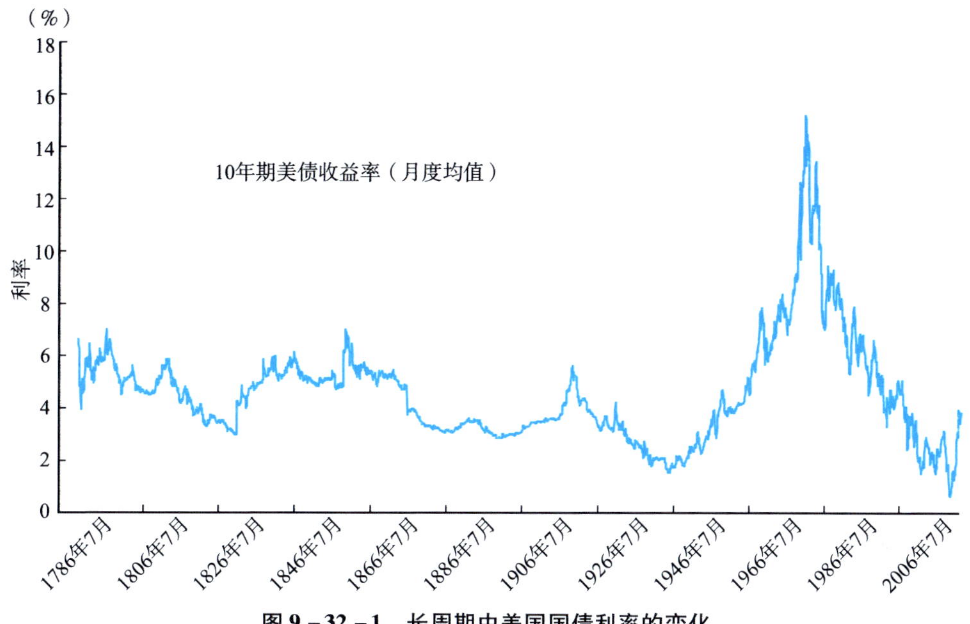

图 9－32－1　长周期中美国国债利率的变化

资料来源：彭博（Bloomberg）。

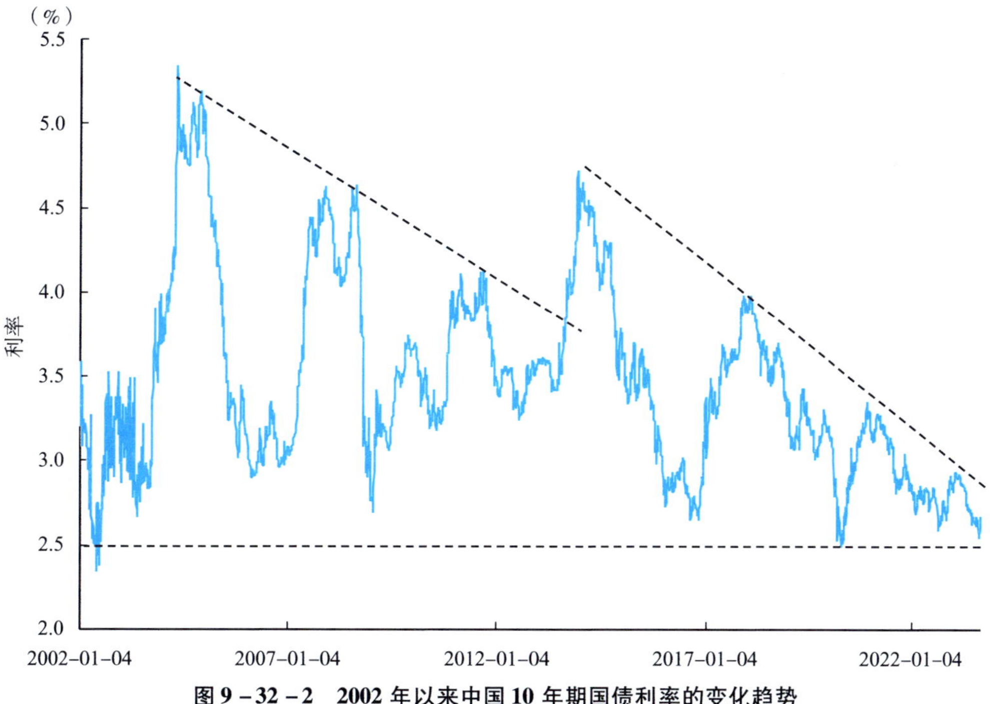

图 9－32－2　2002 年以来中国 10 年期国债利率的变化趋势

资料来源：中央国债登记结算有限责任公司（CDC），www. chinabond. com. cn。

2002年以来，实体企业（这里采用剔除金融类以及中石油、中石化后的A股上市公司数据）的ROIC虽然屡有波动，但是低点位置却较为稳定，也对应了历次利率的低点。

从基本原理来讲，实体企业投资资金（含借贷资金和自有股本金）的回报率是ROIC，这部分回报率会分配部分给金融机构，即为利息率。利息率是ROIC的组成部分之一，因此ROIC的趋势走向决定了利息率的趋势走向。

2001年以来，中国A股上市公司（剔除金融类上市公司以及中石油、中石化）的ROIC基本呈现平台波动态势，中枢相对稳定，而历次底部水平都较为接近，没有出现底部击穿的现象，2001~2002年期间反而是ROIC的最低处。实体企业ROIC历次底部水平相当且2002年第一季度最低的状态，对应到利息率变化即为10年期国债利率底部位置始终没有击穿过2.50%，且历史最低水平也正是发生在2002年初（见图9-32-3）。

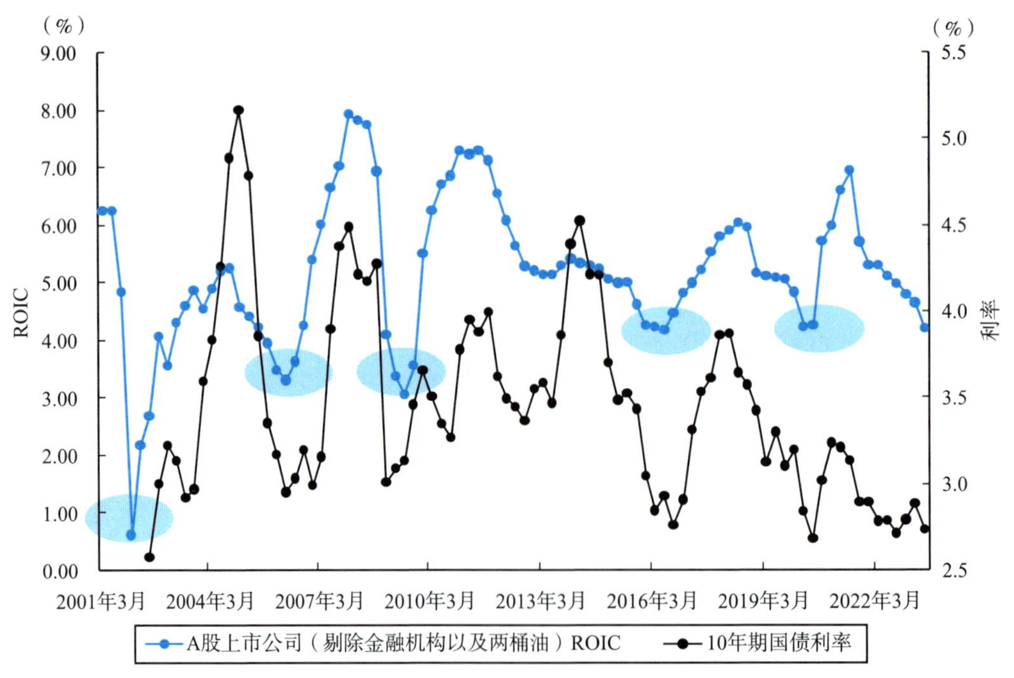

图9-32-3 实体经济的ROIC与10年期国债利率

资料来源：中央国债登记结算有限责任公司、国家统计局。

探讨利率的长周期维度的趋势变化是一个有趣的话题，有各种不同的理论来对利率长期趋势做出分析判断，详见下章。

第三十三章

关于利率长周期趋势的理论与逻辑

这些年来，笔者收集、整理了影响利率长周期维度运行趋势的若干理论与逻辑，合计大致有五大类，分别为：从经济增长（经济结构）角度的探讨、从人口老龄化角度的探讨、从人口结构角度的探讨、从利率市场化角度的探讨以及从社会文明程度角度的探讨。

第一节 人口结构对于利率趋势的影响逻辑

人口结构对于利率趋势的影响有两个不同的着眼角度。其一，是根据不同年龄的人口对应不同的资金供需特征入手，探讨对于利率趋势的影响；其二，是从劳动力人口和总人口对应生产供应能力与需求能力角度来进行探讨。

一、不同年龄段人口具有不同的资金供需属性

人口结构对于利率趋势的影响之一是从不同年龄段人口具有不同的资金供需属性假设入手的。

该理论认为人口结构对应了不同年龄段人口的资金供需属性，而不同人口结构特征对应着社会资金供需力量的相对变化，未来时期的人口结构变化将决定长期利率的方向趋势。

该理论假设认为，人在年轻时期，收入较低，属于“净借入者”（net borrower）；人在35～64岁时期，收入超过支出，成为“净储蓄者”（net saver）；人在65岁退休后，基本没有了收入，又作为了“净借入者”（net borrower）。

“net borrower”是资金需求的力量，“net saver”是资金供给的力量，两股力量的相对变化，决定长期利率的方向趋势。在预测中，人口结构的未来预估是较为容易的，这

对应着长期利率的趋势方向是容易估计的。

用这一理论假设来对中国的利率趋势变化进行检验解释。采用国家统计局的人口数据进行归纳，统计了35岁以下、35～65岁、65岁以上的人口占比情况分布，如图9－33－1所示。

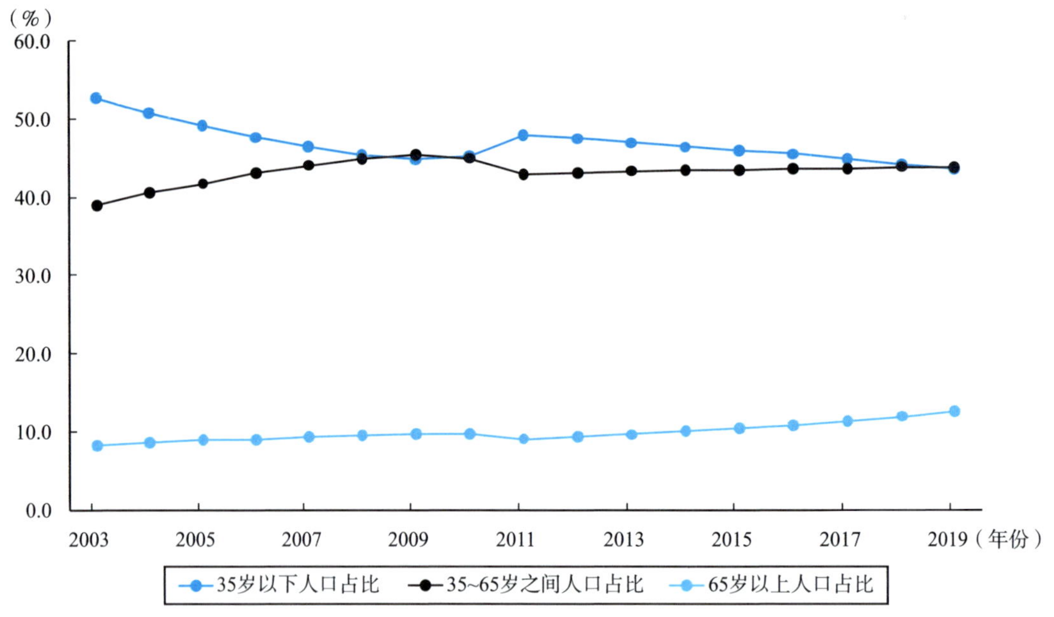

图9－33－1　中国不同年龄段人口的比重

资料来源：国家统计局。

可以看出，65岁以上人口占比持续增加，但是青年与中年人口占比则有所波动变化。将35岁以下和65岁以上人口合计作为净借入者，将35～65岁人口作为净储蓄者，所形成的资金供需曲线如图9－33－2所示。

按照该理论和中国的人口年龄结构分布，可以形成如下认知：2010年前，中国的资金供应不断提升，资金需求不断降低，应该对应了利率趋势的下行。2010年后，中国的资金供应者比重和资金需求者比重都趋于平稳，应该对应了利率的无趋势。但是现实是否如此，可以仁者见仁，智者见智。

这一理论的好处在于非常容易外推预测，因为人口的年龄结构是非常容易外推的，根据联合国对于中国人口年龄结构的变化，其未来若干年的走势如图9－33－3所示。

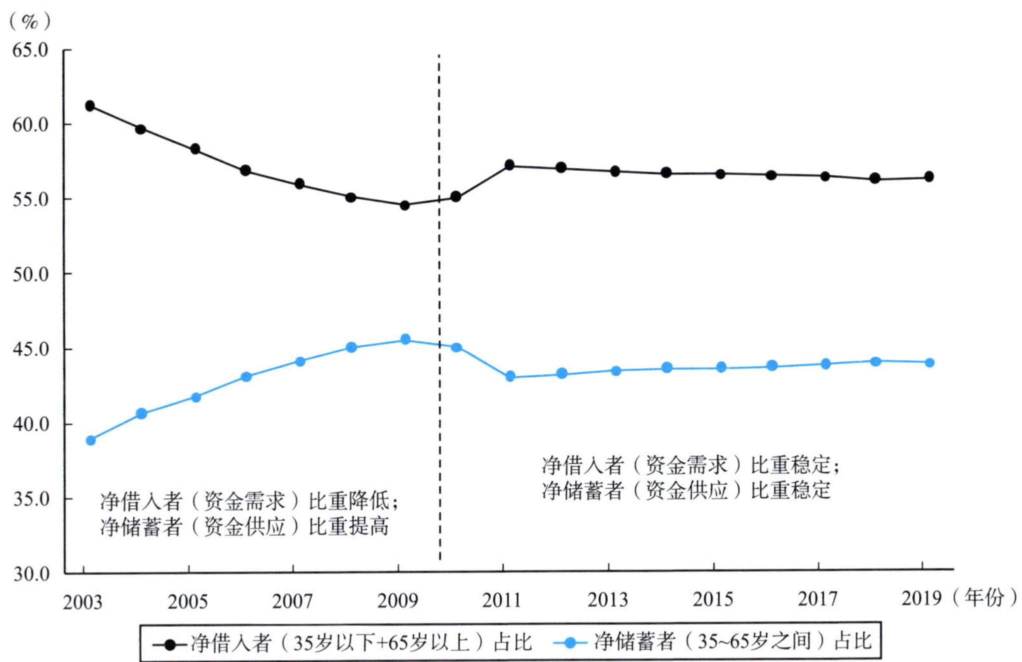

图 9－33－2　净借入者与净储蓄者的人口比重分布

资料来源：国家统计局。

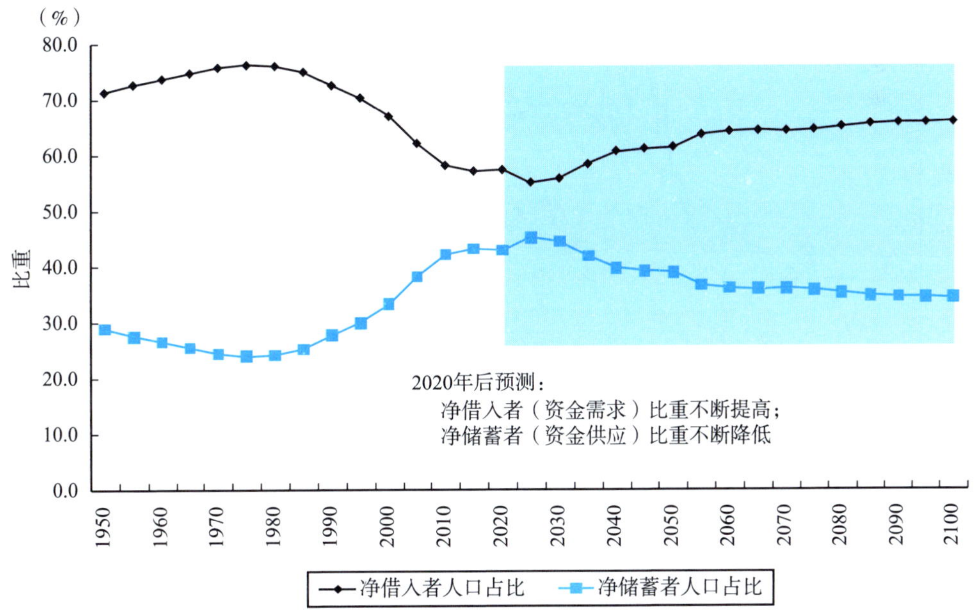

图 9－33－3　联合国对于中国人口结构变化的预测

资料来源：联合国。

按照中性条件估计，2030年开始，中国的净借入者（35岁以下+65岁以上）人口比重将不断提升，净储蓄者（35～65岁之间）人口比重将不断降低。按照人口结构对于长期利率趋势的影响来看，长期利率趋势倾向于上升。

利用人口年龄结构来解释利率趋势的另一个变形则是直接以“青年人口/中年人口”的比率为解释变量。

基本假设是：第一，青年人口的储蓄率低于中年人口，青年人口占比增加引发储蓄率的降低，从而减少了资金供给，进而抬升了利率；第二，青年人口的借贷高于中年人口，青年人口比例的上升增加了全社会资金需求，从而提高了利率水平。

从日本、美国和德国的发展经验来看，10年期国债利率与青年/中年人口比率的变化趋势较为一致。

日本2008～2016年国债收益率及青年/中年人口比率（15～24岁人口组/25～64岁人口组）经历了较大幅度的下降。

美国1981年国债收益率达到高峰后波动下降，青年/中年人口比率（14～44岁人口组/45～64岁人口组）在1987年后出现的大幅下降（见图9－33－4）。

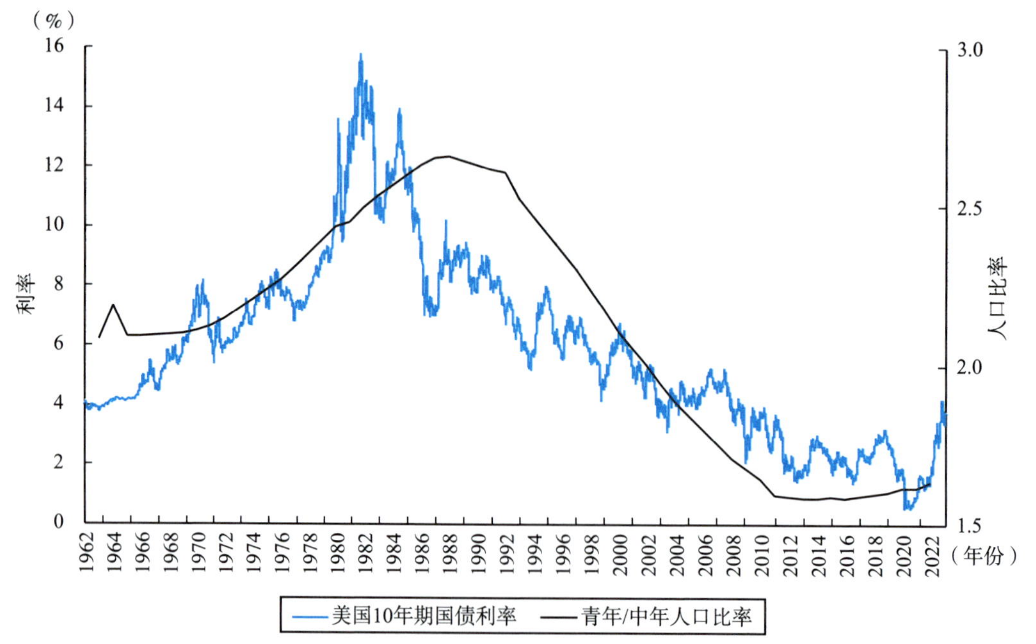

图9－33－4　美国利率与“青年/中年”人口比率变化

资料来源：万得资讯（Wind）。

德国 2001 ~2015 年国债收益率和青年/中年人口比率（15 ~44 岁人口组/45 ~64 岁人口组）出现波动下行的趋势。

中国 10 年期国债利率与青年/中年人口比率（15 ~34 岁人口组/35 ~64 岁人口组）的相关性稍弱，总体上来看表现出波动下降的趋势。

二、劳动力人口和总人口对应生产供应能力与需求能力

这一逻辑是将总人口对应于总需求，而劳动力人口作为生产要素，对应于供应能力。供求之间的差异会决定物价总水平的变化，即通货或通缩的趋势，而通胀或通缩是决定利率趋势的最主要力量。

而根据这一基本原理，推测未来若干年中国总人口与劳动力人口的变化，可得中国总人口将出现回落，但是劳动力人口供应充足，即意味着潜在总需求会弱于潜在总供给能力，会呈现通缩局面，对应于未来的利率趋势回落。

第二节 人口老龄化对于利率趋势的影响逻辑

人口老龄化对于利率趋势的影响也可以从两个角度去进行阐述。

其一，在假定总人口不变的前提下，人口老龄化加深则意味着劳动力人口的萎缩，而劳动力人口是影响经济增长的重要因素，当经济增速出现持续下行时，会导致利率呈现趋势性下行。但是这一逻辑线条的“软肋”则在于需要证明实际经济增速的趋势性和利率的趋势性相关。事实上，名义利率更多的是与名义经济增速具有趋势相关性，与实际经济增速并无明显的趋势相关性。

例如，在 2010 ~2019 年这十年时期，中国的实际 GDP 增速几乎“腰斩”，但是 10 年期国债利率始终维持一个箱体震荡的特征。而同期的名义 GDP 增速则波动巨大，更适合解释利率的箱体震荡（见图 9 -33 -5）。

其二，人口老龄化对利率趋势的影响是对于人口结构理论的一种条件修正。在前述的人口结构影响利率趋势的逻辑中，是假定 35 岁以下人群和 65 岁以上人群作为净借入者，是资金的需求力量。

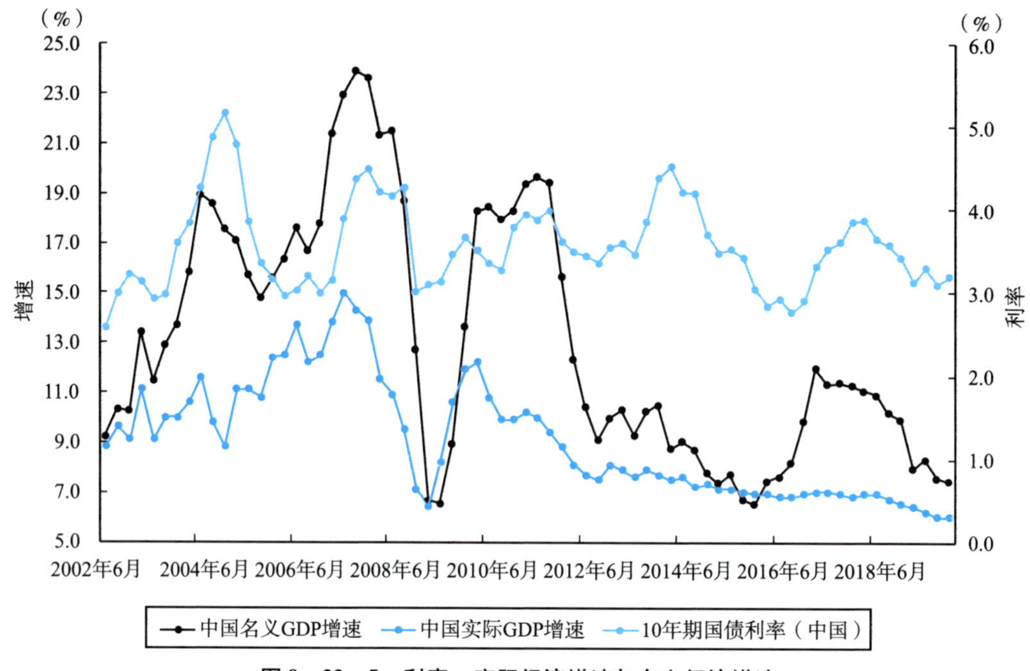

图 9－33－5　利率、实际经济增速与名义经济增速

资料来源：万得资讯（Wind）。

人口老龄化理论则对其进行了修正。其认为由于人们在 35～65 岁时期具有了充足的预防性储蓄，且社会保障体系不断完善，养老金充足，65 岁以上人口即便进入了退休时期也完全可以以净储蓄者身份而出现。这样 35 岁以上的人口均作为净储蓄者，作为资金的供应方。

如此一来，社会资金的供需力量则发生了明显变化，35 岁以下人口作为资金需求方而出现，35 岁以上人口则作为资金供应方出现。

根据联合国对于中国年龄结构的统计分析进行外推，则可以看到 20 世纪 70 年代以来，伴随计划生育政策的展开，中国老龄人口占比不断提升，预计 2020～2050 年进入加速提升阶段，2050 年之后，老龄化现象才开始趋于平缓。如果老龄化对于长期利率的趋势影响存在，那么利率将长期内保持下行态势（见图 9－33－6）。

从上述分析可见，人口老龄化对于利率趋势的影响本质上是以人口结构理论为逻辑基础，但是其修正了资金供应方和资金需求方的假设条件，而这种修正是以社会富裕程度和社会保障体系的完善性为前提。

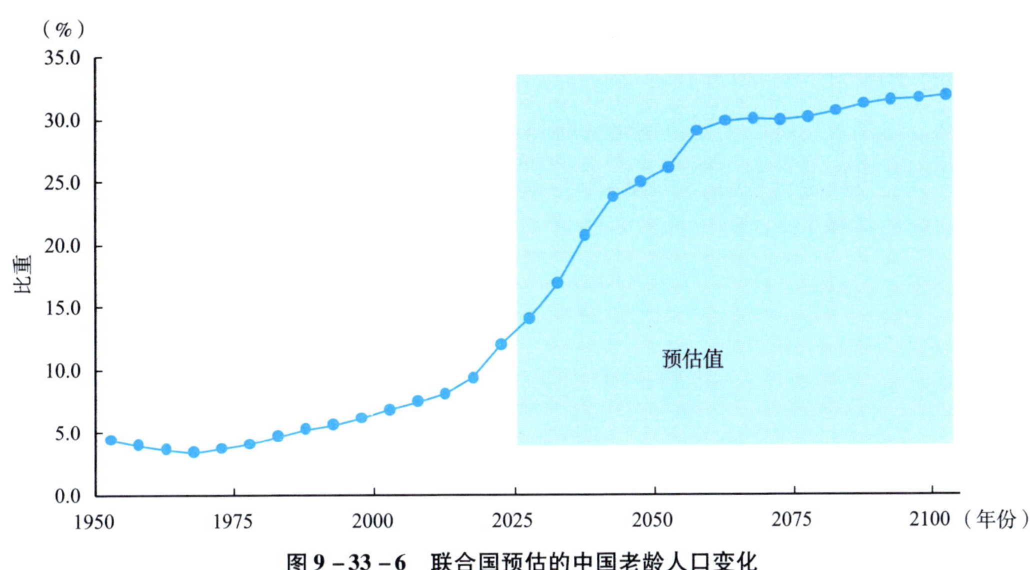

图 9-33-6 联合国预估的中国老龄人口变化

资料来源：联合国。

第三节 利率市场化对于利率趋势的影响逻辑

利率市场化对于利率趋势的影响逻辑盛行于 2013～2014 年时期。在当时面对居高难下的利率，市场流行用同时期进行的利率市场化进程来加以解释。其认为，利率市场化进程对于利率具有向上的牵引作用，而在利率市场化末期，则具有向下的牵引作用。

利率市场化对于利率趋势的影响本质脱胎于麦金农的“金融抑制”和“金融深化”理论。

金融抑制是指发展中国家实际利率太低，甚至为负。这可能是由于政府执行了错误的政策，人为地压低利率，也有可能是由于通货膨胀，或者二者兼而有之。金融深化则是指放松政府部门对于金融体系的管制，尤其是对利率的管制，使实际利率提高，充分反映资金供求状况。

由此，人们把利率市场化作为金融深化的象征，并因此推演出利率市场化对于利率趋势的影响结论。

较为巧合的是，主流经济体在利率市场化时期都出现过利率的攀升，这为利率市场化的影响理论平添了说服力。但是，事实上这种历史类比分析可能忽略了各国国家在利率市场化时期的经济基本面变化，因此利率市场化时期利率的走高现象可能具有偶然性、巧合性。

例如，20世纪70～80年代美国进行了利率市场化改革，在此期间也出现了利率的冲高回落，市场曾一度以利率市场化初期和末期来进行解释。但是如果考察当时的经济基本面变化，可以明显看出同期美国名义GDP增速的冲高回落，这可能比利率市场化进程更清晰地解释了当时利率的方向变化（见图9－33－7）。

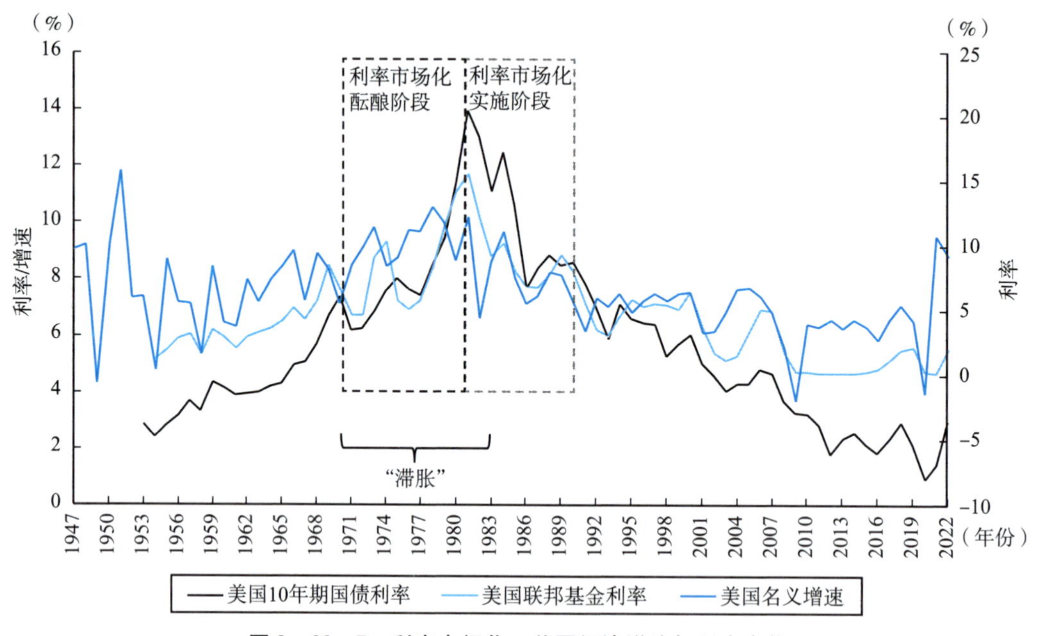

图9－33－7　利率市场化、美国经济增速与利率变化

资料来源：彭博（Bloomberg）。

同样，日本在20世纪80～90年代所进行的利率市场化改革时期也呈现出利率的冲高回落，但是也看到了同期日本的名义经济增速可以更好地解释利率的这种变化（见图9－33－8）。

因此笔者认为利率市场化对于利率趋势的影响很可能是一个“伪逻辑”，与利率市场化进程相比，名义经济增速可能对于当期的利率方向变化具有更好的解释性。

中国的利率市场化进程非常漫长，几乎可以追溯到20世纪90年代末期。截至2019年前后，从实际利率水平、利率浮动幅度、利率决定方式三个方面来构建的中国利率市场化指数已经达到0.9附近，显示出中国的利率市场化进程已经接近尾声（见图9－33－9）。

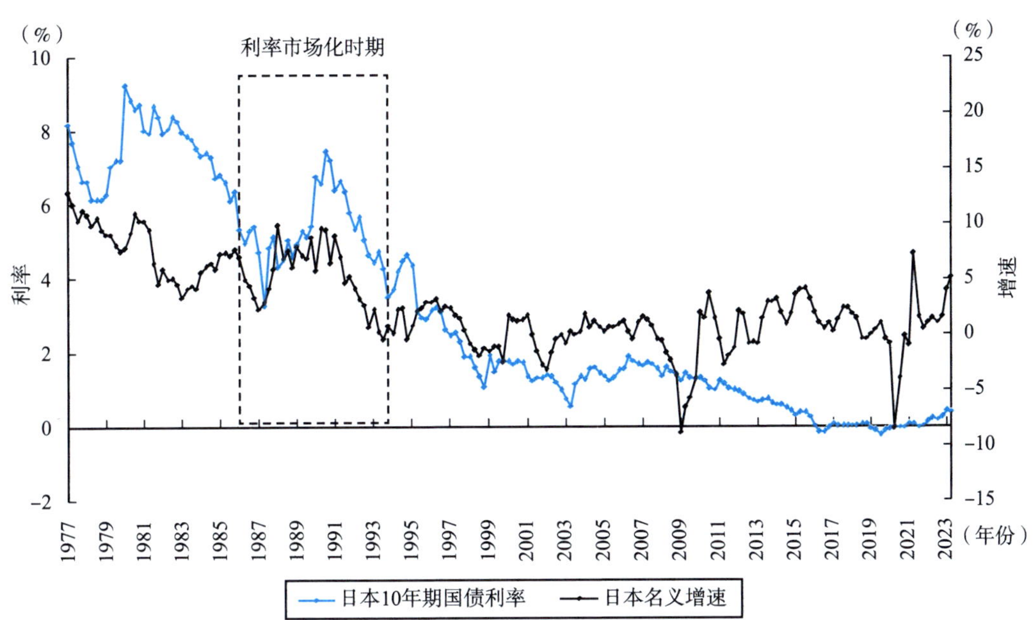

图 9－33－8　利率市场化、日本经济增速与利率变化

资料来源：彭博（Bloomberg）。

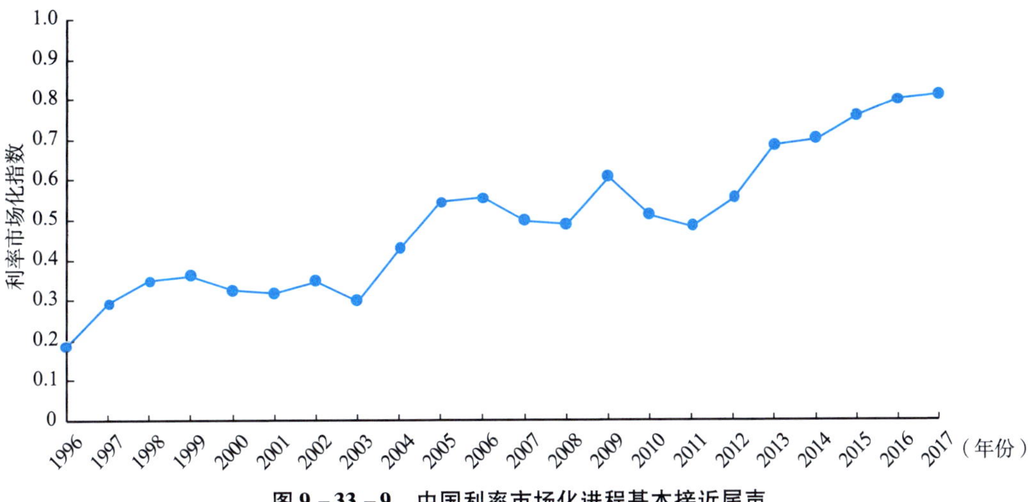

图 9－33－9　中国利率市场化进程基本接近尾声

资料来源：中国人民银行。

如果按照利率市场化这一制度性因素对利率趋势的影响，该因素对于长期利率趋势的向上推动效应已经走过大半，后期利率将面临趋势回落。

第四节 经济结构或速度对于利率趋势的影响逻辑

经济结构或增长速度对于利率趋势的影响是最受市场关注的一个话题。人们会习惯性认为，实际经济增速的趋势性方向是利率趋势性的主要决定依据。但是可惜的是，笔者并没有找到经济增速（无论是名义值还是实际值）对于利率趋势的影响理论。

从逻辑推演来看，可能经济结构对于利率趋势性的影响逻辑更为合理。通常在研究利率的波动中，常规使用的经济学框架主要是凯恩斯的需求分析框架，三大需求的波动会造成经济增速的波动，进而引起利率的波动。

但是从经济学原理可知，需求分析是一个短期分析框架，可以作为短周期利率波动的判断解释依据。而探讨长周期时间维度中的利率趋势则更适合采用长期经济分析模式，首选的就是以索洛模型为基础的生产要素供给端分析框架（见图9－33－10）。

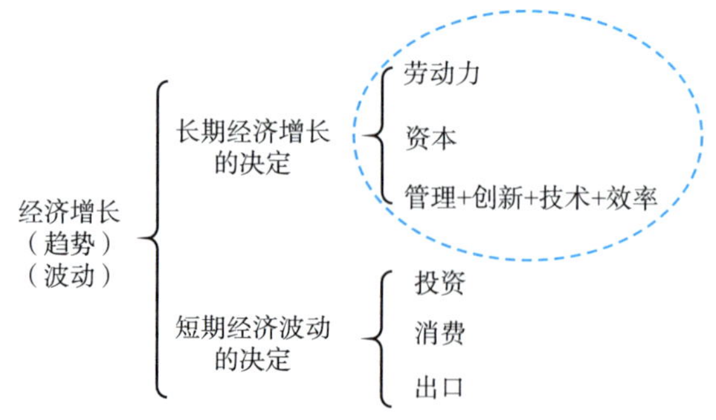

图9－33－10　短期经济分析框架与长期经济分析框架

该框架认为需求不是长期经济变化的决定力量，来自供给端的生产要素才是长期经济增长的决定因素。

经济长期增长的驱动是来自各类生产要素：劳动力要素（其价格表现为工资）、资本要素（其价格表现为利率）、管理制度要素（其价格表现为企业家利润）、技术要素（其价格表现为高科技人才的收入、科技专利转让费用）。

所谓经济对于利率趋势的影响主要是通过资本要素回报率来进行传导。当一个经济体的长期驱动力来自劳动力，则意味着对于劳动力要素的需求旺盛，表现为社会工资水平的上涨。当经济的长期驱动来自资本，则意味着对于资本要素的需求旺盛，表现为利率水平的趋势性走高。当经济的长期驱动来自技术，则表现为高科技人才的收入水平不断提高，科技专利转让费用不断上行。

在《投资交易笔记（三）》的第五篇（第三、第四章）中笔者曾以中国和美国为例，借助于考察两国资本市场前十家上市公司的类型来间接表达两国产业结构特征，刻画其对于哪些生产要素的需求量更大，从而可以解释资本要素的价格——利率的趋势性变化。

上述逻辑推演不再赘述，简介其基本结论就是，如果经济体进行结构转型，从重资本向重技术方向转化，则意味着对于资本要素的需求程度在降低，则资本要素的价格——利率会呈现出趋势性下降。反之，利率则呈现趋势性回升。

转型发展这一进程有可能是主动型的。例如，2012～2013 年以来，我国政府倡导的转型路径：从第二产业为主向第三产业为主转型，从投资驱动向消费驱动转型。这事实上都是在降低对于资本要素的需求度，从本质上是有利于利率趋势性回落的。

但是转型变化的进程也有可能是被动型。这与世界经济的（逆）全球化进程相关，或称全球经济的碎片化[①]程度相关。

对于长周期维度利率走势的看法，目前市场多集中于人口周期带动的经济周期下行背景下展开，多数认为经济的趋势性下行周期未止，会导致利率长期走低。

但是需要关注另一个视角：从产业结构变迁角度出发，寻找生产要素中资本要素的应用情况，进而对利率趋势进行分析。

从长期经济增长理论而言，经济增长主要依赖于生产要素的应用与驱动。当更多依赖于第二产业增长时，对于资本要素的需求量会显著增加，而资本要素的价格（即利率）将可能处于居高难下的状态。

而第二、第三产业的结构变化更多依赖于全球化进程，在全球化进程顺利的背景下，经济发展将更倾向于向第三产业部门集中。反之，在逆全球化背景下，从产业安全角度出发，经济发展将更倾向于向第二产业部门集中。

以全球贸易额占据全球 GDP 比重这一指标刻画全球化的进程，目前世界正处于逆全球化进程中，如图 9－33－11 所示。

---

① 地缘经济碎片化（geoeconomic fragmentation，GEF）风险指的是主要由政策驱动的逆全球化趋势，体现在国际贸易、资本流动、劳动力跨境流动、国际支付体系和多边合作提供全球公共品等多个方面。

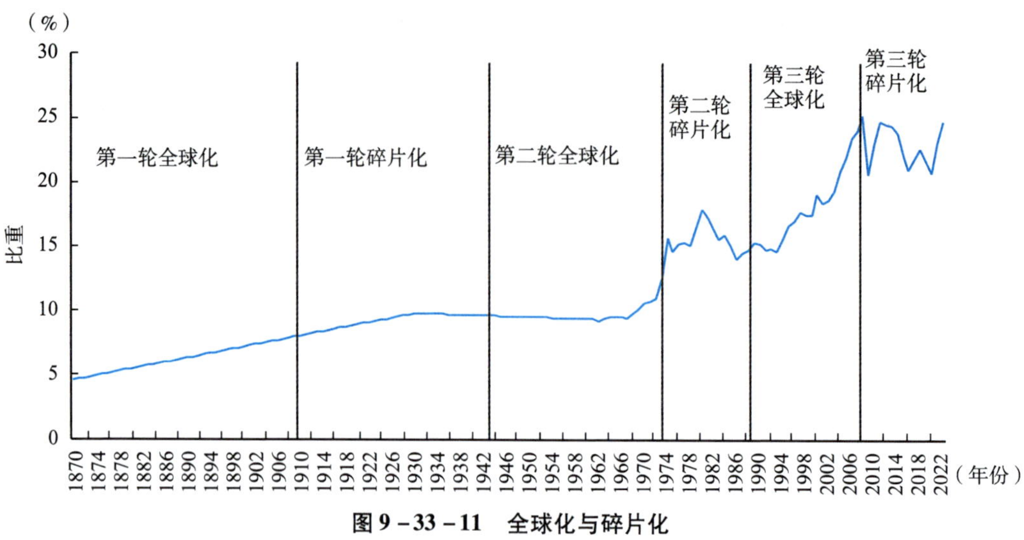

图9－33－11　全球化与碎片化

资料来源：万得资讯（Wind）。

在经济碎片化时期，各国更倾向于从产业安全性角度出发，着力构建自身第二产业部门链条的齐全性与安全性，将导致产业结构从三产向二产（特别是工业制造业）的转换，这势必加大对于资本生产要素的需求，进而导致利率居高难下（见图9－33－12）。

图9－33－12　碎片化时期利率多呈现趋势性走高

资料来源：万得资讯（Wind）。

大概从 2014 年开始，全球出口额占据全球 GDP 比重再度出现回落，或意味着全球经济再度进入碎片化时期。特别是 2018 年后，中美贸易摩擦不断，从国家安全性角度出发，中国或重新加大力度完善构建自身的产业链体系，“制造业强国”的预期也应运而生，这或意味着在未来长时期内，中国的产业结构将再度向第二产业特别是制造业偏转，对于资本这一生产要素的需求量将有增无减，那么资本要素的价格——利率也将难以出现趋势性下降的态势。

第五节
其他一些影响利率趋势的逻辑

除去上述从人口结构、老龄化、经济与产业结构及利率市场化等角度对利率趋势形成影响的逻辑外，还有一些其他涉及利率趋势变化的影响逻辑。例如，社会文明程度进步与利率趋势的影响。

这一理论认为，社会文明程度进步，社会越发和谐，则借贷资金的风险溢价就越低，摩擦成本就越低，对应着利率水平就越低。

为了验证这一理论的有效性，曾有研究者以犯罪率数据近似表达社会文明程度的变化，将犯罪率数据与利率变化进行比较，试图观察两者之间的相关性。

在上述五节内容中，笔者介绍梳理了对于利率趋势影响的各类逻辑，供读者参考。为清晰表达各类理论的基本逻辑和最终结果，形成了一张总结式的示意图（见图 9 - 33 - 13），供读者参考。

对于利率长周期趋势的探讨是一个有趣的话题，除了上述几类理论，还有其他角度的研究或探讨。笔者无法确定哪种理论更适合中国未来的实际，每种理论都有其独到、巧妙之处，都值得研究者反复斟酌、深思。

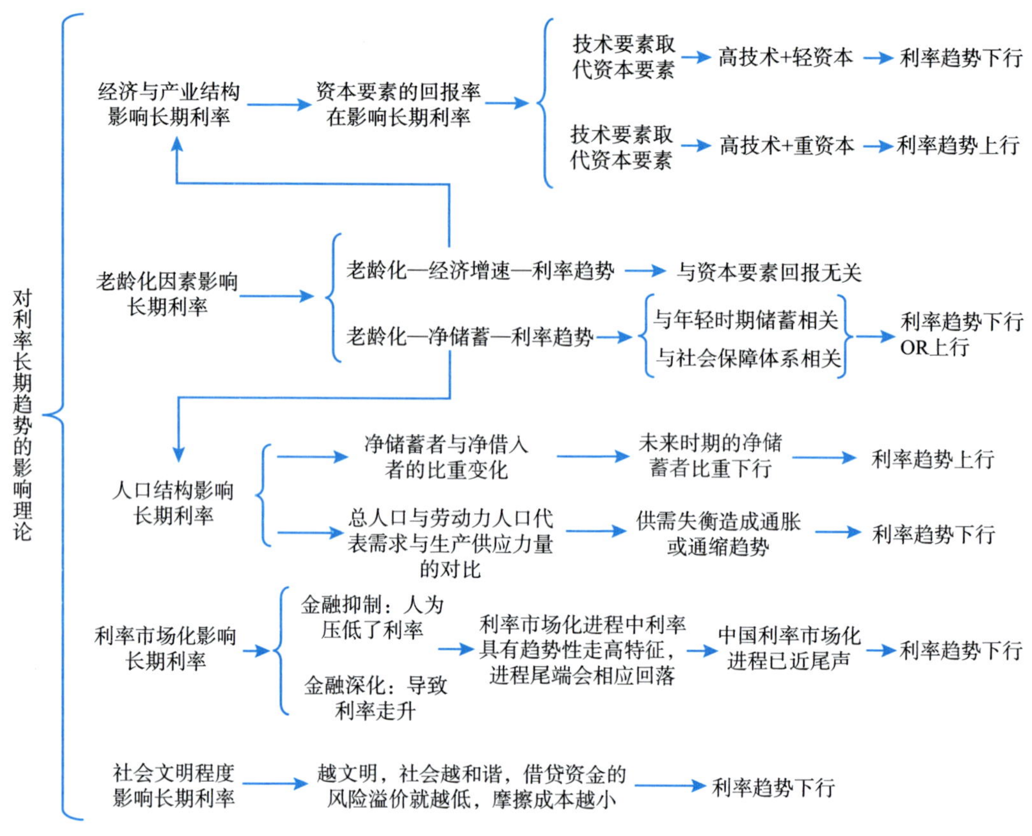

图9-33-13　对于利率长期趋势的影响理论梳理

参考文献

[1] 董德志:《投资交易笔记——2002~2010年中国债券市场研究回眸》，经济科学出版社2011年版。

[2] 董德志:《投资交易笔记(续)——2011~2015年中国债券市场研究回眸》，经济科学出版社2016年版。

[3] 董德志:《投资交易笔记(三)——2016~2018年中国债券市场研究回眸》，经济科学出版社2019年版。

[4] [美] 法博齐:《固定收益证券手册(第六版)》，任若恩、李焰等译，中国人民大学出版社2005年版。

[5] 中华人民共和国国家统计局:《中国主要统计指标诠释》，中国统计出版社2010年版。